本书出版得到西北大学"211"工程重点建设学科暨
陕西省重点建设学科经费资助
本书出版得到西北大学学术著作出版基金资助

西 北 大 学 史 学 丛 刊 ● XIBEIDAXUE SHIXUE CONGKAN

新疆农牧业历史研究

陈 跃◎著

人民出版社

目　录

绪　论

一、选题意义

历经千年积累、百年探索的中国边疆史地研究，在进入 20 世纪 80 年代以来，获得巨大发展。中国边疆学在学界已经呼之欲出。[①] 在构建中国边疆学的过程中，中国边疆经济研究是非常重要的内容。[②] 其中，中国边疆经济史研究又是其基础内容。故此，中国边疆经济发展史不仅是中国历史区域地理的关注对象，而且是中国边疆学研究的重要内涵。

在目前中国边疆研究中，新疆因其独特的战略地位和重要的战略价值而为诸多边疆研究者所关注。首先，新疆地域辽阔，资源丰富，战略价值极为重要。随着"丝绸之路经济带"建设的逐步推进，如何建设新疆这个"丝绸之路经济带核心区"，已成为国内政界、学界和经济界所瞩目的热点问题。在新疆经济跨越式建设中，农牧业作为国民经济的基础，有着不容忽视的重要价值。在悠久的历史进程中，新疆地区以农牧业为主体的经济结构模式并未发生很大变化。现在的新疆依然是以农

---

① 相关研究参见马大正教授的系列论著，如《关于构筑中国边疆学的断想》，《中国边疆史地研究》2003 年第 3 期；《深化边疆理论研究与推动中国边疆学的构筑》，《中国边疆史地研究》2007 年第 1 期；《边疆研究者的历史责任：构筑中国边疆学》，《云南师范大学学报（哲学社会科学版）》2008 年第 5 期；《关于中国边疆学构筑的学术思考》，《中国边疆史地研究》2016 年第 2 期；《当代中国边疆研究：1949～2014》，中国社会科学出版社 2016 年版；周伟洲：《关于构建中国边疆学的几点思考》，《中国边疆史地研究》2014 年第 1 期。还有其他学者的论述，兹不一一列举。

② 马大正：《关于中国边疆学构筑的学术思考》，《中国边疆史地研究》2016 年第 2 期。

业为主导的地区，而这一生产格局的形成不是一蹴而就，而是经过历史时期长期积淀、演变形成的。故从历史长时段角度系统研究新疆农牧业生产与发展状况，总结利弊得失，可为今日新疆农牧业科学开发提供历史经验和现代启迪。

其次，新疆建设不仅包括经济建设，而且包括生态文明建设在内的系统建设。当前，生态环境，特别是荒漠化问题，已成为世界普遍关注的重要问题。新疆是我国沙漠与荒漠戈壁面积最大的区域，生态环境十分脆弱。在历史演进过程中，新疆的荒漠化仍有不断扩大的趋势，这导致了域内的生态环境不断趋于恶化。例如，新疆塔克拉玛干沙漠内的楼兰、且末、精绝等诸多遗迹，就是历史时期新疆生态环境恶化的明证。研究历史时期新疆农牧业开发与地区生态环境的辩证关系，对探求新疆历史环境研究有重要价值。

第三，从新疆开发建设的历程看，历代中央王朝和新疆地方政权均高度重视域内经济开发。以往的研究多聚焦于两汉、隋唐、清朝三个时期在新疆的开发和建设成就，而对魏晋南北朝、西辽、元朝、明朝、民国等时期的新疆农牧业发展研究则相对薄弱，故对新疆农牧业发展历史进行长时段的整体贯通研究，不仅有较大的空间，且很有必要。

二、研究现状

1. 国内研究成果

农牧业是国民经济的基础，故学界较早就关注新疆的农牧业研究，并取得了诸多重要成果。国内代表性专著主要有：殷晴主编的《新疆经济开发史研究》① 及专著《丝绸之路和西域经济——十二世纪前新疆开发史稿》②。《新疆经济开发史研究》一书详细研究了新疆不同历史时期的农业、商业、生态环境和人口等问题。《丝绸之路和西域经济》一书

---

① 殷晴主编：《新疆经济开发史研究》，新疆人民出版社1992年版。
② 殷晴：《丝绸之路和西域经济——十二世纪前新疆开发史稿》，中华书局2007年版。

是则从丝绸之路贸易角度深入探讨了西域经济发展与丝路畅通、中外贸易兴衰之间的关系，创见颇多，对宋代之前新疆经济开发与丝路研究有重要学术价值。张泽咸著《汉晋唐时期农业》① 一书第十章中利用传世文献及吐鲁番出土文书对河西、西域区农牧业发展进行论述，勾勒出发展脉络。刘光华著《汉代西北屯田研究》②、赵予征著《新疆屯垦》③、方英楷著《新疆屯垦史》④ 和赵俪生著《古代西北屯田开发史》⑤ 主要集中研究新疆古代屯垦。王希隆著《清代西北屯田研究》⑥ 一书分别对清代新疆兵屯、旗屯、犯屯、民屯、回屯、牧厂及铁厂的经验情况进行细致梳理，并论述了清代西北屯田的作用。周伟洲等著《西北少数民族地区经济开发史》⑦ 一书以民族史和经济史学的理论和方法，研究了西北少数民族地区经济开发史，用一章篇幅探讨了新疆维吾尔等族地区的经济开发。华立著《清代新疆农业开发史》⑧ 一书充分利用档案资料，以清代新疆历史发展脉络为序，分别论述各时期新疆农业发展状况及其特点，对清政府新疆农业政策的分析和论述尤为精彩。蔡家艺著《清代新疆社会经济史纲》⑨ 一书从社会经济史角度对清代新疆各阶段的社会经济制度、农牧业、工矿业、商品流通、城镇的兴起与发展等进行细致考察，成果显著。前述前贤的论著对新疆农业史的研究成绩斐然，为本研究的开展提供了有益借鉴和重要启示。

学界对新疆农业开发的研究较多，对畜牧业的研究则相对较弱，王作之专著《新疆古代畜牧业经济史略》⑩ 是这方面难得的研究成果。该

---

① 张泽咸：《汉晋唐时期农业》，中国社会科学出版社 2003 年版。
② 刘光华：《汉代西北屯田研究》，兰州大学出版社 1988 年版。
③ 赵予征：《新疆屯垦》，新疆人民出版社 1991 年版。
④ 方英楷：《新疆屯垦史》，新疆青少年出版社 1989 年版。
⑤ 赵俪生：《古代西北屯田开发史》，甘肃文化出版社 1997 年版。
⑥ 王希隆：《清代西北屯田研究》，新疆人民出版社 2012 年增订版。
⑦ 周伟洲：《西北少数民族地区经济开发史》，中国社会科学出版社 2008 年版。
⑧ 华立：《清代新疆农业开发史》，黑龙教育出版社 1995 年版。
⑨ 蔡家艺：《清代新疆社会经济史纲》，人民出版社 2006 年版。
⑩ 王作之：《新疆古代畜牧业经济史略》，新疆人民出版社 1998 年版。

书运用大量史料，以原始社会晚期、奴隶制和其向封建制转变时期、封建社会前期、封建社会后期为经，分别论述了不同时期的畜牧业发展状况，特别是深入研究了畜牧业生产工具改进和牲畜放牧管理经验、牲畜养殖与草原利用的关系，尤为精彩。乜小红专著《唐五代畜牧经济研究》[①] 对唐五代时期畜牧业的管理机构、政策法令、民间畜牧、畜种改良以及公私畜牧的盛衰变迁、牧子的身份地位等问题做了比较系统的分析研究，其中，依据唐代吐鲁番出土文书阐述了唐代西域的官营和民间畜牧业发展状况，对本文研究有重要借鉴。

此外，黄盛璋[②]、王炳华[③]、侯灿[④]、张玉忠[⑤]、钮仲勋[⑥]、张德芳[⑦]、李炳泉[⑧]、卫斯[⑨]、王培华[⑩]、柳洪亮[⑪]等诸多学者分别从作物史、考古学、水利史、屯垦制度等方面讨论了新疆农牧业发展问题，各有所得。

2. 国外研究方面

日本、俄国（苏联）和德国学者们对西域经济方面的研究取得很大成绩，（日）佐口透著《18—19 世纪新疆社会史研究》[⑫] 一书的第四章论述了当时新疆的土地制度、农业技术和土地开垦。（日）池田温著

---

① 乜小红：《唐五代畜牧经济研究》，中华书局 2006 年版。

② 黄盛璋：《新疆坎儿井的来源及其发展》，《中国社会科学》1981 年第 5 期。

③ 王炳华：《新疆农业考古概述》，《农业考古》1983 年第 1 期。

④ 侯灿：《论楼兰的发展及其衰废》，《中国社会科学》1984 年第 2 期。

⑤ 张玉忠：《新疆出土的农作物简介》，《农业考古》1983 年第 1 期。

⑥ 钮仲勋：《两汉时期新疆的水利开发》，《西域研究》1998 年第 2 期。

⑦ 张德芳：《从悬泉汉简看西域屯田及其意义》，《敦煌研究》2001 年第 3 期。

⑧ 李炳泉：《西汉戊己校尉建制考》，《史学月刊》2002 年第 6 期。

⑨ 卫斯：《我国汉唐时期西域栽培水稻疏议》，《农业考古》2005 年第 1 期。

⑩ 王培华：《清代伊犁屯田的水利问题》，《北京师范大学学报（社会科学版）》2007 年第 5 期。

⑪ 柳洪亮：《吐鲁番出土文书中所见十六国时期高昌郡时期的水利灌溉》，《中国农史》1985 年第 4 期。

⑫ ［日］佐口透：《18—19 世纪新疆社会史研究》，凌迟纯译，新疆人民出版社 1983 年版。

《中国古代籍帐研究》[①] 一书通过对吐鲁番出土文书的研究，论述了古代西域的籍账状况。（俄）尼·维·鲍戈亚夫连斯基著《长城外的中国西部地区》[②] 一书论述了元、清时期的新疆民族、经济、社会状况，在其第二十二、二十三章中论述了新疆的农牧业生产。（苏）Д·洪吉诺夫著《十至十四回鹘王国的经济和社会制度》[③] 对回鹘王国的经济和社会进行了较为深入细致的研究，其中的第四章主要探讨了回鹘的灌溉农业。（德）冯·佳班著《高昌回鹘王国的生活（850—1250）》[④] 一书反映了九至十三世纪高昌回鹘王国建立时期吐鲁番地区的政治、经济、文化、宗教状况及农牧业生产水平，其中对当地畜牧业和农作物品种的记载较为精细。（美）J. A. 米华健著《嘉峪关外：1759—1864 年新疆的经济、民族和清帝国》[⑤] 一书论述了清朝统一新疆至同治三年新疆动乱的百余年间新疆农业、税收、商业及货币等问题。此外，（日）佐口透、久重福山郎和堀直还就新疆维吾尔社会的农业和喀什噶尔、叶尔羌的农业开发有多篇专文[⑥]。综观诸多专家学者对新疆古代经济的研究，多是针对特定时期或特定地域就某一专题进行微观式研究，鲜见从整体上考察新疆农牧业的历史发展与变迁。我们不应满足于微观研究，还必须对新疆农牧业历史进行宏观考察，从更长时段上考察农牧业发展进程中的内在联系，以更好把握寓于历史事实中、隐于历史现象背后的历史

---

① ［日］池田温：《中国古代籍帐研究》，龚泽铣译，中华书局 2007 年版。

② ［俄］尼·维·鲍戈亚夫连斯基：《长城外的中国西部地区》，新疆大学外语系俄语教研室译，商务印书馆 1982 年版。

③ ［苏］Д·洪吉诺夫：《十至十四世纪回鹘王国的经济和社会制度》，姬增禄译，新疆人民出版社 2012 年版。

④ ［德］冯·佳班：《高昌回鹘王国的生活（850—1250）》，邹如山译，吐鲁番市地方志编辑室 1989 年版。

⑤ ［美］J. A. 米华健：《嘉峪关外：1759—1864 年新疆的经济、民族和清帝国》，贾建飞译，国家清史编纂委员会编译组 2006 年版。

⑥ ［日］佐口透：《新疆畏吾尔社会之农业问题（1760—1862）》，《史学杂志》1950 年第 10 期；《十九世纪前半叶喀什噶尔的农业开发》，《史学杂志》1954 年第 11 期；［日］久重福山郎：《新疆的农业开发》，《名古屋学院大学论集》1964 年 7 月；堀直：《清代回疆的水利灌溉——以十九、二十世纪的叶尔羌为中心》，《大手前女子大学论集》1980 年。

本质。

三、研究思路及方法

研究思路：本研究以新疆维吾尔自治区为研究范围，从史前至民国历史长时段角度，对域内的农牧业生产历史发展与演变进行系统探讨，以期阐明域内不同时期农牧业生产的发展状况，农牧业技术进步、人口数量变化与区域生态环境的关系，为当下新疆农牧业生产的合理布局和合理开发提供借鉴。

研究方法：首先是系统爬梳关于新疆农牧业的大量史籍、考察笔记和游记、地方志、档案等，借鉴当代学者在相关经济史、作物史、考古学等方面的研究成果，做到论从史出，史论结合，论证充分。

其次是充分利用考古出土资料，包括农具、农作物籽粒和家畜骨骼、农田和渠道遗迹等各项考古遗存，吐鲁番出土文书、楼兰尼雅出土的佉卢文、简牍、吐蕃文书、回鹘文书和悬泉汉简，以及岩画等资料，同时结合野外考察，使研究资料丰富多元，研究结论扎实可信。

四、基本资料

史料是历史研究的基础，史料的真实性及其充分程度，是历史研究科学性的根本保证。本书研究时间跨度较长，所利用的史料比较广泛，大致而言，主要含纳了典籍类、档案类、方志类、游记类和考古资料类等诸多方面，兹撮要述之。

（一）典籍类

我国传统史籍中，包括《史记》《汉书》《后汉书》《三国志》《梁书》《魏书》《北史》《隋书》《旧唐书》《新唐书》《旧五代史》《新五代史》《元史》《明史》《资治通鉴》《唐会要》等书中对新疆农牧业及民族状况均有记载。特别是正史中"西域传"、"西戎传"等篇对不同时期新疆农牧业、人口状况有较为详细的记述。系统爬梳、整理这些资料对研究历史时期新疆农牧业状况提供了基本史料。

（二）档案类

中国第一历史档案馆翻译整理的《乾隆朝满文寄信档译编》是清代军机处专门抄载乾隆帝寄信上谕的重要档簿，收录了乾隆十五年（1750）至二十一年、二十六年至六十年的满文寄信上谕及附件共计4311件。寄信档多属密不宜宣之事，大部分内容从未公布于世，弥足珍贵，对乾隆朝的一些重要史事的记录较之汉文史料更为详细、真实，为《清高宗实录》《乾隆朝上谕档》等所不载。这些珍贵史料，涉及新疆政治、军事、民族、外交、宗教、经济、文化等诸方面，为研究乾隆时期新疆经济史提供了新颖而翔实的参考资料。

中国科学院地理科学与资源研究所和中国第一历史档案馆合作整理《清代奏折汇编——农业·环境》从中国第一历史档案馆中的宫中及军机处的上谕档、朱批奏折、录副奏折等文件和簿册等资料中筛选出相关农业记载，其中相当一部分涉及清代新疆地区。这是研究清代新疆农业生产发展演变不可或缺的参考资料。

马大正主编《清代新疆稀见奏牍汇编》（全八册）收录自雍正朝至宣统朝新疆地方官员们的奏议，涉及新疆建制、屯垦、牧厂、军事、民族关系等诸多方面，是研究清代新疆农牧业历史的原始资料，有重大价值。

华立、马大正主编《清代新疆稀见史料汇辑》收入《伊江汇览》《伊江集载》《总统伊犁事宜》《伊犁略志》《清故伊犁将军文贞行状》五种稀见新疆史料。《伊江汇览》中的屯政、马政、牲畜等篇，《伊江集载》中的堤堰、屯务（包括兵屯、回屯、户屯、旗屯）、厂务孳生牲畜等篇，《总统伊犁事宜》中的锡伯营应办事宜、索伦营应办事宜、察哈尔营应办事宜、额鲁特营应办事宜、绿营应办事宜、回务处应办事宜、驼马处应办事宜等篇，《伊犁略志》中关于伊犁民屯和回屯、额鲁特和察哈尔营畜牧等项记载是研究清代新疆农牧业的第一手资料。

民国时期新疆档案是研究民国时期新疆政治、经济、军事、党务和社会文化的重要资料。目前《民国时期新疆档案汇编》选编自中国第二历史档案馆馆藏民国时期新疆档案，是金树仁、杨增新、盛世才、吴忠信、张治中等主政新疆时期新疆省政府及新疆边防督办公署与北京政府、南京国民政府的来往公文。台湾张大军《新疆风暴七十年》是利用其带走的新疆档案研究国民时期新疆历史的重要著作，书中保存了大量的民国新疆历史的原始材料。

（三）方志类

新疆方志资料主要是清代各级方志资料。《钦定皇舆西域图志》是清政府在统一新疆后编纂的第一部新疆方志，对新疆军政、经济、民族和文化有详细记载。其中的"屯政"篇详细记载了乾隆年间新疆屯垦之况。

《钦定新疆识略》是清中期最为翔实、水平最高的一部新疆地方志书。是书凡 12 卷，内容涵盖了新疆的疆域、山川、城郭、治兵、边防、屯田、水利、矿产等方面，其中的"屯务"和"厂务"篇记载清代新疆屯垦及官营牧厂的情况。

《回疆志》又名《新疆回部志》，是清代乾隆年间新疆地区方志著述。全书共 4 卷，分别记载舆图、天时、地理、山河、城池、宗教、民俗、官制、户口、赋役、钱法、刑法、隘卡、邮驿、外夷等条目，特别是对南疆各城人口和田亩的记载较为详细，是研究乾隆三十七年之前新疆南部社会生活状况的重要资料之一。

《回疆通志》是另一部清代新疆重要方志，详细且全面记载清乾隆、嘉庆年间新疆南疆八城与哈密、吐鲁番二城的人文与社会状况，其中的"粮饷"、"赋税"和"牧厂"等篇详细记载南疆农牧业发展状况。

《三州辑略》记载乾隆、嘉庆年间新疆吐鲁番、哈密和乌鲁木齐三地的地方志。其中的"户口门"、"赋税门"、"屯田门"和"马政门"是研究该时期三地农牧业发展的基本资料。

《新疆图志》是清末新疆建省后修建的通志，共 116 卷，200 余万字，分建置、国界、藩部、职官、实业、赋税、食货、民政等志。该志"实业篇"对新疆地区农、林、牧、渔、蚕、矿、商业经济发展状况的记载，展示了自清初迄清末新疆经济开发的成就。"民政篇"统计了清季新疆各县居民户口的多少，这具有十分重要的政治史史料价值。

《新疆乡土志稿》收录清末新疆 44 种乡土志，是清末新疆各地地理、建置、经济、城池、人口及社会生活的最直接记录，是最原始的资料。

（四）游记笔记类

游记笔记是历史上途经和在新疆任职生活的僧侣、官员、道士等对新疆地理风貌及风土人情的记载，这是当事人对新疆的最直接的感触，有重要参考价值。

成书于北魏的《宋云行记》，记载了宋云和惠生途经塔里木盆地南缘西行求法之沿途见闻，对鄯善、左末、于阗、朱驹波国、汉盘陀国的农业状况有详细记载。如"左末城，城中居民可有百家，土地无雨，决水种麦，不知用牛，耒耜而田。"这对研究该时期南疆农业大有裨益。

成书于唐代的《大唐西域记》全书 12 卷，记叙了贞观元年（一说贞观三年）至贞观十九年玄奘西行之见闻。其中，卷一和卷十二，记录了唐初新疆各地的地貌、人口、经济状况，对研究该时期新疆农牧业有重要参考。

五代后晋高居晦曾奉命出使于阗，留下《使于阗记》一书，比较详细地记录了后晋使团张匡邺一行路经天山南部各地，特别对于阗地区的地理方位、诸族分布、风物特产、社会经济等情况记载较详，史料价值颇高。

北宋王延德出使高昌回鹘，留下《西州使程记》一书，记录了王延德一行从夏州（今内蒙古自治区乌审旗）一路西行，最终行抵今吐鲁番盆地和吉木萨尔县一带，书中记载了高昌回鹘王国辖境沿途的所见所闻，行纪涉及高昌回鹘王国的地理方位、辖属部落、风物特产、宗教文化和社会习俗等方面内容甚多，其中特别描述了高昌回鹘畜牧业繁盛之景。

元代丘处机《长春真人西游记》是丘处机前往西域拜谒成吉思汗所记录的沿途见闻，是研究 13 世纪漠北、西域史地的重要资料，特别是记录天山北麓多处城镇的农牧业情况，生动真实，史料价值较高。

明代陈诚所著的《西域番国志》是明永乐年间陈诚出使西域时，根据其所见西域山川风土著成的一部上呈朝廷的报告。书中对吐鲁番、哈密及天山北麓诸城镇的农牧业生产状况有详细记载，是研究明初西域经济的重要参考资料。

（五）考古资料

新疆土地广袤，气候干旱，保存大量考古遗存，这是研究新疆历史的重要资料。自民国以来，新疆考古遗存迭现，特别是出土的大量农作物、牲畜遗骸和水渠遗迹是新疆历史农牧业的实物资料。例如，2004年吐鲁番洋海墓地出土的葡萄藤实物，将新疆葡萄种植历史上推至距今2500 年，这对研究新疆葡萄种植史意义重大。因考古出土遗存太多，兹不一一论述。此外，楼兰尼雅出土文书、佉卢文书、吐鲁番出土文书、吐蕃文书、回鹘文书等一大批重要的新疆古代文书是解开历史上新疆农牧业发展的原始信息源。正是借助这些"地下资料"，笔者才可以尽可能恢复古代不同时期新疆农牧业发展的面貌。

楼兰尼雅出土文书是出土于东汉至十六国时期的鄯善国境内楼兰地区和尼雅河流域的各类文书，绝大部分为魏晋时期的遗物。文书主要内容是魏晋时期西域长史统辖西域进行屯戍的官府文书，其次是楼兰与中原及西域各地是公私往来书信，涉及该时期西域历史地理、社会经济及屯田机构等内容，是研究该时期农牧业的重要资料。

佉卢文书是东汉至魏晋时期在我国新疆塔里木盆地南北缘绿洲地区的佉卢文书资料，我国学者林梅村对其进行系统整理和翻译，收入《沙海古卷》一书中。佉卢文书是当时该地区的通用文字，其内容涉及政治、经济、法律、交通等诸多方面，特别是对当地农牧业的记载尤为详细，为研究该时期该区农牧业的重要资料。

吐鲁番出土文书是吐鲁番阿斯塔那和哈拉和卓古墓葬区出土各类汉文文书的统称，数量尤为巨大，涉及内容多样。武汉大学曾系统整理了吐鲁番出土文书，于1991年之前出版十册。此外，海外也存有一定数量的吐鲁番文书。20世纪80年代以前国家对吐鲁番阿斯塔那、喀拉和卓墓地大规模发掘之后，截至2005年，陆续出土及收集来的文书、墓志、碑铭等原始资料称为新出土吐鲁番文献，主要是北京大学整理出版《新获吐鲁番出土文献》一书。系统梳理研究吐鲁番出土文书是研究魏晋至隋唐时期吐鲁番地区政治、经济和社会诸多方面的最重要资料之一，价值重大。

吐蕃文书是唐中期吐蕃统治新疆塔里木盆地南缘地区时期的吐蕃文资料，是研究该时期该地区政治、经济、军事、宗教的第一手资料。目前，国内主要是王尧、陈践践整理的《吐蕃简牍综录》《敦煌本吐蕃历史文书》及杨铭、贡保扎西、索南才让等人整理翻译的《英国收藏新疆出土古藏文文书选译》。

回鹘文书是8—15世纪高昌回鹘人用回鹘文记载新疆吐鲁番地区政治、军事、经济和社会文化等方面的重要资料，特别是大量的契约文书，是研究该时期该地区经济的宝贵资料。目前，李经纬整理的《回鹘文社会经济文书研究》一书共收吐鲁番和敦煌地区出土的回鹘文社会经济文书80件，对每件文书进行原文转写、注释和翻译，为回鹘经济史研究提供了第一手资料。

五、研究特色及创新点

本研究的最大特色是充分利用多种传世文献、众多考古资料及实地考察资料，对其进行细致分析，对历史时期新疆农业和畜牧业的分布、各时期农牧业发展状况进行微观深入研究。特色之二是打破过去就某一时段或某一亚区的微观研究模式，采取长时段研究视角，对远古至民国时期新疆全境内的农牧业发展历史进行贯通式研究。通过宏观研究，从整体上把握新疆农牧业发展演变的脉搏和规律。特色之三是，不仅关注中央王朝对新疆农牧业的开发业绩，而且重视新疆地方政权对新疆农牧业发展的贡献。

　　本文的创新点在于综合传世文献和众多考古资料，吸纳借鉴前人研究成果，以历史长时段研究的视角，从整体上对新疆农牧业发展演变进行贯通式研究，探求新疆农牧业产生、发展与演变的特点，分析历史上中央王朝与新疆地方政权对新疆农牧业发展的贡献，阐述新疆农牧业发展对新疆历史发展的作用，并对新疆水稻种植、棉花种植的历史提出新见解。通过分析不同时期新疆农牧业开发与环境的密切关系，为当下统筹新疆农牧业跨越式发展和生态文明建设的辩证关系提供有益的借鉴与启示。

第一章　史前农牧业的萌发

第一节　新疆农牧业的地理基础

新疆维吾尔自治区位于中国西北边疆，地处欧亚大陆腹地，东接柴达木盆地和河西走廊，西邻中亚，东南连青藏高原，北依阿尔泰山与西伯利亚、蒙古高原相接，战略位置重要。全区166余万平方公里，是我国面积最大的省级行政区。

一、"三山夹两盆"的地貌格局

新疆地形地貌的基本轮廓是"三山夹两盆"。"三山"即南部的昆仑山及阿尔金山，中部的天山和北部的阿尔泰山；"两盆"即南部的塔里木盆地和北部的准噶尔盆地。因为天山横贯新疆全境东西，对全境自然条件影响较大，故此又把天山以南地区称为南疆，天山以北地区则称为北疆。

阿尔泰山蜿蜒于新疆北部，海拔相对不高，北冰洋气流能够进入，高山植被茂盛，是新疆天然森林的主要分布区和重要的牧场。天山横亘于新疆中部，山势高峻，山体宽大。崇山峻岭间形成的大小不一、高度不同的盆地和谷地，伊犁谷地、大小尤勒都斯盆地、焉耆盆地、吐鲁番盆地和哈密盆地，这都为农牧业生产提供了适宜的环境。昆仑山和阿尔金山西起帕米尔高原，东延至青海、甘肃两省界，群峰高耸，阻断了东进的大西洋暖湿气流和北上的印度洋气流，导致塔里木盆地炎热干旱。

准噶尔盆地位于天山和阿尔泰山之间，为半封闭内陆盆地，中央为古尔班通古特沙漠，多为固定沙丘。盆地西端有阿拉山口和额尔齐斯河谷，大西洋气流可由此进入，使得该区气候较塔里木盆地湿润。在盆地南缘的天山北麓山前冲积、洪积平原，南北纵向的河流孕育了流域农牧业发展。塔里木盆地位于昆仑山和天山之间，是一个被高山环绕的封闭性内陆盆地，中间是塔克拉玛干沙漠，多为流动沙丘。盆地南、西、北三面山体中发育的河流在盆地边缘形成条块状的冲积和洪积平原，土沃草丰，自古即为农牧业产区。

二、炎热干燥的温带大陆性气候

新疆地处欧亚大陆腹地，远离海洋，全区属于典型的温带大陆性气候，冬冷夏热，年温差大，降水集中，四季分明，年降雨量较少。这成为影响新疆农牧业生产和布局的重要因素。新疆气候冷热差异悬殊，气温年较差和日较差均很大。北疆年均气温在 2.5—5.0℃，南疆年均气温为 10—12℃，吐鲁番最高为 14℃。新疆日照充足，热量不稳定。全年日照时间可达 2600—3400 小时，为全国之最。[①] 新疆各地无霜期差异明显，南疆长，北疆短，平原长，山地短。这种气候造成各地农作物布局和品种差异明显。新疆干旱少雨，降水分布极不均衡，北疆多于南疆，西部多于东部，山区多于平原和盆地，迎风坡多于背风坡。

三、依赖冰川融水的绿洲水源

新疆三大山系孕育了数量较多的冰川，全疆共有 18600 多条冰川，占全国冰川总面积的 42%。[②] 这些"固体水库"为新疆农牧业提供了较稳定水源。蜿蜒而下的大小河流分别注入两大盆地和伊犁河谷，较为肥沃的河谷盆地为畜牧提供了保障，河流尾闾三角洲则成为较早的农业

① 满苏尔·沙比提：《新疆地理》，北京师范大学出版社 2012 年版，第 31、33 页。
② 满苏尔·沙比提：《新疆地理》，北京师范大学出版社 2012 年版，第 41 页。

区。此外，山麓前的地下水溢出地带也成为早期农业的孕育地。

总之，新疆独特多样的地貌和气候塑造了该区丰富多元的生态环境，既为新疆农牧业的产生提供了优越条件，又对其分布产生重要影响。种类丰富、牧草优良且四季牧场齐全的草原是新疆山区游牧业繁荣的最基本因素。同样，充沛的水量则是沿河绿洲地带农业发达之根本。反之，有土无水则是新疆大量土地荒废的最主要原因。故此，新疆绿洲的兴衰取决于水资源的丰枯。

第二节　史前原始农业

农业文明的出现是人类发展进步的重要表现。目前，学术界普遍认同农业是由原始采集经济发展而来，在土壤、气候、水源较好的地区，农业的发展较为明显。

史前时期的新疆在很长时间内气候暖湿，雨量充沛[①]。肥沃的山前冲积平原前缘地带，水量丰富，环境优越，为远古先人的生产生活提供了良好条件。他们在适应大自然的同时也在积极改造大自然，逐渐开始了原始牧业和简单的农业种植，从而促进了原始农业的萌发。囿于文献记载缺失，我们只能借助考古资料以认识其概貌。

一、南疆地区

新疆的绿洲、河谷附近，自然条件适宜农业发展，远古的西域人民就逐渐开始了原始农业的种植。从考古发现的粮食遗迹与石磨盘、石磨棒等粮食加工工具遗存来看[②]，新疆原始农业出现较早，远在 3800 多年

---

① 王鹏辉：《史前时期新疆的环境与考古学研究》，《西域研究》2005 年第 1 期。
② 王强认为仅有石磨盘和石磨棒是不能断定遗址是有农业遗存的，需要同时伴有其他农具或者农作物遗存。参见王强：《磨盘类工具功能再论——以东亚为视角》，《中国文物报》2008 年 3 月 17 日。

前的新疆东部巴里坤地区[①]、哈密五堡地区[②]和艾斯克霞尔地区[③]、吐鲁番鄯善县的苏贝希[④]和洋海地区[⑤]、天山南麓和静西北的察吾乎沟地区[⑥]、焉耆和硕县新塔拉地区和曲惠地区[⑦]、轮台群巴克地区[⑧]、孔雀河下游古墓沟地区[⑨]、罗布泊小河地区[⑩]、昆仑山北麓且末的扎洪鲁克地区[⑪]，帕米尔高原东麓山前地带今喀什市西南隅的阿克塔拉、温古洛克、库鲁克塔拉、德沃勒克等地，以及位于帕米尔高原的塔什库尔干县城北约四公里的香宝宝与下坂地区，均有远古居民的定居生活遗迹[⑫]。他们经营着古老的农业和畜牧业，采用原始粗放的耕作技术，开垦土地，种植大麦、小麦、粟、黍等作物，同时又饲养马、羊、牛等家畜，作为衣食之源。

上述诸多史前农业文化遗存，从新疆东北的巴里坤，南经哈密、吐

① 张全超等：《新疆巴里坤县黑沟梁墓地出土人骨的食性分析》，《西域研究》2009 年第 3 期。

② 王炳华：《新疆农业考古概述》，《农业考古》1983 年第 1 期；于喜凤：《新疆哈密五堡 152 号古墓出土农作物分析》，《新疆文物》1992 年第 3 期。

③ 新疆文物考古研究所等：《新疆哈密艾斯克霞尔墓地发掘简报》，《新疆文物》2001 年第 3、4 期合刊；《新疆哈密市艾斯克霞尔墓地的发掘》，《考古》2002 年第 6 期；王永强等：《新疆哈密五堡艾斯克霞尔南墓地考古新发现》，《西域研究》2011 年第 2 期。

④ 新疆文物考古研究所等：《鄯善苏贝希一号墓地发掘简报》，《新疆文物》1993 年第 4 期；《鄯善苏贝希墓地三号墓地》，《新疆文物》1994 年第 2 期。

⑤ 新疆文物考古研究所等：《鄯善县洋海一号墓地发掘简报》《鄯善县洋海二号墓地发掘简报》《鄯善县洋海三号墓地发掘简报》，《新疆文物》2004 年第 1 期。

⑥ 新疆文物考古研究所：《新疆察吾乎大型氏族墓地发掘报告》，东方出版社 1999 年版。

⑦ 新疆文物考古研究所等：《和硕县新塔拉和曲惠遗址调查》，《考古与文物》1989 年第 2 期。

⑧ 孙秉根等：《新疆轮台群巴克古墓葬第一次发掘简报》，《考古》1987 年第 11 期；《新疆轮台群巴克古墓第二、三次发掘简报》，《考古》1991 年第 8 期。

⑨ 新疆社会科学院考古研究所：《古墓沟孔雀河发掘及其初步研究》，《新疆社会科学》1983 年第 1 期；张全超等：《新疆古墓沟墓地人骨的稳定同位素分析——早期罗布泊先民饮食结构初探》，《西域研究》2011 年第 3 期。

⑩ 新疆文物考古研究所：《新疆罗布泊小河墓地 2003 年发掘简报》，《文物》2007 年第 10 期。

⑪ 何德修：《且末县扎洪鲁克古墓葬清理简报》，见穆舜英等主编：《楼兰文化研究》，新疆人民出版社 1995 年版，第 175—181 页。

⑫ 吴勇：《新疆喀什下坂地墓地考古发掘新收获》，《西域研究》2005 年第 1 期。

鲁番，再西南至罗布泊、焉耆、和静、轮台，一直向西延伸到帕米尔高原，分别代表了域内绿洲、山谷和高原等多种不同文化类型[①]。另外，随着时间推移，一些地区的农业还有所发展，新疆哈密五堡艾斯克霞尔南墓地墓口的铺草层中还发现了谷穗，墓葬随葬品中也有面食出土，另有加工谷物所用的木锨和石磨盘。可见，其农业较之当地较早期的艾斯克霞尔墓地有一定发展，其经济特点应为半农半牧[②]。距今约3000年的吐鲁番洋海墓地甚至还出土了芝麻和一段长115厘米、宽2.3厘米的葡萄藤。[③] 在公元前2000—前1500年的小河遗址中，考古人员发现了小麦颗粒。经DNA分析，小河的小麦与六倍体面包小麦有着相似的遗传特征，证明小河小麦为六倍体面包小麦。六倍体面包小麦起源于近东地区，这暗示小河小麦的存在很可能是西部农业文化向东扩张的结果。另外DNA分析的结果，还显示小河小麦的一部分属于春播型的普通小麦。对小河墓地出土的黍的5.8S基因进行分析，结果表明小河墓地出土的黍的核糖体5.8S区的序列特征与中国来源的黍完全一致，而与欧洲地区、近东地区、澳洲地区的黍差异很大，表明小河黍与中国黍有着最近的共同祖先[④]。

此外，在塔什库尔干的吉尔赞喀勒古墓葬中出土了距今2500年的左右的粮食作物，为帕米尔高原地区首次发现。墓葬中还发现有绵羊、山羊、狐狸、狗、兔、盘羊、鹰等动物骨头，或是完整动物个体，或是动物的某一部位，如肢骨等。随葬的羊多为未成年个体，而野生动物一

---

① 周伟洲：《新疆的史前考古与最早的经济开发》，《西域研究》2003年第4期。

② 王永强等：《新疆哈密五堡艾斯克霞尔南墓地考古新发现》，《西域研究》2011年第2期。

③ 新疆文物考古研究所等：《新疆鄯善县洋海墓地的考古新收获》，《考古》2004年第5期。

④ 刘学堂等：《新疆史前考古研究的新进展》，《新疆大学学报（哲学人文社会科学版）》2012年第1期。

般为成年个体。随葬品中还有打磨后穿孔的羊骨。① 随葬品中谷类食物与肉类食物并存，反映了这一地区古代居民的经济形态为农牧兼营。

二、北疆地区

北疆古代原始农业经营不仅使用了石制农业器具，种植麦、粟等农作物，还开始了粮食初步加工，磨成面粉，以利于消化吸收②。其中东部的巴里坤和西部的伊犁河谷地区表现尤为突出。在距今 2800 年左右的巴里坤南湾墓地不仅出土有石磨盘、石锄形器等农具和粮食加工器具，还出土有小麦粒及面粉等农作物和粮食加工产品③。除此之外，该地区的石人子、奎苏、冉家渠等早期遗址也出土过碳化小麦粒和大型磨谷器等，这表明当地农业发展已达到相当程度④。与之遥遥相对的西部伊犁河谷也有历史久远的原始农业。考古工作者在伊犁尼勒克县穷科克发掘的距今约 3000 年的古墓葬中，既发现大量的羊骨，还有出土了精美的彩陶以及石磨棒与石磨盘等农作物加工工具⑤。这些出土文物充分反映了当地确有定居生活和原始农业的存在。另外，张全超和李溯源通过对墓中出土的人骨进行测定研究，认为当地居民的饮食结构以肉食类为主，植物类食物中以 C_3 类植物为主，而 C_3 类植物很有可能来源于小麦等植物；摄入较少的 C_4 类植物则很可能来源于谷子、小米等植物。总之，考古资料表明，当地古代居民以游牧经济为主，但同时也存在一定量的农业经济因素⑥。此外，新源的黑山头遗址和铁木里克墓群也出

---

① 巫新华：《2013 年新疆塔什库尔干吉尔赞喀勒墓地的考古发掘》，《西域研究》2014 年第 1 期。

② 阚耀平等：《吉木萨尔县小西沟遗址的初步调查》，《新疆文物》1992 年第 4 期；于志勇等：《新疆阜康阜北农场基建队古遗址调查》，《新疆文物》1995 年第 1 期。

③ 常喜恩：《巴里坤南湾墓地 66 号墓清理简报》，《新疆文物》1985 年第 1 期。

④ 王炳华：《新疆农业考古概述》，《农业考古》1983 年第 1 期。

⑤ 刘学堂等：《新疆伊犁河谷史前考古的重要收获》，《西域研究》2002 年第 4 期。

⑥ 张全超等：《新疆尼勒克县穷科克一号墓地古代居民的食物结构分析》，《西域研究》2006 年第 4 期。

土有石臼、石磨盘等石制农具①。综上所述，史前时期北疆的远古居民在进行畜牧业经营的同时也兼营原始粗放的农业。

从目前上述地区的考古资料可知，除小河墓地出土较多的粟类作物以及巴里坤出土较多石磨盘等器物和小麦外，其他墓地出土的粮食作物均比较少，而且几乎所有发现农业遗存的遗址都是同时伴随着畜牧业遗存。最近的稳定同位素分析技术研究也表明，新疆罗布泊古墓沟墓地和新疆尼勒克县穷科克一号墓地的居民饮食仍是以肉食为主②。结合其他出土遗存显示的信息，我们可以认为新疆原始农业与畜牧业关系密切，是新疆古代农业之嚆矢，为后来进一步发展奠定了基础。

第三节　史前原始牧业

在人类历史发展的早期，采集业、原始农业和原始畜牧业紧密相连。由于早期畜牧业是与原始农业相伴而生，故并不具备迁移特征，属于放养型畜牧业。距今 3500 多年前，随着农业生产内部结构进一步分化，气候变冷、变干，萌生于农业生产内部的放养型畜牧业逐渐脱离农业生产，形成独立的生产部门——游牧业。而依附于定居农业的放养型畜牧业继续与农业生产保持着密切联系，并以家庭圈养、就近放牧等不同形式持续发展到近现代③。

新疆境内既有绿洲也有山间草地，这种多样的自然环境，使得该区既有依附于绿洲农业的畜牧业，也有草原游牧业。从考古资料来看，在史前时期的广大绿洲范围内，农业出现较早，同时也存在较大比重的牧

---

① 陈戈：《关于新疆远古文化的几个问题》，《新疆文物》1985 年第 1 期；殷晴：《丝绸之路与西域经济——十二世纪以前新疆开发史稿》，中华书局 2007 年版，第 82 页。

② 张全超等：《新疆尼勒克县穷科克一号墓地古代居民的食物结构分析》，《西域研究》2006 年第 4 期；张全超等：《新疆古墓沟墓地人骨的稳定同位素分析——早期罗布泊先民饮食结构初探》，《西域研究》2011 年第 3 期。

③ 韩茂莉：《论中国北方畜牧业产生与环境的互动关系》，《地理研究》2003 年第 1 期。

业。天山将新疆分隔为自然条件和生产方式不同的南北两部。一般认为天山北宜于游牧，而天山南诸多绿洲则宜于发展农业。虽有学者认为"长城和天山一线成为划分古代亚洲游牧圈和农耕圈的边界线"①，但实际情况则较复杂，天山南麓一线，不能简单以农耕完全概括。山麓平原地带，依赖于冰雪融水，形成许多宜于农耕的绿洲。远古居民近水而居，垦荒种植，过着的定居生活。而在河谷、山间草场地带则宜于游牧。一些地区兼有绿洲的边缘和山间草场，绿洲宜农，草场宜牧。这样，新疆多地就形成了农牧兼营的经济形态。

一、南疆地区

新疆哈密五堡墓地不仅出土了反映当时农业经济的生产工具、农作物和成品食物，而且也出土了反映当时畜牧经济的动物骨骼、皮鞭和笼头，还有大量的毛织物、皮革制品、骨器和骨饰等遗物。这些实物遗存均与当时畜牧业生产密切相关，也不难看出畜牧业在当时人们日常的生活中所占的比重。考古出土的动物骨骼，经科学鉴定，可辨认出的计有羊、牛、驴等，反映了青铜时代哈密地区畜牧业生产的种类已大致齐备。其中野生高鼻羚羊骨的发现，还说明当时仍然存在着一定范围的狩猎活动。② 哈密北部天山中的柳树沟遗址位于哈密盆地通往巴里坤的重要东天山牧业通道。考古人员在此发现了大量陪葬的羊骨、石磨盘、研磨器和石杵等。③ 这表明天山山脉与哈密盆地交叉地带早期居民的经济形态是以牧业为主，兼有农业。

位于哈密市南的艾斯克霞尔墓地虽然出土有面饼、粟壳等物，但综

① ［日］松田寿男：《古代天山历史地理学研究》，陈俊谋译，中央民族学院出版社 1987年版，第 26 页。
② 张成安：《青铜时代哈密地区的畜牧经济》，《农业考古》2000 年第 1 期。
③ 王永强等：《新疆哈密市柳树沟遗址和墓地的考古发掘》，《西域研究》2015 年第2 期。

合考古出土物来看，该地区仍以畜牧为主，饲养牛、羊等牲畜。^① 近年来，考古工作者又在艾斯克霞尔南墓地发掘出了大量史前遗存，有数量较多的羊后肢和羊头骨，还有羊毛织物、羊皮制品等，可以认为羊是当时畜牧生活的重要组成部分。考古资料还显示马、牛和骆驼也是当地居民畜牧业的组成部分。随葬品中发现不少弓箭，大多数箭支的箭头部分直接用箭杆削成，杀伤力较弱，应主要用于狩猎。其次，墓葬中出土了较多的黄羊角，而黄羊属野生动物，也为狩猎所获，更说明弓箭的狩猎用途。此外，墓口的铺草层中还发现谷穗，墓葬随葬品中也有面食以及加工谷物所用的木锨及石磨盘等，可见其农业较之艾斯克霞尔墓地有一定发展，其经济特点应为半农半牧^②。

在吐鲁番盆地的吐鲁番县艾丁湖、鄯善县苏巴什和托克逊县的英亚依拉克等地，考古工作者先后清理发掘了 67 座车师墓葬，虽未见动物骨骼，却出土了皮、毛制品。在苏巴什墓地还出土有兽头形、兽牙形铜饰；艾丁湖墓地出土有双联金牛头、带扣动物纹铜牌、铜带钩、铜链和铁链等，均说明在当时人的经济生活中畜牧和狩猎占有一定地位^③。

距今约 3000 年的吐鲁番鄯善地区的洋海墓地，位于吐鲁番盆地火焰山南麓的荒漠戈壁地带。考古工作者在这里发现了大量动物遗存，随葬品中可见羊头（山羊和绵羊）、整羊、羊排骨或羊腿、牛头、整马、马距骨、马下颌和马肩胛骨、狗等。同时，该墓地还出土了大量与狩猎有关的遗物和遗迹，如弓、箭、马鞍、马鞭、射鞴、铜马衔、皮辔头等。此外，在该墓地中还发现了数量较多的木桶随葬物，而在木桶的外侧，多有阴刻或线刻的动物形象，其种类有北山羊、马、狼、虎、狗、

---

① 新疆文物考古研究所：《新疆哈密市艾斯克霞尔墓地的发掘》，《考古》2002 年第 6 期。

② 王永强等：《新疆哈密五堡艾斯克霞尔南墓地考古新发现》，《西域研究》2011 年第 2 期。

③ 新疆维吾尔自治区博物馆等：《新疆吐鲁番艾丁湖古墓葬》、吐鲁番地区文管所：《新疆鄯善苏巴什古墓葬》《新疆托克逊县英亚依拉克古墓群调查》，分别载于《考古》1982 年第 4 期、1984 年第 1 期、1985 年第 5 期。

骆驼、野猪、马鹿、鸟等。在有些木钵、盆的器柄上也雕刻有山羊、狼、怪兽等形象。这说明当时吐鲁番鄯善地区仍有大量野生动物的存在。遗存中非常丰富的毛纺（编）织物、动物纹、成套的骑射、狩猎用具等，反映了当时洋海人的生产方式是以畜牧和狩猎为主，牧养的牲畜主要有山羊、绵羊及牛、马等。同时，在洋海墓地也出土了一些粮食作物的颗粒、茎秆与穗颖等遗存，经鉴定，有黍、青稞和普通小麦等种类，反映了洋海人也在一定程度上从事着农业种植。①

罗布泊地区孔雀河下游的古墓沟，发掘了 42 座早期罗布泊人的墓葬。发掘资料表明，当时此一区域的经济生活亦以畜牧业为主，牲畜主要是羊和牛，羊分山羊和绵羊。这批墓葬普遍殉葬牛角和羊角，最多的一座墓中出土了 26 只牛、羊角②。

同处孔雀河下游的小河墓地也展示了区域畜牧业的经营状况。11号墓出土动物耳尖 10 余片，还有皮囊、羊毛皮等。13 号墓出土牛头 1个，牛皮 3 块和多块动物耳尖。24 号墓出土羊腿骨、牛头和绵羊皮。34 号墓出土毛皮 3 块，其中最大的一块尺寸 110×60 厘米。数量较多的动物耳朵、毛皮、牛头等遗存的出土，反映了小河地区的畜牧业比较发达③。通过对小河墓地出土牛颅骨标本进行形态学分析，显示其非测量性特征更接近于以匈牙利长角灰牛为代表的欧洲黄牛。从小河古代黄牛的线粒体世系分布频率上看，其遗传结构特征与西部欧亚驯化牛的遗传结构特征最为相似。这一结果暗示在距今 4000 年前西部欧亚的驯化黄牛就已经向东扩散到新疆地区。学者认为黄牛是一种大型的食草类家畜，移动能力并不强，其扩散很可能是由史前人类介导的黄牛贸易造

---

① 蒋洪恩等：《新疆吐鲁番洋海墓地出土的粮食作物及其古环境意义》，《古地理学报》2007 年第 5 期。

② 王炳华：《孔雀河古墓沟发掘及其初步研究》，《新疆社会科学》1983 年第 1 期。

③ 新疆文物考古研究所：《新疆罗布泊小河墓地 2003 年发掘简报》，《文物》2007 年第 10 期。

成的①。

天山南麓的轮台群巴克古墓群。其中 22 座墓中随葬有马头，2 座墓中有狗随葬，2 座墓中见羊骨，1 座墓中见狗骨和马骨，另在墓葬中还发现了牧羊人常带的小铁刀与羊脊椎骨，均说明该区域畜牧业所占有的一席之地②。

除上述地区外，焉耆和硕县的新塔拉和曲惠遗址、库尔勒市上户乡古墓葬和且末扎洪鲁克墓葬遗址既出土有粮食作物，又出土了很多羊、牛、马等家畜的骸骨，也反映出了区域农牧兼营的地方特色③。

与绿洲农牧兼营不同的是山区的游牧经济，它是高山草原环境的产物，并在迁徙游移中开拓了更广阔的生存空间。南疆的天山和昆仑山中的山间盆地草原均为游牧业的发展提供了较好的条件。史前考古资料已证明天山与昆仑山地有着较为发达的游牧业。

和静县西北的察吾呼遗址出土许多的青铜制品和成排的羊肋骨，一些较大的墓葬周围还有随葬坑，坑中或置放马头、马腿骨，或置放牛头、牛腿骨，故被考古工作者称之为马头坑、牛头坑。虽然同时也出土一些农业遗存，如石磨盘等，但从总体上看，该地区是以畜牧经济为主的④。察吾呼遗址位于天山中段南麓的山间峡谷进入盆地的谷口，南连焉耆盆地的绿洲。沿着开都河即可到达天山间著名的裕勒都斯盆地，即著名的裕勒都斯大草原，高山环绕，水草丰美，是古代游牧民族的游牧地。因此，察吾呼遗址可能是古代游牧民族的迁徙孔道的一个重要地点。考古人员又在哈布其罕萨拉沟、哈尔哈提沟和巴音布鲁克草原小裕

---

① 李春香：《小河墓地古代生物遗骸的分子遗传学研究》，吉林大学博士学位论文，2010 年，第 70—71 页。

② 孙秉根、陈戈：《新疆轮台群巴克古墓第一次发掘简报》，《考古》1987 年第 11 期；《新疆轮台群巴克古墓第二、三次发掘简报》，《考古》1991 年第 8 期。

③ 何德修：《新疆库尔勒市上户乡古墓葬》，《文物》1999 年第 2 期；殷晴：《丝绸之路与西域经济——十二世纪以前新疆开发史稿》，中华书局 2007 年版，第 37 页。

④ 新疆文物考古研究所：《新疆察吾呼大型氏族墓地发掘报告》，东方出版社 1999 年版，第 342—343 页。

勒都斯盆地东北山前地带发现 130 余处同时期的遗存，发现房屋、畜圈、拦水堤、草场地埂、沟渠等遗存，出土文物 340 余件（套），包括大量殉马和殉羊，及铜马衔、铜马镳、铜带扣和骨马镳等。[①]

天山东部吐鲁番盆地托克逊县西南的天山阿拉沟东口及鱼尔沟车站附近的墓葬群距今约 2200 年。墓葬的随葬品除了陶器、木器、铜器、金银器和小铁刀以外，还殉葬大量的马、羊骨，以及腿绊、鼻栓等牧业工具。从随葬器物看，其生产方式是以畜牧业为主体[②]。在同一地区，阿拉沟东风机器厂附近墓群普遍随葬羊头、马头及牛骨和铜马衔、木质腿绊等牧业工具，以及骨镞等狩猎工具。这些与人类生产生活密切相关的随葬品，正是墓主人生前所从事劳动与生活的真实写照，即墓主人生前主要从事着畜牧劳动和主要以肉食为食物之源，也反映了区域的畜牧业生产经营特色[③]。

阿拉沟的自然环境为狭窄山谷，多陡坡，从事种植业比较困难。源于天山雪水的阿拉沟河却长流不断，河床边草木丛生，气候冬暖夏凉，是从事畜牧业生产的理想之地。由此往西的天山山谷中又有可供转场迁徙的高山草原。从山谷中广为分布的古墓葬看，阿拉沟山谷是通往天山的裕勒都斯草原和伊犁河流域的一条重要通道。

塔里木盆地南缘和田县流水墓群位于昆仑山深处克里雅河上游河道与流水河交汇处，该墓群距今约 3000 年，出土的随葬品有陶器、马骨和山羊骨等。流水墓群，南临克里雅河，西傍流水河，台地北部是广阔的喀让古山缓坡，自古以来就是优良的山地草场。出土人骨的人类学鉴定也认为该地居民具有长期骑马的习惯或特点，这都是与游

---

① 阿里甫江·尼亚孜、王永强：《新疆和静县巴仑台—伊尔根铁路沿线考古调查与发掘》，《西域研究》2015 年第 1 期。

② 新疆社会科学院考古研究所：《新疆阿拉沟竖穴木椁葬发掘简报》，《文物》1981 年第 1 期。

③ 新疆社会科学院考古研究所：《新疆阿拉沟竖穴木椁葬发掘简报》，《文物》1981 年第 1 期。

牧生活相关的①。

新疆喀什地区塔什库尔干塔吉克自治县班迪下坂地早期墓地距今约3000年，其随葬品中有铜器、山羊头骨、肋骨、脊椎骨、足骨和马骨等，这些遗存明显反映出当地居民的生活是以肉食为主，经营的无疑主要是畜牧业生产②。

二、北疆地区

哈密天山北路古墓葬的时代大致属于公元前二世纪中叶，部分遗存的年代可能早到公元前二世纪初期。该墓地的考古发掘工作从1988年开始，至1997年共发掘墓葬700余座，出土文物达3000多件。其中主要有陶器、铜器、骨器、石器、金器、银器、海贝等。同时，还出土了大量羊、牛骨骼，当是随葬的食物原料——牛羊肉。其中羊骨多于牛骨，反映了当时人们饲养的羊可能多于牛。随葬品中铜器数量最多，种类丰富，以用途可分为工具、武器和装饰品，如出土有锛、锥、管、刀、牌、剑、箭镞、耳环、珠、镜、镯和扣等。通过对墓地出土人骨中的C、N同位素比值测定可知，当地居民日常饮食中保持着相当比例的动物性食物摄入，羊肉应该是当时居民较为普遍的肉食来源，植物类食物的摄入以 C_3 类植物为主，很可能来源于小麦③。可知当时哈密天山北麓一带的经济形态是以畜牧业为主，兼有农业。

距今三千年前的东疆巴里坤兰州湾子古代遗址中发现有很多马、牛、羊、狗等畜类骨骼残骸与石锄、磨谷器等遗存④。此外，其周边还

---

① 中国社会科学院考古研究所新疆队：《新疆于田县流水青铜时代墓地》，《考古》2006年第7期；米夏艾勒·舒勒茨等：《新疆于田县流水墓地26号墓出土人骨的古病理学和人类学初步研究》，《考古》2008年第3期。

② 吴勇：《新疆喀什下坂地墓地考古发掘新收获》，《西域研究》2005年第1期。

③ 张全超等：《新疆哈密天山北麓墓地出土人骨的稳定同位素分析》，《西域研究》2010年第2期。

④ 薛宗正：《北庭春秋——古代遗址与历史文化》，新疆人民出版社2006年版，第34页。

有大量狩猎、骑马、驯马及放牧等内容的岩画，这些岩画大多刻在花岗岩石上，岩画上的动物图像以北山羊、鹿、狼、虎等野生动物为主，家畜有马、骆驼、狗和牛，多是有人骑乘及牛车的形象①。

巴里坤以西的奇台、吉木萨尔境内的史前遗址中也有诸多游牧遗存。奇台的坎儿子、水磨河和半截沟遗址中所出遗物都兼具游牧、农耕的双重特征。如半截沟就出土了牲畜碎骨与石锄、石磨盘、石磨棒等②。吉木萨尔县小西沟遗址、乱葬岗遗址和大龙沟古墓葬群均出土了大量马、羊、骆驼等牲畜骨骼、马衔以及石磨和磨谷器等③。

考古断代为公元前7世纪的乌鲁木齐萨恩萨依墓地出土有铜镜、铜刀、铜锥、铜马衔等铜器，马、牛、羊的头骨与足蹄等，不见与定居更相关的猪、狗、鸡等，也未发现居住遗址及从事农耕的生产工具，这说明当时生活于此的居民主要从事畜牧业生产，畜肉是主要食物来源④。乌鲁木齐以西的石河子也发现了史前时期墓葬，洪桥石室墓出土有马肢骨；南山红沟山谷出土有卧羊形铜饰件⑤。

北疆塔城地区也发现了一批史前墓葬，其中，具有明显地域特点的土墩墓可分为前后两期，"前期年代为前7—前3世纪，出土有金饰，青铜和骨质的饰物，多具早期斯基泰式的动物形状和纹饰。后期年代为公元前3—4世纪。这个时期伊犁河流域的土墩墓，据推断属乌孙遗存，可细分为早、中、晚三段。"早期阶段（前3—前2世纪）墓内多见羊

---

① 邢开鼎：《巴里坤县兰州湾子岩画》，《新疆文物》1985年第11期；天马：《新疆哈密兰州湾子古遗址又发现上百幅岩画》，2003年6月5日，http://www.ts.cn/GB/channel3/19/200306/05/34599.html。

② 薛宗正：《北庭春秋——古代遗址与历史文化》，新疆人民出版社2006年版，第35页。

③ 阚耀平、阎顺：《吉木萨尔县小西沟遗址的初步调查》，《新疆文物》1992年第4期；新疆文物考古研究所等：《吉木萨尔县大龙沟古墓葬》，《新疆文物》1994年第4期。

④ 新疆文物考古研究所等：《新疆乌鲁木齐萨恩萨依墓地发掘简报》，《文物》2012年第5期。

⑤ 王宗磊：《新疆石河子地区古代墓葬的考古研究》，《石河子大学学报》2006年第12期。

骨，中期阶段（前1—1世纪）羊骨已少见①。

塔城地区的白杨河墓地，埋葬时间相当于战国至汉代。墓葬中残存的遗物多见羊骨及铜刀、铁刀、木弓、木箭镞等与畜牧狩猎相关的工具。此外，墓葬附近有约100幅刻画于黑色、褐色大卵石上的岩画，内容多为北山羊、盘羊、梅花鹿、骆驼、马和人物等图案。考古人员认为，此属一处以畜牧经济为主的游牧民族的遗存②。另有额敏县霍吉尔台墓地、裕民县阿勒腾也木勒墓地、阿勒泰市克孜加尔墓地、富蕴县塔勒德萨依墓地等，其文化遗存亦表现为游牧经济形态③。

博尔塔拉蒙古自治州博乐市达勒特镇古城遗址发现有陶纺轮；青得里乡古城遗址亦发现有陶纺轮与带纹饰的黄铜马一件④。位于阿拉套山南麓冲积平原的双河市泉水沟遗址年代在前1500—前1000年之间。该处出土有羊、马、牛的骨骼、牙齿等遗存。此外，此前村民还在该遗址采集到青铜镰、石磨盘等。另一冲积扇顶的博尔塔拉蒙古自治州博乐市小营盘镇都木都厄布得格遗址也出土有羊、马、牛等家畜的骨骼及窖穴。⑤ 这说明两处遗址的经济以畜牧业为主，兼有少许农业。地处天山山脉北麓的山前坡地沙湾县大鹿角湾墓群也出土很多殉马、牛、羊的头骨、肢骨、肋骨等，个别墓葬还随葬狗，及大量箭镞。⑥ 这表明该遗址先民的游牧狩猎经济比较突出。

---

① 新疆维吾尔自治区文物普查办公室等：《塔城地区文物普查报告》，《新疆文物》1994年第2期。
② 新疆文物考古研究所：《新疆塔城地区白杨河墓地发掘简报》，《考古》2012年第9期。
③ 新疆文物考古研究所：《2009年阿勒泰市克孜加尔墓地考古发掘简报》，《新疆文物》2010年第1期；新疆文物考古研究所等：《富蕴县塔勒德萨依墓地发掘简报》，《新疆文物》2006年第3、4合期。
④ 新疆维吾尔自治区文物普查办公室等：《博尔塔拉蒙古自治州文物普查资料》，《新疆文物》1990年第1期。
⑤ 韩建业等：《新疆泉水沟、都木都厄布得格遗址发掘获重要发现》，《中国文物报》2016年9月13日。
⑥ 张杰、白雪怀：《新疆沙湾县大鹿角湾墓群的考古收获》，《西域研究》2016年第3期。

　　阿尔泰山在汉代以前主要是塞人的活动区域。王林山在《草原民族文物的风采——阿勒泰民族文物陈列巡礼》一文中，展示了出土于当地的青铜驼首刀，60 幅岩画拓片、照片，30 件岩画标本，反映了牲畜、牧放、车辆等生产生活场景①。近年来，考古工作者在新疆青河县东北部查干郭勒乡阿尔泰山分水岭处发现三海子墓葬及鹿石遗址群，在鹿石上刻有鹿、野猪、马等动物形象，可能是早期畜牧业社会的祭祀遗址，也正好说明，生活在这里的早期居民经历了一次从畜牧经济向游牧经济转化的社会演变②。在阿勒泰山南麓、额尔齐斯河及其支流及阿勒泰哈巴河县加朗尕什附近和克尔木齐地区，考古发现了青铜时代中期至铁器时代早期的文化遗存。在遗存中发现有羊尾的存在，更重要是在其附近发现数量较多的岩画，刻画有山羊、牛、马、鹿或者类似驴马等动物，以及手掌、人物、射箭、舞蹈形象图案，反映了当时区域居民的经济文化生活③。阿尔泰山分水岭南侧的青河县三道海子遗址群发现有鹿骨、鹿石、石圈及祭祀遗存中的羊骨和马骨。这一青铜时代游牧祭祀遗址的发现表示三道海子遗址应是早期游牧国家的夏季祭祀中心④。

　　伊犁河谷及其毗邻地区是新疆最重要的牧场，也是历史上新疆游牧民族生活的核心地区，至今仍是新牧业重地。从考古资料看，当地在史前时期已是畜牧重地。霍城县果子沟河畔石堆墓、察布查尔锡伯族自治县索墩布拉克墓群、新源县铁木里克墓群、黑山头墓群和巩乃斯种羊场墓群多出土有牛、羊和狗的随葬，并有骨箭镞等狩猎器具⑤。伊犁河支

---

① 王林山：《草原民族文物的风采——阿勒泰民族文物陈列巡礼》，《新疆文物》1994 第 2 期。

② 三海子考古队：《新疆青河三海子墓葬及鹿石遗址群考古新收获》，《西域研究》2014 年第 1 期。

③ 新疆社会科学院考古研究所：《新疆克尔木齐古墓群发掘简报》，《文物》1981 年第 1 期；于建军：《新疆阿勒泰加朗尕什、哈拜汗墓地发掘成果》，《西域研究》2013 年第 2 期。

④ 郭物：《2015 年新疆青河县查干郭勒乡考古新收获》，《西域研究》2016 年第 1 期。

⑤ 新疆维吾尔自治区文物普查办公室等：《伊犁地区文物普查报告》，《新疆文物》1990 年第 2 期；殷晴：《丝绸之路与西域经济》，第 82 页。

流之一的喀什河流域分布着众多史前遗存，诸如穷科克遗址、小喀拉苏遗址、乌图兰墓地及祭祀遗址、恰勒格尔遗址和汤巴勒萨伊墓地及最近新发现的吉仁台沟口墓地均表明当地游牧业自古繁荣。房屋遗存、陶器、殉葬的羊骨及周边山崖上的群羊图、狼猎羊图等十余处岩画，① 表明这里的游牧文化曾经风光无限。

最近几年，伊犁地区又发现了很多史前遗址，这些墓葬保存了较多的游牧文化遗存。尼勒克县穷科克一号墓地发掘出土的文化遗存表明当时的区域经济是以游牧为主②。此外，考古工作者还对附近的尼勒克汤巴勒萨伊墓地进行了发掘。该墓地分早期、中期和晚期三种类型，早期属于青铜时代的安德罗诺沃文化范畴，中期属于公元前5—前3世纪的塞人或乌孙文化，晚期则属于唐代遗存，虽然该墓地文化分期不同，但出土同一属性的马衔、牛羊骨头等，又充分表明其经济形态均为游牧性质③。

此外，同处于伊犁地区的特克斯县先后发掘一批公元前8至前4世纪的墓葬，这些墓的随葬品多为羊骨、箭镞、铁器和陶器等，与尼勒克县发掘的古墓葬雷同，亦是游牧生活的文化遗存④。

伊犁地区巩乃斯河流域的新源县别斯托别也发现有大量西汉前后的墓葬群，经过考古发掘，墓葬中出土大量铁刀、铁簇、骨簇、马镳、羊

---

① 王永强、阮秋荣：《2015年新疆尼勒克县吉仁台沟口考古工作的新收获》，《西域研究》2016年第1期。

② 新疆文物考古研究所等：《尼勒克县穷科克一号墓地发掘简报》，《新疆文物》2002年第2、3合期。

③ 新疆文物考古研究所：《新疆伊犁尼勒克汤巴勒萨伊墓地发掘简报》，《文物》2012年第5期；《伊犁州尼勒克县奇仁托海墓地发掘简报》，《新疆文物》2004年第3期。

④ 新疆文物考古研究所：《新疆特克斯县阔克苏西2号墓群的发掘》，《考古》2012年第9期；《特克斯县叶什列克墓葬发掘简报》，《新疆文物》2005年第3期；《伊犁恰甫其海水利枢纽工程南岸干渠考古发掘简报》，《新疆文物》2005年第1期；《特克斯县恰甫其海A区XV号墓地发掘简报》，《新疆文物》2005年第4期；《2005年度伊犁州巩留县山口水库墓地考古发掘报告》，《新疆文物》2006年第1期；《特克斯县恰甫其海A区X号墓地发掘简报》，《新疆文物》2006年第1期；《新疆特克斯县恰甫其海A区XV号墓地发掘简报》，《新疆文物》2006年第9期。

骨、马骨等与畜牧狩猎生活密切相关的随葬品，少有陶器，亦属古代游牧人群的生活地区①。

通过对史前时期新疆绿洲和山区两大类型畜牧业文化遗存的考察，可见史前时期的新疆畜牧业发展的状况，这一阶段新疆既有绿洲地区的定居畜牧业生产，又有山间谷地的游牧业生产，这为两汉及以后的新疆畜牧业发展奠定了重要基础②。

---

① 新疆文物考古研究所：《新疆新源县别斯托别墓地 2010 年的发掘》，《考古》2012 年第 9 期。

② 新疆伊犁尼勒克县吉仁台沟口遗存表明当地游牧文化从青铜时代延续到宋元时期，持续时间之长，令人惊叹。

第二章　汉晋南北朝时期的初步发展

汉晋南北朝时期是新疆地区社会及经济发展的重要时期。西汉时，该区形成所谓西域三十六国。康居、大月氏、安息等位于今日新疆范围之外，故不在本文叙述之列。依据生产生活方式的不同，西域三十六国分为居国与行国。所谓居国，是指主要从事定居农业的绿洲城郭国家；所谓行国，则是指过着随水草迁徙而居无定处的山区或草原游牧部族。居国与行国之分，大致勾勒出了西汉农业与畜牧业的地域分野。自汉武帝后大力经略西域后，汉人进入该区发展农垦，引发新疆农牧业格局产生了较大变化，表现为农业区扩展和农业技术的提升。与此同时，该区畜牧业也在稳步发展。总之，新疆农牧业在前期发展基础上，在汉晋南北朝时期获得初步发展。

第一节　汉晋南北朝时期的土著农业

一、汉代西域的土著农业经营

史前南疆居民的农业开发为秦汉时期的经济进一步开发奠定了重要基础。《汉书·西域传》载："自且末以往皆种五谷，土地草木，畜产作兵，略与汉同，有异乃记云"。可见，南疆地区经营农业地区比较多，主要有且末、精绝、扜弥、于阗、皮山、莎车、疏勒、姑墨、龟兹、乌垒、渠梨、危须、尉犁、焉耆、车师前国、车师都尉国等①。受自然条件所限，不同区域的生产经营方式亦呈现出不同特点。或以农业为主，辅以家庭畜牧业，例如：且末、精绝、于阗、莎车、疏勒、乌垒、渠梨、焉耆、尉犁等，这类被称为居国，主要分布在山前洪积扇的河流绿洲上。或以畜牧业为主，亦辅以少量农业，例如，西夜、蒲犁、依耐、蒲类、山国、劫国等，被称为行国，主要分布在山间谷地与干旱缺水的沙卤之地。鄯善"地沙卤，少田，寄田仰谷旁国。"乌秅国"山居，田石间。"

征和年间（前92—前89），搜粟都尉桑弘羊与丞相御史曾奏言："故轮台东捷枝、渠犁皆故国，地广，饶水草，有溉田五千顷以上，处温和，田美，可益通沟渠，种五谷，与中国同时熟。"②"溉田五千顷以上"说明在西汉屯垦之前轮台以东的捷枝和渠犁地区，其水利灌溉就已比较发达。不过，当时的农业生产工具还比较落后。"其旁国少锥刀"③，就是说其周边地区缺少铁制的刀具之类。以此类推，铁制的农具也应相当缺乏。故当时使用木质农具比较普遍。实际上，一直到北魏时期，丝路南道的且末还依然保持着使用木质农具的习惯。汉晋时期，新疆土著农业发展的缓慢和区域不均，由此可见。

从《汉书·西域传》可见昆仑山北麓的鄯善、扞弥、于阗、莎车和天山南麓的疏勒、姑墨、龟兹、焉耆是人口最多的地区，均超过万人。这些地区的人口占到当时南疆总人口的 62.70%，龟兹的人口更是高达 8 万余人，成为当时人口最多的地区。这些人口数量较多的地方主要分布在沙漠边缘的绿洲上，也正是当时以农业为主的经济区。疏勒、

---

① 殷晴先生把温宿也列为绿洲国，见殷晴：《丝绸之路与西域经济——十二世纪以前新疆开发史稿》，中华书局 2007 年版，第 70 页。笔者认为《汉书·西域传》记载温宿"土地物类所有与鄯善诸国同"，既然鄯善是以牧业为主，温宿自应是为牧业为主，故不列入绿洲农业区。

② 《汉书》卷九六《西域传》。

③ 《汉书》卷九六《西域传》。

姑墨、龟兹、焉耆等绿洲均能为数万人口提供衣食之源，其农业开发的程度也是值得肯定的。

《汉书·西域传》记载西汉时塔里木盆地南北两道绿洲有27749户，252710口。如按人口多寡为标准，塔里木盆地及其周边绿洲可分为三个层次：第一层次为人口众多的大绿洲带，分别为天山南麓东部的焉耆、危须及尉犁带，总人口为46600人；天山南麓中部的龟兹、姑墨绿洲带，总人口为105827人；昆仑山北麓西部的疏勒、莎车绿洲带，总人口为35020人；昆仑山北麓中部的于阗、扜弥绿洲带，总人口为39340人。第二层次为人口较多的中绿洲，分别为6050人的车师前国、3500人的皮山、3360人的精绝。第三层次是人口较少的小绿洲，分别为1610人的且末、1480人的渠犁、1200人的乌垒、333人的车师督尉国。

迨至东汉，虽自西汉末以来西域诸国间曾出现过相互攻伐，原有的政治地理格局发生了些许变化，加之文献记载有阙，为前后两个时期的比较增加了一些困难，但通过对一些具体事例的分析，仍可对当时的人口变化有一个大致的了解。例如，东汉时，于阗有户32000，人口达83000人，虽然此时的于阗兼并了原渠勒、皮山之地，然此一人口数仍要比西汉时于阗、渠勒、皮山人口的总和多出58000余人，总人口约当于西汉时的3.3倍。焉耆户至15000，是西汉时的3.8倍；人口至52000，是西汉时的1.6倍。疏勒仅记其户为21000，胜兵30000余人，兵员人数已超过西汉时的总人口数，疏勒人口的增加更是超出想象。窥一斑而知全豹，从上述现象推测，东汉时期南疆诸国的人口还会有一些增长，即使保守估计，应至少保持着西汉时的水平。由此可知，东汉时期南疆的土著农业也至少保持着西汉时期的水平，或在西汉的基础上有所进步。

东汉时期，北疆土著农业的进步突出表现在伊犁河流域和巴里坤地区。可能是受到西汉军屯的影响，乌孙王庭所在地的伊犁河地区有农业经营和定居趋势①。近年来考古人员还在伊犁河上游的尼勒克县加勒格斯哈音特和铁木里克沟口等墓地发现了随葬的铁器、陶器、石器、骨器、金器等。其中，出土石器中有一套较为完好的石磨盘，下部为长亚腰形，上部为长方形，底为凹面，上下正好合扣，为农作物加工器具。这些墓地的年代在公元前七八世纪至公元前后②。新的考古发现进一步说明了伊犁地区农业的发展与进步。

居住今乌鲁木齐一带的东且弥人和在今巴里坤一带的蒲类国人不仅从事畜牧还颇知农作。《后汉书·西域传》就记载说："蒲类国……庐帐而居，逐水草，颇知田作。东且弥国……庐帐居，逐水草，颇田作。"考古资料也显示该时期的巴里坤地区有相当规模农业的存在。在巴里坤县东黑沟遗址出土有小型磨盘9件，大型磨盘8件，石锄1件。另发现有灰坑及灶坑遗址，并出土了一些粮食实物③。遗址北部不远处便是东天山北麓的冲积平原，有河流经过，灌溉便利，土壤肥沃，至今仍是良田膴膴之地。

塔里木盆地南缘的绿洲诸国农业也有一定发展，特别是耕作技术有所进步。2013年，新疆考古队深入塔克拉玛干沙漠腹地距离策勒县城约50公里的斯皮尔古城遗址附近，发现二牛抬杠木犁、马鞍形磨盘等5件文物。经此次考古队专家实地测量，斯皮尔古城内径达300米，古城遗址超过8万平方米。古城建筑结构为汉朝风格的四重城，其中第一重城和第二重城为瓮城。中国社科院考古研究所新疆考古队队长巫新华表示该古城年限应该在东汉时期，距今大约1800年。根据古文献记载，西域三十六国中的渠勒国时代与此对应，该古城应为渠勒国古城，甚至

---

　①　余太山：《西域通史》，中州古籍出版社2003年版，第263页；王炳华：《丝绸之路考古研究》，新疆人民出版社1993年版，第234—235页。

　②　陈跃：《论古代北疆农业的发展》，《西域研究》2010年第2期。

　③　新疆文物考古研究所等：《2006年巴里坤东黑沟遗址发掘》，《新疆文物》2007年第2期。

可能是渠勒国王城①。二牛抬杠木犁的发现，是汉代内地先进耕作技术传入新疆的最重要证明。

二、魏晋南北朝时期西域农业的发展

魏晋南北朝时期西域的农业上承汉代的发展，取得了新进步，主要表现为水利灌溉管理的加强、先进农具的出现、复种制度的采用、农作物新品种的引进等方面。同时，地区发展差异已初现端倪，经济区域性特征日益显著，塔里木盆地东南部逐渐衰落，而吐鲁番盆地则不断趋于繁荣。这反映了西域农业发展过程中的地域变化及其不平衡特征的表现。

第一，水利灌溉管理的新发展。水利灌溉是西域绿洲农业发展的首要条件，水利灌溉是决定农业丰歉的关键因素。换言之，农业经营全赖河水灌溉，能否得到适时的灌溉对农作物产量的高低具有决定性影响。山泉河水是当地极为珍贵的水利资源，为了用好水资源，在魏晋南北朝时期，各绿洲城郭国家都设置有专门机构统一管理。如鄯善国，王在敕谕中就提到："……耕地无水，结果无水。现将水引入汝州，不可能……"②。从文书的行文看，当地水资源较为短缺，使用水是要缴纳水费的，"汝得先交纳水和种子费用，才可以在此耕种"③。"来此耕种，涉及水和籽种之事……水费及籽种费应即由汝送来。"④ 在土地出租时，土地的主人必须同时提供水和种子，也就是说，土地是和灌溉用水捆绑在一起的，一块土地，自然包含着土地与用水两大因素。从文书内容亦可知，鄯善王甚至直接负责处理有关用水方面的纠纷。鄯善王在一份处

---

① 王瑟：《塔克拉玛干沙漠发现迄今最完整汉室四重城》，《光明日报》2013 年 6 月 15 日。

② 林梅村：《沙海古卷》，文物出版社 1988 年版，第 104 页。

③ 林梅村：《沙海古卷》，文物出版社 1988 年版，第 281 页。

④ 韩翔等编：《尼雅考古资料》（内部刊物），新疆社科院考古研究所 1988 年刊印，第 38 页。

理用水事务的敕谕中明确指出："当汝（指州长和税监）接到此楔形泥封木牍时，应即刻对此详细审理，此水是否为阿波尼耶所借，又是否将此水借人。此外，若排水口未曾准备好，则不能让阿波尼耶赔偿损失。"① 由此可见，鄯善王在耕地用水的管理上是很具体细致的，而灌溉系统的进步和水利管理职能的强化无疑是绿洲农业发展的重要条件。

吐鲁番地区高温少雨，气候极其干旱，水资源较为紧缺。因为水利关系农业命脉，高昌政权对水资源管理也非常细化和严格，诸城均设有户曹、水曹、田曹。水曹之下设有行水官和平水官。行水官的主要职责是掌握具体分配民田灌溉用水，他是在农田需水季节由诸曹的在职官吏临时兼任，具有临时性、季节性的特点。而平水官为常设职官，主要负责水利建设和具体管理日常水利事务②。一旦出现水管理空缺，当地政府就会随时添设行水官。出土文书《北凉高昌某人启为摄行水事》载："书佐刘会白：南部劝农厅下郡，水无人掌摄，请饬前督□婢兼行水，需应还付，事诺属饬，曹史下，八月四日白。"③

第二，农具制造技术的掌握与耕作技术获得大幅提高。汉代统治西域时期，诸多汉族将士屯垦戍边，将内地先进耕作工具传播到西域，不过仅限于局部地区。两汉时期西域先进农具使用多是输入性的，魏晋南北时期则发展为自产性的。楼兰出土的 348 号简文记载："承前新入胡锸合三百九十五枚。"④ 新进"胡锸"数量多达三百九十五枚，这充分说明了锄、锸等农具的广泛使用，表明当地人民对农耕的重视。此外，"胡锸"显然是对当地土著人的农具"锸"的称呼，这说明当地土著人已经生产了"锸"。23 号文书记载了 8 年 1 月人们领取物品的内容。文

---

① 林梅村：《沙海古卷》，文物出版社 1988 年版，第 125 页。

② 柳洪亮：《吐鲁番出土文书中所见十六国时期高昌郡时期的水利灌溉》，《中国农史》1985 年第 4 期。

③ 荣新江等：《新获吐鲁番出土文献》（下册），中华书局 2008 年版，第 277 页。

④ 林梅村：《楼兰尼雅出土文书》，文物出版社 1985 年版，第 61 页。

中的9个人每人领取牝牛一头①，有可能是用作耕田。此外，出土文书中还大量记载了锄、锸等工具。39号简文曰："……要务又迫草锄"。②233号简文曰："……将城内田明日之后便当斫地下种"。③ "斫地"是在耕种前用耒耜或者锸等挖土农具来砍地或刨地，这是深翻耕地的明证。

塔里木盆地北缘的龟兹也广泛使用了锄头、犁铧等先进工具。龟兹石窟第175号洞窟的壁画上有两个人在使用类似今天锄头的工具在刨地，同时还有类似二牛抬杠的牛耕图④。由此联系到鄯善王国农业种植时使用"锄"、"锸"等农具，我们不难推测，魏晋南北朝时期塔里木盆地周边的绿洲地区已经广泛使用了"锸"的农具，有些学者还认为现在新疆农民广泛使用的万能工具——坎土镘，即由此演进而来⑤。

同样，吐鲁番地区也大量使用先进农具。1964年，在吐鲁番阿斯塔那晋墓中出土了一幅纸画《晋墓主人生活图》，形象地反映了当时高昌地区的农庄情景⑥。在这幅图上有良田、庄稼、果木等，在图的右上方是农田图，旁边还有犁、叉子、齿耙等四件农具，与今天农村使用的叉子和筢子极为相似，反映了收获时的情形。在农田图的下方是反映进一步加工粮食的情景，图中按照逆时针的顺序依次为去谷壳的舂，磨面的直杆推磨和做饭的情景。《晋墓主人生活图》形象而真实地再现了高昌农庄从耕耘、收获、舂谷到磨面、炊饮的全过程。

西域幅员广袤，受自然条件和人文因素的影响，不同区域耕作技术的发展水平并不一致。前文所述的屯垦地区和吐鲁番盆地的耕作技术比前代确有很大提高，但这并不表明该时期西域各地的耕作技术有普遍性

---

① 林梅村：《沙海古卷》，文物出版社1988年版，第229页。
② 林梅村：《楼兰尼雅出土文书》，文物出版社1985年版，第34页
③ 林梅村：《楼兰尼雅出土文书》，文物出版社1985年版，第51页。
④ 穆舜英等：《中国新疆古代艺术》，新疆美术摄影出版社1994年版，第84页，第206图。
⑤ 张平：《新疆坎土镘农具的产生及其发展》，《新疆文物》1989年第1期。
⑥ 新疆维吾尔自治区文物事业管理局：《新疆文物古迹大观》，新疆美术摄影出版社1999年版，第136页，第334图。

的均质提升。以天山南道为例,直到北魏正光二年(521),且末一带人民耕作尚且"不知用牛,耒耜而田"①。

不仅耕种技术如此不同,就灌溉技术而言,西域各地的灌溉技术发展也不一致。当时西域各地的灌溉方式大致可以分为"引水灌溉"和"决水灌溉"两种。前者技术含量较高,较为先进。这种方式主要是通过筑堤坝、截流河水,从而引水入渠进行灌溉,主要分布在屯垦地区和吐鲁番地区。后者则是简单地掘河引水,不筑河堤,不修渠道,直接把河水就近引入农田。这种方式颇为原始,多见于塔里木盆地的南道诸国。例如,北魏宋云所见:且末地区是"土地无雨,决水种麦";汉盘陀国的都城东有孟津河(今塔什库尔干河),"人民决水以种,闻中田待雨而种,笑曰:'天何由可共期也?'"②

第三,农作物新品种的引入。早期西域粮食作物主要是麦、糜、粟、菽、青稞、高粱等,经济作物则主要是麻。魏晋南北朝时期,西域引入了新的农作物品种,其中粮食作物主要是稻,经济作物是棉花,园艺作物则是石榴。

水稻,作为人类历史上最重要的农作物之一,其原产地至今尚无定论。目前主要观点是:就国别而言主要集中在中国、尼泊尔和印度等国家,就我国国内而言,则集中在珠江流域、云贵高原、长江流域等地区③。然无论水稻是起源于中国或国外,有一点可以确定,即今新疆地

---

① (北魏)杨衒之著,杨勇校笺:《洛阳伽蓝记》卷五,中华书局 2006 年版,第 209 页。
② (北魏)杨衒之著,杨勇校笺:《洛阳伽蓝记》卷五,中华书局 2006 年版,第 209、211 页。
③ 赵志军:《中国稻作农业源于一万年前》,《中国社会科学报》2011 年 5 月 10 日;陈淳、郑建明:《稻作起源的考古学探索》,《复旦学报(社会科学版)》2005 年第 4 期;卫斯:《关于中国稻作起源的再探讨——兼论中国稻作起源于长江中游说》,《中国农史》1996 年第 3 期;严文明:《再论中国稻作农业的起源》,《农业考古》1989 年第 2 期;刘志一:《关于稻作农业起源的通讯》,《农业考古》1994 年第 3 期;向安强:《论长江中游新石器时代早期遗存的农业》,《农业考古》1991 年第 1 期;张德滋:《水稻的起源、进化与演变》,《世界科学》1980 年第 5 期;丁颖:《中国栽培稻种的起源及其演变》,《农业学报》1957 年第 3 期;段斌莉、林强:《中国稻作的起源及分布》,《福建农业科技》2010 年第 5 期。

区是没有原始水稻的。《史记》曾记载中亚地区有水稻种植，而未及今新疆地区，应是当时塔里木盆地绿洲诸国还没有水稻种植①。至魏晋南北朝，塔里木盆地始见水稻种植的记载。《梁书·诸夷传》记载，于阗国"其地多水潦沙石，气温，宜稻。"《魏书·西域传》和《北史·西域传》记载疏勒国"土多稻、粟、麻、麦、锦、绵，每岁常供送于突厥。"焉耆国，"气候寒，土田良沃，谷有稻粟菽麦"。龟兹国"风俗、婚姻、丧葬、物产与焉耆略同，唯气候少温为异。"稻的种植是该时期西域农业的一大进步。

　　该地区种植的稻究竟是什么品种呢？唐朝初年，高僧玄奘在其《大唐西域记》一书中记载屈支国（龟兹）"宜糜、麦，有粳稻。"②无独有偶，后晋天福三年（938），后晋使者高居诲出使到于阗国时，受到于阗王李圣天的热情接待，食物中就有"粳沃以蜜，粟沃以酪。"③从中可见，西域当时种植的稻品种是粳稻，而且其种植遍布塔里木盆地南北缘绿洲，种植历史从魏晋南北朝一直延续到五代时期。高昌出土文书中当地食用稻的记载，该地出土十六国时期的一个瓮上有"黄米一甖"、"白米一甖"④，黄米是指去壳的粟，白米当指稻米⑤。因为粟和黍去壳后也称小米，或许有人认为，此处"素日食米八斗"或许为粟或黍，但是我们发现吐鲁番出土文书中对"米"、"黍米"和"粟米"

---

　　①　学者卫斯认为西域的水稻种植可以上溯到汉代，但是他在论文中论述的种稻地区并不是狭义的西域或者今天的新疆，而是中亚地区。见其论文《我国汉唐时期西域水稻栽培疏议》，《农业考古》2005年第1期。

　　②　（唐）玄奘等著，季羡林校注：《大唐西域记》卷一，中华书局1985年版，第54页。

　　③　（后晋）高居诲：《高居诲使于阗记》，见杨建新：《古西行记选注》，宁夏人民出版社1987年版，第151页。

　　④　新疆维吾尔自治区博物馆：《吐鲁番阿斯塔那—哈喇和卓古墓群发掘简报》，《文物》1973年第10期。

　　⑤　王素先生认为"白米"指小米即粟。见王素：《高昌史稿》（交通编），文物出版社2000年版，第92页。

是分别称呼的①，因此"素日食米八斗"中的"米"绝不是"粟"或"黍"而应是稻米。此外，重光二年（621）的《高昌传供酒食帐》中也更是明确提到了"粳米"②。由此可见，高昌地区可能有粳稻的种植。此外《高昌传供酒食帐》中的"粳米"是向吴尚书提供的，所以该地的粳稻种植面积应当很小，产量亦不多，仅供高级官员享用。魏晋南北朝时期的西域广大地区已经有粳稻的种植，但各地种植面积不大，产量亦甚微，所以一般百姓还是以粟为主食③，只有社会上层的高级官员和王室才能享用粳稻。综上，魏晋南北朝时期稻种植的主要地区是于阗、疏勒、焉耆、龟兹等地。这也基本奠定了今天南疆地区种植稻谷的地理分布格局。

棉花，古称贝吉，有木棉和草棉之别。学术界一般认为木棉原产于印度，在先秦时经过东南亚传入我国云南和华南广大地区。草棉则原产于非洲，经过中亚传入我国新疆和西北诸省④。虽然汉代时的西域墓葬中已经发现棉制品，但仍无确凿证据表明西域在汉代已经引种棉花。史籍中西域植棉的确切记载见于《梁书·诸夷传》记载高昌地区"多草木，草实如茧，茧中丝如细纑，名为白叠子，国人多取织以为布。布甚软白，交市用焉。"可知，吐鲁番地区的棉花品种当是草棉，种植面积较广，产量亦大，纺织加工水平也较高，不仅供给本地区用度，还用于贸易流通。既然高昌地区棉花种植较为普遍，那么该地种植棉花的时间肯定不会很短，因为物种的种植传播需要时间。由此观之，西域开始种植棉花的时间肯定要早于南北朝时期。

关于棉花种植的时间，一般认为是魏晋南北朝，这在史书中有明确

---

① 国家文物局古文献研究室等编：《吐鲁番出土文书》，第 1 册，文物出版社 1981 年版，第 256—261 页。

② 国家文物局古文献研究室等编：《吐鲁番出土文书》，第 3 册，文物出版社 1981 年版，第 146 页。

③ 殷晴：《新疆经济开发史研究》，新疆人民出版社 1992 年版，第 27 页。

④ 于绍杰：《中国植棉史考证》，《中国农史》1993 年第 2 期。

记载。但我们仔细审视，就发现其中尚有些疑团。西域汉代出土的大量棉花制品虽不能说明当时的该地区是否种植棉花，但既然当时有人能把棉花制品带回西域，棉籽也有可能被带回。众所周知，棉花是外来品种，因此棉花引进的路径也最有可能是在当时的主要交通线上。由此推断，棉花也应该首先落脚于当时中亚—西域的主要交通线上①。目前，考古最新发现的西域棉花籽实物是在孔雀河下游尉犁县营盘古墓群出土的②。该墓地出土的文物上起两汉下至魏晋，但以魏晋时期的器物居多，因此我们推断出土于该墓地的棉籽属于魏晋的可能性更大。而沿天山南麓的绿洲到孔雀河畔的营盘，再向东到楼兰古城，正是当时的东西交通主干线。如此，棉籽首先出现在营盘墓葬中就容易理解了。至于地处此路偏北的高昌何时生产棉花，应该与此同时或在此之后。综合考虑，新疆种植棉花的时间大致在魏晋时期。至于传入的路径，有学者认为西域的棉花是从印度传到中亚再传到西域的③。笔者认为则是从非洲而西亚，再传至中亚而西域的。因为学界已经确认草棉原产于非洲，木棉产于印度，而西域种植的棉花属草棉，故当从非洲传来。

从园艺作物看，石榴是该时期西域的新增品种。石榴亦称安石榴，原为波斯及其邻近地区所产，大概在汉晋时期通过西域传入中原。塔里木盆地南缘的鄯善且末地区盛产石榴，甚至成为当地的实物税一种。佉卢文书第295号文书记载："和以前一样，税收为一瓶一硒之石榴，故

---

① 值得注意的是，唐代西域的棉花籽种实物也是出土在这条东西要道西段的巴楚地区。汪若海先生也认为我国西北地区的草棉是从非洲、中亚、新疆传入我国西北的。见汪若海：《我国植棉史拾零》，《农业考古》1991年第1期；沙比提：《从考古发掘资料看新疆古代的棉花种植和纺织》，《文物》1973年第10期。

② 周金玲：《新疆尉犁县营盘古墓群考古论述》，《西域研究》1999年第3期。

③ 刘咸、陈渭坤：《中国植棉史考略》，《中国农史》1987年第1期；袁庭栋：《棉花是怎样在中国传播开的》，《文史知识》1984年第2期。刘进宝先生认为古代新疆的棉花来自印度，其论据则是文献中对印度棉花的记载。笔者认为这个论据是不足成立的。因为印度的棉花是木棉，而西域的棉花是草棉，两个棉花的品种完全不一致，如何说古代新疆的棉花来自印度？其观点参见刘进宝：《不能对古代新疆地区棉花种植估计过高》，《中国边疆史地研究》2005年第4期。

现在须要此税"。石榴在且末地区的广泛种植，使得它成为人们喜食的水果，如果没有石榴，只好向别人借，佉卢文书第 617 号文书就记载了石榴借贷情况。"是时寿友家所欠石榴皆已登记。跋特罗欠石榴二瓦查理。法勇欠石榴一瓦查理。布特胜伽欠石榴一瓦查理。阿尔甘伽欠石榴第三年一瓦查理。都陀衍那、寿友欠石榴第三年一瓦查理。都陀衍那、寿友欠石榴第三年一瓦查理。沙卡欠石榴一瓦查理。"[①]

总之，魏晋南北朝时期西域农作物新品种的引进和推广种植促进了农业的进步，新物种不仅丰富了当地居民的饮食，也增加了粮食产量，提高了居民生活水平。

第四，吐鲁番地区复种制度的形成和初步发展是该时期西域农业进步的另一亮点。复种是指一年内，在同一田块连续种植（收获）二季或二季以上作物的种植方式。魏晋南北朝时是吐鲁番农业的大发展时期，这一时期该地的作物种植制度也有新的突破，即"谷麦一岁再熟"[②]。这一进步在整个西域地区是唯一的。所谓"谷麦一岁再熟"就是通常所说的复种制。众所周知，麦子是夏熟作物，而谷可能是指粟和糜子，这是秋熟作物。吐鲁番地区是炎热区，一年两熟的条件较好，也就说仅从气候上看，吐鲁番地区具备一年两熟的条件。吐鲁番出土文书中为我们提供了一些情况。

1. 高昌延昌三十六年（596） 宋某夏田券云：夏孔进渠常田叁亩，要经陆年。亩与大麦陆斛，若种粟，亩与粟柒斛。五月内□□使毕，十月内上使毕[③]。

2. 高昌田婆泰 夏田券云：□□常田贰亩，亩到五月内，与夏□□斛伍斗，粟陆斛伍斗，到五月□□，到十月内，上（偿）

---

① 林梅村：《沙海古卷》，文物出版社 1988 年版，第 242—243 页。
② 《北史》卷九七《西域传》。
③ 国家文物局古文献研究室等编：《吐鲁番出土文书》第 2 册，文物出版社 1981 年版，第 326 页。

粟使毕①。

上述券契记载交纳夏季麦租是五月，交纳秋季粟租是十月。崔寔《四民月令》记载内地的大麦是四月收割，小麦是五月收割②。大麦的种植时间是在春季，其成熟期短于小麦，所以及早成熟。由于西域气候和种植时间的因素，西域的大麦成熟晚于内地。至于粟和糜子均在十月收获，也符合复种的条件。吐鲁番地区的复种制在西域农业发展史上是相当重要的。正因如此，高昌地区的农作物主要是大麦、小麦、糜和粟等。③

魏晋南北朝时期，西域佛教兴盛，寺院经济也日趋繁荣。以鄯善王国为例，佉卢文书第358号文书记载："汝处寺主正在挥霍和浪费自己领地的酒肉。每日寺主从领地私有财产中应发给彼子及随从人员四瓦查厘面粉和粗粉当口粮"④。从"酒肉"可见，该地的佛教可能是小乘佛教。该地寺主有自己的领地，还要发给随从面粉和粗粉当口粮，该寺的势力很大。第393号文书中提到："司土兼御牧卢达罗耶上奏，此地奥古侯寺主之领地有一男子在特罗县欠款二十目厘。"⑤ 第473号文书，是一件"僧人僧迦尸罗将所属耶钵笈之一所葡萄园及一块耕地抵押给他人之文书"。该文书云："顷据耶钵笈向余报告，僧人僧伽尸罗将属彼所有之葡萄园一所及耕地一块抵押给他人。汝务必当面作详细询问，葡萄园及耕地是否确已抵押。该耕地及葡萄园为耶钵笈自己之财产，彼不应该放弃。该葡萄园及耕地为耶钵笈之财产，应由接受抵押者归还（耶钵笈）。若非如此，等等……"。僧侣所拥有的财产，除了土地和被视

---

① 国家文物局古文献研究室等编：《吐鲁番出土文书》第2册，文物出版社1981年版，第326页。

② 严可均辑：《全后汉文》卷四七，见《全上古三代秦汉三国六朝文》，中华书局1958年版，第730页。

③ 荣新江等：《新获吐鲁番出土文献》（下册），中华书局2008年版，第291、293页。

④ 林梅村：《沙海古卷》，文物出版社1988年版，第100页。

⑤ 林梅村：《沙海古卷》，文物出版社1988年版，第100页。

为财产的奴隶外还有家畜等，这在第 546 号文书中反映得很清楚。该文书是一个名叫法爱的沙门请求朋友照顾属于他的财产的书信。"请从伏格耶之家人处取回余之二头橐驼及一个 vyalyi。余在且末曾从伏格耶之子取回一头牝驼。汝系见证人。余将该橐驼留在汝之手中。关于该牝驼，余已派人，名夷罗伽为此前来汝处。请汝务必向波列耶要回该牝驼。该牝驼应当着诸大人之面交夷罗伽。……波列耶若对此有争议，彼等来此地时，余等将在奥古侯、司土怖军处提出控告，作出判决。"①这封信充分显示了鄯善王国的僧侣享有的权势，该僧侣也可能就是奥古侯寺的一名僧人，由此可见奥古侯寺的强大势力。该寺庙是且末西 22 里的一个大寺，有僧众 300 多，还有"封四百户，供洒扫户"②。此供洒扫之四百户，实际上就是为寺院服务的农奴，他们为寺院的田产劳作。

　　寺院经济在于阗也极为繁盛，于阗寺院林立，有大寺院 14 座，"众僧数万人"③。众多僧人的日常消费除皇室给予和过往商旅与民众供奉施舍外，寺院本身也还有自己的园地。关于魏晋南北朝时期于阗的寺院经济状况由于文献不足证，无法直接了解，但是从唐代时期于阗的寺院经济大致可以推测一二。和田城北 180 余公里的麻扎塔格发现的一份文书相当丰富地提供了这方面的资料，这本账册残页记载了盛唐时期某年最后三个月和次年元月于阗某一寺的日常开销④。

　　从该文书可见，该寺有新庄、西庄及西旧园，经营农业生产，由直岁僧幽润、都法、智寅分别负责管理，虽然其生产效益在账册上未有记载，但可肯定的是外庄会向寺院缴纳实物或货币。外庄系由百姓耕作，

　　①　林梅村：《沙海古卷》，文物出版社 1988 年版，第 307—308 页。
　　②　（北魏）宋云：《宋云行纪》，见杨建新：《古西行记选注》，宁夏人民出版社 1987 年版，第 47 页。
　　③　（东晋）法显《佛国记》，见杨建新《古西行记选注》，宁夏人民出版社 1987 年版，第 32—33 页。
　　④　殷晴：《唐代于阗的社会经济研究》，《新疆社会科学》1989 年第 6 期。

冬季也由他们掏渠，从事水利建设。百姓在唐律中相当于庶人亦即良人，而和杂户贱口有别，他们和敦煌寺院的寺户不同，不是依附于寺院的农奴，而是具有独立身份的自由民，所以掏渠时寺院还备酒招待，寺院对耕种其土地的百姓的剥削形式，当是租佃制。这三所外庄，西庄与新庄自然以粮食生产为主，西旧园则种植蔬菜瓜果之类①。唐代于阗寺院经济如此发达，上溯到魏晋南北朝时期，并结合鄯善王国的寺院经济状况，大致可以推测出于阗的寺院经济也是相当繁盛的。

吐鲁番麴氏高昌时期（497—640），吐鲁番地区农业持续发展，随着土地私有的进一步发展，田地出租、买卖盛行，并按照所种植作物的不同交纳实物税。这一时期最大的特色就是寺院经济兴盛。吐鲁番所出土有关麴氏高昌寺院经济的文书资料，数量多是涉及寺院占有田园、经营田园，计田纳税服役等事项的内容。这一事实也说明麴氏时期高昌寺院经济的基础是农业②。

三、农业发展的区域不平衡和特色经济区域化

经过汉晋南北朝五百多年的发展，西域地区的农业生产与经营取得了较大进步。同时，这一时期也出现了区域发展的不平衡和特色经济区域化的特征。这对后来新疆发展产生重要而深远的影响。

首先，区域发展的不平衡性，最主要体现在塔里木盆地东南部的衰落和吐鲁番盆地的兴盛。汉代时，塔里木盆地东南部的楼兰（鄯善）、精绝、扜弥和且末是南疆重要的经济发达地区。从《汉书·西域传》记载的人口看，上述四地的人口将近4万人，占到当时塔里木盆地总人口的7%。其中楼兰和扜弥两个地方均是超过万人的大国，农业发达、畜牧繁盛，经济繁荣，是塔里木盆地绿洲经济发达地区之一。而吐鲁番盆地的车师前国、车师都尉国尚不足6500人，仅仅占到当时塔里木盆

---

① 殷晴：《3—8世纪新疆寺院经济的兴衰》，《西域研究》1997年第2期。
② 谢重光：《麴氏高昌寺院经济试探》，《中国经济史研究》1987年第1期。

地总人口的 1%。

魏晋时期的鄯善，由于兼并了且末、小宛、精绝等从事农业生产的邻国，其农业生产蔚为大观，各地的农业生产已经十分普及，佉卢文书中有关土地耕种方面的内容随处可见。278 号文书说："余已将耕作之事交鸠罗格耶和周伐罗夷那照料。彼处生产的食物和酒类应交詹阇，并登记造册送来。[1]" 320 号文书说："只要汝处还有其他人，就要考虑耕作之事……派彼前来为余着手耕地和播种。[2]"鄯善王国的农业耕种和管理相当精细，而不是流于简单的粗放式经营，耕种者从谷物的播种到收获均要付出很多心血。各级行政机关中设有司谷（Koyimam）、谷吏（Tsamgina）等专门负责粮食作物的播种与收获，从而形成从王廷到地方的一套完整而严密的粮食管理体系。谷物的播种与收获均要登记造账，这显示出当时人对农业生产极为重视。83 号文书说："至于农耕、大麦、小麦和 ad'imi 之事，请汝等精心关照。……无论彼等在农耕地播种多少谷物，汝都应该让黎弗罗摩记账。[3]"正因为农业生产在鄯善经济生活中占有重要地位，所以鄯善王国对农业发展极为重视，常常采取积极地鼓励政策扩大农作物的种植面积，并设立司土（vasu）一职专责管理土地[4]。在鄯善王的一件敕谕中明确要求地方官吏"……必须给那些难民以田地和房舍……（残）……和种子务必发给那些难民，以便彼等能耕种更多更多的土地。[5]"鄯善的民众不仅在平坦的低地耕种，还"于高地上播种"[6]。

此外，鄯善王国的农业生产已形成了一定的规模性经营，其标志便是庄园的出现，这也是魏晋南北朝时期南疆农业生产的一大特点。T.

---

① 林梅村：《沙海古卷》，文物出版社 1988 年版，第 293 页。
② 林梅村：《沙海古卷》，文物出版社 1988 年版，第 296 页。
③ 林梅村：《沙海古卷》，文物出版社 1988 年版，第 268 页。
④ 林梅村：《沙海古卷》，文物出版社 1988 年版，第 64 页，第 124 号文书；第 89 页，第 297 号文书；第 131 页，第 532 号文书；第 316 页，第 713 号文书。
⑤ 林梅村：《沙海古卷》，文物出版社 1988 年版，第 87 页，第 292 号文书。
⑥ 林梅村：《沙海古卷》，文物出版社 1988 年版，第 206 页，第 225 号文书。

贝罗撰、王广智译《新疆出土佉卢文残卷译文集》第298号佉卢文书记载，某一庄园主要求其奴隶除将已耕种之田地应加以适当灌水和照料外，还需将庄园内外之耕田加以适当照料。鄯善的庄园主驱使奴隶为其耕作，繁重的劳动使得奴隶们一有机会就逃走。[1] 有的庄园主本身就是所谓的州长等高级官吏。如州长柯利沙和鸠那罗致国王所遣税监的信中说："汝曾从余等之庄园派一人来此干活。现彼等正让其在此干活。但是又传闻，诸差役又派其到彼处……干铁匠活。"[2] 在另一件州长驮克罗谨致州司土的信中则声称："若汝（司土）所送税收再短缺，则务必用自己庄园之收入补上。……汝现在已年复一年地减少自己庄园之税务"。[3] 但他在给税监的信中却抱怨说："他人耕种县属土地，却让余私有庄园交纳 maká 及 ogana 税，殊不合法。"[4] 显而易见，无论何种性质的庄园均需向王廷缴纳一定数量的赋税。373号文书说："彼处有两座庄园，尚有其他人住在附近。汝若去，可从该地征税。若再去，还能征到税收。"[5] 所以，庄园已成为鄯善农业经济中不可或缺的组成部分。

然而到了南北朝时，该地区发展的不平衡逐渐凸显出来。塔里木盆地东南部的楼兰（鄯善）、精绝、扜弥和且末等地在经过汉晋大规模开发后，生态环境严重恶化，沙漠已经威胁到该区人民的生产和生活，再加之政局变动，居民撤离家园，远徙他乡，绿洲渐渐沦于荒漠之中。《魏书》《周书》《北史》等史书均记载"且末西北有流沙数百里，夏日有热风，为行旅之患。风之所至，唯老驼预知之，即嗔而聚立，埋其口鼻于沙中。人每以为候，亦即将毡拥蔽鼻口。其风迅驶，斯须过尽，若不防者，必至危毙"。北魏正光二年时，宋云所见且末城居民仅仅不

---

① 林梅村：《沙海古卷》，文物出版社1988年版，第289页。
② 林梅村：《沙海古卷》，文物出版社1988年版，第272—273页。
③ 林梅村：《沙海古卷》，文物出版社1988年版，第317页。
④ 林梅村：《沙海古卷》，文物出版社1988年版，第316页。
⑤ 林梅村：《沙海古卷》，文物出版社1988年版，第299页。

过百家①，其经济凋敝由此可知。逮至唐初，尼雅以东皆是大流沙，"沙则流漫，聚散随风，人行无迹，遂多迷路。四远茫茫，莫知所指，是以往来者聚遗骸以记之。乏水草，多热风。风起则人畜昏迷，因以成病。"鄯善故地已是"国久空旷，城皆荒芜"，"城郭岿然，人烟断绝"，一片荒凉景象！

自西汉到魏晋，吐鲁番盆地一直是内地王朝在西域经营的重点地区。长期以来，汉人逐渐成为该地居民的重要成员。高昌地区的人民多系"汉魏遗黎"②，加之从河西诸州逃亡或随军而来的大批农户，所以高昌"国有八城，皆有华人"。汉人向来精于农耕，技术高超，勤劳不倦。他们到达高昌后长期从事农耕，他们"引水溉田"，使用牛耕③，精耕细作，植桑养蚕，促进了该区农业的发展，使吐鲁番地区成为远近闻名的膏腴之乡。在广大人民的辛勤劳作下，高昌地区的农业获得蓬勃发展，显示出勃勃生机，"备植九谷"④，"谷麦一岁再熟，宜蚕，多五果"。进入麴氏高昌时期（497—640），吐鲁番地区农业持续发展，随着土地私有的进一步发展，田地出租、买卖盛行，并按照所种植作物的不同交纳实物税，经济繁盛，人口增加。到唐贞观十四年（640），大将侯君集攻下高昌时，该国已有8000户，37700人⑤。

吐鲁番盆地经过魏晋南北朝时期的发展，逐渐成为新疆最具发展前景的地区，这为吐鲁番地区的长期发展奠定了坚实基础。

与塔里木盆地东南部衰落和吐鲁番地区的崛起不同，塔里木盆地西部则是稳步发展。史籍记载显示，于阗、焉耆、龟兹、疏勒等地的农业生产在此一时期也颇有起色。农作物种类增加，蚕桑发达，粮食产量大

---

① （北魏）杨衒之著，杨勇校笺：《洛阳伽蓝记》卷五，中华书局2006年版，第210页。
② 《魏书》卷一〇一《高昌传》。
③ 吐鲁番哈喇和卓古墓出土了一幅"仕人寓耕图"，见新疆社会科学院考古研究所：《新疆考古三十年》，新疆人民出版社1983年版，第122页。
④ 《梁书》卷五四《诸夷传》。
⑤ 《旧唐书》卷二一〇《西戎传》。

图2-1　《晋墓主人生活图》

资料来源：吐鲁番阿斯塔那晋墓出土，《新疆文物古迹大观》，第136页，0334图。

图2-2　《墓主人生活图》

资料来源：吐鲁番哈喇和卓古墓出土，《中国新疆古代艺术》，第88页，218图。

增，收获不仅自给自足，还有盈余输送给游牧的少数民族。如疏勒国，"土多稻、粟、麻、麦、锦、绵，每岁常供送于突厥。"① 焉耆国，"气候寒，土田良沃，谷有稻粟菽麦，畜有驼马。养蚕不以为丝，唯充绵纩。俗尚蒲萄酒。"龟兹国"税赋准地征租，无田者则税银钱。风俗、婚姻、丧葬、物产与焉耆略同，唯气候少温为异。"龟兹国以田税作为政府财政收入的重要来源，说明了该地区土地制度的完善，农业生产占有重要地位。即便是于阗西南昆仑山中一些小国，如朱居国、渴盘陀国及钵和国等，其农业生产也有一定进步。朱居国（今叶城的叶尔羌支流

---

① 《魏书》卷一〇二《西域传》，《北史》卷九七《西域传》。

奇盘河上游棋盘附近），"有麦，多林果"。宋云经过朱居波国，见到该国"人民山居，五谷甚丰，食则面麦。"① 渴盘陀国（今塔什库尔干东部），"地宜小麦，资以为粮。多牛马骆驼羊等"。渴盘陀西面的钵和国（今塔什库尔干地区）"其人唯食饼麨，饮麦酒"。②

其次，区域经济特色愈趋明显化。这里的特色经济主要指棉花、蚕桑、水果等园艺经济。综合文献记载与考古资料来看，从魏晋南北朝开始，吐鲁番盆地一直是西域棉花的主要种植地区。虽然唐代时棉花种植已经扩展到于阗、疏勒地区，但吐鲁番盆地仍是西域棉花种植最主要的产地。无论正史或其他文字记载，我们都能看到有关吐鲁番盆地棉花种植的信息，其地区优势一直持续到现在。

蚕桑业是西域农业发展史上最重要的进步之一。西域蚕桑业最早可以上溯到魏晋时期。③《魏书·西域传》记载：于阗国"土宜五谷并桑麻"；焉耆国，"养蚕不以为丝，唯充绵纩"；龟兹国，"风俗、婚姻、丧葬、物产与焉耆略同"；疏勒国，"锦、绵，每岁常供送于突厥"。锦是用彩色丝线织成，花纹精美的上等丝织品，工艺复杂，技术要求较高，然此时疏勒一带的工匠已经掌握了这一技术，生产出的锦织品竟成为突厥贵族的垂涎之物。

《周书·异域传》和《北史·西域传》均记载高昌"宜蚕"。可知魏晋南北朝时期，在高昌、焉耆、龟兹、疏勒、于阗等地均有蚕桑种植，也就是此时养蚕业在南疆已得到普遍推广。吐鲁番出土文书的资料证实，前秦时期高昌已有蚕桑业的出现。《前秦建元二十年（384）三

---

① （北魏）杨衒之著，杨勇校笺：《洛阳伽蓝记》卷五，中华书局 2006 年版，第 209 页。

② 《魏书》卷一〇二《西域传》。

③ 汉代时期西域诸多遗址中已经有桑树存在。《后汉书·西域传》中记载章帝元和三年（86），于阗迫于匈奴军事压力，每年向后者提供罽絮。史载："匈奴闻广德灭莎车，遣五将发焉耆、尉黎、龟兹十五国兵三万余人围于阗，广德乞降，以其太子为质，约岁给罽絮。""罽絮"分别指毛织品和质量欠佳的丝绵。《广韵》曰："精曰绵，粗曰絮"。固然，于阗可能是通过贸易购买来罽絮，但我们也可以大胆蠡测，汉代时西域南道的于阗或许已有蚕桑业了。当然，这是目前文献中的孤证，还需要进一步结合考古资料和文献资料予以佐证。

月高昌郡高宁县都乡安邑里籍》记载了当地户籍及田亩情况，其中清晰记载有数户农家的桑田。如崔明一家："崔明息女年廿一，从夫，得阚高桑园四亩半……仕女弟训年十二，得李亏田地，桑三亩"。[①] 张晏一家："叔妻刘年卅六，丁男二，得张崇桑一亩"。另一无名氏："息男隆年卅三物故，丁女一，埤坞下桑二亩入杨抚。"[②] 《西凉建初十四年（418）严福愿赁蚕桑券》记载："建初十四年二月二十八日严福愿从阚签处赁叁簿蚕桑，贾（价）交与毯。"[③] 这则材料记载了严福愿以毯子为价格从阚签处赁叁簿蚕桑。另一文书则记载了高昌有蚕种之实，即《某家失火损失财物帐》记载了某家有蚕种十簿。[④] 该家有蚕种十簿，说明其养蚕规模相当可观。北凉时期，高昌实施计资献丝和计口出丝制度，这大大促进了高昌地区蚕桑业的发展。《北凉高昌计资出献丝账》就记载李谧等十一家献丝五斤，王宁等二十二家献丝五斤，孙国长等十八家献丝五斤，宋平等十二家献丝五斤。[⑤] 《北凉高昌计口出丝账》记载韩通等六十八人出丝四斤四两，张端等二十五家一百六十人出丝十斤。[⑥] 及至北魏，高昌的养蚕业已有较长的发展过程。

葡萄种植是西域农业发展的重要内容。西域葡萄种植的历史可以上溯到距今 2500 年前。[⑦]《后汉书·西域传》载："伊吾之地宜五谷、桑、麻、蒲陶"，伊吾有葡萄，那么比伊吾条件更优越的塔里木盆地的南、

---

① 荣新江等：《新获吐鲁番出土文献》上册，中华书局 2008 年版，第 177 页。

② 荣新江等：《新获吐鲁番出土文献》上册，中华书局 2008 年版，第 179 页。

③ 国家文物局古文献研究室等编：《吐鲁番出土文书》第 1 册，文物出版社 1981 年版，第 17 页。

④ 国家文物局古文献研究室等编：《吐鲁番出土文书》第 1 册，文物出版社 1981 年版，第 195 页。

⑤ 荣新江等：《新获吐鲁番出土文献》下册，中华书局 2008 年版，第 279—281 页。

⑥ 荣新江等：《新获吐鲁番出土文献》下册，中华书局 2008 年版，第 283—284 页。

⑦ 杨承时：《中国葡萄栽培的起始及演化》，《中外葡萄及葡萄酒》2003 年第 4 期。2004 年新疆鄯善洋海墓地在距今 2500 年的墓葬中发现了距今最早的葡萄藤实物，这根葡萄藤标本长 1.15 米，分多节，每节长 11 厘米，宽 2.3 厘米。《吐鲁番发现迄今年代最早的葡萄藤》中华网，2004 年 4 月 6 日。http://www.china.com.cn/culture/txt/2004 - 04/06/content_5531280.htm。

北缘地区也应该有葡萄栽植。公元 1—3 世纪流行于新疆鄯善、于阗、精绝、龟兹的佉卢文书大量地记录了这一时期塔里木盆地南北缘地区的葡萄发展状况。T. 贝罗撰、王广智译《新疆出土佉卢文残卷译文集》和林梅村的《沙海古卷》中 419 号文书载："此一有关向菩地及菩达取（购买）之葡萄园一所之文件，由……及僧伽色利妥为保存"；655 号文书载："尚有葡萄园一所。园内种有 13 葡萄之 apaci – ra"；586 号文书载："彼愿将内有 15sujada 之葡萄园一所以及地上之树卖给司书罗没索蹉。给马一匹，双方同意并作了决定。从今以后，司书罗没索蹉对该葡萄园有权支架、拆架、剪葡萄、饮（酒）、交换、出卖……"。随着葡萄栽培的兴盛，且末、精绝一带葡萄酿酒业也随之发达起来。据 329 号文书载："现在且末酿酒业盛行，当此谕令到达汝处时，务必即将五囊驼（所能驮载）之酒交左尔格耶，日夜兼程送来，……此酒务必于 4 月 5 日运至且末"；567 号文书载："……仓库内有酒和皇家专用之酒，这些酒应有苏耆耶和波耆沙赔偿，并征收以前欠下的酒债，至于新欠酒债和苏焉耶无关，应由其他税监征收"。可见鄯善国地区的葡萄树或葡萄园，以及葡萄深加工而生产的葡萄酒，已作为社会财富，在经济活动中用于交换流通，并作为收益支付、抵贷、税收等实物价值凭证，葡萄种植的重要性在此不言而喻。

不仅鄯善盛产葡萄酒，而且大绿洲龟兹也以盛产葡萄酒闻名。《晋书·吕光载记》载，吕光"又攻龟兹城（今新疆库车）……光入城……胡人奢侈，厚于养生，家有蒲桃酒，或至千斛，经十年不败，士卒沦没酒藏者相继矣"。《魏书》《周书》和《北史》诸书均记载焉耆"俗尚蒲桃酒"。考古发现也证明该区葡萄酒业兴盛。1958 年，新疆博物馆考古队在发掘龟兹古城的哈拉墩遗址时（汉魏时期），出土 33 个陶缸，排列整齐，似为酒窖。① 如考古工作者推测为酒缸或酒窖无误的

---

① 《龟兹古城的调查和哈拉墩的发掘》，见新疆社会科学院考古研究所：《新疆考古三十年》，新疆人民出版社 1983 年版，第 55—58 页。

话，则足以说明公元 2—3 世纪的塔里木盆地北缘一带，葡萄栽培与酿酒已达到了相当规模。

公元 4 世纪前后，塔里木盆地东南缘的环境明显趋于恶化，且末、精绝一带干旱缺水，种植业凋敝，园林果木干枯，古城废弃甚至被流沙湮没。唐贞观年间，粟特人首领康艳典，在沙卤之中的鄯善故址，聚众建城，种植葡萄成功，名谓葡萄城。终因环境恶劣，难以持久，复又消失在荒漠之中。① 伴随着该区的衰落，葡萄种植却在天山南麓的吐鲁番盆地迅速崛起。葡萄种植千百年来成为该地最著名支柱产业。《梁书》和《北史》均记载高昌"多蒲桃酒"。吐鲁番文书《前秦田亩簿》记载前秦时期高昌郡高宁县田亩中就明确记载当地种植作物及其地亩。

小麦十亩，□麦九亩，□桑四亩，蒲陶三亩，□平头桑一亩半，□德明蒲陶三亩，□洛桑二亩半，蒲陶四亩，麦四亩，□□蒲陶五亩，□桑麦二亩，□桑麦三亩。②

从这残破的文书中，短短数句就记载葡萄四次，共有十五亩之多。从该文书可知，当地种植的作物主要是小麦，经济作物是桑和葡萄。《功曹条任行水官文书》中则记载了当地人民饮水灌溉葡萄之情："今引水溉两部葡萄"③。魏晋之后，吐鲁番的葡萄种植业获得很大发展。一是涌现出优良的品种，如洿林葡萄，该品种"皮薄味美"，④ 深受中原人士喜爱。洿林即今葡萄沟。⑤ 可见葡萄沟所产优质葡萄历史悠久；

---

① 殷晴：《物种源流辨析——汉唐时期新疆园艺业的发展及有关问题》，《西域研究》2008 年第 1 期。

② 荣新江等：《新获吐鲁番出土文献》上册，中华书局 2008 年版，第 185 页。

③ 转引自宋晓梅：《吐鲁番出土文书所见高昌郡时期的农业活动》，《敦煌学辑刊》1997 年第 2 期。

④ 《太平广记》卷八一《梁四公记》，转引自王素：《高昌史稿》（交通编），文物出版社 2000 年版，第 96 页。

⑤ 王素：《高昌史稿》（交通编），文物出版社 2000 年版，第 77 页。

二是面积广泛，高昌的田地、横截、交河、安乐、洿林、始昌、高宁等县均种植葡萄。[①] 卢向前先生推算整个吐鲁番地区有葡萄田 3063 亩，即 30 余顷，约占高昌垦田面积的 3%—4% 之间。[②] 三是对葡萄进行了深加工。葡萄含水量大，在炎热高温的环境中容易败坏，不易储藏，如果对之深加工则可以久存。目前可知，深加工主要是制成葡萄干和葡萄酒。[③] 吐鲁番的葡萄种植业经过魏晋南北朝的发展后，已经成为该区域最具特色的地方经济产业，并奠定了今后新疆葡萄产业分布格局。

总体而言，魏晋南北朝时期，西域农业生产发展较好，呈现出勃勃生机，地区发展差异已初现端倪，经济区域性特征日益明显，奠定了西域农业发展的分布格局。而此期作为西域农业发展史上又一活跃阶段，是新疆经济发展史上至关重要且不可或缺的环节。

第二节　汉晋南北朝时期的屯垦

一、两汉时期的西域屯垦

随着西汉对西域经营的展开，西域屯垦作为一项重要内容，也构成西域农业发展的一部分。

汉王朝在击败匈奴，控制西域后，在西域的驻军不仅要屯田自养，还要承担汉王朝与西域各国往来使者的生活供给任务。西汉武帝时，贰师将军李广利率军破大宛，"西域震惧，多遣使来贡献，汉使西域者益得职。于是自敦煌西至盐泽，往往起亭，而轮台、渠犁皆有田卒数百

---

① 国家文物局古文献研究室等编：《吐鲁番出土文书》第 5 册，文物出版社 1983 年版，第 2 页。

② 卢向前：《麴氏高昌和唐代西州的葡萄、葡萄酒和葡萄税》，《中国经济史研究》2002年第 4 期。

③ 《太平广记》卷八一《梁四公记》。

人，置使者校尉领护，以给使外国者。"① 武帝后期，这两处屯田被废弃。至汉昭帝元凤三年（前78），汉朝采纳桑弘羊之前提出的扩大轮台屯田的建议，"以扞弥太子赖丹为校尉，将军屯田于轮台。"② 又恢复了轮台、渠犁之屯田。昭帝元凤四年，汉更立楼兰王，且改其国名为鄯善，"于是遣司马一人，吏士四十人，田伊循以镇服之。"其后"更置校尉"，屯田卒也得以增加。③ 汉宣帝地节二年（前68），汉在渠犁的屯田士卒增加到1500人。④ 汉宣帝地节三年（前67），在渠犁屯田的郑吉又"使吏卒三百人别田车师"，其后又置戊己校尉领屯田于车师，一直延续到西汉末年。此外，文献中还有屯焉耆与屯姑墨等记载，⑤ 如确属屯田点，亦当是校尉领屯的规模。

东汉明帝继续沿袭西汉屯田的措施，屯田柳中（今鄯善鲁克沁），置田卒数百人，⑥ 楼兰屯垦置田卒达千人，⑦ 两地都是颇具规模的屯田点。此外，还有尼雅屯田。考古工作者曾在今民丰尼雅遗址（汉精绝国）发现了一枚东汉时炭精制作的"司禾府印"，证明东汉在精绝也曾设置屯田机构，负责屯田。

两汉在西域的屯田，最初目的是供给往来使者和驻军自身的需要，但客观上起到促进南疆农业发展的积极作用。其一，屯田有效地扩大了南疆地区农业种植面积；其二，促进了南疆地区农业耕作技术的提高。在屯田汉军进入南疆之前，当地的生产力水平仍很低下，在当时农业生产尚属发达的捷枝、渠犁一带，仍缺少用金属制作的生产工具，所谓"其旁国少锥刀"。⑧ 随着汉族屯田士卒的进入，中原地区先进的生产工

---

① 《汉书》卷九六《西域传》。
② 《汉书》卷九六《西域传》。
③ 《汉书》卷九六《西域传》。
④ 《汉书》卷九六《西域传》。
⑤ 《汉书》卷六九《辛庆忌传》，卷九六《西域传》。
⑥ 《后汉书》卷一九《耿恭列传》。
⑦ 《后汉书》卷四八《杨终列传》。
⑧ 《汉书》卷九六《西域传》。

具和技术都随之传到南疆地区，促进了南疆地区耕作技术水平的提高。这一点极具进步意义。

水利灌溉始终是南疆地区农业生产发展的首要条件。干旱缺雨的地理环境，极大地限制了区域农作物的种植。在这样的地区如果没有水利灌溉，农业种植与生产是根本无法想象的。水利灌溉事业是与区域农业种植与发展直接相关的一项重要措施。汉武帝征和年间（前92—前89），桑弘羊等奏请屯田轮台（今轮台县东的玉古尔）以东，说此一地区是"故国"，即经济开发比较早的地方，有可灌溉的土地五千顷以上。在此"通利沟渠"，就可"以时益种五谷"。[①] 说明桑弘羊建议的屯田区是旧有灌溉水利设施的。在南疆遭废弃的早期绿洲中，考古工作者发现了多处两汉时期的水利灌溉遗迹：1993—1996年，由新疆文物考古研究所与法国科研中心315研究所组成中法联合考古队，对克里雅河流域进行了考古调查与试掘，在克里雅河下游的喀拉墩古城和圆沙古城周边地区发现了早期水利灌溉遗迹，其中喀拉墩古城一带，灌溉渠道主要分布在古城的南北两侧，"渠道的布局大致呈南北向，宽1米左右，它们似乎构成了一个网状结构——即并行的若干主渠道与分流密集的支渠相连。"[②] 圆沙古城一带，"也有较为密集的灌溉渠道……从已暴露的渠道看，也是纵横成网，排列有序。"[③] 根据考古断代，圆沙古城主要存在于西汉时期，上限或早于西汉，下限则延及东汉；而喀拉墩古城则稍晚一些，可能存在于距今1850年前后，上限当在东汉时期。

20世纪初，黄文弼先生在南疆进行考古调查，他曾在库尔勒至轮台一带发现了多处汉唐时代的屯田遗址，其中有的"古时沟渠田界痕迹显然可见"。[④] 轮台以东曾是汉代西域屯田的重地，其水利遗存当为昔时屯田所兴。在今若羌米兰遗址区，即汉代伊循屯田处，有一水利灌溉

---

① 《汉书》卷九六《西域传》。
② 中法克里雅河考古队：《新疆克里雅河流域考古调查概述》，《考古》1998年第12期。
③ 中法克里雅河考古队：《新疆克里雅河流域考古调查概述》，《考古》1998年第12期。
④ 黄文弼：《黄文弼历史考古论集》，文物出版社1989年，第234—235页。

系统遗存至今清晰可见，其中有引水总闸、分水闸、干渠与支渠等。渠系配套完整，合理有序，整个覆盖着伊循屯田灌区。[①] 其次，还有在楼兰土垠遗址区、[②] 尼雅遗址区，以及孔雀河下游的古绿洲区，[③] 都发现了古代水利灌溉遗迹，为两汉时期新疆绿洲灌溉农业的发展提供了有力佐证。

二、魏晋南北朝时期的西域屯垦

1. 鄯善地区

鄯善作为两汉、魏晋与前凉辖属的地区，累朝在此行使有效管理，派驻军队，推行军事屯田；又招徕流民，实行民屯，使这里的农业生产得以快速发展。《水经注》卷二《河水》记载，敦煌索劢受命"将酒泉、敦煌兵千人至楼兰屯田，起白屋，召鄯善、焉耆、龟兹三国兵各千，横断注滨河，河断之日，水奋势激，波陵冒堤。……大田三年，积粟百万"，充分显示了当年楼兰屯田的成功与喜获农业丰收的景象。

第一，水利灌溉。鄯善地处沙漠环绕地带，降雨量极少。因此，水利灌溉是保证农业生产的重要措施之一。2015 年，考古人员在楼兰城南新发现一批人类遗迹，部分耕地、灌渠等生产类遗迹，并发现一颗魏晋时期的铜质印章"张币千人丞印"。[④] 小麦播种前要先灌溉土地，为播种准备条件。51 号木简云："府家当今遗曹子，让往贷富民麦与贫子□□如此书，无余麦也。秋溉也。北头四畦种捃麦。南头□□□以大治，种褖（杂）麦，留住房麦。当种忍仲田中。若□□□当大麦"。[⑤] 这条简文不仅记载了种植大麦、捃麦和房麦，而且还记述了种麦前官府

① 饶瑞符：《汉唐时代米兰屯田水利初探》，《干旱区地理》1982 年第 1 期。

② 孟池：《从新疆历史文物看汉代在西域的政治措施和经济建设》，《文物》1975 年第 7 期。

③ 周金玲：《新疆尉犁县营盘古墓群考古论述》，《西域研究》1999 年第 3 期。

④ 吴勇等：《楼兰地区新发现汉印考释》，《西域研究》2016 年第 2 期。

⑤ 林梅村：《楼兰尼雅出土文书》，文物出版社 1985 年版，第 36 页。

对播种的重视，让富家把麦种借给贫民。播种前要对土地进行灌溉，谓之"秋溉"，以保持良好的墒情，利于种子发芽。并进行统筹安排，对麦种进行分类，北头四畦可能是较好地，要种捃麦；南头上地需要整治后，方可种植杂麦，"忍仲田中"种植房麦，最差地可能种植大麦。反映了魏晋和前凉前期不仅在此屯田，而且屯垦者还积累了丰富的种植经验。479 号简文则是有关大麦、小麦、禾播种后进行浇灌的记载。"大麦二顷已截廿亩，下糜九十亩，溉七十亩。……小麦卅七亩已截廿九亩，禾一顷八十五亩，溉廿亩，莇九十亩。……大麦六十六亩已截五十亩，下糜八十亩，溉七十亩。小麦六十二亩，溉五十亩，禾一顷七十亩，莇五十亩，溉五十亩"。[①] 另外，还有一些零散的简文也反映了农田灌溉的情况。如 431 号简文云："将伊宜部，溉北河田一顷，六月廿六日刺"。[②] 对于有关农田灌溉的水利设施也派专人管理，356 号简云："帐下将薛明言，谨案：文书前至楼兰，拜还，守堤兵廉决……"。[③] 这反映了该地区设有专门的守堤兵看护河堤。此外，驻军还设有专门管理水利事业的官吏——水曹，12 号简文云："水曹请绳十丈"。[④] 468 号简文云："……东空决六所并乘堤已至大决中作□□五百一人作□□增兵"。[⑤] 609 号简文："泰始三年二月廿八日辛未言书一封水曹督田椽鲍湘张雕言事使君营以邮行"。[⑥] 记载了水曹督田椽鲍湘、张雕"以邮行"向上汇报情况。《水经注》卷二《河水》所载敦煌索劢带领屯田士卒及鄯善、焉耆、龟兹三国兵截河引水以溉楼兰屯田的事迹，都是区域水利发展的最好注解。筑堤断河引水灌溉与大中型水利工程相联系，能最大限度地利用水资源，扩大农田灌溉面积，这无疑是西域水利开发史上的

---

① 林梅村：《楼兰尼雅出土文书》，文物出版社 1985 年版，第 70 页。
② 林梅村：《楼兰尼雅出土文书》，文物出版社 1985 年版，第 66 页。
③ 林梅村：《楼兰尼雅出土文书》，文物出版社 1985 年版，第 61 页。
④ 林梅村：《楼兰尼雅出土文书》，文物出版社 1985 年版，第 30 页。
⑤ 林梅村：《楼兰尼雅出土文书》，文物出版社 1985 年版，第 69 页。
⑥ 林梅村：《楼兰尼雅出土文书》，文物出版社 1985 年版，第 79 页。

巨大进步。

第二，农耕与田间管理。农田耕耘与管理是关系到农作物生长的重要因素。从出土文书可知，是时屯垦区很重视农田管理，牛耕锄耘普遍用于农田经营。38 号简文"……与今防设督邮覆行沙麻"[1] 说明了督邮可能要亲自参加对沙麻田的巡视。"督田掾"[2] 的设置说明了西域长史机构对农垦的重视。580 号简文"又为雨作"说明了屯垦人员又一次冒雨从事农事的情况。[3] 此外，农耕所用的主要农具——犁在简文中屡屡提及。276 号简云："……胡向犁……"；324 号有"犁教"二字，455 号简文为"胡犁支"，显然都与耕犁有关。政府还要对耕犁进行检验，514 号简文云"……因主簿奉谨遣大侯究犁与牛诣营下受试"。这是西域长史机构在主簿的主持下试验犁与牛是否在耕地时配套。381 号简文云："……到想近可耕督□。"[4] 这是关于某人想在近处耕地的记载。583 号简文"楼兰耕种"[5]，说明楼兰地区确有犁耕的使用。23 号文书记载了 8 年 1 月人们领取物品的内容。文中的 9 个人每人领取牡牛一头，[6] 牡牛即公牛，是普遍用于农耕的耕牛。此外，出土文书中还大量记载了其他农用工具，如锄、锸等，这些农用工具或用于刨土，或用于掘地，为农田耕作所必备。如 39 号简提到用于刨土的锄云："……要务又迫锄"[7]。233 号简曰："……将城内田明日之后便当斫地下种"。[8] "斫"是砍的意思，是指在耕种前要用耒耜或者锸等农具来翻地。348 号简记载："承前新入胡锸合三百九十五枚。"[9] 新进"胡锸"数量多达

① 林梅村：《楼兰尼雅出土文书》，文物出版社 1985 年版，第 34 页。
② 林梅村：《楼兰尼雅出土文书》，文物出版社 1985 年版，第 55 页。
③ 林梅村：《楼兰尼雅出土文书》，文物出版社 1985 年版，第 76 页。
④ 林梅村：《楼兰尼雅出土文书》，文物出版社 1985 年版，第 63 页。
⑤ 林梅村：《楼兰尼雅出土文书》，文物出版社 1985 年版，第 76 页。
⑥ 林梅村：《沙海古卷》，文物出版社 1988 年版，第 229 页。
⑦ 林梅村：《楼兰尼雅出土文书》，文物出版社 1985 年版，第 34 页。
⑧ 林梅村：《楼兰尼雅出土文书》，文物出版社 1985 年版，第 51 页。
⑨ 林梅村：《楼兰尼雅出土文书》，文物出版社 1985 年版，第 61 页。

三百九十五枚，充分说明了锄、锸等农具的广泛使用，也体现了对农耕的重视。同时"胡锸"显然是对当地土著人的农具"锸"的称呼，反映了当地土著人已经掌握了生产"锸"的技术。除了使用"胡锸"等铁制农具外，一些木制农具仍在沿用，且末扎滚鲁克墓地就有木耜的发现。① 虽然鄯善地区牛耕已经推广，但地区差异仍然存在。直到六世纪初，宋云等人经过且末时还看到当地人民"不知用牛，末耜而田"② 的情景。总体而言，自汉代以来，冶铸业已从中原传到了西域，铁制生产工具的使用，对农业生产的发展起了积极的促进作用，生产效率大为提高。

再次是农作物种植。屯垦士卒的辛勤劳动，水利灌溉事业的发展，农耕技术的进步，都是农作物种植与生长的重要条件，当时种植的农作物都有哪些？出土的文书资料有助我们略知大概。

（1）粮食作物。

从简文可知，当时种植的粮食作物主要是大麦、小麦、谷、小豆、③ 黑粟、糜和米等。特别值得注意的是593号简文关于米的记载："米三斗三百一十五，米三斗三百四十五……米七斗一千。"④ 这里的"米"是稻还是粟？考虑到当时楼兰、鄯善地区的水文条件，当时不适宜种植水稻。再者，简文中还有关于"禾"的记载。479号简文："大麦二顷已截廿亩，下糜九十亩，溉七十亩……小麦卅七亩已截廿九亩，禾一顷八十五亩，溉廿亩，莂九十亩……大麦六十六亩已截五十亩，下糜八十亩，溉七十亩。小麦六十二亩，溉五十亩，禾一顷七十亩，莂五十亩，溉五十亩"。同简文中"禾"与"糜"并称，而且在"大麦"之后紧接就是"下糜"，而"小麦"之后则是"禾"。由此可见"禾"与"糜"两者并非一类作物。一般"禾"所指为粟，粟去壳曰小米。

---

① 王博：《扎滚鲁克文化初探》，《吐鲁番学研究》2002年第1期。
② （北魏）宋云：《宋云行纪》，见杨建新：《古西行记选注》，宁夏人民出版社1987年版，第47页。
③ 胡平生：楼兰出土文书释丛》，《文物》1991年第8期。
④ 林梅村：《楼兰尼雅出土文书》，文物出版社1985年版，第77页。

综合来看，该地区种植可能是粟，因为还需要"莳"。穄，清代学者钱大昕在《十驾斋养新录·穄》中说："《九域志》《宋史·地理志》俱云秦州有穄穰堡。偏检字书，皆无'穄'字，莫详其音。读《一切经音义》，知《大般涅槃经》有粟穄字，云字体作穄糜二形，忙皮反，禾稼也，关西谓之穄，冀州谓之穄。"穄是不黏的黍类，又名"穄子"。《说文·段注》："此谓黍之不黏者也"。《后汉书·乌桓传》云："其土地宜穄及东穄"。又《新唐书·北狄·奚》："稼多穄，已获，窖山下。"从此可知穄在东北多有种植。穄子，属禾本科黍属，生育期短，耐旱、耐瘠薄，是干旱半干旱地区的主要粮食作物。穄子有粳糯之分。我国北方包头、东胜、榆林、延安一线以东地区主要栽培糯性穄子，该线以西地区主要栽培粳性穄子。穄子具有耐旱、耐瘠薄的特点使之非常适合南疆干旱的气候。它在南疆地区自史前时期就有种植。和硕县新塔拉石器时代文化遗址中就出土了多量碳化穄粒。① 在吐鲁番洋海墓地中发现的黍标本，是迄今为止新疆地区发现最早、保存完好的黍标本。② 此外，在汉晋时期的楼兰古城③、民丰县尼雅遗址④、和田洛浦山普拉、⑤ 罗布泊小河墓地、⑥ 鄯善县三个桥墓地⑦中都曾发现过不少黍类作物。

品种多样的粮食作物种植，对保障屯垦收获具有重要作用。上文中"大田三年，积粟百万"，虽不免有夸大之嫌，但也说明粮食收获已多

---

① 王炳华：《新疆农业考古概述》，《农业考古》1983 年第 1 期；新疆文物考古研究所：《新疆民丰县尼雅遗址 95MN1 号墓地 M8 发掘简报》，《文物》2000 年第 1 期。

② 蒋洪恩等：《新疆吐鲁番洋海墓地出土的粮食作物及其古环境意义》，《古地理学报》2007 年第 10 期。

③ 侯灿：《楼兰遗址考察简报》，《历史地理》1981 年创刊号。

④ 王炳华：《新疆农业考古概述》，《农业考古》1983 年第 1 期。

⑤ 新疆维吾尔自治区博物馆：《洛浦县山普拉古墓地发掘报告》，《新疆文物》1989 年第 2 期。

⑥ 新疆文物考古研究所：《新疆罗布泊小河墓地 2003 年发掘简报》，《文物》2007 年第 10 期。

⑦ 新疆文物考古研究所、新疆大学历史系等：《新疆鄯善三个桥墓葬发掘简报》，《文物》2002 年第 6 期。

有积蓄。此外，205 号简文曰："丰粮经月"①，亦反映鄯善地区粮食收成颇好。

（2）瓜果蔬菜。

瓜果蔬菜是人民生活的必需品，只要当地自然条件允许，均是可以种植的。公元六世纪初，宋云经过末城（且末境内）时，见到该城"城傍花果似洛阳"。洛阳是当时北魏王朝的首都，黄河流域最大的城市，畿内多植果木花卉。末城竟有与洛阳相似的感觉，可见且末地区种植瓜果花木之盛。汉代时，且末一带就盛产"诸果"，北朝依然。

石榴。佉卢文书中记载了该地区生产的石榴，一直为税收的实物②，足见该地盛产石榴。石榴，古称若榴，张衡著《南都赋》称"楟枣若榴"，注引《广雅》曰"石榴，若榴也"。据公元 3 世纪西晋张华的《博物志》载："汉张骞出使西域，得涂林安石榴种以归"。安石榴即石榴，原为波斯及其邻近地区所产，大概在汉晋时期通过西域传入中原。故在汉代，西域就有石榴了。在尉犁县营盘两汉时期墓地 M15 出土的人兽树纹织物上就绘有 15 棵果实累累的石榴树③。至南北朝，石榴已在且末地区广泛种植，并成为当地人们喜食的水果。若没有石榴，还须向他人借，佉卢文 617 号文书就记载了石榴借贷情况④。"是时寿友家所欠石榴皆已登记。跋特罗欠石榴二瓦查理。"⑤

葡萄。葡萄是南疆种植瓜果的主要种类，由于塔里木盆地东南部地区光热条件好，昼夜温差大，葡萄含糖量高，味美甘甜，深得人民喜

①　林梅村：《楼兰尼雅出土文书》，文物出版社 1985 年版，第 51 页。
②　林梅村：《沙海古卷》，文物出版社 1988 年版，第 87 页，第 295 号文书："和以前一样，税收为一瓶一硒之石榴，故现在须要此税"。
③　新疆文物考古研究所：《新疆尉犁县营盘墓地 15 号墓发掘简报》，《文物》1999 年第 1 期。
④　林梅村：《沙海古卷》，文物出版社 1988 年版，第 242—243 页。
⑤　瓦查理是佉卢文中比较少见的用语，它用于度量的物资（谷物、面粉、饲料、石榴等）都可以用重量（品质）和容量这两种方式表示，所以这一词语有重量和容量两种属性。参见刘文锁：《沙海古卷释稿》，中华书局 2007 年，第 322 页。

爱。汉代时期的尼雅就大量种植葡萄，在尼雅遗址发现的果园中有大量的葡萄遗迹，而且尼雅是在葡萄旁边种植高大树木作为葡萄支架的①。魏晋南北朝时期的尼雅依然大规模种植葡萄，佉卢文书中有大量反映葡萄园的内容。第473号文书就明确说明了"葡萄园和耕地为私有财产，彼应归还。"②此外，还有大量关于葡萄园买卖的文书。葡萄的广泛种植，也催生了葡萄酒产业的发展。329号文书记载："现在且末酿酒业盛行。"③T.贝罗撰、王广智译《新疆出土佉卢文残卷译文集》第637号简牍是一份账单，此单详细记载了鄯善王夷都伽·摩夷利陛下在位第11年6月，皇后去于阗旅行，路经精绝（凯度多）等地，其所用的酒potgonena，谷物dirplra，面粉ata的具体数目。卫斯先生考证认为，这里的potgonena酒就是葡萄酒。并且他估算出，鄯善王后此次出行旅游，路经精绝等地，共用去谷物、面粉约1237.5千克，用去葡萄酒就多达937.5千克④。王后一行用去如此大量的葡萄酒，固然反映了王室生活之奢靡，但也可借以了解塔里木盆地东南部地区葡萄种植之盛！

　　除石榴、葡萄之外，还种植有其他瓜果蔬菜。38号简文有"田种各自有顷亩不得□□今脱秋瓜田□□…□牛秋瓜□……"⑤，简文因脱字太多，无法解释，其意大概是要照顾好秋瓜，防止牛进入瓜田，而且每种作物和蔬菜的种植似乎是有面积限制的，至于当时种的什么瓜，因简文无征，故不得而知。除了石榴、葡萄、瓜之外，鄯善地区还生产桃、苹果、梅、杏等水果。⑥725号简文："两畦"⑦，可能是种植某种

①　中日共同尼雅遗迹学术考察队编：《中日共同尼雅遗迹学术调查报告书》第二卷，中日共同尼雅遗迹学术考察队1999年版，第28页。
②　林梅村：《沙海古卷》，文物出版社1988年版，第118页。
③　林梅村：《沙海古卷》，文物出版社1988年版，第93页。
④　卫斯：《从佉卢文简牍看精绝国的葡萄种植业》，《新疆大学学报（哲学社会科学版）》2006年第6期。
⑤　林梅村：《楼兰尼雅出土文书》，文物出版社1985年版，第33页。
⑥　[英]斯坦因：《西域考古记》，向达译，中华书局1987年版，第60页。
⑦　林梅村：《楼兰尼雅出土文书》，文物出版社1985年版，第88页。

蔬菜的规模。在鄯善地区的蔬菜种植，简文也只有一条，其中 500 号简文云："□□加饶种菜豫作冬储□"。① 从这条简文我们可略知，鄯善地区种植蔬菜，除日常食用外，还用作冬储，以备寒冬时食用。另外，584 号简云："水曹掾左朗白前府掾所食诸部瓜菜贾一匹绦付客曹"。瓜菜以绦一匹来抵价，说明其瓜菜价格颇高。

2. 吐鲁番地区

吐鲁番地区两汉时即为屯垦重地，魏晋时期仍是戊己校尉的驻地，戍守将士依然既守边，又要屯垦。十六国时期，这一军屯的形式继续存在。北凉玄始十二年（423）的文书《兵曹下八幢符为屯兵值夜守水事》记载了北凉军屯的情况。"……右八幢知中部屯。次屯之日，幢共校将一人撰（选）兵十五人夜住守水。……明当引水溉两（部）"② 从这件文书，我们知道当地的军屯组织严谨，重视水利灌溉，并派遣士兵 15 人一组值夜班看护水渠。幢是柔然军队的一级组织，一般来说，千人为一军，百人为一幢。北凉驻高昌的军队也采用这一组织体系。由此可知，中部屯垦的军队竟然达到八幢即 800 人之多，可见军屯规模不小。除军屯外，吐鲁番地区还有官田和民田等，由广大下层劳众辛勤耕作。

长期的劳作使人们对农田的土质和距离水源远近等要素逐渐有较多认识，他们依据上述因素把土地分为常田（一岁可种两造的田地）、潢田（地势低洼、又近渠潢，或平时由于渠、潢水的渗透，或在行水浇灌之时，易于造成水浸渍现象的土地）、石田（改造石碛的低产田）、卤田（盐碱地上的田）、无他田（无其他灾害的田）、沙车田（沙碛边沿开发出来的田）等类型。③ 需要注意的是"石田"和"沙车田"的出

---

① 林梅村：《楼兰尼雅出土文书》，文物出版社 1985 年版，第 71 页。
② 国家文物局古文献研究室等：《吐鲁番出土文书》第 1 册，文物出版社 1981 年版，第 138 页。
③ 朱雷：《吐鲁番出土北凉赀簿考释》，《武汉大学学报（哲学社会科学版）》1980 年第 4 期。

现，这说明当地人民农业技术有所提高，并敢于改造沙碛，同时也反映人多地少的矛盾。吐鲁番虽然土地肥沃，但是自汉至十六国时期，已经耕种四五百年。田地肥力的下降势必影响农作物产量，施肥补充田地肥力是重要的措施。吐鲁番地区人民已经学会了施肥的技术。文书《翟疆辞为共治葡萄园事二》就明确记载了"粪十车"。[1] 吐鲁番地区高温少雨，气候极其干旱，水资源紧缺，因此，高昌政权对水资源管理极为严格，诸城均设有户曹、水曹、田曹。水曹之下设有行水官和平水官。行水官的主要职责是掌握具体分配民田灌溉用水，他是在农田需水季节由诸曹的在职官吏临时兼任，是临时性、季节性的。而平水官的主要职责应是负责水利建设和具体办理长年的水利事务，是常设的。[2] 吐鲁番的水利灌溉方式为"引水溉田"，这在出土文书中有所反映。《功曹条任行水官文书》中明确说："今引水溉两部葡萄"[3]。此外，《麴斌造寺碑》中的"下园田，悉用漫水溉"[4] 说明了当时该地区田间灌溉还是采用漫灌的方式，这种灌溉方式可能与魏晋时期敦煌地区的"衍溉"大致相似[5]。

---

① 国家文物局古文献研究室等：《吐鲁番出土文书》第1册，文物出版社1981年，第105页。

② 柳洪亮：《吐鲁番出土文书中所见十六国时期高昌郡的水利灌溉》，《中国农史》1985年第4期。

③ 转引自宋晓梅：《吐鲁番出土文书所见高昌郡时期的农业活动》，《敦煌学辑刊》1997年第2期。

④ 转引自马雍：《麴斌造寺碑所反映的高昌土地问题》，《文物》1976年第12期。

⑤ 《三国志》卷十六《魏书·仓慈传》引《魏略》。

第三节 汉晋南北朝时期的民间畜牧业

一、两汉时期的民间畜牧业

1. 游牧经济

《汉书·西域传》中记载西域经济主要有两种，一是"有城郭田畜，与匈奴、乌孙异俗"；二是"随畜逐水草，与匈奴同俗"。所谓"随畜，与匈奴同俗"的"行国"多是"随畜逐水草"的游牧经济，在南疆地区主要是婼羌、鄯善、戎卢、小宛国、渠勒、乌秅国、西夜国、蒲犁国、依耐国、无雷国、捐毒国、温宿、尉头国、山国等国。婼羌"随畜逐水草，不田作，仰鄯善、且末谷"。鄯善亦是"民随畜牧逐水草，有驴马，多橐驼。能作兵，与婼羌同"。西夜"与胡异，其种类羌氐行国，随畜逐水草往来"。蒲犁、依耐、无雷三国与西夜国相同。以上游牧民族均生活在昆仑山间，习俗与羌族相近。位于天山盆地的尉头、捐毒两国"民俗衣服类乌孙，因畜随水草"。山国则活动在库鲁克塔格和觉罗塔格地区，"山出铁，民出居，寄田籴谷于焉耆、危须。"在南疆的哈密沁城、吐鲁番的托克逊县、阿克苏市温宿县北的天山之间以及皮山县、和田、且末以南昆仑山中发现的大量反映古代游牧民族放牧的岩画说明了古代上述地区游牧业的发达①。此外，在拜城的山区，也有相当程度游牧业的存在。2013 年，考古工作者对拜城多岗墓地进行了发掘，该墓地的时代为距今 3000—1700 年左右，相当于中原地区的西周至魏晋时期。反映了该墓地经历了一个长期沿用的过程。各期墓葬中，多有随葬的羊、马等动物，还见有随葬的马具等，发现于陶器中的羊骨，当是当时将羊肉置于陶器中随葬的，未见有出土的谷物等粮食作物遗存。结合墓葬所处地理环境以及出土遗物，可以看出该墓地所反

---

① 周菁葆编：《丝绸之路岩画艺术》，新疆人民出版社 1997 年版，第 283 页。

映的墓主人生前生活当是以肉食为主，所从事的生产活动自然属于游牧业了。①

　　游牧业也存在对农业的依赖，他们往往通过"寄田"的方式从农业区获得粮食。例如：山国，"寄田籴谷于焉耆、危须"。鄯善，"少田，寄田仰谷旁国"。依耐，"少谷，寄田疏勒、莎车"。楼兰地区经过汉代屯垦的开发已有大量农业存在，但其畜牧业仍然较为发达。考古工作者在楼兰古城遗址的考古调查与发掘中，发现有大量的牛、马、羊骨与头角，同时也发现有糜子壳，麦秸秆、麦粒、糜子、核桃等，以及石磨盘四件，石杵四件，木臼一件等粮食加工工具，反映了畜牧与农业兼营的特点②。西汉时期南疆"行国"的人口规模，据《汉书·西域传》记载南疆地区的游牧人口约为 55450 人，8533 户。按人口规模，南疆可分为三个层次，第一层次为万人大国，鄯善有 14100 人。第二层次为四千至八千的中国，分别是：8400 人的温宿、7000 人的无雷、5000 人的山国和蒲犁、4000 人的西夜、第三层次为二千人左右及以下的小国，分别是：2300 人的尉头、2170 人的渠犁、1750 人的婼羌、1610 人的戎卢、1100 人的捐毒、1050 人的小宛及 670 人的依耐。

　　西汉时期北疆是新疆游牧民族活动的主要地区，特别是乌孙。乌孙占据着北疆中西部广大地区，牙帐建于水草丰美的伊犁河谷。在辽阔的草原上，乌孙民族"不田作种树，随畜逐水草"，过着"穹庐为室兮旃为墙，以肉为食兮酪为浆"的生活③。乌孙国牧养的牲畜很多，尤以马匹为著，该国多马，富人有至四五千匹之多④。新疆阿勒泰地区哈巴河县加依勒玛乡阔克塔斯村西北的喀拉苏墓地也发现有大量殉马遗迹，从考古文化看，该遗存从较早的早期铁器时代到汉代前后，特别是汉代的M15 号墓发现大量黄金饰品，该墓地规模最大、规格最高、出土文物最

---

① 田小红等：《新疆拜城多岗墓地考古新收获》，《西域研究》2013 年第 3 期。
② 侯灿：《楼兰古城址调查与试掘简报》，《文物》1988 年第 7 期。
③ 《汉书》卷九六《西域传》。
④ 《史记》卷一二三《大宛列传》；《汉书》卷九六《西域传》。

为丰富的墓葬，也是新疆目前考古发掘中发现殉葬马匹数量最多的一座墓葬，共 13 匹马。① 如此规格的墓葬，及大量殉马的墓葬习俗，非常符合汉代乌孙记载。故此，该墓葬群可能为乌孙的遗存。

乌孙以东至蒲类海的北疆广大地区是匈奴的势力范围，而匈奴是典型的游牧民族，随"水草迁徙，无城郭常居耕田之业，然亦各有分地"。"其俗，宽则随畜田猎禽兽为生业，急则人习战攻以侵伐，其天性也"②。游牧并射猎，是游牧民族的主要经济形态。虽然乌孙和匈奴一样，也划分内部各部落的牧场，但北疆广袤的草原上足够容纳众多游牧民族共同生活。

《汉书·西域传》载乌孙全境有 120000 户，630000 口，殷晴先生认为在我国新疆境内约占 40% 计算，但鉴于乌孙王庭在我国伊犁境内，其周边人口应相对较多，笔者认为以我国境内为 60% 计算会更准确些。如此，则西汉时北疆游牧人口约为 395868 人，74798 户。从人口规模看，北疆诸"行国"呈现"一大众小"的特点。乌孙是第一人口大国，新疆境内约有 37800 人，除车后国人数稍多，为 4774 人，其余均为二千左右的小国。蒲类国 2032、东且弥国 1948 人、西且弥国 1926 人、郁立师国 1445 人、卑陆国 1387 人、卑陆后国 1137 人、蒲类后国 1070 人。还有一些游牧部落仅有数百人，单桓国 194 人、乌贪訾离国 231 人、狐胡国 264、劫国 500 人、车师后国城长国 960 人。

综上所述，西汉时新疆境内的游牧民族人口大致在 45 万人左右。因为史籍中没有明确记载，所以游牧民族蓄养的牲畜量是研究的一个难点。我们只好从相似的史料记载进行估算。汉宣帝本始三年（前 71），校尉常惠和乌孙合兵进攻匈奴右谷蠡王庭，俘获人员三万九千余人，

---

① 于建军等：《2014 年新疆哈巴河县喀拉苏墓地考古发掘新收获》，《西域研究》2015 年第 1 期。

② 《汉书》卷三四《匈奴传》。

马、牛、驴、骡、驼等五万有余，羊六十余万①。如此，人畜比例约为
1：20，其中牛、马等大体型牲畜的比较少，比例约为 1：1.2，而小体
型牲畜——羊的比例较大，约为 1：17②。据此比例，我们推测西汉时
新疆游牧数量大致在九十万头左右。

东汉时，北疆广大地区仍以游牧为主，乌孙、匈奴仍分掌北疆西部
和东部。北疆东部的游牧民族主要聚集在蒲类海和西部的东天山附近，
这里生活着匈奴呼衍王部、蒲类、移支、东且弥和车师后王部。东汉
时，"北虏呼衍王常展转蒲类、秦海之间，专制西域，共为寇抄"③，一
直是东汉经营西域的心腹大患。蒲类，天山西疏榆谷，本是当地一个较
大的部落，西汉时有二千余人，发展至东汉，已有八千多人，但是因为
其首领得罪于匈奴单于，被后者强行迁移六千余人至匈奴右部阿恶地，
余众还有两千余人逃亡山谷间，庐帐而居，逐水草，饲养牛、马、骆
驼、羊畜。值得注意的是，这些残存的蒲类民众学会了农耕，"颇知
田作"④。

移支也活动在蒲类海周边地区，有一千余户，三千余人，"皆被发，
随畜逐水草，不知田作。所出皆与蒲类同"。

经过西汉时期的发展，东且弥已有三千余户，五千余人，是当地较
大的部落。其经济类型与蒲类相似，"庐帐居，逐水草，颇田作"。

东汉时的车师后王部，是东天山地区比较强大的部落，领户四千有
余，人口一万五千余，胜兵三千余人⑤，人口是西汉时的三倍。该部落
王庭建在务涂谷，虽然学界对该地望有争议，但在东天山的山谷中，应

---

① 《汉书》卷七〇《常惠传》，卷九六《西域传》；卷九四《匈奴传》记载："虏马、
牛、羊、驴、骡、橐驼七十余万"。后者与前两处有异。
② 殷晴先生认为北疆地区的比例约为 1：18，南疆的比例为 1：10。见殷晴：《丝绸之
路与西域经济——十二世纪以前新疆开发史稿》，中华书局 2007 年版，第 85、86 页。
③ 《后汉书》卷八六《西域传》。
④ 《后汉书》卷八六《西域传》。
⑤ 《后汉书》卷八八《西域传》。

是无疑的①。车师后王部仍以游牧为主，其骑兵亦较强悍，该国军队多次联合汉军北击匈奴。顺帝阳嘉三年（134），双方联军掩击北匈奴于阗吾陆谷，获单于母亲、季母和妇女数百人，牛、羊十余万头②。

同时，考古资料也可与史籍文献记载相印证。吐鲁番是姑师人的生活区域，在吐鲁番交河故城沟北 1 号墓地发掘中，发现了一大批汉代早期墓葬中有殉马与骆驼的现象，在 55 座墓中，有殉马 50 匹，骆驼 3 峰。还出土了鹤嘴锄、马衔等铁器，牛头饰银器，骆驼与鹿形的金饰③。巴里坤地区是汉代蒲类国和匈奴的活动区域，在巴里坤县东黑沟遗址的灰坑与灶坑中，出土了较多的兽骨，可分辨的有牛肩胛骨和羊距骨；在石圈遗迹内也发现有少量的羊骨、马骨和铁马衔等④。在其周边的天山冲积扇巨石滩中的大型石块上，发现有大量描绘牛、羊、骆驼及狩猎等岩画图案，均在一定程度上反映了当时区域内民众的经济生活内容。

2. 绿洲畜牧经济

诸多绿洲在主要经营农业的同时也进行短距离放牧和圈养牲畜。鄯善、莎车、疏勒、龟兹、姑墨、焉耆、精绝、车师等农业区的畜牧业也相当发达。《后汉书·班梁列传》记载："莎车、疏勒田地肥广，草牧饶衍"。建初十三年（417）班超对莎车作战时曾"大获其马畜财物。"延平六年（106），梁懂平叛龟兹、温宿、姑墨时也俘获"骆驼畜产数万头"。这两则史料说明莎车、疏勒、龟兹、温宿、姑墨、莎车六国的畜牧业相当发达。在尉犁县营盘两汉时期墓地 M15 出土的人兽树纹织物上有牛和山羊的纹饰⑤。其中，7 号墓发现棉布裤和棉布袍子各一件，

---

① 戴良佐：《务涂谷今地考》，《西北史地》1997 年第 4 期。

② 《后汉书》卷八八《西域传》。

③ 羊毅勇：《吐鲁番交河故城沟北 1 号台地墓葬发掘简报》，《文物》1999 年第 6 期。

④ 新疆文物考古研究所等：《2006 年巴里坤东黑沟遗址发掘》，《新疆文物》2007 年第 2 期。

⑤ 新疆文物考古研究所：《新疆尉犁县营盘墓地 15 号墓发掘简报》，《文物》1999 年第 1 期。

圆盘内盛羊骨头一件，枕头内装粟皮，柳条编织的盘子内置葡萄、桃子等。33 号墓发现羊头、羊肋骨、羊腿骨等①。汉代，焉耆周边有焉耆、危须和尉犁三国，后两者受控于前者。当地西、北二地均为天山，故其既有河洲农业也有山区游牧业。班超征伐焉耆时，焉耆王广曾计划率领民众入山自保。班超平定三国后，俘获人口一万五千人，马畜牛羊三十余万头。② 当地山区畜牧业之盛，可见一斑。焉耆的山区游牧经济得到考古证实。考古人员在和硕县红山谷地的西北部的山间小盆地中发现自先秦至东汉前期的大量遗存，包括山区游牧圈住牲畜的石围，随葬的陶器、木器、铜器、铁器、珠饰、骨器等类，特别是有大量箭囊底、弓、箭杆等狩猎工具。随葬的殉牲种类为羊、马，通常见殉牲的头骨、肋骨或肢骨等部分骨骸。③

塔里木盆地南缘的尼雅遗址也出土过干羊肉、羊皮、羊蹄、马皮、牛筋、骆驼毛等家畜遗存，以及牛羊颈栓、牛角杯等物品④。在以往对尼雅遗址的考古调查中，均发现在一些居住遗址旁发现有饲养牲畜的圈栏，而这些圈栏往往与住宅连成一体，迄今还留有厚厚的牲畜粪便。圈栏饲养的对象是经常役用的大牲畜，如骆驼、马、牛、驴等；或即将临产的牝骆驼、牝马、牝牛及它们所生的幼崽等。佉卢文自东汉中后期开始在塔里木盆地西部缘边绿洲流行，尤其多见于南缘的于阗、精绝、鄯善等地。佉卢文书中亦大量涉及王室牧群，计有驼群、牛群、羊群等。文书中规定庄园中的畜群应适当照料，精心喂以食物及水⑤。该地区的法律还规定不得在牧区狩猎，打伤马系非法行为⑥。文书中还记载该地

① 新疆文物考古研究所：《新疆尉犁县营盘墓地 1999 年发掘简报》，《考古》2002 年第6 期。
② 《后汉书》卷四七《班梁列传》。
③ 侯知军：《2015 年新疆和硕县红山墓群的考古发现》，《西域研究》2016 年第 3 期。
④ 新疆维吾尔自治区博物馆考古队：《新疆民丰大沙漠中的古代遗址》，《考古》1961 年第 3 期。
⑤ 林梅村：《沙海古卷》，文物出版社 1988 年版，第 242—243 页。
⑥ 林梅村：《沙海古卷》，文物出版社 1988 年版，第 68 页。

把苜蓿作为税种大量征收，这说明该地畜牧业的发达，需要大量饲料来饲养牲畜。从饲养形态上看，很有可能是家庭圈养的形式。由于国家和地方对畜牧业的重视，该区的家畜种类多，数量亦多。骆驼有牝驼、羠驼、良种驼和军驼等，马有牝马和阉马等，牛有牝牛和牡牛，羊有山羊、奶羊和绵羊，佉卢文中记载了某年2月5日，一人一次收到绵羊多达230头。①

精绝国畜牧业的兴旺发达，不仅仅反映在佉卢文资料对皇家牧群的记述方面，从尼雅遗址多次学术性调查和考古发掘过程中所获得的资料同样可知，畜牧业很早就在精绝国居民的经济生活中占有主导地位，即在精绝国农业经济发展以前，其畜牧业发展就达到了相应的水平。1992—1996年，中日联合考察队在对尼雅遗址的七次调查过程中，从该遗址所存的150多处各种房屋建筑遗址，院落的篱笆以及圈栏里都发现了牛、羊、骆驼的粪便。在编号为92B4（N2）、93A27（N37）和96A5的房屋和佛寺遗址小规模的发掘和清理过程中，又发现了大量兽骨。在尼雅遗址东面和西面三座墓葬的抢救性发掘清理过程中，也在棺木内的随葬品中发现有内盛羊腿的木碗。尤其是1995年在95MN1号贵族墓地发掘的6座墓葬，均在随葬品中的木碗和陶罐里发现了盛放的羊肉②。这些发现，不仅说明畜牧业在精绝王国居民经济生活中所占的比重，而且从一个侧面反映出畜牧业在精绝国的重要性，即畜产品在当时已成为人们赖以生存的重要物质保障。且这种保障，不只限于精绝国上层贵族，也与普通百姓密切相关。

在和田地区的洛浦县山普拉，新疆博物馆发掘了五十二座战国到东汉时期的墓葬③。发掘资料表明，当时这一地区的畜牧业和农业、园艺业都很发达。在随葬品中，即发现了麦粒和面食，也发现了置于木盘内

---

① 林梅村：《沙海古卷》，文物出版社1988年版，第214页。
② 沙比提·阿合买提：《从尼雅遗址考古调查看其畜牧业、农业和手工业的发展状况》，见中国历史文化遗产保护网《梦幻尼雅·研究文集》，第10页。
③ 阿合买提·热西提：《洛浦县山普拉古墓地》，《新疆文物》1985年第1期。

的羊头、羊肉与小羊羔等。有的墓葬还在死者两腿间放置羊的肋骨。盛放面食的袋子多是用羊皮制作的。在两座墓中各发现一匹完整的马。出土的大量毛织物则表明畜毛是人们的主要衣着原料。

2016 年，洛浦县比孜里墓地最新考古发现大量东汉至魏晋时期墓葬中，考古人员出土桃核、葫芦、杏核、毛织物残片、羊骨及各类珠饰，个别随葬木盘内还盛放有整只羊骨。① 这说明当地经济是典型的农牧兼具。

此外，考古人员在克里雅河流域下游的喀喇墩古城和圆沙古城附近发现汉晋时期的水渠灌溉遗迹，谷物（麦和粟等）和葡萄籽以及大量动物骨骼，经统计、鉴定，主要是家畜羊、牛、骆驼、马、驴的骨骸，以羊、牛、骆驼的数量较多，其次为马、驴、狗、猪等。这说明当地畜牧业在经济中占有重要地位②。

一般来说，南疆各地区的畜牧种类以羊、牛、马为大宗，也有驴、骆驼等。蒲类国"有牛、马、骆驼、羊畜……国出好马"③。精绝地区的养羊和养驼业可能特别发达，羊分绵羊和山羊，从佉卢文记载看，绵羊的数量要多于山羊。佉卢文中提到"汝若能购买到更多的山羊，应将山羊交苏克摩那带来"④。鄯善地区是"有驴马，多橐驼"。温宿地区"土地物类所有与鄯善诸国同"。骆驼和马、牛、羊一样分布区域较广，遍布塔里木盆地边缘，文中所及的龟兹、姑墨、莎车、焉耆、鄯善、精绝等地均有骆驼养殖，于阗的骆驼可能比较多或种类优良，在《沙海古卷》中有于阗骆驼的专门记述⑤。作为交通运输工具的驴在塔里木盆地南缘地区也饲养较多，上文中的鄯善就饲养有驴，乌秅国亦是："出小

---

① 胡兴军、阿里甫：《新疆洛浦县比孜里墓地考古新收获》，《西域研究》2017 年第1 期。

② 新疆文物考古研究所，法国科学研究中心 315 所中法克里雅河考古队：《新疆克里雅河流域考古调查概述》，《考古》，1998 年第 12 期。

③ 《后汉书》卷八八《西域传》。

④ 林梅村：《沙海古卷》，文物出版社 1988 年版，第 311 页。

⑤ 林梅村：《沙海古卷》，文物出版社 1988 年版，第 197 页。

步马，有驴无牛"①。

二、魏晋南北朝时期的民间畜牧业

魏晋南北朝时期的新疆畜牧业发展良好，依然分为家庭畜牧和放牧结合以及游牧两种方式。北疆地区被鲜卑、柔然、高车和突厥等游牧民族控制，其经济以游牧为主。

1. 南疆畜牧业

高昌地区的畜牧业在正史中记载较为简略。《梁书·诸夷传》载高昌："人多噉麨及羊牛肉。出良马"。《北史·西域传》则记载："国中羊、马，牧在隐僻处以避寇，非贵人不知其处"。从上述文字可知，高昌地区主要饲养羊、牛、马。此外，从出土文书亦知此地还饲养骆驼、驴等。高昌"出良马"，当是该区畜牧业的一大特色。高昌马以其品质优良而成为向中原王朝的贡品。王素先生根据有关文书和账目，认为当时的高昌各郡县都养马，品种也较繁多，有白马、黑马、紫马、青马、骓马、黄马、骓马、驼马、赤马等31种颜色的马匹②。马匹颜色分类如此详细，这从侧面也说明了该地马匹众多，当地人民对马认识的仔细。

牛作为耕作、运输的主要畜力，成为高昌地区畜牧业养殖的重要品种之一。一份高昌时期的出土文书《户主牛帐》中记载了该地一些农户家养耕牛的情况。"（前缺）牛一头梨犍七岁，孙庆祐牛一头……张阿护牛一头黄犍八岁……伯善牛一头……牛二头（一头黄犍□岁，一头赤犍八岁）……范……犍六岁"③。该文书中对耕牛的主人、牛的数量、颜色及其畜龄均有详细说明，既反映了高昌地区对耕牛的重视，也反映了对饲养家畜的重视。吐鲁番出土文书中记载了阚爽政权缘禾五年（436）六月，高昌居民翟强因欠债主佛流的麦子而被夺取耕牛从而向

---

① 《汉书》卷九六《西域传》。
② 王素：《高昌史稿》（交通篇），文物出版社2000年版，第103—104页。
③ 吐鲁番地区文管所：《1986年新疆吐鲁番阿斯塔那古墓群发掘简报》，《考古》1992年第2期。

官府申请调解的事情①。牛还是运输物品的主要畜力之一，在高昌地区牛车被广泛用来运输物品。例如，在吐鲁番阿斯塔那古墓群的408号古墓中发现的壁画中就有牛车的图像②。牛有时也用作祭祀。例如，文书记载了章和五年（535），"七月十四日，取康酉儿牛一头，供谷里祀"③。不过，由于牛是主要的耕作畜力，一般用以祭祀的牛的数量较少。从该文书可见，此次祭祀共九项，八项用羊，用牛仅此一项。此外，该地也食用牛肉，《梁书》卷五四《诸夷传》就记载高昌："人多噉麨及羊牛肉"。

羊作为小型家畜被大量养殖。上文史籍中记载高昌家畜的品种时，羊均是居于首位的，故羊在数量上是最多的。虽然吐鲁番出土文书中对羊的记载不多，但在墓室壁画中有牧羊、牧驼的内容。2004年吐鲁番考古工作者在阿斯塔那古墓群西区发掘两座公元6世纪的墓葬，其中M408中出土了精美的壁画。在壁画的左上方是一男子骑马手持类似今天牧民套马索的长杆在放牧，在前方有骆驼和羊，在驼、羊后面还有一只小狗，此画形象地反映了当地牧民放牧驼、羊的情景，而不是一些学者认为的反映男主人的戎马生涯的内容④。羊的主要用途是被用来食用，《梁书》中就记载羊肉被列为食用肉类之首，除此之外，羊也常被用来祭祀，上文中所叙的章和五年（535）祭祀中的祭牲绝大部分是用羊。还如永平元年（549）十二月二十九日《祀部班示为知祀人上名及谪罚事》记载参加祭祀人员犯规，处罚的物品也多是"谪羊"⑤。

---

① 国家文物局古文献研究室等编：《吐鲁番出土文书》第1册，文物出版社1981年版，第102页。

② 吐鲁番地区文物局：《新疆吐鲁番地区阿斯塔那古墓群西区408、409号墓》，《考古》2006年第12期。

③ 国家文物局古文献研究室等编：《吐鲁番出土文书》第2册，文物出版社1981年版，第39页。

④ 吐鲁番地区文物局：《新疆吐鲁番地区阿斯塔那古墓群西区408、409号墓》，《考古》2006年第12期。

⑤ 国家文物局古文献研究室等编：《吐鲁番出土文书》第2册，文物出版社1981年版，第40—44页。

骆驼是良好的负重运输家畜，高昌地区饲养骆驼也较多。由于骆驼的作用大，属于贵重家畜，直接用于随葬较少，常见木制骆驼俑用于随葬。1963 年，考古工作者在吐鲁番阿斯塔那哈拉和卓墓地就发掘出一些木头刻制的马、驼形象[1]。此外，在日常生活中，也存在私人骆驼贸易的情况。例如，前凉升平十一年（367）四月十五日王念卖驼券就记载了当时高昌骆驼买卖的情况[2]。既有私驼，也有官驼，如延昌二十七年（587）的《众保等传供粮食帐》记载"麨廿二斛五斗，供官驼"[3]。从中可知，官驼的饲料除了一般的苜蓿等植物外，还有粮食。从出土文书可知，高昌地区对各地的骆驼、马匹、牛的数量均有统计。例如："高宁驼一头，马……□□威神驼一头……田地县驼两头……"[4]。

此外，驴作为畜力运输工具之一，因其耐力好而深受人民喜爱。从出土文书可知，高昌地区养殖驴的数量也不少。延昌二十七年（587）五月兵部的参奏中就两次提到"驴十三头"[5]。

塔里木盆地西部、北部和南部的焉耆、龟兹、于阗等地的畜牧业也较为繁盛。《魏书·西域传》记载："焉耆国，畜有驼马。"《周书·异域传》记载焉耆国："畜有驼马牛羊"。《魏书·西域传》举其大端，《周书·异域传》稍见其详，但都可以窥见其畜牧业之繁盛。北魏时，焉耆经常劫掠北魏使臣，世祖于是派遣万度归讨之，获其珍奇异玩殊方谲诡不识之物，橐驼、马、牛、杂畜竟达巨万之多[6]。

《魏书》和《周书》均记载龟兹国出良马、犎牛，此外还有牛、

① 新疆维吾尔自治区博物馆：《吐鲁番阿斯塔那—哈拉和卓古墓群发掘简报（1963—1965）》，《文物》1973 年第 10 期。

② 国家文物局古文献研究室等编：《吐鲁番出土文书》第 1 册，文物出版社 1981 年版，第 5 页。

③ 国家文物局古文献研究室等编：《吐鲁番出土文书》第 2 册，文物出版社 1981 年版，第 283 页。

④ 国家文物局古文献研究室等编：《吐鲁番出土文书》第 2 册，文物出版社 1981 年版，第 13 页。

⑤ 王素：《高昌史稿》（交通篇），文物出版社 2000 年版，第 106 页。

⑥ 《魏书》卷一〇二《西域传》。

羊、骆驼等。犎牛可能是一种颈上有肉隆起的牛，也叫"峰牛"。《汉书·西域传上·罽宾国》："罽宾国出封牛。"颜师古注："封牛，项上隆起者也。"《后汉书·顺帝纪》："疏勒国献师子、封牛。"李贤注："封牛，其项上肉隆起若封然，因以名之，即今之峰牛。"《尔雅·释畜》中有"犦牛"，晋人郭璞注："即犎牛也。领上肉犦胅起高二尺许，状如橐驼，肉鞍一边。健行者日三百余里。"峰牛的形状也有实物出土，现藏于新疆自治区考古所的陶牛，就是封牛造型。《晋书·四夷传》载：龟兹"人以田种畜牧为业"。前秦建元十八年（382），秦主苻坚遣将吕光讨伐西域，吕光打败龟兹返回时，以驼二万余头运送从焉耆掠夺的奇珍异宝，还带回骏马万余匹①。北魏世祖曾诏万度归攻打龟兹，万度归大获驼马而还②。中原王朝对龟兹用兵后俘获或夺取的骆驼、骏马以万计，足见该地马匹和骆驼之多，畜牧业之繁盛。

疏勒国的畜牧业情况在魏晋南北朝时期诸史中不见记载，但该国的畜牧业应该不会比邻近的龟兹和于阗逊色。《后汉书·顺帝纪》记载："疏勒国献师子、封牛。"东汉后期，莎车国、竭石国、渠沙国、西夜国、依耐国、蒲犁国、榆令国、捐毒国、休循国、琴国等皆并属疏勒③。众所周知，西夜国、依耐国、捐毒国等国是以游牧为主的国家，这些国家被并入疏勒，所以疏勒也应产牛、羊、马等家畜。该地亦产良种马，唐太宗贞观九年（635），该国曾遣使向唐朝献名马④。

于阗国的畜牧业也颇繁盛，多马、驼、骡等⑤。其中良马为特产，是输送于中原王朝之贡品。北周武帝建德三年（574），于阗王遣使向北周贡献名马。学者林梅村经考证认为于阗马是浑身花斑的马，在唐代

---

①　《晋书》卷一二二《吕光载记》。

②　《魏书》卷一二〇《西域传》。

③　《三国志》卷三〇《魏书·乌丸鲜卑东夷传》引《魏略西戎传》。

④　《旧唐书》卷二一〇《西戎传》。

⑤　《北史》卷九九《西域传》。

时被称为"五花马",是于阗向中原王朝上贡的良马①。于阗的马匹可能较多,该地妇女亦兴乘马之风。北魏宋云经此地时,就见该地风俗是"妇人袴衫束带,乘马驰走,与丈夫无异。"②此外,于阗的骆驼品种可能也比较优良,在佉卢文中专有于阗驼的称呼③。

位于昆仑山间的渴盘陀国是汉代西域三十六国之一,因其地处山谷中,虽"地宜小麦,资以为粮",但畜牧业占据主要地位。该地牧养的家畜有"牛马骆驼羊等"。④

且末是塔里木盆地东南部的城郭小国,在东汉后期成为鄯善和于阗两国争夺的对象。魏晋前期属于鄯善,后期属于于阗。《梁书·诸夷传》记载且末的畜牧业状况是"多牛羊骡驴"。鄯善地处塔里木盆地东南,早在汉时就是"民随畜牧逐水草,有驴马,多橐驼",畜牧业比较发达⑤。

魏晋时期的鄯善地区依然有牧业存在。2015年,考古人员在楼兰城南新发现一批人类遗迹,包括羊圈一座,并发现一颗魏晋时期铜质印章"张币千人丞印"。⑥魏晋南北朝时期的正史中有关鄯善畜牧业生产的具体情况记载十分简约,且多语焉不详,所以我们主要依靠当地出土的佉卢文材料对此加以复原。从佉卢文材料所反映的情况来看,鄯善国既有属于王室牧养的畜群,也包括民间牧养各类家畜与牲口。

除了王室畜群外,民间的牲畜数量也颇多。民间畜牧业在164号文书中有所体现。该文书记载:"关于庄园之事,请认真对待。畜群亦请

---

① 林梅村:《于阗花马考——兼论北宋与于阗之间的绢马贸易》,《西域研究》2008年第2期。

② (北魏)宋云:《宋云行纪》,见杨建新:《古西行记选注》,宁夏人民出版社1987年版,第47页。

③ 林梅村:《沙海古卷》,文物出版社1988年版,第197页。

④ 《梁书》卷五四《诸夷传》。

⑤ 《汉书》卷九六《西域传》。

⑥ 吴勇等:《楼兰地区新发现汉印考释》,《西域研究》2016年第2期。

适当照料，精心喂以食物及水"①。这是鄯善人民庄园中的畜群。519 号文书则记载了兄弟之间关于羊的一些事情："（正面）余已为绵羊之事发出书信五六封。但迄今未获回音。余去该地将八只绵羊及羊羔交汝左施格耶和叶波怙并将六头牲畜送去。此事距今已有三年之久。伏卢楚克罗后又带来十头小畜，均系山羊。（背面）现尚留四头，其余劣种牲畜，汝亦扣留下来。该羊及属地所有之羊已交给苏左摩照料，应带至且末。余现呈上此信，愿为汝效劳。山羊请不必再送……"②。从该文书可知，民间的养殖业较为繁盛，特别是养殖了大批的山羊和绵羊。此外，大量鄯善征收牲畜税的情况亦可窥见民间畜牧业繁盛之一斑。94 号文书记载征收橐驼共计四十头③。115 号文书记载征收了六十一头羊④。151 号文书记载征收牲畜实物税的情况，其中税羊共计六十四头⑤。264 号文书记载税羊十一头⑥。369 号文书记载某年 2 月 5 日，某税司共收到绵羊达二百三十头之多⑦。486 号文书则记载共征收三十头羊⑧。117 号文书记载征收牛共计五十二头⑨，207 号文书记载征收牛有五头⑩。523 号文书记载的牡牛也有九头⑪。688 号残缺的文书不完全记载的马有五匹⑫。

为了育肥或者更好地增加畜力，牧民往往对雄性牲畜进行阉割。目前，从佉卢文文书可知，鄯善牧民就采用了这种方法对马匹育肥或者增

---

① 林梅村：《沙海古卷》，文物出版社 1988 年版，第 283 页。
② 林梅村：《沙海古卷》，文物出版社 1988 年版，第 306—307 页。
③ 林梅村：《沙海古卷》，文物出版社 1988 年版，第 171—172 页。
④ 林梅村：《沙海古卷》，文物出版社 1988 年版，第 178—179 页。
⑤ 林梅村：《沙海古卷》，文物出版社 1988 年版，第 189—190 页。
⑥ 林梅村：《沙海古卷》，文物出版社 1988 年版，第 208 页。
⑦ 林梅村：《沙海古卷》，文物出版社 1988 年版，第 214 页。
⑧ 林梅村：《沙海古卷》，文物出版社 1988 年版，第 227 页。
⑨ 林梅村：《沙海古卷》，文物出版社 1988 年版，第 180—181 页。
⑩ 林梅村：《沙海古卷》，文物出版社 1988 年版，第 203 页。
⑪ 林梅村：《沙海古卷》，文物出版社 1988 年版，第 229 页。
⑫ 林梅村：《沙海古卷》，文物出版社 1988 年版，第 251—252 页。

强畜力。85 号文书就明确记载有阉马①。

对于生病的牲畜，当地可能已有兽医进行治疗。不过，为了防止传染而采取必要的隔离手段也是避免大范围牲畜传染的重要措施。392 号文书记载："彼等现自皇廷带来皇家橐驼二十头，现皆患重病。余等已将……从汝州带至空旷之地。彼等现已来此。当汝接到此信时，应即刻迅速派人来。……须带至圈地。波格那已去山地。鸠元那已将橐驼带去"②。从中可知，当时且末是很重视对病畜采取隔离措施的，以避免疾病在畜群中的传染，扩大成疫情。主要方法就是将病畜带到远离畜群的空旷之地，形成一个中间隔离带。

鄯善国的牲畜种类也比较多，见于佉卢文文书记载的就有骆驼、马、牛、骡、山羊和绵羊等。汉朝时该地还盛产驴，《汉书》卷九六《西域传》记载鄯善国"有驴马，多橐驼"。从佉卢文文书中，不见有驴的记载。侯灿先生经过对楼兰出土文书的考释，认为该地的牲畜中也有驴③。骆驼一般记载为橐驼和牡驼，不过还有鹿驼④，不知是何品种。鄯善地区养殖以上的诸多牲畜中，最多是应是骆驼，其次是羊、牛、马等。鄯善王室自有皇家驼群、皇家牛群和皇家羊群等⑤。骡的记载较少，上文中提到牧场中有骡被击伤，此外 39 号文书记载了一匹三岁之牝骡被用来支付养女的抚养费⑥。民间也存在骆驼和马匹买卖的情况。226 号文书就记载了某人为驼、马买卖发生争执而被看管四年⑦。鄯善牲畜的主要饲料是紫苜蓿，这是西域地区著名的传统饲草，自张骞通西域以后便被引入到内地，也是马匹的重要饲草。272 号简牍敕谕中称：

---

① 林梅村：《沙海古卷》，文物出版社 1988 年版，第 169 页。
② 林梅村：《沙海古卷》，文物出版社 1988 年版，第 301—302 页。
③ 侯灿：《楼兰新发现木简纸文书考释》，《文物》1988 年第 7 期。
④ 侯灿：《楼兰新发现木简纸文书考释》，《文物》1988 年第 7 期
⑤ 林梅村：《沙海古卷》，文物出版社 1988 年版，第 96、148 页。
⑥ 林梅村：《沙海古卷》，文物出版社 1988 年版，第 52 页。
⑦ 林梅村：《沙海古卷》，文物出版社 1988 年版，第 73 页。

"饲料柴（紫）苜蓿亦在城内征收。"① 除此之外，该文书还提到茜草，这也是重要的饲料。357 号文书还提到 "茜草交入官府"②。450 号规定 "茜草及 curama 必须送来"③。文书前引 214 号简牍敕谕中所提到的马匹饲料除了紫苜蓿外还有面粉（粗粉）、谷物、三叶苜蓿和帕利陀伽饲料等④。

鄯善地区畜牧业发达，牲畜就自然成为征税的实物，甚至充当交换贸易的一般等价物。文书中大量以牲畜为实物税的记载很多，在此不一一列举。这些征收上来的牲畜很大部分被用来充实皇家畜群。725 号文书敕谕中说："须向司土乌波格耶作特别指令。此项税收应交税吏鸠元陀和沙尔毗伽送来。还有，税收应由甘阁伐利详细核查和统计，并全部送来。牛羊应交妇女楼阿面前，归汝处皇家牛群和羊群。接此信后交司土乌波格耶。"⑤ 由此可知，鄯善王廷在各地所征税的国税中至少有一部分是以牛羊等牲畜等实物形式征收的，一般交由区域临近的皇家畜群统一牧养，从而构成皇家畜群的主要来源之一。

此外，牲畜还被用来支付抚养费。39 号文书记载，土司黎贝耶的一名女奴支弥伽之女已由卢达罗耶收为养女，"然而支弥伽一直未付抚养费用，黎贝耶理应向迦波格耶诸奴仆索取三岁之牝骡一匹或三岁之牝马一匹，而养女则完全为彼等所有"⑥。45 号文书记载国王对此事的判决："土司黎贝耶的一名女奴支弥伽之女已由卢达罗耶收为养女，并于本皇廷判予三岁之马一匹作为抚养费"⑦。在人口和土地买卖中，牲畜还被用来充当交换中的实物货币。佉卢文书记载，买一名叫色迷蹉的女孩，给价是价值 40 穆立的一头 1 岁骆驼（589 号文书）；买一名身高

---

① 林梅村：《沙海古卷》，文物出版社 1988 年版，第 82 页。
② 林梅村：《沙海古卷》，文物出版社 1988 年版，第 99 页。
③ 林梅村：《沙海古卷》，文物出版社 1988 年版，第 304 页。
④ 林梅村：《沙海古卷》，文物出版社 1988 年版，第 71 页。
⑤ 林梅村：《沙海古卷》，文物出版社 1988 年版，第 148 页。
⑥ 林梅村：《沙海古卷》，文物出版社 1988 年版，第 52 页。
⑦ 林梅村：《沙海古卷》，文物出版社 1988 年版，第 54 页。

4distis，名叫莱迷索阿之女孩，给价为一头价值 30 穆立之 amklatsa 骆驼
（592 号文书）。成人的卖价则要高得多，如买一名叫莱钵的妇人，给价
为一头价值 40 穆立的 viyala 骆驼、一头价值 30 穆立的 amkala（tsa）骆
驼、一条 12 手长的地毯和一条 11 手长的地毯，还需另加 8sutra 穆立，
总价达 98 穆立（590 号文书）。鄯善畜牧业的繁荣，促使该区羊毛也向
外输出，产生专业的羊毛商人。和阗博物馆收藏的一份源于龟兹国的佉
卢文书记载了鄯善商人萨迦牟云购买 100 只羊的事情。①

综上所述，魏晋南北朝时期南疆的畜牧业较为发达兴盛，各地不仅
畜牧品种多样，而且畜牧技术也有较大提高。畜类主要被用作肉食，挤
奶制作酥油，牛被用来耕地，牛羊也被用来当作祭司的祭品，此外牲畜
还被用来馈送和服役于军队，支付抚养费和充当交换的实物货币等。

2. 北疆畜牧业

魏晋南北朝时期，北疆地区主要是游牧民族活动的场所，这里的畜
牧业在延续汉代的基础上，又得以持续发展。

公元 91 年漠北匈奴西迁后，匈奴故地为鲜卑所占有。此后，鲜卑
势力不断拓展，西晋咸宁二年（276），鲜卑阿罗多部已经和高昌戊己
校尉发生冲突。此后，鲜卑部落始游牧于北疆地区。鲜卑檀石槐统治时
期，鲜卑分为东、中、西三部，其中"从上谷以西至敦煌，西接乌孙为
西部，二十余邑，其大人曰置鞬落罗、日律推演、宴荔游等，皆为大
帅，而制属檀石槐"②。鲜卑和乌桓均是东胡的余部，"俗善骑射，随水
草放牧，居无常处，以穹庐为宅，皆东向。日弋猎禽兽，食肉饮酪，以
毛毳为衣。"③

鲜卑之后，柔然雄踞于漠北草原。在社仑统治时期，柔然的势力逐
渐强盛，疆域大展，"其西则焉耆之地，东则朝鲜之地，北则渡沙漠，

---

① 王臣邑：《和田博物馆藏源于龟兹国的一件佉卢文木牍》，《西域研究》2016 年第
3 期。
② 《三国志》卷三〇《魏书·乌丸鲜卑东夷传》。
③ 《北史》卷九八《蠕蠕传》。

穷瀚海，南则临大碛。"① 焉耆以东的广大地区已被柔然所控制。柔然是游牧民族，逐水草而居，作为柔然人的生活区域，北疆的畜牧业仍然发展良好。

龟兹以北、柔然以西的北疆广大地区在悦般国的统治下。悦般，是匈奴北单于的余部，游牧于乌孙故地，人口约二十万众，蓄养牲畜应是很多。

高车是丁零的后裔，魏晋时期活动于北海（今贝加尔湖）周边，人众较多，为柔然所统属。由于不满压迫，高车首领阿伏至罗和弟弟穷奇联合率领部众十余万落西迁，最终在车师前部西北（今乌鲁木齐一带）建立政权，取代了柔然在西域的统治。阿伏至罗率部居北，穷奇率部居南。高车是一个纯粹的游牧民族，"俗无谷，不作酒"，"其畜产自有记识，虽阑纵在野，终无妄取"。由于多牛马，婚姻以牛马纳聘，而尤重养马，每岁秋，必在最利于牧马的肥沃草场举行祈求仪式，祈祷来年马儿肥壮②。活动在西域的高车，后来被嚈哒所灭，其部众或归属嚈哒，或奔赴柔然。

嚈哒活动在阿尔泰山以南、于阗以西的广大地区，相当于今天新疆乌鲁木齐与和田以西范围。其国"众可有十万，无城邑，依随水草，以毡为屋"③。

继嚈哒之后，突厥逐渐掌控西域。突厥兴起于阿尔泰山南麓，后在木杆可汗俟斤的统领下，势力大增，"西破嚈哒，东走契丹，北并契骨，威服塞外诸国。其地，东自辽海以西，至西海，万里；南自沙漠以北，至北海，五六千里，皆属焉。"④ 突厥遂成为北朝时期西域最强大的地方势力。突厥也是一个游牧民族，"穹庐毡帐，随逐水草迁徙，以畜牧射猎为事，食肉饮酪，身衣裘褐"。突厥虽"移徙无常，而各有地分"，

① 《北史》卷九八《蠕蠕传》。
② 《北史》卷九八《高车传》。
③ 《北史》卷九七《西域传》。
④ 《北史》卷九九《突厥传》。

其牧场自有划界。其畜产主要是羊、马和牛，祭祀则主要是用羊和马。经过长期发展，至隋朝初年，突厥首领沙钵略率"控弦士四十万"南犯，由此可见突厥实力已相当强盛①。

魏晋南北朝时期是西域民族大变动、政局大动荡时期，特别是北疆地区的游牧民族变迁较大，各方势力在北疆这个大舞台上你方唱罢我登场，经过激烈征战，最终由突厥统一西域。在战争期间，北疆的畜牧业生产受到一定影响，而在突厥统一西域后，社会秩序渐趋稳定，畜牧业生产得以复苏发展。

第四节 汉晋南北朝时期的官营畜牧业

官营畜牧业，主要指中央王朝和西域地方政权所经营的官办畜牧业。囿于文献，中央王朝在西域的官办畜牧业经营没有记载，兹不论述。从现有的文献看，西域地方政权的官营畜牧业主要是高昌和鄯善两个地区。

一、高昌地区的官营畜牧业

魏晋南北朝时期的高昌地处柔然、高车、北魏、突厥等周边几大强势政权的影响之下，实力单薄的高昌为保生存，必须加强军队建设，特别是注重骑兵建设。因此，养马业在高昌就尤为重要。北凉时期（包括麴氏政权时期）的高昌实行了"按赀配生马"的制度，即把官方的马匹按照官民的家赀情况配给官民饲养。朱雷认为，大致一户有赀六斛就得配养马一匹；若斛数不够，则二户合赀配养马一匹，其中一户为马头。根据文书资料可知，各户需自己配备马匹、鞍鞯。在马匹和鞍鞯备齐后，户主还要准备足够的饲料喂养马匹。官府对官民养马的管理非常严格，定期检查配养情况，如若发现官民没有养好马匹，马死之后没有

---

① 《北史》卷九九《突厥传》。

及时补齐，便以"阅马逋"的罪名惩处戍边①。

由于养马事关军事，因此高昌地区的养马业由兵部负责管理②。若亡失官马，责任之人必须赔偿。文书记载了北凉玄始十二年（423），士兵亡失官马被责赔之事③。为了饲养马匹，高昌地区还种植苜蓿作为饲料。例如，1979 年出土于阿斯塔那古墓的北凉文书记载有军部差遣士兵收割苜蓿的内容："内学司成令狐嗣（白）辞如右，称名墜军部，当刈苜蓿。……请如辞所差刈苜蓿。事诺付曹存记奉行。"④

二、鄯善地区的官营畜牧业

鄯善地处塔里木盆地东南，经济上农牧兼营，畜牧业占据重要地位。从佉卢文材料所反映的情况来看，不仅民间百姓普遍饲养各类牲畜。鄯善也有属于王室专有的畜群。牧养可能主要集中在邻近的阿尔金山山前或山谷草场，或者戈壁半干旱地带的草场上；厩养则主要在绿洲定居点上。与此相对应，鄯善设有御牧和厩吏等职官分别加以管理。

1. 牧养

御牧的主要职责是管理为王室牧养畜群的牧户，同时还协助地方处理民间的牲畜纠纷事务。鄯善王致御牧卢达罗耶的一件敕谕中称："黎贝耶此子业已作为使者外出，秋天理应由黎贝耶随畜群放牧。待汝接到此楔形泥封木牍时，务必即刻对此事详加审理。黎贝耶若随……畜群放牧，则必须于秋天至此地随畜群放牧，而黎贝耶秋天根本不能来此随畜群放牧"⑤。此件文书中所提到的黎贝耶一家应当是专门为王室牧养畜群的牧户，其子由于奉命出使，无法在秋季按时赶回牧场放牧，故而鄯

---

① 朱雷：《吐鲁番出土文书中所见北凉"按貲配生马"制度》，《文物》1983 年第 1 期。

② 王素：《高昌史稿》（交通篇），文物出版社 2000 年版，第 103 页。

③ 国家文物局古文献研究室等编：《吐鲁番出土文书》第 1 册，文物出版社 1981 年版，第 35—38 页。

④ 新疆吐鲁番地区文管所：《吐鲁番出土十六国时期的文书》，《文物》1983 年第 1 期。

⑤ 林梅村：《沙海古卷》，文物出版社 1988 年版，第 35 页。

善王专门敕谕御牧要妥善处理此事。从目前出土的众多文书记载看，当时的御牧仅知道卢达罗耶一人。御牧可能是王室畜群的高级管理者，低级的下层具体管理人员较多。例如，228号文书就提到："……牧驼者……其他牧驼者……均应送来。……州长勤军及一些老牧驼者法律不……。"

关于鄯善畜群的牧养方式还体现在下面两则文书中。40号文书记载："威德宏大、伟大之国王陛下敕谕，致御牧吠尔耶·梵陀、诸州长罗陀施跋、沙弥伽和鸠那罗谕令如下：无论皇家畜群之橐驼于何州病倒不能行走，均应由当地抚养。倘若……由于托物赶路而亡，则要由牧驼者赔偿。倘若其自然衰老而亡，应将饲料上交当地州邦。"[1] 55号文书则记载为："威德宏大、伟大之国王陛下敕谕，致监察摩尔布陀，诸州长史牟尔伽、韦尔耶、梵陀兹摩伽、檀阁伽谕令如下：务必由皇家驼群途经各城镇提供饲料和饮水。无论其在何处病倒，都要由当地给予照料"。从上述两则文书可知，皇家牧群经过的州邦均应提供牧群所需的饲料和饮水，如果橐驼病倒不能行走，均应由当地抚养。倘若其自然衰老而亡，应将饲料上交当地州邦。皇家驼群途经之州邦，可见牧群需要经过长途距离。由此亦可知该地的牧群是牧养的方式。

牲畜是皇家贵重的财产，所以牧养之人必须专心放牧饲养牧群。鄯善规定为皇家放牧之人不得身兼多职，要专心饲养牲畜，并以所谓"国法"的形式固定下来，显示出鄯善对牲畜饲养管理之重视与严格。134号载："今有黎弥那上奏本廷，彼现已负责管理皇家之牛，但有人现在又让彼主管橐驼。当汝接到此楔形泥封木牍时，应即刻详细调查此事。绝不允许有人以口头之法诋毁国法"。[2] 439号文书载："今有怖军上奏，彼已受到王妃之母牛。彼现为叶吠县之牧羊人，同时又是 kuvana 谷物之司税，现又将皇家母牛交给彼。此人身兼五职，殊不合法。当汝接到

---

① 林梅村：《沙海古卷》，文物出版社1988年版，第52—53页。
② 林梅村：《沙海古卷》，文物出版社1988年版，第65页。

此楔形泥封木牍时，应即刻详细审理此案，确彼是否兼如此之多的职务。倘若确实如此，皇家母牛不应该再交给彼，若有人未担任任何职务，应将皇家母牛交付此人"①。

为了使牧养人能更好地牧养牲畜，鄯善王国给予为皇家牧养畜群的牧户以优厚待遇，其衣食均由国家提供，而且还能领取一定数量的薪俸。19 号文书中的国王谕令说："威德宏大、伟大之国王陛下敕谕，致州长克罗那耶、税监黎贝谕令如下：今有一女子，名驮摩施耶那。彼于此地代替夷陀色那随畜群放牧。当汝接到此楔形泥封木牍时，务必亲自详细审理此事。倘若驮摩施耶那确实替代夷陀色那随畜群放牧，依据原有国法，应给予其衣食及薪俸。若发生争执，则由朕亲自裁决。"②"依据原有国法，应给予其衣食及薪俸"反映了鄯善王国对为皇家牧养畜群的牧户是提供衣食与薪酬的，并以法律的形式颁行于世，足见鄯善王国对畜牧业的重视。

不仅如此，鄯善王国甚至还为这些皇家牧人配备卫兵和随从人员。182 号文书是一件"关于税监甘阇伽"的敕谕，内称："今有甘阇伽上奏本廷，彼系皇家驼群之牧人。以前，一直由州给皇家驼群之牧人配备卫兵，现在彼等不再给这些人配备卫兵。"③这些卫兵的职责似乎是为了协助牧人护卫驼群。值得注意的是，此处的甘阇伽具有皇家牧人和税监的双重身份，也显示出其地位之特殊。189 号文书则是关于"司土乌波格耶关于在尼壤提供随从人员一事"的敕谕，内称："司土乌波格耶上奏本廷，由于未向在尼壤的其他牧驼者提供随从人员，彼等现在正要求提供在尼壤的随从人员。当汝接到此楔形泥封木牍时，务必亲自详细审理此事。"④这些随从人员可能是协助皇家驼群之牧人管理放牧的。

由于鄯善"地沙卤……多葭苇、柽柳、胡桐、白草"，该地放牧有

---

①　林梅村：《沙海古卷》，文物出版社 1988 年版，第 115 页。
②　林梅村：《沙海古卷》，文物出版社 1988 年版，第 42—43 页。
③　林梅村：《沙海古卷》，文物出版社 1988 年版，第 68—69 页。
④　林梅村：《沙海古卷》，文物出版社 1988 年版，第 69 页。

相对固定的牧区，放牧之人不得在耕地间放牧，否则丢失必须赔偿。212 号文书记载："迦克和黎贝曾将几匹牝马赶到彼之耕地间放牧，苏毗人从该地将马牵走。现在彼等要求赔偿这些马"。① 为了保护牧区中牲畜的安全，国法严禁在牧区狩猎。13 号和 15 号文书的敕谕中明确提到"黎贝耶之牧场"，并指出"彼之牧场内有骡马牲畜，竟然有人于此地狩猎，杀伤骡马"，要求当地州长索阇伽对此事严加处理，"依法作出判决，禁止人们再去狩猎"。②

鄯善对放牧有严格规定，为此还制订了放牧法规。743 号文书记载了关于春天收放橐驼的法规。该文书内容是："威德宏大、伟大之国王陛下敕谕，致州长索阇伽谕令如下：今有乌波格耶给畜群增添一头橐驼。据放牧法规，春天还要从畜群中放走一头橐驼。当汝接到此楔形泥封木牍时，应即刻……（残）。"③ 骆驼中之牝驼，即为母驼，橐驼可能是指公驼。若如此，上面文书中记载的内容可能涉及鄯善地区骆驼的配育问题。一般来说，一群骆驼中只配有一头公驼。春天是骆驼的发情交配时间，如果一群骆驼中有两头公驼，势必会引起驼群的混乱。为保持驼群的稳定和配育的顺利进行，驼群只能保留一头体格健壮的公驼，因此文中说据放牧法规，春天还要从畜群中放走一头橐驼。上述文书的内容说明了鄯善地区对骆驼的配育规律已有充分认识和掌握。选择健康强壮的橐驼育种，有利于保持驼群品种的优良。橐驼承担着育种的重要任务，所以橐驼在育种后需要育肥休养。文书 314 号就记载了这种情况。该文书记载："男子柯利沙和沙门……带来一橐驼在此地育肥。彼等现有证人，监察摩尔布（陀）……帕尔尼耶、法首和左贝耶。这些人现在此地作证"。④ 由于橐驼育肥极为重要，所以担任育肥的场所必须具备良好的条件，管理也很严格。上述所列众多证人可能是为担任育肥的

① 林梅村：《沙海古卷》，文物出版社 1988 年版，第 70—71 页。
② 林梅村：《沙海古卷》，文物出版社 1988 年版，第 39—40 页。
③ 林梅村：《沙海古卷》，文物出版社 1988 年版，第 152 页。
④ 林梅村：《沙海古卷》，文物出版社 1988 年版，第 295 页。

场所担保的。198 号文书也记载将橐驼送至某州饲养，务必在秋天将养肥的橐驼送回来。① 一般来说，被选择为育种的公驼既要体格健壮，又要品种优良，所谓"良种驼"。74 号文书中记载的可能就是此项内容。"兰沙罗之百户中，苏耆伽、苏耆……耶及卢特罗耶之良种驼一头。夷陀伽、梨支伽、沙延摩及甘阇伽之瞿达罗橐驼一头。昆格耶之百户中，檀阇伽、鸠那色那、牟达罗耶及罗尔苏良种驼一头。楚利陀、兰沙尔查、支尼耶、昆格耶之良种驼一头。"② 从该文书中，可知百户之中只有 2—4 头良种驼或橐驼，说明良种驼或橐驼当是培育场的种驼。

2. 厩养

厩养是鄯善绿洲饲养牲畜的重要方式，与户外牧放一起构成畜牧主体方式。为此，王国设有厩吏一职专门管理与此相关的各类事务，而皇家厩养的牲畜有相当一部分可能是交由普通百姓或下级官吏分别饲养的，由王国提供饲料和薪俸。509 号敕谕中提到："今有左施格上奏，彼系皇家之厩吏，彼将一些牝马交苏伐耶看管，并给其工钱和饲料。苏伐耶从中将一匹牝马借给人猎鹿，以致该牝马死亡。当汝接到此楔形泥封木牍时，应即刻对此案亲自详细审理，确认是否如此。将他人私有之物借予别人，殊不合法。汝务必对此案争讼和誓约、证人一起亲自审理。依法作出判决。汝若不能澄清此案，应将彼等押送皇廷由朕亲自裁决。"③ 很显然，皇家之牲畜是专属物，未经皇廷允许，他人无权动用皇家之牲畜，否则必将受到处罚。尽管如此，鄯善仍有一些不法厩吏玩忽职守，用皇家饲料饲养私人牲畜或私自出售皇家牝马，借以牟利。第524 号"善喜及牝马"的敕谕称："今有税监苏遮摩和善喜向本廷起诉。据税监苏遮摩上奏，彼听吉臣说，'余之主人确系皇家厩吏。彼等靠皇家牝马才得以谋利，彼等将其到处出售。善喜之父苏怙陀用皇家饲料喂

① 林梅村：《沙海古卷》，文物出版社 1988 年版，第 70 页。
② 林梅村：《沙海古卷》，文物出版社 1988 年版，第 161—162 页。
③ 林梅村：《沙海古卷》，文物出版社 1988 年版，第 126—127 页。

马，百户长……以致许多牝马死亡'。彼还如此说，太侯伽兰查曾赏给苏怙陀三匹牝马，并说有'手书为证'。当汝接到此楔形泥封木牍时，应即刻审理此事。若有手书为证，彼可如是判决。关于吉臣说……皇家厩史到处出售牝马。若有证人，应和彼等之誓约一起审理。依法作出判决。倘若无其他证人，应起草一份报告，由本廷裁决"。① 不仅如此，还有人甚至将皇家的牲畜擅自送人或者变卖。122 号简牍中记道："那摩罗色摩在洛迷那那将皇家之牛一头作为礼物送人。在毕沙莱，一头牛被卖给索都吉；samgha（僧伽）之主得价款［……］米里马谷物。在且末，一头牛卖给伐难，得价款［……］一头大牛于本康那桥丢失；该四头牛，那摩罗色摩［……］。"② 对于这些不法之人，鄯善王室均按照相关法规予以严惩。

为加强对厩养牲畜的管理，鄯善王还将分养各处的皇家牲畜详细登记造册，对某一时段每头牲畜的生、死、产崽等状况详加记录，以备核查，时间甚至精确到某年某月某日。180 号简牍所记录的就是这样的一份有关皇家橐驼繁殖基地情况的登记账册③：

唯威德宏大的伟大的国王陛下，侍中摩醯利天子在位之 13 年□月 26 日，是时皇家橐驼之账目登记如下：

（栏一）

1. 司土安提耶有橐驼九头，牝驼一头，初生小驼一头
2. 鸠那色那有橐驼九头，牝驼…头，初生小驼…头
3. 甘支耶有橐驼十头
4. 司土乌波格耶有于阗驼六头，其他橐驼一头，新生小驼一头

---

① 林梅村：《沙海古卷》，文物出版社 1988 年版，第 129 页。

② 韩翔等主编：《尼雅考古资料》（内部刊物），新疆社科院考古研究所 1988 年版，第 197 页。

③ 林梅村：《沙海古卷》，文物出版社 1988 年版，第 196—197 页。

5. 司土乌波格耶有于阗驼六头，其他新生驼四头

（栏二）

1. 唯威德宏大的伟大的国王陛下，侍中摩醯利天子在位之⋯年 9 月 17 日，是时：

2. 婆尔贝耶有十四头牝驼活着，另外两头牝驼已死，两头小驼已死。

3. 司土乌波格耶有第四胎所生小驼二头，另有第五胎所生小驼二头

4. 司土乌波格耶有十一头牝驼活着，有两头橐驼送到皇廷，另有六头其他牝驼

5. 柯罗罗·卢特罗耶有牝驼八头，一头橐驼送到皇廷，另一头已死

6. 督军阿般那有牝驼三头

7. 甘支耶有⋯⋯初生小驼二头，现仍活着。并有牝驼十头，另有六头橐驼已死

8. ⋯⋯有⋯⋯橐驼活着，另有九头牝驼已死

由此可见，鄯善对皇家牲畜实行动态实时监管。记录中不仅有不同年度牲畜数量的变化情况的记录，对增减的数量与原因都有详细的说明。所有这一切是鄯善王有效管理皇家厩养牲畜的前提和根据。600 号文书为一件王国的官方文书，其中提到："兹于伟大国王、上天之子夷都伽·摩夷利陛下在位之 21 年 6 月 20 日，妇人啰卢阿从皇家（马厩）牵走牝马一匹进行交换。现皇廷已对该马厩之牝马作了检查。啰卢阿取去牝马一匹，交回两匹。该牝马之幼牝驹⋯⋯二匹，（及）三匹母马。皆已被移交给皇家（马厩）。决定（业已收到）。"[①] 对于牲畜跑到其他

---

① 韩翔等主编：《尼雅考古资料》（内部刊物），新疆社科院考古研究所 1988 年刊印，第 256 页。

人的地方，也有记载。文书 685 号和 686 号有大量详细记载①，不一一列举。

此外，牲畜受伤是非常重要的事情，所以鄯善对此记载亦颇详。文书 78 记载了许多牧户牲畜受伤情况。②

（栏一）

2. ……伽之牲畜……

3. ……罗……延摩……牲畜……

4. 罗卢格陀之牲畜受伤

5. 乌迦罗之牲畜……

6. 贵人施伽耶之牲畜……

7. 迟伐伽之牲畜受伤

8. 僧人苏耆陀之牲畜受伤

9. ……和婆数罗之牲畜受伤

（栏二）

1. ……牲畜受伤

2. 督军……牲畜受伤

3. ……若……之牲畜受伤

6. ……韦瑜伽之牲畜

7. 僧人苏耆陀之牲畜受伤

8. 左归罗陀之牲畜受伤

9. ……耶伽·昆格耶之牲畜受伤，摩耶伽……

10. 祭司林苏之牲畜受伤

鄯善王廷在各地所征收的赋税中，至少有一部分是以牛羊等牲畜的

① 林梅村：《沙海古卷》，文物出版社 1988 年版，第 250—251 页。
② 林梅村：《沙海古卷》，文物出版社 1988 年版，第 164—165 页。

实物形式征收的，而且一般都交由与自己距离最近的皇家畜群统一牧养，从而构成皇家畜群的主要来源之一。此外，地方官员奉送给皇室的牲畜也是其畜群来源之一。725 号文书敕谕中说："须向司土乌波格耶作特别指令。此项税收应交税吏鸠元陀和沙尔毗伽送来。还有，税收应由甘阇伐利详细核查和统计，并全部送来。牛羊应交妇女楼阿面前，归汝处皇家牛群和羊群。接此信后交司土乌波格耶。"[①] 27 号文书记载州长索阇伽曾许诺愿意奉送一匹牝马和四头马驹给王妃，因为没有实现诺言而遭到国王训斥。[②]

综上所述，魏晋南北朝时期的高昌和鄯善两地区的官营畜牧业也是区域畜牧业发展的重要组成部分。至于此期新疆其他地区，如龟兹、莎车、焉耆、和阗等是否有官营畜牧业，目前尚没有资料证明。不过，我们可以推测，上述地区与鄯善相比较，其王室经济实力更为强大，存在王室所经营的畜牧业生产，当是理所应当的。

---

① 林梅村：《沙海古卷》，文物出版社 1988 年版，第 148 页。
② 林梅村：《沙海古卷》，文物出版社 1988 年版，第 45—46 页。

第三章　隋唐时期的蓬勃发展

隋朝统一南北后，隋炀帝派遣薛世雄率军进入伊吾，留兵士戍守，其后在汉伊吾旧城东筑城，新设伊吾郡，并在鄯善、且末等地设置郡县。鄯善郡下辖显武、济远二县，且末郡下辖肃宁、伏戎二县①。隋朝国祚短暂，突厥遂称霸西域。唐以军事势力降服东突厥后，西域诸族亦归顺于唐，唐遂在隋伊吾郡旧址设立伊州（今哈密），下设柔远、纳职二县。唐太宗时，灭麴氏高昌后设立西州，分领高昌、柳中、交河、蒲类、天山五县。对于塔里木盆地的广大地区，唐朝设立安西大都护府进行管理。在安西大都护府的管辖下，唐政府依托原来规模较大的绿洲城郭国家，分别设立了焉耆都督府（焉耆）、龟兹都督府（皮朗古城）、疏勒都督府（喀什附近）和毗莎都督府（于阗附近）。唐朝中期又在塔里木盆地设立龟兹、疏勒、焉耆（碎叶）、于阗四大军镇和葱岭捉守。随着军镇的设立和大量士卒的进入，以及为了解决供给问题而进行的屯垦，掀起了自汉晋以来的第二次军屯高潮。在唐朝有效的管理下，社会秩序安定，西域各地百姓安居生产，当地农牧业也获得较好发展。总体而言，隋唐时期的西域农牧业发展良好，人口增加，农田面积扩展，水利灌溉建设有声有色，是西域古代经济发展史上的第二个高潮。公元8世纪中叶以后，安史之乱，国势衰微，吐蕃乘机迅速占领了西域的南部地区，回鹘西迁进入西域，也占领了吐鲁番和哈密地区。吐蕃和回鹘等民族在西域的战争虽然给当地经济造成了一定的破坏，但在他们统治区

---

① 《隋书》卷六五《薛世雄传》，《隋书》卷二九《地理志上》

域内便利了经济交流，促进了当地社会经济的恢复。

第一节　隋唐时期的屯垦

为抵御来自西突厥、突骑施和吐蕃的威胁，唐朝逐步统一西域后，逐渐进驻军队。按照唐制"凡军、州边防镇守转运不给，则设屯田以益军储。"[1] 为保证军粮供用，唐朝"岁调山东丁男为戍卒，缯帛为军资，有屯田以资粮粮，牧使以娩羊马。大军万人，小军千人，烽戍逻卒，万里相继，以却于强敌。"[2] 唐朝在西域屯田主要是：安西 20 屯，疏勒 7 屯，焉耆 7 屯，天山 1 屯，北庭 20 屯，伊吾 1 屯，总共 56 屯。大者 50 顷，小者 20 顷。每屯皆设有屯官、屯副，加强管理。[3] 若按每屯 50 顷计算，西域军屯耕地约有 2800 顷，数额巨大，成效显著。

一、南疆屯垦

唐朝南疆军屯东起天山，西至疏勒，范围广大。西州天山屯，有学者认为位于今天吐鲁番托克逊一带。[4]《唐前期西州屯田收入账》中反映了该处军屯的收入情况："……天山屯营田五十顷收……十五石六斗青稞……廿一石小麦……卅六石粟……柳中屯营田卅顷收……石三斗二升一合糜……七石六斗六升四合粟。"[5] 从该文书看，天山屯确为 50 顷，与《唐六典》的记载"大者 50 顷"相符合。《唐六典》所记诸屯均是 50 顷以上的，如果军屯面积少于 50 顷则缺载，如柳中屯 30 顷就不见于《唐六典》。这也说明了唐代西域军屯面积肯定远远超过上文推

---

① 《唐六典》卷七《尚书工部》，中华书局 1992 年版，第 222 页。
② 《旧唐书》卷一九六《吐蕃传》。
③ 《唐六典》卷七《尚书工部》，中华书局 1992 年版，第 223 页。
④ 殷晴：《丝绸之路与西域经济——十二世纪以前新疆开发史稿》，中华书局 2007 年版，第 236 页。
⑤ 池田温：《中国古代籍帐研究》，中华书局 2007 年版，第 351 页。

算的 2800 顷。从出土文书可知，西州军屯除了上述的天山屯和柳中屯之外，还有白涧屯①，殷晴以大谷 3354 号文书同时出现有柳中仓、交河仓、天山仓、蒲昌仓等仓储机构，认为既然柳中仓与天山仓为屯仓，而交河仓与蒲昌仓也当为屯仓，即为屯田纳粮而设。如此，则交河与蒲昌也曾置屯②。

焉耆土地肥沃，气候温和，适宜农垦。唐朝曾在此设立焉耆都督府，驻有重兵。"焉耆七屯"即耕地 350 顷，远远超过天山屯田。著名考古学家黄文弼在考察此地的四十四里旧城时，又发现一个古城，在其周围约 30 余里的范围内散布着汉唐中原王朝钱币，他还在一沙丘旁发现磨石残块和开元通宝。③ 由此可知，古城在汉唐时期均有汉军驻守屯垦。他还在锡科沁西北约 2.5 公里的焉耆唐王城内发掘清理出房屋和粮仓遗迹，出土有铁犁铧、陶器、小麦、谷子、高粱、胡麻和极细的面等。④ 有力地证明了唐代曾在此屯垦。

营盘位于焉耆的东南方，孔雀河北岸，地当婼羌、罗布泊前往吐鲁番、焉耆的要道上，向为军事要地。自汉代开始，这里就是中原王朝在西域军事农垦的重地。发现于此地的《唐右厢第二队上应请官牛数状》为我们了解唐在西域的屯垦与牛耕提供了条件。该文书云：

1. 右厢第二队　状上，
2. 合当队应请官牛数□五头，
3. 三　头　杂。
4. 梨伯犍壹头、四岁，将进下　梨犍壹头……

---

① 国家文物局古文献研究室等编：《吐鲁番出土文书》第 7 册，文物出版社 1986 年版，第 327 页。
② 殷晴：《丝绸之路与西域经济——十二世纪以前新疆开发史稿》，中华书局 2007 年版，第 237 页。
③ 黄文弼：《塔里木盆地考古记》，科学出版社 1958 年版，第 6 页。
④ 黄文弼：《新疆考古的发现》，《考古》1959 年第 2 期。

5. 沙犍壹、八岁，西州换得青父（壹），七岁……（后缺）①

从文书内容可知，营盘驻军右厢第二队有耕牛五头，三头杂色，其他两头分别是四岁和八岁，后者与西州的更年轻的牛互换。按照《通典·食货二》的记载："诸屯田应用牛之处，山原川泽，土有硬软，至于耕垦用力不同。土软处每一顷五十亩配牛一头，强硬处一顷二十亩配牛一头。即当屯之内有硬有软，亦准此法。"营盘地区土壤松软，第二队有耕牛 5 头，由此可知，营盘军屯当有耕地 750 亩。

龟兹是天山南麓上的政治、经济和军事重镇，唐朝安西大都护府即驻此。与此同时，又有重兵驻守，驻军屯戍，一派繁荣的农垦景象！《唐六典》记该处有二十屯，农田规模达 1000 顷，为唐代西域最大屯垦区之一。张嵩在任安西都护期间，积极发展农业生产，使得军府仓库充盈，"务农重战，安西府库，遂为充实"。② 今库车以东大片土地被唐守军开发。在今轮台县第那尔河畔的唐代古城周围，"沟渠田界历历可数"。在其附近的另一座唐城西南，有"干渠二：一南行；一东南行"③。两处唐城故址周围均有残存的农田水渠遗迹，这无疑是唐代屯垦地所在。此外，《新唐书》卷一三五《高仙芝传》记载龟兹"城东千石种田"，亦指安西都护府城之东有大片屯田。

库车西面渭干河流域的唐代屯田面积也比较大。考古学家黄文弼氏 1928 年 10 月在库车南部沙乌勒克以北之古址考察时，在唐代古城周围发现了古水渠遗迹和磨盘石一方，他认为"当时渠旁必有众多居民经营农垦"。④ 他曾推论这一带地区"当原为汉代屯田区，至唐代仍在此地垦殖"。⑤ 他在通古斯巴什唐代古城内发掘出胡麻、油饼及木屑之类，

---

① 陈国灿：《斯坦因所获吐鲁番文书研究》，武汉大学出版社 1994 年版，第 476 页。
② 《旧唐书》卷一〇三《张嵩传》。
③ 黄文弼：《塔里木盆地考古记》，科学出版社 1958 年版，第 11—12 页。
④ 黄文弼：《塔里木盆地考古记》，科学出版社 1958 年版，第 26 页。
⑤ 黄烈编：《黄文弼历史考古论集》，文物出版社 1989 年，第 251 页。

油饼圆形，径尺余。此城周围的勒哈米沁、卡拉克沁、不徒瓦什、可提尤干等小城亦均为唐代城址。① 此外，通古斯巴什唐代古城出土的汉文文书《李明达借粮契》记载了李明达借"青麦一石七斗，粟一石六斗"之事。《白苏毕梨领屯米状》则记载了龟兹籍的士卒白苏毕梨领取屯米四斗半，麦面一硕八斤以及醋、（麻?）油、酱、酢等事。② 此后，学者们又在通古斯巴什唐代古城周围的博提巴什戍堡遗址发现盛有麦、粟的大陶瓮，在合曼协海尔戍堡周围发现田埂、渠道和耕地的痕迹，在吐尔烽燧遗址附近发现了自东北向西南的干渠和支渠遗迹。③ 如此众多的考古资料显示，在以通古斯巴什唐代古城为中心的周边广大地区，极有可能是唐代安西屯所在地之一。

水利是绿洲农业的命脉，安西都护府为有效地开发农业，设立了专门负责管理渠堰的机构——掏拓所，隶属四镇支度营田使。掏拓之"掏"，意指挖掘；"拓"，意指拓展，二者连称，乃指浚通、修缮渠堰水道。④ 1907 年，法国伯希和在今库车县西面的都勒都尔·阿护尔遗址发掘，获汉文及少数民族语言文书若干。其中编号为 D. A90 号第 1 行就记有"掏拓所　帖城局万（清）"字样。⑤ 出土于都勒都尔·阿护尔遗址的《唐掏拓所文书》，为我们提供了在桃花水季节，安西都护府下

① 黄文弼：《塔里木盆地考古记》，科学出版社 1958 年版，第 22 页。
② 黄文弼：《塔里木盆地考古记》，科学出版社 1958 年版，第 94—95 页。
③ 张平：《龟兹考古中所见唐代重要驻屯史迹》，《新疆文物》2006 年第 3、4 期；《新和通古孜巴什古城遗址的调查与研究》，《吐鲁番学研究》2003 年第 2 期。
④ 冻国栋：《旅顺博物馆藏〈唐建中五年（784）孔目司帖〉管见》，见《魏晋南北朝隋唐史资料》第 14 辑，武汉大学出版社 1996 年版，第 124 页。
⑤ 汉文部分由童丕、池田温、张广达整理为《库车汉文文书》，文书编号为 D. A，2000，第 86 页。转引自刘国安、陈国灿：《唐代安西都护府对龟兹的治理》，《历史研究》2006 年第 1 期。

属的掏拓所组织人员抢修水渠堤堰的重要信息。① 该文书记载："1. 掏拓所 2. 大母渠堰 3. 右件堰十二日毕。□为诸屯须掏未已，遂……4. 请取十五日下水。昨夜桃花水泛涨，5. 高三尺，牢得春堰，推破南边马头一丈已 6. 下。恐更暴涨，推破北边马头及春堰，伏……7. □□□□检河槽及堰功积，便下水。十四日□……"。从掏拓所状文内容看，掏拓所负责当地渠堰的检查、修补与养护，管理当地的灌溉用水。

疏勒位于塔里木盆地西缘，为天山南麓丝路和昆仑山北麓丝路交会之处，地理位置极为重要。675 年设立疏勒都督府后，唐在此重兵戍守。随着局势的稳定，驻军即着手屯田。《唐六典》记载"疏勒七屯"，与焉耆规模相同。疏勒屯垦区主要分布在两大区域：一是疏勒城周围，李恺先生通过实地考察与研究，认为疏勒城周围的唐代屯垦遗迹主要有四处，分别是罕诺依垦区、阿卡什梯木——苦木沙克垦区、羊达曼垦区和伽师县的英阿瓦提"黑达因沁儿"垦区。第二大屯垦区位于巴尔楚克一带。②

于阗位于塔里木盆地南缘，是丝绸之路南道上的军事重镇。作为唐王朝"安西四镇"之一，于此亦置重兵戍守。按照唐律："凡边防镇守，转运不给，则设屯田，以益军储。"③ 援其他军镇屯垦之例，于阗守军亦当设屯垦殖，然史籍缺载，唯期待来日考古发现以证之。

二、北疆屯垦

北疆的屯垦主要是沿着天山北麓自东向西延伸。东起巴里坤湖畔的甘露川，向西发展，形成以北庭都护府为核心的带状分布区。

伊吾屯垦区位于伊州西北三百里的甘露川，即今天巴里坤东五十里

---

① 小田义久主编：《大谷文书集成》（叁），图版 20，第 225 页。有关本件的出土情况，小田义久《谈龙谷大学图书馆所藏大谷文书》一文有过简介，参见《大谷文书集成》（壹），第 5 页；汉译文载北京大学中国中古史中心编：《敦煌吐鲁番文献研究论集》第 5 辑，北京大学出版社 1990 年版，第 635 页。转引自刘国安、陈国灿：《唐代安西都护府对龟兹的治理》，《历史研究》2006 年第 1 期。

② 赵予征：《丝绸之路屯垦研究》，新疆人民出版社 2010 年版，第 94—95 页。

③ 《旧唐书》卷四七《职官志二》。

左右的大河古城一带地区。该城南即是从天山流淌下来的一条河流，可能就是唐代的"甘露川"。据《西州都督府图经（残卷）》记载，伊吾屯垦始于景龙四年（710），开元六年（718）移至甘露川，当时的驻军有三千人。根据实地考察，古城周边地势平坦，土地肥沃，灌溉便利，至今仍是巴里坤县农业发达地区。《唐六典》载，伊吾屯垦为1屯，然唐代的屯垦有大者五十顷和小者二十顷之别。综合《唐六典》和出土文书的记载来看，《唐六典》所载的1屯均为大者五十顷，由此可知，伊吾屯垦是5000亩。在大河古城内出土"有一大型的石磨盘，还有众多的马鞍形、桥形磨制石器，大型陶质容器，说明这里曾是一个规模大的囤粮基地"。[1] 古城内还曾发现过碳化的小麦粒。[2] 伊吾屯垦所种的粮食主要是麦和豆，麦子供军士食用，豆则饲养马匹。《伊吾军屯田残籍》载："五亩种豆……三亩种豆……二十亩种麦。"《新唐书·吐蕃传》载："轮台、伊吾屯田，禾菽弥望。"据《伊吾军纳粮牒》所记"一百九十七硕纳伊州仓讫"，王炳华先生认为伊吾军屯田不仅要向屯仓缴纳以供军需，还要交纳一部分至"州仓"，以供给地方需要。[3] 这反映出伊吾屯垦卓有成效。

北庭（今吉木萨尔附近）是唐朝在北疆的军事和行政中心，北庭都护府治所。为了维持众多驻军和行政人员的粮食消费，区域屯垦的规模亦相应更大。史载北庭屯垦是20屯，也就是10万亩耕地规模，与南疆安西大都护府治所龟兹一样，是唐朝在西域设置的最大屯垦区。隶属于北庭都护府管辖的还有瀚海军垦区、清海军垦区与轮台垦区。

瀚海军垦区位于吉木萨尔县附近，也是北庭最主要的垦区。从出土文书可知该地有瀚海军所属的沙钵屯、西界屯和咄王屯等小垦区。木垒县城东北的新户汉唐遗址，曾出土一件舌形铁铧犁，木垒与奇台交界的

① 薛宗正：《北庭春秋——古代遗址与历史文化》，新疆人民出版社2006年版，第275页。
② 赵予征：《丝绸之路屯垦研究》，新疆人民出版社2010年版，第111页。
③ 王炳华：《丝绸之路考古研究》，新疆人民出版社1993年版，第280页。

英格堡唐城遗址亦曾发现铁铧一件。① 此外，阜康市文管会还征集到一件铜铧犁，出土于阜康市的六运古城（即唐俱六城守捉遗址）。② 这些考古资料都表明唐代北庭地区的农业生产是比较发达的。

清海军垦区位于玛纳斯河冲积平原西部，气候温和，水源充沛，土地肥沃，是农垦的理想之地。《新唐书·地理志四》记载，天宝年间唐朝又改原来的镇海镇为清海军。宝应元年（762）唐王朝又进一步将清海军改为西海县，为庭州下辖诸县之一。按照唐朝在西域的军事部署要求，"大军万人，小军千人"，该地应该是在1000人左右，再参考唐朝军垦"镇戍地可耕者，人给十亩以供粮"的规定，清海军垦区当在一万亩左右。此屯垦区在贞元六年（790）吐蕃攻占西域后罢撤。

轮台垦区位于乌鲁木齐南郊的乌拉泊古城一带，这里是东连庭州、西接弓月和碎叶、南通西州和焉耆的交通要道，唐朝在此亦驻守重兵。该区地势平坦，水源充沛，灌溉便捷，具有农业垦殖的良好条件。古代垦区遗留下的引水渠道遗迹，至新中国成立初期仍清晰可辨。③ 长安二年（702）北庭都护府设立后，轮台屯垦区规模进一步扩大。大历六年（771）轮台改为静塞军，④ 驻军戍守屯垦依旧，直到贞元六年（790）为吐蕃所攻陷。

唐朝在西域的驻军，不仅在各都督府驻地实行屯垦，在都督府之下的镇、烽铺等驻军单位，也按照军令，从事垦殖。唐《军防令》规定："防人在防，守固之外，唯得修理军器、城隍、公廨、屋宇。各量防人多少，于当处侧近给空闲地，逐水陆地所宜，斟酌营种，并杂蔬菜，以充粮贮及充防人等食。"⑤ 从出土文书来看，镇级军事单位确实严格按此律实行了屯田。《唐西州都督府上支度营田使牒为具报当州诸镇戍营

① 戴良佐：《新疆木垒出土古铁犁》，《农业考古》1999年第1期。
② 戴良佐：《庭州纵横》，新疆人民出版社1999年版，第107—108页。
③ 赵予征：《丝绸之路屯垦研究》，新疆人民出版社2010年版，第89页。
④ 《新唐书》卷四〇《地理四》
⑤ （唐）长孙无忌等：《唐律疏议》卷十六《擅兴律》，中华书局1983年版，第312页。

田顷亩数事》记载："……赤亭镇兵肆拾贰人，营□□顷……柳谷镇兵肆拾人□□□肆顷……白水镇兵叁拾……营田贰顷……"[①] 镇级军屯人数较少，因此屯垦田亩也较少，白水镇戍卒 30 人左右，屯垦 2 顷，折合 200 亩，平均每人垦田 6.7 亩左右。这与开元二十五年（737）诏书所规定的"镇戍地可耕者，人给十亩以供粮"还有事实差距。[②] 作为军事戍守最基层的烽铺戍卒也要在艰苦的执勤之外从事垦殖，其艰辛可想而知。其中的一个烽燧只有戍卒三人，两个瞭望警戒，第三个人还要利用空闲之地农作，因为"里数既遥，营种不济"还必须汇报上峰。[③] 烽燧附近零星土地交由戍兵耕种，称为"营田"，每一戍兵耕种营田有多达十亩者，[④] 众多烽燧戍兵耕垦地亩的数量也不在少数。据吐鲁番出土文书《唐开元某年伊吾军典王元琼牒为申报当军诸烽铺斫田亩数事》所载，伊吾军所属速独、高头、阿查勒、泥熟、故亭、青山、柽林、花泉诸烽均从事屯垦，多者八亩，少者一亩，种植粟、豆等作物。《唐北庭诸烽斫田亩数文书》也记载："耶乐守捉界……白粟三亩共刈得……柽林烽伍亩……白粟贰。"[⑤] 烽铺屯垦虽然每烽垦地面积不多，收获亦少，然其数量多，亦是唐朝西域屯垦的重要组成部分。[⑥]

和田出土唐代屯垦文书显示，唐政府对西域屯所实行征粮制。文书《税粮帐》（编号 GXW0140）记载："五十石^{十石税}八石^{一石六斗}税小廿石^{四石税}"。可知，当时税率为 20%。征税的标准是按照田亩数？纳税丁

---

① 国家文物局古文献研究室等编：《吐鲁番出土文书》第 8 册，文物出版社 1987 年版，第 219 页。

② 《新唐书》卷五九《食货志三》。

③ 国家文物局古文献研究室等：《吐鲁番出土文书》第 8 册，文物出版社 1987 年版，第 195 页。

④ 赵俪生：《古代西北屯田开发史》，甘肃文化出版社 1997 年版，第 174—178 页。

⑤ 国家文物局古文献研究室等编：《吐鲁番出土文书》第 8 册，文物出版社 1987 年版，第 202—203、222 页。

⑥ 关于唐朝烽铺屯垦，程喜霖先生研究较深，见《从吐鲁番文书中所见的唐代烽堠制度研究之三》，《武汉大学学报（人文科学版）》1985 年第 6 期及专著《汉唐烽堠制度研究》，三秦出版社 1990 年版。

男数？抑或是播种量？目前中外学界研究各有所持，尚无定论。从文书《唐某年杰谢镇状为大历十七年当镇应管仓粮破用等事》（编号GXW0166：1）记载可知，当时征税的粮食主要是粟、青（稞）和小（麦）。具体由"官健"征收，交给"守捉仓"或"杰谢百姓住六城新仓"。例如："一十八石小给正月官健正月一十八人大粮，一十八石二斗粟给官健一十八人三月大粮，一十七石四斗七升三合青给官健一十七人四月小粮。"①

唐代军屯种植的农作物按照《唐六典》卷七《尚书工部》的记载主要是："稻、禾、大豆、小豆、乌麻、麻、黍、麦、荞麦"等，还有"蒜、葱、瓜、蔓菁、苜蓿"等蔬菜与饲料作物。从出土文书可以见到的农作物品种，大致有豆、小麦、粟、黍、青麦（青稞）等。

唐代西域屯垦范围广，面积大，种植作物多，成效颇佳。时任安西副都护的张孝嵩在安西"劝田训士"，以致"府库盈饶"。② 李锦绣研究认为天宝年间安西都督府屯垦虽然没有完全实现自给，但屯田每年收入约26.17万石，占到军粮的62.43%；北庭屯田每年收入29.38万石，占所需军粮的73.69%。③ 总之，唐军在西域的各地军屯也在很大程度上缓解了从内地运输粮草的负担，为唐朝西域守军提供了强有力的后勤保障。

唐代是西域农业开发史上第一个大发展时期，天山北麓广开农田，水渠纵横，播植百谷，一片"禾菽弥望"的喜人景象。经过有唐一代的经营，北疆地区的农业分布沿着天山北麓一线向西发展，其中巴里坤湖南岸和吉木萨尔一带是重点发展区域，初步改变了自史前以来伊犁河谷的地区优势。南疆广大地区依然是唐朝在西域经营的重心所在，安西四镇集中分布于塔里木盆地周边，大规模的驻军屯垦为南疆农业的发展提供了重要条件。

---

① 丁俊：《有关和田出土的几件粮帐文书》，《西域研究》2014年第1期。
② 《新唐书》卷一三三《郭虔瓘传》。
③ 李锦绣：《唐代财政史稿》（上卷）第3分册，北京大学出版社1995年版，第1231页。

第二节 隋唐时期的土著农业

一、隋至唐安史之乱

（一）塔里木盆地绿洲诸国的农业

塔里木盆地边缘的绿洲诸国，自汉晋以来农业发展一直没有停滞，到了隋唐时期，地区农业在前代的基础上得到了进一步发展，天宝年间，安西府所辖焉耆、疏勒、和阗等南疆地共有 11106 户，63168 人。[①]

焉耆是西汉以来西域绿洲大国，农牧兼营，经济发展迅速。隋唐时，该国兼并了周边的尉犁、山国和危须等小国，实力大增。天宝年间，该国人口有 1167 户。[②] 该国东有博斯腾湖，西有开都河，水源丰富，"其地良沃，多蒲萄，颇有鱼盐之利。"[③] 唐朝初年，高僧玄奘经过该国时见到："泉流交带，引水为田，土宜糜、黍、宿麦、香枣、葡萄、梨、奈诸果。气序和畅。"[④] 宿麦是隔年成熟的麦，即冬麦。《汉书·武帝纪》："遣谒者劝有水灾郡种宿麦。"颜师古注："秋冬种之，经岁乃熟，故云宿麦。"北魏贾思勰《齐民要术·大小麦》："夏至后七十日，可种宿麦。早种则虫而有节，晚种则穗小而少实。"因为大麦是在春季播种的，小麦可以在秋冬、春两季播种，所以，焉耆得种植宿麦当是小麦。宋应星《天工开物》卷一《乃粒》云："黍有粘有不粘者"。糜是黍之不粘者，[⑤] 糜和黍应是两种不同的农作物。从上文可知，焉耆种植的农作物是糜、黍和小麦三种。不过《北史》卷九七和《太平寰宇记》

[①] （唐）杜佑：《通典》卷一九二《边防八》，中华书局 1988 年版，第 4559 页。

[②] 荣新江：《敦煌本〈天宝十道录〉及其价值》，见唐晓峰等编：《九州》第 2 辑，商务印书馆 1999 年版，第 116—129 页。

[③] 《旧唐书》卷二一〇《西戎传》。

[④] （唐）玄奘等著、季羡林校注：《大唐西域记》卷一，中华书局 1985 年版，第 48 页。

[⑤] 张泽咸：《汉晋唐时期农业》（下），中国社会科学出版社 2006 年版，第 798 页。

卷一八一均说焉耆"谷有稻、粟、菽、麦",所以,焉耆的粮食作物还应包括稻、粟、豆。焉耆溉田属引水灌溉方式。既是引水灌溉,自然需要修建水渠,因此,《新唐书·西域传》云:"逗渠溉田"。"逗"在《说文》中被解释为"止",为停止、停留之意。故"逗渠溉田"应是筑堤截水,修渠引水,进行农田灌溉之意。

　　龟兹是唐代安西都护府驻地。天宝年间,龟兹都督府的人口为南疆最多,有4974户。[①]《旧唐书·西戎传》云:"龟兹国,有城郭屋宇,耕田畜牧为业。"故龟兹为南疆典型的农牧兼营的经济区域。该地种植的农作物在《新唐书》和《大唐西域记》中均有记载。综合而言,其主要农作物有麻、麦、菽、粳稻、糜子等。水果主要有葡萄、石榴、梨、奈、桃、杏等[②]。蔬菜有葱、韭等[③]。黄文弼先生在沙雅考察时就在唐代的通古斯巴什旧城发掘出了胡麻和油饼[④]。

　　姑墨为汉时西域城国之一,即今天的阿克苏,在唐初被称为跋禄迦。玄奘经过此地,记述该地是"土宜气序、人性风俗、文字法则同屈支国,语言少异。细毡细褐,邻国所重。"[⑤] 可见,姑墨的经济与龟兹基本相同,也是农牧兼营。

　　疏勒(今喀什)是位于南疆西部的重镇,人口较多,农业发达。天宝年间,疏勒居民有1860户[⑥]。唐初,高僧玄奘途经于此,目睹该国:"多沙碛,少壤土。稼穑殷盛,花果繁茂。出细毡褐,工织细毡氎毲。气候和畅,风雨顺序。"[⑦] 虽然该地适合于种植的土壤有限,但气

---

　　① 荣新江:《敦煌本〈天宝十道录〉及其价值》,见唐晓峰等编:《九州》第2辑,商务印书馆1999年版,第116—129页。
　　② (唐)玄奘等著、季羡林校注:《大唐西域记》卷一,中华书局1985年版,第54页。
　　③ (唐)慧超:《往五天竺国传》,见杨建新《古西行记选注》,宁夏人民出版社1987年版,第107—117页。
　　④ 黄文弼:《塔里木盆地考古记》,科学出版社1958年版,第22页。
　　⑤ (唐)玄奘等著、季羡林校注:《大唐西域记》卷一,中华书局1985年版,第66页。
　　⑥ 荣新江:《敦煌本〈天宝十道录〉及其价值》。
　　⑦ (唐)玄奘等著、季羡林校注:《大唐西域记》卷十二,中华书局1985年版,第995页。

候和畅，风调雨顺，民众勤于耕作，区域的农牧业生产均呈现出欣欣向荣的喜人景象，"稼穑殷盛，花果繁茂"，"偏宜葡萄、醍醐果、香枣、桃、李"，[①] 是一区民众生活的乐土。关于该地的农作物种植，唐书中也没有明确记载，不过在唐以前的史籍中有记载，主要是稻、粟、麻、麦。农业生产发达使得粮食产量大增，生产的粮食不仅能满足当地民众的需求，还每岁向突厥输出。这一时期疏勒的农业有一个值得注意的现象就是在一些史书中记载疏勒种植"蔗"，这一说法最早见于唐杜佑所撰《通典·边防八》中"蔗"[②]。北宋乐史所撰《太平寰宇记》不仅沿袭此说，更明记为"甘蔗"[③]。甘蔗是一年生宿根热带和亚热带草本植物，秆直立，粗壮多汁，表面常披白粉，叶为互生，边缘具小锐齿，花穗为复总状花序。甘蔗为喜温、喜光作物，年积温需 $5500 \sim 8500$℃，无霜期 330 天以上，年均空气湿度 60%，年降水量要求 $800 \sim 1200$mm，日照时数在 1195 小时以上。从疏勒的气候看，当地并不适宜种植甘蔗。此外，关于疏勒种植甘蔗的最早记载也仅仅见于《通典》一书之中，在同时期的文献中均无相同的记载，即没有相佐证的材料，再结合甘蔗的适生条件，难免让人生疑。因此，《通典》中的"蔗"字，很可能是"麻"字之误。因为两字不仅字形相似，且从史籍记载的先后顺序看均是"稻、粟、麻（蔗）、麦"的排列。所以笔者认为隋唐时期的疏勒不是种植甘蔗而是种植麻（大麻和油麻）。《通典》及《太平寰宇记》相关记载有误。

疏勒的毡褐加工业较为著名，说明该了地区畜牧业的发达。到了唐朝中期，疏勒人可能还学会了种植棉花，因为唐朝开元年间（713—741）新罗僧人慧超从海路到达印度半岛，后来取道陆路，经过今巴基

---

① （唐）杜环：《经行记》，见《通典》卷一九二《边防八》，中华书局 1988 年版，第 5226 页。

② 《通典》卷一九二《边防八》，中华书局 1988 年版，第 5226 页。

③ （北宋）乐史：《太平寰宇记》，王文楚等点校，中华书局 2007 年版，第 3470 页。

斯坦、阿富汗、西域返回中原时经过疏勒，他见到该地"土人著叠布衣"。[1] 虽然史书明确记载高昌地区生产"白叠子"，并且投入市场流通，但是疏勒地区土著人穿着"叠布衣"的普遍现象，恐怕不是仅靠高昌市场所能满足的。蔬菜水果是当时人民饮食不可或缺的。该地花果繁茂，蔬菜多样。慧超见到僧人"吃肉及韭葱"[2]，可见该地蔬菜至少有韭菜和葱，这两种蔬菜也是高昌地区常见的品种。此外，喀什西部地区还有葫芦的生产。考古人员在今天克孜勒苏柯尔克孜自治州阿克陶县境内的唐代克孜勒加依墓地发现有大量葫芦及其籽种。[3] 考古人员认为这与当地原始生殖崇拜有关，但实际上说明当地有葫芦的种植。

莎车是汉代人口超过 16000 人的西域大国，农业发达。唐初该地"地土沃壤，稼穑殷盛，林树郁茂，花果具繁。……气序和，风雨顺。"[4] 莎车的农业情况与喀什相似。

渴盘陀国（今塔什库尔干地区的克孜尔库尔干遗址）是昆仑山中的一个农牧并重的国家，由于气候寒冷，该国主要种植麦子，人亦多食麦。玄奘途经这里时，该国依然是"谷稼俭少，菽麦丰多，林树稀，花果少。"[5] 不过农作物品种较之以前多了豆子。北魏宋云经过于此，看到当地人民是"决水以种"，这种传统的灌溉方式可能在隋唐时还继续沿用。

斫句迦国（今叶城）位于于阗之西，汉代称子合国，魏晋时称朱俱波，该地"人民山居，五谷甚丰，食则面麦。"这种反映农业生产的状况到唐朝初年基本没有改变。然其编户则更加殷盛，园艺也益见发达，所谓"山阜连属，砾石弥漫。临带两河，颇以耕植，蒲萄、梨、

① （唐）慧超：《往五天竺国传》，见杨建新：《古西行记选注》，宁夏人民出版社 1987 年版，第 107—117 页。
② （唐）慧超：《往五天竺国传》，见杨建新：《古西行记选注》，宁夏人民出版社 1987 年版，第 107—117 页。
③ 艾涛：《新疆阿克陶县克孜勒加依墓地考古新发现》，《西域研究》2013 年第 2 期。
④ （唐）玄奘等著、季羡林校注：《大唐西域记》卷一二，中华书局 1985 年版，第 990 页。
⑤ （唐）玄奘等著、季羡林校注：《大唐西域记》卷一二，中华书局 1985 年版，第 983 页。

奈，其果实繁"①。

于阗是塔里木盆地南缘一处最大的经济区域，人口众多，农牧业发达，经济繁荣。天宝年间，于阗毗沙府有人口 4787 户，仅次于龟兹都护府②。《隋书·西域传》记载该国："土多麻、麦、粟、稻、五果，多园林"。到了唐初，该地"宜谷稼，多众果"③，"土良沃，宜稻麦，多葡萄"④，农业依然保持着良好的发展势态。唐初高僧玄奘经过于阗时见到该地人民服饰"少服毛褐毡裘，多衣绸绅白氎"⑤。白氎，即白棉布。《新唐书·南蛮传下》："古贝，草也。绩其花为布，粗曰贝，精曰氎"。于阗人多穿精致的棉衣，说明当地种植棉花。于阗的寺院经济在隋唐时期发展迅速，殷晴先生对此有专门研究，此不赘述⑥。通过殷晴先生的研究我们可知，于阗民众以粟、麦为主食，生产并食用大量油麻。此外，还种植稻米（大米）⑦、青麦（青稞）⑧。于阗民众不仅在水果收获季节食用水果，还把水果进一步加工成干果以便在冬季食用。从《唐〔开元九年?〕于阗某寺支出簿》可以看到干果主要有干葡萄、烟熏葡萄、枣、果子、榅桲、石榴、杏仁、梅子、核桃等⑨。葡萄的深加工产品原来有葡萄干和葡萄酒，现在可知还有烟熏葡萄，方法比较独

---

① （唐）玄奘等著、季羡林校注：《大唐西域记》卷一二，中华书局 1985 年版，第 998 页。

② 荣新江：《敦煌本〈天宝十道录〉及其价值》，见唐晓峰等编：《九州》第 2 辑，商务印书馆 1999 年版，第 116—129 页。

③ （唐）玄奘等著、季羡林校注：《大唐西域记》卷一二，中华书局 1985 年版，第 1001 页。

④ （唐）杜佑：《通典》卷一九二《边防八》，中华书局 1988 年版，第 5225 页。

⑤ （唐）玄奘等著、季羡林校注：《大唐西域记》卷一二，中华书局 1985 年版，第 1001 页。

⑥ 殷晴：《唐代于阗的社会经济研究》，《新疆社会科学》1989 年第 6 期。

⑦ 陈国灿：《斯坦因所获吐鲁番文书研究》，武汉大学出版社 1997 年版，第 521—522 页。

⑧ 陈国灿：《唐贞元六年（790）神山馆馆子王仵郎抄》，见《斯坦因所获吐鲁番文书研究》，武汉大学出版社 1994 年版，第 507 页。

⑨ 陈国灿：《斯坦因所获吐鲁番文书研究》，武汉大学出版社 1994 年版，第 489—499、523 页。

特。葡萄、奈、枣子、石榴、杏仁和梅子比较常见，榅桲则是首次在正史中出现。榅桲，别称木梨，蔷薇科，榅桲属，喜光而能耐半阴。适应性强，耐寒。对土壤要求不严，一般排水良好之地均可栽培。原产中亚细亚、伊朗、高加索、土耳其等地，是一个古老的树种。果实呈梨形，黄色，有香味。现在南、北疆各地均有栽培，以阿克苏、喀什、和田、克孜勒苏、库尔勒等地分布较多，其中喀什市、疏勒、疏附、阿克苏、莎车等县比较集中，在莎车、阿克苏还有中、小型的榅桲园，其他各地多为混合栽植果园或零星栽培。北疆分布极少。

　　于阗地处塔里木盆地南缘，气候干旱，水利灌溉对农业经营至关重要。高僧玄奘经过这里时见到："城东南百余里有大河，西北流，国人利之，以用溉田。"① 此地特别注重水渠建设，设计科学合理，以利于大面积的农田灌溉。在策勒县北的乌曾塔提至丹丹乌里克遗址中有被沙漠掩埋的古代水渠及在今和田北郊的布盖威里克古渠，都是"位于一条高地上"。特别是前者形成了玉龙喀什河和克里雅河之间的分水线，"保持在最高的地平线上，一条水渠不仅能控制灌溉大面积的灌溉区域，而且也很容易防止天然排水道的破坏以及类似的干扰"。②

　　这里的农民平时忙于农耕溉田，只有在农闲季节才有时间挖井掏渠，维修渠道。秋季干旱，不利于农耕，必须进行灌溉。发现于丹丹乌里克遗址的《唐某年八月廿七日护国寺处分寺家人帖》记载了护国寺的寺家人刈草之余还要"留一人浇田……不得妄作事故，违，必宜科决。"③ 秋收过后，进入农闲季节，这是挖井修渠的大好时机，《唐于阗神山某寺支用历》中记载了和田北郊某寺所属庄园雇人在秋冬季节挖井掏渠之事。

----

　　① （唐）玄奘等著、季羡林校注：《大唐西域记》卷一二，中华书局 1985 年版，第1024 页。

　　② ［英］斯坦因：《古代和阗》第 287 页，转引自殷晴：《丝绸之路与西域经济——十二世纪前新疆开发史稿》，中华书局 2007 年版，第 203 页。

　　③ 陈国灿：《斯坦因所获吐鲁番文书研究》，武汉大学出版社 1994 年版，第 557 页。

（十月）廿九日，出钱壹佰贰拾、估酒叁斗，为厨车园子……得满等掏井寒冻辛苦……十一月一日，……新庄先陈状、又请掏山水渠……西旧园状请两处掏渠……。①

（二）吐鲁番—哈密盆地的农业

1. 吐鲁番盆地

西州地处吐鲁番盆地，是唐贞观年间攻灭麹氏高昌后设立的。该地在魏晋南北朝时期农业的基础上持续发展，成效显著。人口是社会经济进步的重要体现之一。西汉时，活动在该地的车师前国不过 700 户，6050 口，胜兵 1865 人②。东汉时车师前国领 1500 余户，4000 余口，胜兵 2000 人③。至唐初贞观十四年（640），侯君集攻下高昌时，该国有 8000 户，37700 人④。天宝年间增加至 9016 户，49476 人⑤。到后来人口进一步增长，达 11193 户，50314 人⑥。人口的快速增长，反映了该地农业的发展与进步。同时，这也带来人地关系的矛盾，人多地少。杨际平先生曾据《通典》及《唐会要》的史料，估得贞观十四年高昌被唐平定时，户均垦田约 10 亩，人均不到 2.4 亩⑦。随着人口的不断增长，新垦田地增加有限，人均耕地面积还会进一步减少。我们知道，吐鲁番地区是戈壁绿洲，水资源有限，且周围又多沙碛，向外拓展耕地的难度较大，所以只有通过精耕细作，提高土地生产效率来解决日益严重

① 陈国灿：《斯坦因所获吐鲁番文书研究》，武汉大学出版社 1994 年版，第 490—492 页。
② 《汉书》卷九六《西域传》。
③ 《后汉书》卷八八《西域传》。
④ 《旧唐书》卷二一〇《西戎传》。
⑤ 《旧唐书》卷四四《地理志三》。
⑥ （唐）杜佑：《通典》卷一七四《州郡四》，中华书局 1988 年版，第 4558 页。
⑦ 杨际平：《试考唐代吐鲁番地区"部田"的历史渊源》，《中国社会经济史研究》1982 年第 1 期。

的人口压力。

第一，大量铁质工具的使用和牛耕的推广。从目前出土文书可知，吐鲁番地区使用的农具主要是大钁、大破钁、中钁、小钁、镰、锄、犁等。[①] 作为斫地主要工具的钁和作为收割工具的镰均得以大量使用。铁钁等农具已在市场上大量供给，物美价廉，可以满足农民的需要。[②] 牛耕的推广使农田深耕成为可能，疏松的土壤颇利于农作物的生长。从出土文书可知吐鲁番地区是普遍用牛耕的。高昌延寿九年（632）《曹质汉海富合夏麦田券》中记载："渠破水过（？），仰耕田……"，[③]《唐权僧奴佃田契》中也记载："……田主以田中耕牛、人力、麦子、粟子仰僧奴承了。……"[④]《唐永徽三年士海辞为所给田被里正杜琴护独自耕种事》亦云："其地琴护独自耕种将去，不与士海一步。"[⑤] 考古发现为我们研究唐朝吐鲁番犁耕技术提供了实物证据。在吐鲁番柏孜克里克石窟出土的一件高昌回鹘时期的铁犁铧，尖端扁平，铧体两面凸起，较之汉代的犁铧更为轻便。[⑥] 此外还有从吐鲁番阿斯塔那古墓群出土的7—9世纪的耕牛泥塑。犁铧和耕牛泥塑的出土，是唐时期吐鲁番地区普遍使用牛耕的有力物证。《唐西州某乡户口簿》记载该乡共有427口人，饲养的犍牛有146头，牸牛即母牛47头，总共是193头，平均计算，该乡每2.2人养一头牛。虽然不是所有饲养的牛都用来耕作，但作

---

① 国家文物局古文献研究室等编：《吐鲁番出土文书》第4册，文物出版社1983年版，第60页。

② 殷晴：《丝绸之路与西域经济——十二世纪前新疆开发史稿》，中华书局2007年版，第208页。

③ 国家文物局古文献研究室等编：《吐鲁番出土文书》第5册，文物出版社1983年版，第240页。

④ 国家文物局古文献研究室等编：《吐鲁番出土文书》第4册，文物出版社1983年版，第59页。

⑤ 国家文物局古文献研究室等编：《吐鲁番出土文书》第7册，文物出版社1986年版，第23页。

⑥ 殷晴：《丝绸之路与西域经济——十二世纪前新疆开发史稿》，中华书局2007年版，第208页。

为主要农业区有如此高的养牛比例，也从侧面反映出该乡是不缺牛力耕作的。这也是农业生产发达的重要条件。

第二，重视农田施肥。长期的耕种使得土地肥力逐年递减，产量下降，为了保持地力，提高单位面积产量，就需要给土地施加肥料。魏晋南北朝时期吐鲁番地区已经应用了施肥技术，不过仅见于一处文书记载。到了唐代，关于农田施肥的记载就多了，而且还有买粪之事，说明唐时该地区人民更加重视农田施肥。前引文书《唐权僧奴佃田契》中就记载了农田施肥的情况："贰分田中粪堷土……田中粪土不遭好……"。如果自家的粪肥不够用，可向他人租赁羊粪尿，或者用粮食来换粪，或者用钱来买粪，① 更有甚者，粪肥还分为上、次、下三个等级。②

第三，不误农时，遵守耕作规律。日本奈良宁乐美术馆藏吐鲁番文书《唐开元二年闰二月蒲昌府范阿祚牒为知园临番方始与替、仗备失时事》，为我们提供了唐代西州重视农时的情况："……才应上萨捍烽探奉长司……如前。今月二十九日具检前后及……应马瘦被打，即走向州，将钱拟买肥。……眼看目验，困苦不虚。……知园临番，方始称春种，仗备失时，其……需申上。"③ 这件文书记载了烽长因意外被打，以至忘记按时春种，只好向上级报告具体情况。反映了唐时期西州农业生产是严格按照农时的。同时，也说明了该地重视使用肥料，在缺少肥料时还要尽量购买。文中的烽长就是去州上"将钱拟买肥"的。

第四，实行轮耕制度。由于地处荒漠戈壁之间，加之水资源紧缺，吐鲁番地区可以连年耕种的良田并不是很多。虽然采取施肥措施以增加地力，但粪肥也不足以保证所有农田使用。在此情况下，实行休耕的轮作制度就必不可少。轮耕制度自汉代已有之，及至唐代，吐鲁番文书中

---

① 国家文物局古文献研究室等：《吐鲁番出土文书》第 3 册，文物出版社 1981 年版，第 205 页、210 页、227 页。

② 殷晴：《丝绸之路与西域经济——十二世纪前新疆开发史稿》，中华书局 2007 年版，第 210 页。

③ 陈国灿等：《日本宁乐美术馆藏吐鲁番文书》，文物出版社 1997 年版，第 33—34 页。

多出现"部田"一词，杜正乾认为"部田"是指部分轮作耕种的田地。[①] 吐鲁番人民采用轮耕制度有利于休养地力，保证农业生产的有效性和持续性。

第五，大力发展水利灌溉事业。水利是绿洲农业发展的命脉，没有水，人民的生活和农业生产均无法进行。该区在继承前期水利建设的基础上，持续兴修新的水利工程，不断完善渠道布局与进行渠道维护，加强农田灌溉管理。从麴氏高昌到唐朝，累世兴修，从而使高昌地区水网如织，围绕高昌城周围的渠道就多达 51 条。据孙晓林研究，该区以高昌城北的新兴谷（今胜金口）中山涧水为引水源，通过干渠引入高昌城内外。以高昌城为中心，绕城环形，纵横交错，干、支、斗、毛渠形成水渠网络，维系着城东、西两大主要灌溉耕作区。[②] 引水渠是城区和农田灌溉区的重要工程，需要经常维护，才能保证水流通畅，发挥良好的灌溉效益。如果渠损水流泄漏将造成很大损失，故及时修葺与养护很重要。引水工程兴筑的堤堰通常都是规模较大的工程项目，只有依靠当地全体民众的共同参与方能完成，故需要官方组织。工程完工之后，每年都需要有人按时检查和维护，为此还有严格的制度规定。出土文书《唐开元二十二年（734）西州高昌县申西州都督府牒为差人修堤堰事》就充分反映了上述内容。其内容记载："高昌县为申修堤堰人……新兴谷内堤堰一十六所，修塞料功六百人。城南草泽堤堰及箭干渠，料用单功八百五十人。右（又）得知水官杨嘉恽、巩虔纯等状称：前件堤堰每年差人夫修塞。今既时至，请准往例处分者。准状，各责得状，料用人功如前者。依检案……例取当县群牧、庄坞、邸店及夷胡户……日功修塞。件检如前者。修堤夫……"。[③]

---

① 杜正乾:《吐鲁番文书中"部田"考释》,《中国农史》2006 年第 6 期。

② 孙晓林:《唐西州高昌县的水渠及其使用管理》, 见《敦煌吐鲁番文书初探》, 武汉大学出版社, 1983 年。

③ 国家文物局古文献研究室等编:《吐鲁番出土文书》第 9 册, 文物出版社 1990 年版, 第 107—108 页。

这件文书对于我们了解唐代西州的水利管理极为重要。从中我们可知：其一，唐朝西州的水利是由政府统一进行管理，具体负责事务的是西州都督下属—知水官，他们把具体要求和事宜要上报西州都督，经过都督批准后方可实施；其二，西州的堤堰水渠每年安排一定人员按时检查修塞，不得延误或拖迟，否则按照前例严责处分；其三，修塞渠道堤堰是关系全体民众的重大事件，广大民众要积极参加，不管是牧民、农庄、住店人员还是当地少数民族均无例外；其四，修建的堤堰和渠道工程浩大，设施配套完备；其五，唐代的水利灌溉尚没有出现坎儿井，因为渠道水源是引自新兴谷的涧水和城南草泽湖水，引水方式正是前文所论述的通过修筑堤堰抬高水位引水，所谓筑堤引水。

唐政府对西州水资源管理较为严格，民间灌溉用水需要向政府申报，待政府批准后，交由知水和渠长前往检查确认，再予给水。《唐龙朔三年四月十日高昌县麴武贞等牒为请给水事》详细记载申请灌溉的户主、亩数、缘由。"刀海举五亩，索符利三亩……永隆寺三亩，麴武贞十亩，□件地，前为旧地恶薄，并移请□处，迴水营种，当为不及加功，遂不得□，兼复堰破，不敢取水。今地舍部曲□至，望请给水，其田正当水渠左侧，牒陈，谨牒。龙朔三年四月十日，麴武贞等牒。"两日后，当地政府批示："付知水、渠长，检水次至，依给。索示。"[1] 由于水资源有限，具体进行农田灌溉时可能会出现"有强凌弱"，水量分配不均，导致"富者因滋转赡，贫者转复更穷"的不良现象。鉴于此，西州百姓曾举荐"性直清平，谙知水利"的老者"立一牌榜，水次到转牌看名用水，庶得无漏"。若不依次取水，富者就罚"车牛一道远使"，贫者"罚单功一月驱使"[2]。这虽是个例，却在一定程度上反映了西州社会富豪人家与平民百姓用水的矛盾，同时也反映了西州某些地区

---

① 荣新江等：《新获吐鲁番出土文献》（上册），中华书局 2008 年版，第 111 页。
② 国家文物局古文献研究室等编：《吐鲁番出土文书》第 9 册，文物出版社 1990 年版，第 146 页。

土地与水资源间的矛盾。

值得注意的是，唐代西州寺院继续发展，兴建有思恩寺、永隆寺、开觉寺等数座佛寺。按照唐均田令规定，僧侣均可受田，故此寺院经济也是西州土著农业的组成部分。从新获吐鲁番出土文献《唐神龙三年正月西州高昌县开觉等寺手实》可知，当地寺院经济依然繁荣。开觉寺有永业田五段，面积七亩多，但均为薄田，且均位于西州城西六十里的南平城一带。[1] 永隆寺的田亩至少在三亩以上。[2]

吐鲁番地区的气候具备一年两熟的条件，如上所述，魏晋南北朝时期采用复播技术，尽可能增加粮食产量，以满足民众生活需求。从《旧唐书》和《新唐书》的记载来看，唐代西州依然采用复播技术。《旧唐书》卷二一〇《西戎传》云："谷麦岁再熟"，《新唐书》卷二三七《西域传》亦曰："麦禾皆再熟"。该区广大人民通过积极推广牛耕，田间施肥，大力发展水利灌溉事业，实施休耕、复播制度，种植二麦（大麦、小麦）、粟、糜、粳稻、黑豆、青稞（青麦）等粮食作物，使该区粮食需求基本得以满足。

葡萄是西州种植历史悠久的经济作物，唐时依然规模较大，加之经营与管理技术进步，成效亦好。文书《武周圣历元年前官史玄政牒为四角官萄已役未役人夫即车马事》记载官营葡萄园的生产主要有抽枝、覆盖、踏浆、收拾残枝、埋柱、运浆、运残枝等程序。[3] 抽枝、覆盖、踏浆、收拾残枝、埋柱的劳动繁重，需要91人，工作五天。运送的牛车需要25乘，要工作一天。这充分说明葡萄园规模是相当大的。官营葡萄园管理严格，完成任务与否均要登记在册，并呈报上级。此外，蔬菜

① 荣新江等：《新获吐鲁番出土文献》（上册），中华书局2008年版，第53页。
② 荣新江等：《新获吐鲁番出土文献》（上册），中华书局2008年版，第111页。
③ 国家文物局古文献研究室等编：《吐鲁番出土文书》第7册，文物出版社1986年版，第448—449页。

栽培已初具规模。菜园面积从一段四十步到一段一亩八十九步不等。①还有一件《唐田亩簿》中记载："常田菜三顷七十（七）……"② 菜园规模之大令人惊叹！常田是当地的肥田，用如此多的肥田当作菜园可能不合实际，估计是该地区的菜园面积总和。值得一提的是，在文书《唐侯菜园子等户佃田簿》中还出现了"户主侯菜园子年五十"的记载。③文中虽没有具体说明"户主侯菜园子"的身份、地位以及其土地上所种之物，但我们认为其中应不乏各种蔬菜，且侯菜园子也非本名，而是其绰号，大概因长期从事蔬菜种植或相关经营而得此称呼。或许说明西州地区当时已经出现了专门从事蔬菜种植的农户，蔬菜种植有了专业化倾向。就蔬菜种类而言，文书中明确记有葱、蒜、韭、芥、蔓菁、荠菜、萝卜、兰香、茬、④ 胡瓜（黄瓜）⑤ 等，但从其他资料来看，还有葫芦⑥等种类。

2. 哈密盆地

哈密盆地位于吐鲁番盆地的东面，是进出新疆的东大门。这里土地肥沃，汉朝曾在此地设置宜禾都尉进行屯垦，生产五谷、桑、麻、蒲萄

---

① 《唐开元廿九年西州高昌县给田簿》，见池田温：《中国古代籍帐研究·录文》，东京大学东洋文化研究所 1990 年版，第 418 页；国家文物局古文献研究室等编：《武周载初元年（690）西州高昌县宁和才等户手实》，《吐鲁番出土文书》第 7 册，文物出版社年 1986 年版，第 426 页。

② 国家文物局古文献研究室等编：《吐鲁番出土文书》第 4 册，文物出版社 1983 年版，第 242 页。

③ 国家文物局古文献研究室等编：《吐鲁番出土文书》第 4 册，文物出版社 1983 年版，第 239 页。

④ 池田温：《中国古代籍帐研究·录文》，东京大学东洋文化研究所 1990 年版，第 453 页；国家文物局古文献研究室等编：《吐鲁番出土文书》第 10 册，第 296 页；《吐鲁番出土文书》第 6 册，文物出版社 1985 年版，第 55 页；《吐鲁番出土文书》第 8 册，文物出版社 1987 年版，第 401 页；新疆文物考古研究所等：《吐鲁番考古新收获——鄯善县洋海墓地发掘简报》，《吐鲁番学研究》2004 年第 1 期。

⑤ 国家文物局古文献研究室等编：《吐鲁番出土文书》第 3 册，文物出版社 1981 年版，第 167 页。

⑥ 王炳华：《新疆农业考古概述》，《农业考古》1983 年第 1 期；柳洪亮：《1986 年新疆吐鲁番阿斯塔那古墓群发掘报告》，《考古》1992 年第 2 期；吐鲁番地区文物局：《新疆吐鲁番地区木纳尔墓地的发掘》，《考古》2006 年第 12 期。

等。唐在此置伊州，置州之初有 2227 户，8756 人，[1] 天宝年间增至 2467 户，10157 人。[2] 域内人民勤劳耕作，哈密地区的农业生产也呈现出欣欣向荣的景象，《新唐书》卷二一六《吐蕃传》中记载："轮台、伊吾屯田，禾菽弥望。"《册府元龟》卷一六八《帝王部·却贡献》记载："开元七年（719）二月，癸未敕：'伊州（今哈密），岁贡年支米一万石，宜停。'"在当时的历史条件下，伊州竟每年上贡米一万石，可以推知该地农业生产相当发达。此外，伊州的香枣颇为有名，还作为贡品进奉。[3]

综上所述，唐朝前期西域诸地水利灌溉事业兴盛，农作物品种多样，园圃业繁荣，农业发展良好。

（三）北疆地区

与汉晋时期不同，唐朝在天山北麓设立管理北疆广大地区的军政机构——北庭都护府和行政机构——庭州。庭州，领金满（显庆三年置）、轮台（大历六年置）、蒲类（宝应元年改为后庭）和西海（宝应元年增置）四县。唐初为西突厥浮图城地，贞观十四年（640）唐平高昌，突厥可汗遣其叶护阿史那贺鲁屯此，与高昌相对峙。贞观二十二年（648），唐军大败乙毗射匮可汗，阿史那贺鲁归附唐朝，唐朝正式将浮图城该为庭州。庭州地处天山北麓，东连伊州、沙州，南接西州，西通弓月城、碎叶镇，是唐在天山以北的政治、军事重镇，曾于此设置屯田。该处不仅驻扎大量军事人员，还居住很多来自内地和西域及中亚地区的广大民众。贞观年间，庭州只领蒲昌一县，有二千三百户。天宝时的北庭大都护府（即庭州）所辖四县，共有"户二千二百二十六，口九千九百六十四。"[4]《通典》记载为"户二千三百九十八，口九千七百

---

① 《通典》卷一七四《州郡四》，中华书局 1988 年版，第 4557 页。
② 《旧唐书》卷四〇《地理志三》。
③ 《新唐书》卷四四《地理志四》。
④ 《旧唐书》卷四〇《地理志三》，《新唐书》卷四四《地理志四》。

一十五"。① 与前者稍有增加。经过一段时间的发展，当地人口也出现
了较快增长。人口是收取赋税的依据，故这近万人口应是当地从事农耕
的常住居民。限于史料，当地农业发展状况不能详细了解，但《新唐书
·吐蕃传》中载："轮台、伊吾屯田，禾菽弥望。"由此推之，庭州一
带农业发展应保持稳定。

二、回鹘与吐蕃统治时期

安史之乱后，边防驻军内调，导致西域驻守力量减弱，吐蕃势力遂
趁机向北发展，逐渐进逼西域。此外，漠北的回鹘政权崛起后部分回鹘
人也进入西域。经过长期的军事争夺，最终，吐蕃占据了塔里木盆地南
缘和西北地区，而塔里木盆地北缘龟兹以东、吐鲁番和哈密及广大北疆
地区成为回鹘的势力范围。

（一）吐蕃统治区的农业

7世纪70年代前后，吐蕃征服了青海地区后，又向西域进军，首
先进入今南疆的鄯善地区。"安史之乱"爆发后，唐政府从河陇地区抽
兵内调参加平叛，吐蕃则乘虚而入，贞元七年（791）吐蕃占领于阗。②
至此，吐蕃控制了塔里木盆地南缘地区，而对于阗实行间接统治，除设
将军、节儿等官外，还册立于阗国王、设立于阗主事大臣等官员，隶属
于节儿；在若羌等地则实行直接统治，任命节度使、万户长、节儿、千
户长、小千户长等官员管理。故吐蕃在西域的土地管理政策也因地
而异。

1. 农业管理体制

吐蕃为了便利在西域的统治，采取保留和维护当地原来的绿洲经济
模式，沿用唐制，设置"农田官使"、"秋收监临官员"、"负责营田之

---

① 《通典》卷一七四《州郡四》，中华书局1988年版，第4559页。
② 杨铭：《唐代吐蕃与西域诸族关系研究》，黑龙江教育出版社2005年版，前言第1页。

人"、"农田长官"①或"营田官"②等官职来管理农业。于阗的神山地区还设有"农田都护"的官职。③小罗布地区则有"营田吏"。④在较早统治的小罗布（nob chungu）地区把土地重新进行分配，实行以"突"（dor）⑤为计量单位的领受土地制度，鼓励开垦荒闲土地。

吐蕃在占领昆仑山北麓东部的小罗布绿洲后，把土地重新进行分配，并规定了若干维护土地新所有权的法律。米兰出土的文书较为详细记载了小罗布地区土地的分配过程。"兔年夏，划小罗布（nob chungu）王田为五种亩数，按耕田人人数多少分配土地。田主及欲耕种者的人数，根据权力与田作惯例，应登记于（户主）名下。任何人不得拥有地权，或围圈空地。任何一小块田产，都要按人数多分配。不许荒废田业或破坏田界。此五种田亩的田都树立界标。有违制占田、破坏田界或使田业荒废者，将剥夺田业，没收庄稼，并按情节轻重治罪。各户种田人的人数造成总册，交到日城地界长官处，凡有阴谋叛乱、破坏水利、反抗官府、图谋侵夺之事，一律按日城现有法律治罪。大尚论·论格桑和论·赞拉本等，属于先分范围，以下才是节儿贝桑与多贝。"⑥由上文可见，吐蕃对小罗布土地使用权的分配，主要依据是权力和田作惯例，把土地使用权登记在户主名下。虽然规定任何人不得拥有地权，实则是地权归属于吐蕃统治者。

---

① 王尧、陈践编著：《吐蕃简牍综录》，文物出版社1986年版，第28、32页。

② ［英］F. W. 托玛斯编著：《敦煌西域古藏文社会历史文献》，刘忠、杨铭译注，民族出版社2003年版，第119页。

③ 杨铭等编译：《英国收藏新疆出土古藏文文书选译》，新疆人民出版社2014年版，第58页。

④ 杨铭等编译：《英国收藏新疆出土古藏文文书选译》，新疆人民出版社2014年版，第58页。

⑤ 1突等于唐制10亩。即二牛抬杠一天所耕的土地面积。参见王尧、陈践编著：《吐蕃简牍综录》，文物出版社1986年版，第24页，注释2。

⑥ 杨铭等：《英国收藏新疆出土古藏文文书选译》，新疆人民出版社2014年版，第127—128页。该文书又见于《敦煌西域古藏文社会历史文献》，刘忠、杨铭译注，民族出版社2003年版，第130页。两书的翻译略有差异，如《选译》一书翻译为"五种亩数"，《文献》一书则译为"五个庄园"，等等。

　　吐蕃对该区土地分配的主要特征是计口授田，即"任何一小块田产，都要按人数多分配"。[①] 农业是绿洲经济的支柱产业，农业经营的好坏直接关系到绿洲经济的发展前景，吐蕃通过重新分配土地使用权，不仅体现了对绿洲农业生产的高度重视，更是突出了土地所有权已经归属于统治者——吐蕃人。田地分配的具体情况，在文书中也有体现。土地分配先从级别高的官吏开始，以至于最低等的官员。吐蕃还在罗布的下阿骨藏和地区设立管地人（Sa‐mkhan）职位，并授予一定田地。"给下阿骨藏管地人三突。"[②] 当地的小千户长（地方官）彭让罗分到土地"三突"。[③] 甚至小罗布纳雪地区的官府抄写人员也分到土田，"官府抄写人员之地一突。"[④] 此外，小罗布某地土地册详细记载了该区的土地归属和田地种植作物状况。"……用小麦耕地的，在干枯池塘的四突半，岸本地两突，上等青稞地一突……"。[⑤] 上述这些多是官田。还有一种是部落民领受的土地，即在千户内部分配土地。如文书中有"纳雪部落……两突地"，[⑥] 等诸多记载。

　　吐蕃对小罗布地区的农田分为田和地两种。田是已经经营日久的熟田，按照敦煌惯例，垦荒五年以上的地土可称为田，反之，新垦荒或者垦荒后不足五年的地土则称为地。[⑦] 具体而言，田有好田、良田、中等田、王田、零星农田、水中干地田、水中草坪之田、通颊（设于边境低

――――――――
　　① 〔英〕F. W. 托玛斯编著：《敦煌西域古藏文社会历史文献》，刘忠、杨铭译注，民族出版社2003年版，第130页。
　　② 〔英〕F. W. 托玛斯编著：《敦煌西域古藏文社会历史文献》，刘忠、杨铭译注，民族出版社2003年版，第121页。
　　③ 〔英〕F. W. 托玛斯编著：《敦煌西域古藏文社会历史文献》，刘忠、杨铭译注，民族出版社2003年版，第122页。
　　④ 〔英〕F. W. 托玛斯编著：《敦煌西域古藏文社会历史文献》，刘忠、杨铭译注，民族出版社2003年版，第121页。
　　⑤ 杨铭等编译：《英国收藏新疆出土古藏文文书选译》，新疆人民出版社2014年版，第173—174页。
　　⑥ 王尧等编著：《吐蕃简牍综录》，文物出版社1986年版，第30页。
　　⑦ 王尧等编著：《吐蕃简牍综录》，文物出版社1986年版，第24页，注释1。

级区划机构）田等。地有熟地、新开荒地等。① 为扩大农田以获得更多粮食，吐蕃统治者积极鼓励当地百姓开荒辟土。358 号文书中曾记载小罗布地区的百姓被分配去开垦荒地，去清除大罗布地区王田上方地中的青草。② 吐蕃人要求其必须勤于稼穑，不许荒废田地，否则按照情节轻重治罪。③

小罗布地区的农田耕作已主要采用牛耕方式，文书中有大量有关记载。"上部等地之田一突，其中半突由悉诺穷耕种。"④ "一些耕牛已从上述地方（萨毗和仲恐）运来，数量很多"。⑤ "杂堵贡顿耕种两突"。⑥ "小麦种植、分占耕田。"⑦ 小罗布地区的七屯，还有雇耕现象。例如，米兰出土的古藏文文书记载有 "耕者班拉赞：七屯之田，一突半"；"由玉通耕作，佣资付给小麦，七屯之田，一突，又一突半"；"农户朵贡的帮工"。⑧ 一些有地却无耕牛与农具的人甚至与别人合伙，"七屯城通颊成员卡甲桑笃笃的作物田（坡北闸赤隅地方），因无耕牛农具，与僧人姜兰永搭伙，兰永出耕牛农具，种子与人工平摊，笃笃负责守卫盗贼，秋收后无论收入多少……牲畜受病，农具毁坏，笃笃负责赔偿"。⑨ 该文书还对"收入不立即分配或施用诡计"、"收成未按全数和好坏"、

---

① 王尧等编著：《吐蕃简牍综录》，文物出版社 1986 年版，第 24、26、27、28、29、30、31、32、52 页。
② 王尧等编著：《吐蕃简牍综录》，文物出版社 1986 年版，第 66 页。
③ ［英］F. W. 托玛斯编著：《敦煌西域古藏文社会历史文献》，刘忠、杨铭译注，民族出版社 2003 年版，第 130 页。
④ 王尧等编著：《吐蕃简牍综录》，文物出版社 1986 年版，第 30 页。
⑤ ［英］F. W. 托玛斯编著：《敦煌西域古藏文社会历史文献》，刘忠、杨铭译注，民族出版社 2003 年版，第 142—143 页。
⑥ 王尧等编著：《吐蕃简牍综录》，文物出版社 1986 年版，第 32 页。
⑦ 穆舜英等：《新疆考古三十年》，新疆人民出版社 1983 年版，第 17 页。
⑧ ［英］F. W. 托玛斯编著：《敦煌西域古藏文社会历史文献》，刘忠、杨铭译注，民族出版社 2003 年版，第 144 页。
⑨ ［英］F. W. 托玛斯编著：《敦煌西域古藏文社会历史文献》，刘忠、杨铭译注，民族出版社 2003 年版，第 145 页。

"分成未按时进行" 等情况，[①] 作了详细的赏罚规定。此外，在西域生活的吐蕃农田主主要依靠专门从事农田生产的 "农田佣奴" 或者 "耕田人" 进行农耕。[②]

水利灌溉是当地农业生产顺利进行的重要保障。从出土文书和考古资料看，吐蕃统治时依然重视水利灌溉。文书中就记载有 "茹本农田主渠"。[③] 此外，新疆社科院考古所陈戈先生在米兰发现了吐蕃时期的城堡，在城堡不远处还有渠道遗址和犁耕的痕迹，以及麦草和麦穗等遗存，这反映了吐蕃在鄯善地区进行农业生产的情况。[④]

吐蕃统治者十分重视秋收，秋收的日期是统治者规定的，并且秋收的费用也由上级 "秋收监临官员" 提供。351 号简牍记载："我与大小罗布的秋收监临官员……秋季八月廿日秋收……大小罗布的军曹和城子总管来信称：请给秋收费用……"。[⑤]

一年收成的丰歉是当地民众最关心的事，常常求助于神灵。宗教卜算中常见占卜庄稼是否丰收的记载。437 号简牍就记载了这样情况："祭女神之美貌少女一名，以兵器卜有无危险……兔年秋收之麦子和青稞年成可佳?"[⑥] 通过苯教占卜祈求农业丰收，体现了当地农业经营的特色。

有关资料证明吐蕃在若羌地区对土地进行重新分配，那么和田地区是否也存在同样的情况呢? 限于出土藏文文书有关和阗地区的农业资料偏少，我们目前尚无法得知于阗地区是否存在重新土地分配情况。不过，鉴于吐蕃统治若羌和于阗地区的管理制度的不同，前者是直接统治，后者则是间接统治。于阗还存在国王的自治系统，吐蕃很可能没有

---

① ［英］F. W. 托玛斯编著：《敦煌西域古藏文社会历史文献》，刘忠、杨铭译注，民族出版社 2003 年版，第 145 页。

② 王尧等编著：《吐蕃简牍综录》，文物出版社 1986 年版，第 29、30 页。

③ 王尧等编著：《吐蕃简牍综录》，文物出版社 1986 年版，第 24 页。

④ 陈戈：《新疆米兰古灌溉渠道与相关的一些问题》，《考古与文物》1984 年第 6 期。

⑤ 王尧等编著：《吐蕃简牍综录》，文物出版社 1986 年版，第 65 页。

⑥ 王尧等编著：《吐蕃简牍综录》，文物出版社 1986 年版，第 73 页。

对于阗的土地重新进行分配。这或许说明，吐蕃在统治西域时，也根据对不同地区管理手段的不同而实行地区差异性的土地政策。这体现出吐蕃在西域统治的区域差别化管理特征。

2. 农作物品种及其加工

吐蕃统治塔里木盆地南缘时，当地种植的农作物品种有大麦、小麦、黑麦、青稞、粟、小米、芝麻等。[①] 这在文书中有大量记载，不一一列举。米兰的吐蕃戍堡中也出土有麦穗、糜子和葫芦籽等农作物。[②] 特别需要指出的是，当地可能有水稻的种植。39 号简牍记载："大米小圆升三升给'邦羌白'（信使名）"。[③] 于阗麻札塔克出土的 517 号简牍也记载："少量的大米"。[④] 一份契约残卷记载"归还的时间是蛇年仲秋月二十日，地点是大罗布……只有牲畜，无论青稞和大米多少……"。[⑤] 大米与小米相对，应当不是指谷子。我们知道，早在唐初，高僧玄奘在其《大唐西域记》一书中记载屈支国（龟兹）"宜糜、麦，有粳稻。"后晋天福三年（938），后晋使者高居诲出使到于阗国时，受到于阗王李圣天的热情接待，食物中就有"粳沃以蜜，粟沃以酪。"[⑥] 从中可见，西域当时种植的稻品种是粳稻，而且其种植遍布塔里木盆地南北缘，种植历史从魏晋南北朝一直延续到五代。于此可知，吐蕃统治时期的西域也是存在水稻种植的。

---

① 《于阗语文书集》，第 4 卷，第 74、140 页。转引自殷晴：《丝绸之路与西域经济——十二世纪前新疆开发史稿》中华书局 2007 年版，第 394 页；又参见王尧等编著：《吐蕃简牍综录》，文物出版社 1986 年版，第 71 页；［英］F. W. 托玛斯编著：《敦煌西域古藏文社会历史文献》，刘忠、杨铭译注，民族出版社 2003 年版，第 123、127 页；杨铭等译：《英国收藏新疆出土古藏文文书选译》，新疆人民出版社 2014 年版，第 67、68、74、119 页。

② 陈戈：《新疆米兰古灌溉渠道及相关的一些问题》，《考古与文物》1984 年第 6 期。

③ 王尧等编著：《吐蕃简牍综录》，文物出版社 1986 年版，第 34 页。

④ ［英］F. W. 托玛斯编著：《敦煌西域古藏文社会历史文献》，刘忠、杨铭译注，民族出版社 2003 年版，第 196 页。

⑤ 杨铭等译：《英国收藏新疆出土古藏文文书选译》，新疆人民出版社 2014 年版，第 148 页。

⑥ （后晋）高居诲：《高居诲使于阗记》，见杨建新：《古西行记选注》，宁夏人民出版社 1987 年版，第 151 页。

另外，木兰出土的 XXviii2 号简牍还有"玉米和大麦"的记载。[1]学界一般认为玉米是在明代引进国内的，唐代的西域出现"玉米"，很值得注意，是翻译错误或印刷错误，还是真有玉米。笔者认为当时西域不可能出现玉米，而很可能是"小米"的印刷错误，且存疑待考。

此外，蔬菜瓜果也是人们日常所食用的重要物品。从出土吐蕃简牍来看，当地种植有"青菜"、"萝卜"等蔬菜，[2]并有专门从事蔬菜种植的。米兰出土简牍云："农田长官多贡之佣奴农户，专种蔬菜的零星地突……"。"在小罗布有八畦菜园子。"[3]

当地人民已掌握了面粉加工技术，将麦子磨成面粉，使麦子的食用价值更高。虽然没有实物的发现，但文书中明确记载有"面粉"。于阗出土文书记载"此前已送出十七升面粉。"[4]若羌出土的文书记载，"两升面粉存放于达孜墀古啜尔处"，"夏季六月份的口粮三升青稞，三升面粉不要发给。"[5]此外，青稞还用来酿酒。文书中记载苯教徒在午饭时，先要"连续献上迎宾青稞酒三……苯教主讲述往昔历史"。[6]

3. 农业赋税

赋税是吐蕃对西域经济管理的重要体现之一。在对西域的统治确立前，吐蕃已经在本部实行了按照地亩和户口征收赋税的制度。[7]吐蕃统治西域时，在当地设置了收税官，负责税务征收。《敦煌本吐蕃历史文

---

① [英]F. W. 托玛斯编著：《敦煌西域古藏文社会历史文献》，刘忠、杨铭译注，民族出版社 2003 年版，第 125 页。
② [英]F. W. 托玛斯编著：《敦煌西域古藏文社会历史文献》，刘忠、杨铭译注，民族出版社 2003 年版，第 339 页。
③ 王尧等编著：《吐蕃简牍综录》，文物出版社 1986 年版，第 32、66 页。
④ 杨铭等编译：《英国收藏新疆出土古藏文文书选译》，新疆人民出版社 2014 年版，第 77 页。
⑤ 王尧等编著：《吐蕃简牍综录》，文物出版社 1986 年版，第 35 页。
⑥ 王尧等编著：《吐蕃简牍综录》，文物出版社 1986 年版，第 72 页。
⑦ 陈践等译注：《敦煌本吐蕃历史文书》，民族出版社 1992 年版，第 145、148、151、154 页。

书·赞普传记》记载吐蕃攻占于阗后,"抚为编氓并征其贡赋"。[①] 米兰出土的简牍记载:"税吏(khral pon)开桑和则屯有差地一突"。[②] 此处的税吏便是吐蕃萨毗节度使(今新疆若羌地区)的皂隶。值得注意的是,米兰出土文书 Lⅷ006 号简记载:"克桑税官"。[③] 两份文书记载的是否为同一个人?另外,米兰ⅵ10 号简记载:"征税人,萨毗……将军",米兰ⅱ40 号简记载:"由论·邦波杰遣往罗布三镇的征税人"。[④] 这亦可印证税吏的从属关系。

此外,"巡田官"有可能也是负责收税的官员。米兰ⅷ12 号简记载:"送赞塔和禄扎大人:巡田官的秉承……我等年税所存……。背面:大罗布鼠年之税"。[⑤] 税官不仅要详细登记地亩,还要登记好户数,这均是征税的重要依据。于阗麻札塔克出土文书 Cⅱ0040 号简就记载:"从于阗人户统计之地"。[⑥] 此外,税官还应对交税人户实行动态管理,统计好哪些已经交税,哪些尚未缴纳,对欠税人户实行唱名登记法。62 号简牍记载:"兔年秋,统计尚论所属民户从事农事者,哪些田赋已经交纳,哪些未交,逋欠者唱名登记。"63 号简牍则记载:"回收计筹时,或因逋欠田赋,加一倍计算时,唱'谢云兰'之名字"。[⑦]

据王尧、陈践两位先生研究,吐蕃统治西域的赋税主要有三种,即农业生产的地租、按人口计征的税收和劳役地租。前两种均是以实物交

① 陈践等译注:《敦煌本吐蕃历史文书》,民族出版社 1992 年版增订本,第 167 页。

② 王尧等编著:《吐蕃简牍综录》,文物出版社 1986 年版,第 32 页。

③ 〔英〕F. W. 托玛斯编著:《敦煌西域古藏文社会历史文献》,刘忠、杨铭译注,民族出版社 2003 年版,第 144 页。

④ 〔英〕F. W. 托玛斯编著:《敦煌西域古藏文社会历史文献》,刘忠、杨铭译注,民族出版社 2003 年版,第 119、128 页。

⑤ 〔英〕F. W. 托玛斯编著:《敦煌西域古藏文社会历史文献》,刘忠、杨铭译注,民族出版社 2003 年版,第 138 页。

⑥ 〔英〕F. W. 托玛斯编著:《敦煌西域古藏文社会历史文献》,刘忠、杨铭译注,民族出版社 2003 年版,第 174 页。

⑦ 王尧等编著:《吐蕃简牍综录》,文物出版社 1986 年版,第 38 页。

纳。① 农业生产的地租，又可称为"突税"，这是指经过丈量后按照地亩征税的税赋。"突税"征收的标准不仅限于田亩的多少，似乎还与农户等级相关。米兰出土文书记载："属民的年成不好，上等农户一（突）农田只交五克青稞五克麦子。"② 若羌地区的田租可能是当地农田收成的一半。"论努罗之奴仆已在若羌……冬季田租之对半分成于兔年……"。③ 吐谷浑上部万人部落的田赋则是"以六成计所征"。④ 吐蕃在西域征收的税率是比较重的。吐蕃在间接统治的于阗也征收粮税。一份出土于神山地区的文书记载："孟冬月的粮税远未纳足，在神山……"。⑤

户税是按照户数来交纳的，吐谷浑上部万人部落的交税标准大致是每户交纳五升青稞。⑥ 另外，突出文书还记载了小罗布地区的交税情况。"岸钟悦青稞二克，麦子三克，麦子……"。⑦ 但没有记载是征收户税还是田租税？陆离先生认为可能就是户税。⑧ 笔者赞同此说。

显然，王尧、陈践两位先生对吐蕃赋税的三种分类是按照征税对象为依据而区分的。此外，出土简牍中还记载有"年税"。从出土文书看，吐蕃在西域统治区的大罗布、于阗等均征收"年税"。米兰ⅷ12号简记载："送赞塔和禄扎大人：巡田官的秉承……假如阁下已收到从大罗布主管之处转来的年税，请发一个收讫函来我等年税所存……及于阗羊毛，一着热，对于此等货物，我正要求论·塔桑提供运输。背面：大

① 王尧等编著：《吐蕃简牍综录》，文物出版社 1986 年版，第 37 页。
② 王尧等编著：《吐蕃简牍综录》，文物出版社 1986 年版，第 37 页。
③ 王尧等编著：《吐蕃简牍综录》，文物出版社 1986 年版，第 37 页。
④ 王尧等编著：《吐蕃简牍综录》，文物出版社 1986 年版，第 38 页。
⑤ 杨铭等编译：《英国收藏新疆出土古藏文文书选译》，新疆人民出版社 2014 年版，第 7 页。
⑥ 王尧等编著：《吐蕃简牍综录》，文物出版社 1986 年版，第 38 页。
⑦ 王尧等编著：《吐蕃简牍综录》，文物出版社 1986 年版，第 37 页。
⑧ 陆离：《吐蕃统治河陇西域时期制度研究》，中华书局 2011 年版，第 197 页。

罗布鼠年之税"。① 年税似乎也是以实物交纳的，文书中还特地提及于阗羊毛。另一份文书则记载了年税征收的情况。"征收年赋者，赋税簿中……已有名字，加桑……计算法虽然一样，但应交纳数与过去不同。"② 此外，大罗布地区征收过"岁贡"。"大罗布（nob ched povi）的岁支兵役和贡物，现在已到了收取时间，愿赐免征令。我们剩余的岁贡，无论欠缴多少羊毛，之后奉贡，也给论·喇桑请示，无论欠缴多少羊毛，不差分毫上交。"③

吐蕃统治时期的西域农牧业生产也是古代西域经济发展史的重要一环。吐蕃对西域农牧业发展也比较重视：设置专职农牧业管理官员、在部分地区重新分配土地、鼓励垦荒、划分牧场、治疗牲畜疾病和饲养产仔牲畜等。在农牧业管理的基础上，设置税收官员，征收土地税、户口税、劳役税和年税，征收粮食、牲畜等实物。从出土藏文简牍文书观之，吐蕃对西域的农牧业管理具有鲜明特点，即在沿用唐政府经济政策的同时，并结合吐蕃自身的管理体制对之进行改造，这种糅合新旧的经济管理体制可以起到缓解矛盾，维护吐蕃统治的作用。另外，在牧场划分和税收方面，体现出维护吐蕃人利益的特点。比如，吐蕃对统治较早的小罗布地区的土地重新分配，吐蕃人的园地和王地及各种官员田地占据相当大的部分。在牧场划分时，"住在此地之于阗住户及吐蕃住户，他们在草场方面，如若不合。请于阗人找些牧地，不另找一合适牧地不行"。④ 吐蕃设立营田官员的职责，除了鼓励农耕外，还有测量农田面积，计口授田，为征收赋税提供依据。而较高的税率也体现了维护吐蕃统治者利益的需要。

---

① ［英］F. W. 托玛斯编著：《敦煌西域古藏文社会历史文献》，刘忠、杨铭译注，民族出版社 2003 年版，第 138 页。

② 王尧等编著：《吐蕃简牍综录》，文物出版社 1986 年版，第 38 页。

③ 杨铭等编译：《英国收藏新疆出土古藏文文书选译》，新疆人民出版社 2014 年版，第 130 页。

④ 王尧等编著：《吐蕃简牍综录》，文物出版社 1986 年版，第 67 页。

另外，吐蕃在西域的统治具有鲜明的地域差异性，在鄯善地区实行直接统治，在于阗地区则是间接统治。这在土地分配方面上，也体现出来。鄯善的小罗布地区土地被重新分配，而于阗则没有。

总之，吐蕃统治西域时期的农牧业管理政策与其政治统治和军事管理体制类似，在糅合原有机制的同时，尽可能维护吐蕃统治者的自身利益，也就决定了此段时间内该地区农牧业生产结构中所潜伏的内在深刻矛盾。虽然如此，在吐蕃统治西域时期，区域农牧业还是保持了一定的发展态势。

（二）回鹘统治区的农业

回鹘汗国自唐中期瓦解后，其部众四散逃亡，其中有部分进入南疆的吐鲁番—哈密地区，成为该地区新的统治者。虽然回鹘是一个游牧民族，但自进入不很适宜大范围游牧的吐鲁番—哈密地区后，部分民众也逐渐转为农耕，使该地区农业生产得以保持和继承。从一些回鹘文书记载看，该区的农业发展依然看好。由于目前无法确定回鹘文书的确切年代，因此，这一时期该地区的农业发展状况放在下一节一起论述。

第三节　隋唐时期的民间牧业

隋唐时期，西域的畜牧业生产在继承魏晋南北朝的基础上得以持续，特别是游牧民族回鹘进入高昌地区和吐蕃进入塔里木盆地，均为该区畜牧业的发展起到积极的促进作用。

一、高昌、哈密地区

隋及唐太宗贞观十四年（640），高昌地区为麹氏政权统治时期。此期，高昌地区畜牧业生产一直呈上升趋势，至唐亦然。《隋书》卷八三《西域传》记载高昌国："国中羊马牧于隐僻之处，以避外寇，非贵人不知其所"。到贞观十四年，唐将侯君集率大军平高昌，就获马四千三百匹。① 当时该国人口是 37700 人，平均每九个人就拥有一匹马。这个比例在以农为主的地区还是相当高的。由于马匹是军事装备重要组成部分和交通设备的主要畜力，故麴氏高昌时期对马匹管理极其严格，从《高昌义和二年（615）七月马帐》《高昌某年卫延绍等马帐》《高昌某年郡上马帐》《高昌合计马额帐》和《高昌延寿某年勘合行马亭马表启》② 等文书可见，高昌对寺院马、郡上马和交通机构配备的马匹均有详细登记管理。依据出土文书资料来看，高昌的家畜品种颇多，有马、牛、羊、驴、驼等。现实生活中的家畜饲养，在一些去世人的随葬疏中也有反映。例如，延和十八年（619），张师儿随葬衣物疏中象征性地列举了随葬牲畜，要求"驴牛驼马各万匹，羊千口"。③ 至于驴牛驼马各要万匹，而羊仅要千口，这或许说明物以稀为贵，因为现实生活中羊的饲养量是最大的。这种状况在《唐西州某乡户口簿》中也有反映。该文书共有三片，第一片记载："（合）当乡归朝总……合当乡良贱总四百廿七"，由此可知，这是高昌刚归顺唐朝时期该乡的人口，其总数是 427 人。第三片记载："（驴）骡马牛车，一百四十六（头）犍牛，四十七（头）牸牛，六匹□马，七头□驴，一百五口羊，一百四十五□"。④ 从该文书分析看，该乡有驴骡马牛羊，其中犍牛 146 头，牸牛即母牛 47 头，总共是 193 头，马和驴的数量均不过两位数，可见马和驴的数量较少。明确记载羊的数字是 105 头，关键是对最后一行的解读。乜小红博士推测为牸羊，⑤ 若真如此，该乡的养羊数则为 250 头。可见，羊的数量最多，次为牛。若按平均计算，该乡每 2.2 人养一头

① 《旧唐书》卷二一〇《西戎传》。

② 国家文物局古文献研究室等编：《吐鲁番出土文书》第4册，文物出版社1983年版，第159—168页和《补遗》第52—62页。

③ 吐鲁番地区文管所：《1986年新疆吐鲁番阿斯塔那古墓群发掘简报》，《考古》1992年第2期。

④ 国家文物局古文献研究室等编：《吐鲁番出土文书》第4册，文物出版社1983年版，第7—11页。

⑤ 乜小红：《唐五代畜牧业经济研究》，中华书局2006年版，第203页。

牛，每1.7人养一只羊，每71人养一匹马，每61人养一头驴。该乡的养马数量，与同时期该地区平均九人养马一匹的比例有较大差距。另外，出土文书《唐唐昌观申当观长生牛羊数状》记载唐昌观有："长生羊大小总二百四十八头，一百五十二口白羊，四十八口羖羧，四十八口今年新生羔子"，以上诸羊是当地"三五年诸家布施及续生，零落杂合"① 的数目。一个道观，靠附近百姓布施和牲畜自身繁衍生息，短短三五年即有大小248头羊存栏。羊作为当地人民的食物之源，有余而用于布施，亦间接反映了羊的饲养量是比较多的。此外，寺院自身也饲养羊。文书《高昌延寿元年张寺主明真雇人放羊券》记载该寺有羊"一百五十口"。② 高昌人善养马牛羊，反映了畜牧与人们日常生活的关系。《高昌牛簿》文书以牛的毛色和大小分别记载了 34 头大牛，25 头小牛。③ 人死后，要在墓中随葬牛羊肉，之后又出现了陪葬的泥塑牛。④ 一份《唐杂物牲畜帐》记载了某部门的农具及牲畜数，其中饲养的牲畜有："大牛八头，在外大牛一头，口马三匹，草驴三头，父驴一头，驴驹一头，大草牛十五头，㹀牛八头，二岁牤牛六头，犊子七头，女犊子三头，羯羖二十头，羖羊十三"。⑤ 这些都说明在高昌或西州地区牲畜饲养量比较大。

高昌及唐西州时期，地区民间畜牧业的饲养方式主要是舍养和牧养两种，在具体饲养过程中，则存在"代放牧"的方式。这在反映在《高昌午武城诸人雇赵沙弥放羊券》《高昌延寿元年张寺主明真雇人放

---

① 国家文物局古文献研究室等编：《吐鲁番出土文书》第 9 册，文物出版社 1990 年版，第 144 页。

② 国家文物局古文献研究室等编：《吐鲁番出土文书》第 3 册，文物出版社 1981 年版，第 207 页。

③ 国家文物局古文献研究室等编：《吐鲁番出土文书》第 3 册，文物出版社 1981 年版，第 177—178 页。

④ 吐鲁番地区文物局：《新疆吐鲁番地区巴达木墓地发掘简报》，《考古》2006 年第 1 期。

⑤ 国家文物局古文献研究室等编：《吐鲁番出土文书》第 4 册，文物出版社 1983 年版，第 60—61 页。

羊券》和《唐杜定（欢）雇人放马券》等文书中。《高昌午武城诸人雇赵沙弥放羊券》记载："……午岁十月廿五日赵沙弥为武城诸人雇放羊券，中羊三口，与粟一斗。从未岁正月，到未岁十月三十日，羊五口，与钱……正月内偿放羊价钱使毕……羔子入群，与大麦一斗"。[①] 从文书内容看，赵沙弥替人放羊时间从年初的正月一直到十月，放三头中等的羊，给粟一斗，若添有羊羔，就给大麦一斗。《高昌延寿元年张寺主明真雇人放羊券》记载"羊不得出寺阶，若出寺阶门住壹罚贰入张寺□"。[②] 张寺主明真规定放羊娃不得将羊赶出寺外，可见该寺的羊当是舍养。舍养可以收集羊尿粪，作为肥料可补充田地肥力，是为舍养的优点。文书《唐杜定（欢）雇人放马券》记载了杜定（欢）雇人放马的情况。以上资料又说明高昌及西州民间有"代放牧"方式的存在。

　　唐朝中后期，回鹘国亡，人民四散逃亡，其中一支部族逃到高昌地区，史称为高昌回鹘。回鹘原称回纥，长期以游牧为生，史载："居无恒所，随水草流移"，[③] 故其畜牧业发达，"畜多大足羊"为回鹘之特产，并常用作贡品。[④] 回鹘进入高昌后，一部分保持了原来游牧生活方式，一部分逐渐转为农耕，以适应绿洲固有环境。由于回鹘畜牧技术较好，高昌及哈密等地的畜牧业得到很大发展。到北宋时，王延德出使高昌还见到伊州（哈密）："有羊尾重者三斤，小者一斤，肉如熊白而甚美"，高昌北边的北庭地区："地多马，王及王后、太子各养马，牧放于平川中，弥亘百余里，以毛色分别为群，莫知其数"。[⑤]

---

　　① 国家文物局古文献研究室等编：《吐鲁番出土文书》第5册，文物出版社1983年版，第155页。

　　② 国家文物局古文献研究室等编：《吐鲁番出土文书》第3册，文物出版社1981年版，第207页。

　　③ 《旧唐书》卷二〇六《回纥传》。

　　④ 《新唐书》卷二三二《回鹘列传上》。

　　⑤ 王延德：《西州使程记》，见杨建新：《古西行记选注》，宁夏人民出版社1987年版，第159—156页。

二、塔里木盆地周边地区

1. 安史之乱前的区域畜牧业

南疆塔里木盆地周边地区的畜牧业一直发展良好。焉耆国曾于贞观六年（632），向中原王朝上贡名马。龟兹国，"有城郭屋宇，耕田畜牧为业。有良马、封牛"。[1] 贞观四年（630），也曾遣使献马。上元中，其王素稽献银颇罗、名马。[2] 唐代高僧玄奘在曾记下该国的一个传说。"国东境城北天祠前，有大龙池。诸龙易形，交合牝马，遂生龙驹，龙戾难驭。龙驹之子，方乃驯驾，所以此国多出善马"。[3] 虽然该传说有些荒诞成分，但却从侧面说明了龟兹国多出善马的事实。跋禄迦国，为汉代的姑墨国，唐初该国生产"细毡细褐，邻国所重"。[4] 细毡细褐的原材料来自牲畜毛发，该国所产的细毡细褐因其质量好而为邻国所重。没有大量的高品质的牲畜毛，生产细毡细褐的质量与数量都会受到很大影响。疏勒国，在贞观九年（635），遣使献名马。《大唐西域记》也记载该国："出细毡褐，工织细毡、氍毹"。[5] 细毡、氍毹的生产说明该地区畜牧业资源发展良好。

塔里木盆地南缘的于阗也是一个畜牧业较为繁盛之地。《大唐西域记》也记载于阗："出氍毹、细毡"。[6] 贞观二十一年（647），阿史那社尔伐龟兹，于阗王伏阇信曾"使其子以驼万三百匹馈军"。[7] 一次馈送

---

① 《旧唐书》卷二一〇《西戎传》。
② 《新唐书》卷二三七《西域传》。
③ （唐）玄奘等著、季羡林等校注：《大唐西域记》卷一，中华书局1985年版，第57页。
④ （唐）玄奘等著、季羡林等校注：《大唐西域记》卷一，中华书局1985年版，第66页。
⑤ （唐）玄奘等著、季羡林等校注：《大唐西域记》卷一二，中华书局1985年版，第995页。
⑥ （唐）玄奘等著、季羡林等校注：《大唐西域记》卷一二，中华书局1985年版，第1001页。
⑦ 《旧唐书》卷二一〇《西戎传》。

132

骆驼竟达万余头，足见该地的骆驼数量之多，畜牧业发展之盛。该地牲畜除了驼、马外，还有牛、羊、驴等。文书《唐于阗毗沙都督府案卷为家畜事》记载某家羊只啃食邻家桑树之情。① 和阗东北巴拉瓦斯忢遗址出土文书《唐贞元五年百姓状》就记载了"来人不还牛"一事。② 和田市北的丹丹威里克遗址出土文书《唐某年十二月二十三日傑谢镇知镇官杨晋卿限纳牛皮及鹑鸟翎帖》，记载了傑谢镇知镇官杨晋卿限百姓缴纳牛皮一张。③《唐大历十六年二月六城傑谢百姓思略牒为典驴换丁不得乞追征处分事》则记载了傑谢百姓镇思略以典驴来换丁之事。④《唐贞元四年雇驴契残片》则记载了于阗养驴之事。⑤

于阗马品种优良，由于其毛色多花纹，故被称为"五花马"。五花马在唐代广有声誉。诗仙李白《将进酒》有诗曰："五花马，千金裘，呼儿将出换美酒，与尔同销万古愁。"王琦注："五花马，谓马之毛色作五花文者。"诗圣杜甫《高都护骢马行》形容此马曰："五花散作云满身，万里方看汗流血。长安壮儿不敢骑，走过掣电倾城知。"学者林梅村经过考证认为，唐代的"五花马"就是于阗所产的马匹。这在丹丹威里克遗址出土的多处壁画中有所反映。⑥

于阗饲养牲畜也分为牧养和厩养两种。厩养就需要采集和储存草料，所以平日里需要割草喂养牲畜，草木茂盛的夏季更需要割草储备。《唐某年八月廿七日护国寺处分寺家人帖》就记载了护国寺的"家人刘草三日，留下一人浇田，余人尽将去，不得妄作事故，违必宜科决"。⑦

---

① 荣新江等：《新获吐鲁番出土文献》（下册），中华书局 2008 年版，第 359 页。

② 陈国灿：《斯坦因所获吐鲁番文书研究》，武汉大学出版社 1994 年版，第 481 页。

③ 陈国灿：《斯坦因所获吐鲁番文书研究》，武汉大学出版社 1994 年版，第 537 页。

④ 陈国灿：《斯坦因所获吐鲁番文书研究》，武汉大学出版社 1994 年版，第 540—541 页。

⑤ 陈国灿：《斯坦因所获吐鲁番文书研究》，武汉大学出版社 1994 年版，第 550 页。

⑥ 林梅村：《于阗花马考——兼论北宋与于阗之间的绢马贸易》，《西域研究》2008 年第 2 期。

⑦ 陈国灿：《斯坦因所获吐鲁番文书研究》，武汉大学出版社 1994 年版，第 557 页。

于阗寺院饲养有牲畜，遇有牲畜生病时还请兽医医治。于阗北的麻扎塔格遗址出土文书《唐于阗神山某寺支用历》中就记载："出钱二百一十文付兽医合药灌疗骠骑家施来患草马用"。① 西州和于阗均出现兽医为牲畜治病的记载，一定程度上反映了唐代南疆畜牧业的发展水平。

2. 安史之乱后的该区畜牧业

吐蕃是一个畜牧与农业并重的民族。其农作物"有青稞麦、豆、小麦、荞麦"，"畜多牦牛、猪、犬、羊、马……其人或随畜牧而不常厥居"②。故畜牧业生产在其经济生活中占有相当大的比重。吐蕃进入西域后，依然保持农牧兼营的特点。由于重视畜牧业生产，遂在西域设立"司牧长官"一职管理畜牧业。③

吐蕃时期对西域畜牧业生产的日常管理与经营。从目前已知刻画和简牍资料看，吐蕃和塔里木盆地的居民饲养牲畜主要是厩养和放牧两种方式。饲马官即为厩养马匹长官，于阗地区就曾设置此一官职。藏文文书记载："羊毛由饲马官（chibs pon）下属普热·贡列送出"。④ "饲马官下属普日衮勒出于阗银两……派使者手下寄来的羊毛。"⑤ 厩养需要割草和储存草料，77 号简牍记载一名官员"务必下令让老弱劳力割草"。⑥ 94 号文书则记载了葭芒园的马料，⑦ 这或许是厩养马匹时的饲料。与厩养相对，吐蕃还设立"牧马官"一职具体管理马匹牧养。171号简牍就记载一名"牧马官管·交约高（人名）"的人。⑧ 于阗地区则

---

① 陈国灿：《斯坦因所获吐鲁番文书研究》，武汉大学出版社 1994 年版，第 494—495 页。

② 《旧唐书》卷二〇七《吐蕃传上》。

③ 王尧等：《吐蕃简牍综录》，文物出版社 1986 年版，第 66 页。

④ ［英］F. W. 托玛斯编著：《敦煌西域古藏文社会历史文献》，刘忠、杨铭译注，民族出版社 2003 年版，第 356、500 页。

⑤ 杨铭等编译：《英国收藏新疆出土古藏文文书选译》，新疆人民出版社 2014 年版，第 72 页。

⑥ 王尧等：《吐蕃简牍综录》，文物出版社 1986 年版，第 40 页。

⑦ 王尧等：《吐蕃简牍综录》，文物出版社 1986 年版，第 42 页。

⑧ 王尧等：《吐蕃简牍综录》，文物出版社 1986 年版，第 50 页。

设有"牧畜吏"。① 在克孜尔石窟的刻画图画中就有多幅反映当时吐蕃牧民放牧的场景。②

同时，简牍中又多次提到"牧区"以及"外部牧户"、"牧民"③。吐蕃姑臧节度使衙署中还设置"上部、下部牧地大管理长"、"牧地管理都护"、"副牧地管理长"，瓜州节度使衙署设立牧地管理长——草宅使等牧场管理官员④。牧场则设有管理牧场的官员，413 号简牍记载"牧场长官邦古参"。⑤ 牧区的草场是分割的，不同部落有不同的放牧区域，其间有界限划分，而且在划界时还要请证人见证这一过程。一旦草场划定之后，就不允许别的部落进入自己草场放牧，且每个部落有专门的放牧人从事放牧。342 号简牍就记载说："（草场）划分定界后，选了证人乞力郭和乞力刚。部落不让牧畜去水池饮水，并责备放牧人欺骗守池人"⑥。由于吐蕃是统治者，所以在吐蕃牧民和于阗牧民因草场使用发生矛盾时，于阗牧民只有被迫另找牧地放牧。373 号简牍记载："住在此地之于阗住户及吐蕃住户，他们在草场方面，如若不合。请于阗人找些牧地，不另找一合适牧地不行"⑦。于阗出土一份文书《东库私产清单》明确记载，东库有"草地百六十……马匹……雌马五头，羊八十四只……"。⑧

日常管理是畜牧业生产的重要内容。由于繁重的差遣劳役，一些牲畜由于劳累或得疾病而受伤，353 号简牍记载"坐骑刚能站立，去也无

---

① 杨铭等编译：《英国收藏新疆出土古藏文文书选译》，新疆人民出版社 2014 年版，第85 页。

② 吴焯：《克孜尔石窟刻划图画的内容、作者和时代》，《文物》1986 年第 10 期。

③ 王尧等：《吐蕃简牍综录》，文物出版社 1986 年版，第 67、69、43 页。

④ 陆离：《吐蕃统治河陇西域时期的军事、畜牧业职官二题》，《敦煌研究》2006 年第4 期。

⑤ 王尧等：《吐蕃简牍综录》，文物出版社 1986 年版，第 70 页。

⑥ 王尧等：《吐蕃简牍综录》，文物出版社 1986 年版，第 65 页。

⑦ 王尧等：《吐蕃简牍综录》，文物出版社 1986 年版，第 67 页。

⑧ 杨铭等编译：《英国收藏新疆出土古藏文文书选译》，新疆人民出版社 2014 年版，第80 页。

用……虽以上等料、水喂饮，但后来咳嗽，心血上涌……现正在疗痾……"380号简牍记载"我等虽愿前往下方，但所派王室内差繁重频频；恕直言，此地毛驴有病，粟米、青稞颗粒也无，缺充饥之粮，已恳求宽限十天，为此大事，是否妥当？"382号简牍则记载了骆驼足乏将殆，可能会死亡的情况。牲畜有病需要得到治疗，如前文中提到的一匹坐骑"正在疗痾"①，当地已经有兽医或懂得治疗兽病的人治疗牲畜。380号简牍还记载"要细致照料奶牛，无论哪头先产，若不很好喂食，将会死去"②。此外，为防止羊只被盗，牧羊人还"把羊赶到羊圈里。"③纵观简牍记载可知，当时对畜牧业日常管理比较细致，牲畜的喂养、治病和产崽均有明确安排。

其次是有关畜群品种及其用途。吐蕃统治塔里木盆地时期，该区人民养育的牲畜主要有羊、牛、牦牛、马、驼、驴等。87号简牍记载吐蕃官员"节儿的羊群晚间死亡……小罗布（婼羌）……"④说明这里有私人羊群，羊群又不知何因发生了死亡现象。目前从简牍中可见"白山羊"、"羊羔"、"良种公山羊"等。山羊适宜于山区放牧，羊羔则是羊群繁衍孳生的产物，良种公山羊则反映了当地居民对畜群育种的重视。该地区在魏晋南北朝时期还饲养有绵羊，唐代的塔里木盆地南缘也应该有，目前在简牍中尚未发现，还需期待来日。羊在日常生活中可被用来买卖和祭祀，297号简牍记载的"答应交与色达村之羊款"，或许说明羊被用来买卖一事⑤。425号简牍记载"祭神用良种公山羊一只"⑥，442号简牍记载"祭女神，宰四头羊"⑦。而吐蕃占卜所用的"灵骨"

---

① 王尧等：《吐蕃简牍综录》，文物出版社1986年版，第66、68页。
② 王尧等：《吐蕃简牍综录》，文物出版社1986年版，第66、68页。
③ 杨铭等编译：《英国收藏新疆出土古藏文文书选译》，新疆人民出版社2014年版，第216页。
④ 王尧等：《吐蕃简牍综录》，文物出版社1986年版，第41页。
⑤ 王尧等：《吐蕃简牍综录》，文物出版社1986年版，第61页。
⑥ 王尧等：《吐蕃简牍综录》，文物出版社1986年版，第72页。
⑦ 王尧等：《吐蕃简牍综录》，文物出版社1986年版，第72、74页。

也多为羊胛骨，这在 437、439、440、442 号简牍中均有反映①。除此之外，羊还被吐蕃用来运输物品，61 号简牍记载了吐蕃运送青稞时就使用了羊驮运，"一部分（青稞）如以羊驮运不完，可派牛运"②。"驮运牛七头、羊二十只。"③ 同时，羊还可作为交换物，进行以物易物。于阗神山地区"……以十八只公羊交换……十五……肥羊……作为交换。"④

牛是耕作的主要畜力，也可用来运送物品，同时牛奶又是重要的饮料，还可以制成酥油，这对牧民生活非常重要。从简牍看，小罗布地区的牛主要有黄牛，这在 77 号、97 号简牍中有记载⑤。此外，还有黑牛。⑥ 91 号简牍还记载了朝加有奶牛四头，⑦ 由于奶牛在百姓日常生活中占有重要地位，故此需要细致照料，特别是在母牛产犊时期更是要认真饲养，不可马虎。如梅顿在禀呈总督（节儿）措息、鲁措大人的信中所言："要细致照料奶牛，无论哪头先产，若不很好喂食，将会死去"。⑧ 梅顿的禀呈说明了当地人民对奶牛的生产、生长状况已经相当了解，并能做到认真饲养。此外，萨毗（tshal byi）地区饲养有牦牛，而且数量很多。⑨ 小罗布地区还存在牦牛交易。⑩

---

① 王尧等：《吐蕃简牍综录》，文物出版社 1986 年版，第 73—74 页。

② 王尧等：《吐蕃简牍综录》，文物出版社 1986 年版，第 38 页。

③ 杨铭等编译：《英国收藏新疆出土古藏文文书选译》，新疆人民出版社 2014 年版，第 124 页。

④ 杨铭等编译：《英国收藏新疆出土古藏文文书选译》，新疆人民出版社 2014 年版，第 41 页。

⑤ 王尧等：《吐蕃简牍综录》，文物出版社 1986 年版，第 40、43 页。

⑥ 杨铭等编译：《英国收藏新疆出土古藏文文书选译》，新疆人民出版社 2014 年版，第 194 页。

⑦ 王尧等：《吐蕃简牍综录》，文物出版社 1986 年版，第 42 页。

⑧ 王尧等：《吐蕃简牍综录》，文物出版社 1986 年版，第 68 页。

⑨ 杨铭等编译：《英国收藏新疆出土古藏文文书选译》，新疆人民出版社 2014 年版，第 21 页。

⑩ 杨铭等编译：《英国收藏新疆出土古藏文文书选译》，新疆人民出版社 2014 年版，第 152 页。

马是牧民、驿卒的坐骑，更是军队重要装备之一，所以马对一个民族来说非常重要。简牍中所见有"黄色骠马"、"白马"和"枣红马"等①。牧民骑马放牧是常见之景，克孜尔石窟刻画图画中的牧民均为骑马放牧。驿站中备用马匹可以快速传递信息，101号简牍就记载有"北路驿传马匹"。②此外，马也被用来运送物品。426号简牍就记载了使用白马运送谷物。③用于军事的马匹关系到军队战斗力，所以军马饲养要格外细心，170号简牍记载："四匹马一组交与斥候牧养，与政事关系极大，诏令谓以后要交与军队，因此要尽力放牧好"。④租借的马匹应爱护好，否则"此种良马如死掉或丢失，或者因为用马过度发现患肺疾……此马以三十两……需要尽快得到骏马。"⑤于阗守军的一匹坐骑患"急性肺炎，心脏所出血水很多，将被送至哨所疗养。"⑥

塔里木盆地东南部多戈壁沙漠，骆驼不仅可以忍饥耐渴，而且力量较大，因此成为运输物品的重要运输畜力，321号简牍就记载了吐蕃调用若羌辖境全部骆驼运送粮食。⑦此外，骆驼有时也被用于军事运输，259号简牍记载"从若羌派出骆驼与其余（牲畜配伍）一起赶往大行军衙"。⑧从上述两件简牍来看，若羌地区可能蓄养的骆驼较多。

驴的体质结实，耐力较好，性情温驯，听从使役，从而受到人们的喜爱。在塔里木盆地南缘的广大地区，驴子也就成为重要的运输畜力。从简牍资料看，该区驴的用途较多。如77号简牍："两头毛驴和一头借来的黄牛（共三头）已向城子堡寨几个人讲情，赶快绕左道送去，并

　①　王尧等：《吐蕃简牍综录》，文物出版社1986年版，第55、72页。杨铭等编译：《英国收藏新疆出土古藏文文书选译》，新疆人民出版社2014年版，第195页。
　②　王尧等：《吐蕃简牍综录》，文物出版社1986年版，第43页。
　③　王尧等：《吐蕃简牍综录》，文物出版社1986年版，第72页。
　④　王尧等：《吐蕃简牍综录》，文物出版社1986年版，第50页。
　⑤　杨铭等编译：《英国收藏新疆出土古藏文文书选译》，新疆人民出版社2014年版，第145页。
　⑥　王尧等译注：《敦煌本吐蕃历史文书》，民族出版社1992年版增订本，第327页。
　⑦　王尧等：《吐蕃简牍综录》，文物出版社1986年版，第63页。
　⑧　王尧等：《吐蕃简牍综录》，文物出版社1986年版，第59页。

有报告"。① 毛驴还可被雇佣，关于雇佣的费用一般为半克，雇用一天还要支付粮食一升，如若毛驴死亡，不同的情况赔偿不同的价钱。417号简牍有详细记载："赔偿一头怀孕母驴银四两，一头公驴银三两；一头小驴银二两；雇用一天，付粮食一升，（如不付粮）也可折作户差。江则地方之赔偿费与上相同，雇毛驴脚钱为半克"。②

三、北疆地区

唐朝统一西域前，西域为西突厥控制。"其国即乌孙之故地，东至突厥国，西至雷翥海，南至疏勒，北至瀚海……铁勒、龟兹及西域诸胡国，皆归附之。其人杂有都陆及弩失毕、葛逻禄、处月、处密、伊吾等诸种。"③

突厥本是游牧民族，畜牧业非常发达，以羊和马为多。羊是小型牲畜，是游牧民族饲养的主要牲畜。牛和马是大型牲畜，牛除供给人们生活食用之外，又是重要的畜力资源，供人役使。特别值得一提的是马，它既是主要的运输工具，又为骑兵所必备，故一个少数民族养马业趋于繁盛，亦往往可见其军事势力之趋于强盛。曾多次出使突厥，对突厥生活和经济比较熟悉的郑元璹向唐太宗汇报："突厥兴亡，唯以羊马为准"。④ 可见羊和马在突厥经济生活中的重要地位。隋时，突厥进献的贡品就是马、羊、牛和骆驼。"突厥部落大人相率遣使贡马万匹，羊二万口，驼、牛各五百头"⑤。唐军取得平叛阿史那贺鲁的胜利，战利品中就有大量马匹。永徽四年（653），左屯卫大将军程知节为葱山道行军大总管"击歌逻禄、处月，斩千级，收马万计。副将周智度击处木昆城，拔之，斩馘三万。前军苏定方击贺鲁别帐鼠尼施于鹰娑川，斩首虏

---

① 王尧等：《吐蕃简牍综录》，文物出版社1986年版，第40页。
② 王尧等：《吐蕃简牍综录》，文物出版社1986年版，第71页。
③ 《旧唐书》卷一九四《突厥传》。
④ 《旧唐书》卷六三《郑元璹传》
⑤ 《隋书》卷八四《突厥传》。

获马甚众，贼弃铠仗弥野。"① 唐人很喜欢突厥马，因为这些突厥人经过精心选育的良种马，善于长途奔袭。唐人曾在《唐会要》给予高度评价，"突厥马，技艺绝伦，筋骨合度，其能致远，田猎之用无比。"②

在突厥统治西域时，其下还有很多部落，亦以游牧生。突骑施，为西突厥别部。西突厥有十姓部落，分为五弩失毕部，置五大俟斤；五咄陆部，置五大啜。突骑施贺逻施啜即五大啜之一，突骑施散居伊犁河中游。其畜牧品种也主要是马、羊、牛等。《世界境域志》记载突骑施时称："他们的财富是马匹、羊只、皮毛、帐篷或毡房。他们冬夏沿着牧、草场转徙。"③ 在乌质勒统治时期，势力大增，攻占西突厥重地碎叶而居之。其势力最大时，"碎叶川为大牙，弓月城、伊丽水为小牙，其地东邻北突厥，西诸胡，东直西、庭州，尽并斛瑟罗地。"④ 在苏禄统治时期，势力进一步增加。"十姓部落渐归附之，众二十万，遂雄西域之地"。⑤

葛逻禄，亦称葛罗禄，善养马，其育马技术已比较成熟，且多次向唐朝进贡马匹。史载："葛逻禄马的拣选：若它们具有三大三小，则是优种。若问何谓三大，答曰眼大、鼻孔大、胸大；若问何谓三小，答曰耳小、腰小、蹄关节小。"⑥ 其马与骨利干马同属一个品种，而骨利干马为唐朝最著名的优良马种。史载，贞观二十年（646）八月十七日，骨利干遣使朝贡，献良马百匹，其中十匹尤骏。唐太宗奇之，各为制名，号曰十骥，分别是腾云白、皎雪骢、凝露白、元光骢、决波、飞霞骠、发电赤、流金、翔麟紫、奔虹赤。唐太宗高兴之余，还亲叙其事，详细描述该马。"骨利干献马十匹，特异常伦。观其骨大丛粗，鬣高意

① 《新唐书》卷二一六《突厥传下》。
② 《唐会要》卷七二《诸蕃马印》。
③ 姜伯勤：《吐鲁番敦煌文书所见的突骑施》，《文物》1989 年第 11 期。
④ 《新唐书》卷二一六《突厥传下》。
⑤ 《旧唐书》卷一九四《突厥传》。
⑥ 殷晴：《新疆古代畜牧业的发展》，《西域研究》1993 年第 4 期。

阔，眼如悬镜，头若侧砖，腿像鹿而差圆，颈比凤而增细。后桥之下，促骨起而成峰。侧鞯之间，长筋密而如瓣。耳根铁勒，杉材难方。尾本高丽，掘砖非拟。腹平□小，自劲驱驰之方。鼻大喘疏，不乏往来之气。殊毛共枥，状花之交林。异色同群，似云霞之闲彩。仰轮乌而竞逐，顺绪气而争追。喷沫则千里飞红，流汗则三条振血。尘不及起，影不暇生。顾见弯弓，逾劲羽而先及。遥瞻伏兽，占人目而前知。骨法异而应图，工艺奇而绝象。方驰大宛，固其弩塞者欤。"① 既然葛逻禄马与骨利干马同属一个品种，② 葛逻禄马自然也是优良品种。

在近乌鲁木齐以东至巴里坤的天山北麓，是沙陀的游牧地。元和三年（808），为躲避吐蕃压迫，沙陀部三万部落向中原内迁，在吐蕃的追击截杀下，沙陀仅有残部2000余众，战马700匹，以及数千羊马骆驼逃到灵州地界。唐朝在盐州一带置阴山都督府，沙陀退出西域，而活动在灵、盐地区。沙陀是游牧民族，牧养马、牛、羊等。《新唐书·沙陀》记载：其民俗"素健斗，希朝欲藉以捍虏，为市牛羊，广畜牧，休养之。"沙陀人以武艺为尚，重少年轻老年，作战勇猛，特别是骑兵战斗力很强，是驰骋在晚唐和五代军事舞台上的一支重要力量。

继突厥之后，唐代后期称霸新疆北部的是来自蒙古高原的回纥，后改称"回鹘"。其部原本活动在今外蒙古的色楞格河一带，先与薛延陀一起依附于突厥。突厥势力衰落后，与薛延陀成为蒙古草原上两大势力。史载"突厥已亡，惟回纥与薛延陀为最雄强"③。薛延陀被唐军击败后，回纥称雄于漠北。开成五年（840），回鹘将军句录末贺恨掘罗勿勾结黠戛斯十万骑破回鹘城，回鹘国破人散。"有回鹘相馺职者，拥外甥庞特勒及男鹿并遏粉等兄弟五人、一十五部西奔葛逻禄，一支投吐蕃，一支投安西，又有近可汗牙十三部，以特勒乌介为可汗，南来附

---

① 《唐会要》卷七二《诸蕃马印》。
② 《唐会要》卷七二《诸蕃马印》。
③ 《新唐书》卷二一六《回鹘传上》。

汉。"① 林幹先生认为西迁的回鹘最初应在天山以北从事畜牧业,在懿宗咸通七年(865)仆固俊击败吐蕃后,回鹘势力才正式占据新疆大部分地区。②

回鹘也是游牧民族,从事畜牧业生产。"居无恒所,随水草流移"。在原居住地色楞格河生活时,生产大足羊。其实,羊、牛和马均是游牧民族主要的畜产品种,回鹘亦然。其中,回鹘马比较有名。《唐会要》载:"回纥马,与仆骨相类"。"仆骨马,小于杖曳固,与同罗相似。"而"杖曳固马,与骨利干马相类。种多黑点骢,如豹文,在瀚海南幽陵山东杖曳固川。同罗马,与杖曳固川相类,亦出骢马种。"如前文所述,骨利干马,是《唐会要》记载中诸多少数民族饲养马种的第一等,是最优良的品种。可知,回鹘马也是优良品种,但在体型上要略小于杖曳固马。此外,回鹘马还应有骢马种,多黑点骢,如豹文,这也是优质品种。回鹘不仅养马较为出名,还与唐朝进行绢马贸易。故知回鹘马不仅品种优良,而且数量也多。回鹘进入西域后,依然保持着重视养马的习惯,从而使养马业持续不衰。在五代时向中原王朝的贡品中,仍以优良马匹为主。后唐同光二年四月,其本国权知可汗仁美遣使"来贡方物,并献善马九匹"。后阿咄欲立,亦遣使来贡名马③。后唐庄宗时,王仁美遣使者来,贡玉、马,自称"权知可汗"。④ 另自后唐"明宗时,常以马市中国。"⑤ 长兴元年十二月"进马八十匹"⑥。清泰二年七月"进马三百六十匹"⑦。后晋天福五年正月"遣都督石海金等来贡良马百驷,并白玉团、白玉鞍辔等,谢其封册。"后汉乾祐元年五月,"遣使李屋等入朝贡马并白玉、药物等。"北宋时,王延德出使西域,北庭地区:

① 《旧唐书》卷一九五《回纥传》。
② 林幹:《突厥与回纥史》,内蒙古人民出版社2007版,第133页。
③ 《旧五代史》卷一三八《回鹘传》。
④ 《新五代史》卷七四《四夷附录第三》。
⑤ 《新五代史》卷七四《四夷附录第三》。
⑥ 《旧五代史》卷一三八《回鹘传》。
⑦ 《旧五代史》卷一三八《回鹘传》。

"地多马，王及王后、太子各养马，牧放于平川中，弥亘百余里，以毛色分别为群，莫知其数"①。

除饲养马匹外，羊、牛、牦牛和骆驼也是回鹘在西域饲养的主要畜牧品种。《新五代史·四夷附录》于其文最后详细介绍了回鹘的物产情况，如牦、绿野马、独峰驼、羱羝、馲駞之革皆属于畜牧业的产品。由于回鹘在新疆的历史跨越了唐代和五代宋元时期，其畜牧业经营是长久而兴盛的，此先略作论述，其他内容放在下章中详细论述。

第四节　隋唐时期的官营畜牧业

隋朝国祚短暂，对西域的经营也仅限于东疆地区，相关史料中未见官营牧业记载。唐朝一统西域后，随之设置各种民政机构和军事机构，以管理新疆地区。当时天山南北社会安定，秩序井然，交通运输也日渐通畅，驿站、长行坊、长运坊等必备的运力建设也提上建设日程。此外，唐朝在西域各地的驻军中，骑兵是重要组成部分，这部分军马的饲养也构成了唐朝西域官营牧业的组成部分。

一、驿站

唐朝平定高昌，以高昌地置西州，按中原行政模式管理此地，并以此作为经营西域的前沿阵地。为了更有效地经营西域，唐在西域"开通道路，别置馆驿"②。这些交通与馆驿设施，主要靠马匹运营。据《唐六典》所载之规定可知："每驿皆置驿长一人，量驿之闲要，以定其马数：都亭七十五匹，诸道之第一等，减都亭之十五，第二、第三皆以十五为差，第四减十二，第五减六，第六减四，其马官给。……凡马三名

---

① 《旧五代史》卷一三八《回鹘传》。
② 《唐会要》卷七三《安西都护府》。

给丁一人"①。唐代驿站的等级不同，其所配备之马匹数量亦不一样。最高为都亭，配马七十五匹，最低等级的驿站配马仅八匹。由于西州建置比之内地，故其地驿站的配备亦当如朝廷规制。出土文书《武周达匪等驿申报马数文书》中记载达匪、狼泉驿马均为五十三匹，而《武周宁戎驿马及马草踏文书》中记载宁戎驿马四十二（匹）②。由此可知，达匪、狼泉等驿等级介于第一等与第二等之间，宁戎驿介于第二等与第三等之间。至于西州的中心大驿站如赤亭驿配置马匹有的竟达百匹之多③。这些驿站配置的马匹，自应取自当地，亦是当时新疆畜牧业发展的一部分。

至于驿马的饲养，《新唐书》中有记载："贞观中，初税草以给诸闲，而驿马有牧田"。可知唐朝驿马的饲料来源主要是依赖牧田供给。具体每匹马配给牧田亩数是有具体规定的。"诸驿封田皆随近给，每马一匹给地四十亩。若驿侧有牧田之处，匹各减五亩。其传送马，每匹给田二十亩"④。据此，唐朝驿站应各具牧田以备养马之用。然各地具体情况不一，实际状况亦不相同。众所周知，西州地处沙漠戈壁之中，绿洲面积有限，畜牧草场也会受到限制。但该区地理位置非常重要，是中原连接西域的重要支点，需要较大规模的驿站维持工作，故所需马匹亦多。于是，这里的实际情况是，有条件的驿站一般也只有少量驿田可供支配⑤。而大量的驿站畜力及饲料则主要是由西州专门机构长行坊来负责提供。

---

① （唐）张九龄、李林甫：《唐六典》卷五《尚书兵部·驾部》，中华书局1992年版，第163页。

② 国家文物局古文献研究室等编：《吐鲁番出土文书》第7册，文物出版社1986年版，第96、97页。

③ 乜小红：《唐五代畜牧业经济研究》，中华书局2006年版，第127页。

④ 《通典》卷二《食货二·田制下》，中华书局1988年版，第31页。

⑤ 鲁全才：《唐代前期西州的驿马、驿田、驿墙诸问题》，见唐长儒主编：《敦煌吐鲁番文书初探二编》，武汉大学出版社1990年版，第286—296页。

二、长行坊

　　唐在西域的交通设施还有长行坊、长运坊。长行坊是服务军政需要，接应官员往来以及传送文书的交通机构。例如，高昌县长行坊、交河郡长行坊、西州都督府长行坊与北庭都护府长行坊等[1]。长行坊的运输工具主要有长行马、驼、驴和牛，根据不同用途而配备使用，如快速传递信息则用马，运输物资则多用驼等。《唐西州长行坊文书残片》中记载："见在驼马……头，驴三十九头……驼马牛驴……"[2]。虽然畜种较多，但还是以马为主，从《唐天宝十三载申勘十至闰十一月支牛驴马料帐历》可知，闰十一月该坊有马 226 匹，驴 65 头，牛 12 头，共计303 头，这是比较多的一次记载。孙晓林先生认为西州郡坊马在四百匹左右[3]，数额较大。

　　长行坊有严格的管理制度，建有严格的牲畜帐籍，详细记载牲畜的毛色、印记、牝牡、岁齿等牲畜本身特征，对牲畜的发送、接受均要登记在册，注明时间、用途、牲畜的状况等。《唐开元十年西州长行坊发送、收领马、驴帐一》载："使安西副大都护汤惠并家口乘马四匹，一匹赤敦八岁：次□脊全，耳目全，两点白，耳后两点疢痕，近腿蕃印，西长印，六月十二日马子董敬元、梁知礼、宋昧仙等领到，脊破三寸，病发，下□，仙曹□"[4]。该文书对马匹使用的人员、使用数量、使用目的、马的毛色、年龄、体态特征、收回日期、收回人员、收回后马的受伤情况均有详细记载。"近腿蕃印，西长印"，当是一种标志，蕃印或指此马为吐蕃马，西长印或指属于唐西州管理之马。"仙曹"可能是

---

　　① 孙晓林：《试谈唐西州长行坊制度》，见唐长儒主编：《敦煌吐鲁番文书初探二编》，武汉大学出版社 1990 年版，第 174 页。
　　② 陈国灿：《斯坦因所获吐鲁番文书研究》，武汉大学出版社 1994 年版，第 214 页。
　　③ 孙晓林：《试谈唐西州长行坊制度》，见唐长儒主编：《敦煌吐鲁番文书初探二编》，武汉大学出版社 1990 年版，第 177 页。
　　④ 陈国灿：《斯坦因所获吐鲁番文书研究》，武汉大学出版社 1994 年版，第 194 页。

长行坊负责人齐仙的签字。

长行坊的牲畜饲养主要是群牧和厩养两种。从现有出土文书记载看，西州有高昌群牧和蒲昌群牧。《唐开元二十二年西州高昌县申西州都督府牒为差人修堤堰事》中提到"例取当县群牧"①，高昌县应有群牧。《唐张纵牒为计开元十年蒲昌群长行马事》记载："蒲昌群长行马一百四十六匹。右检案内闰五月廿五日得槽头梁远状：通上件马见在蒲昌群。后至六月三日得蒲昌县申三匹死，六月十七日更得蒲昌县申两匹死。除死之外，计在群有马一百四十一匹见在，未经点阅，所由检校人魏威见在州，请处分"②。该文书记载的是蒲昌群牧，当为蒲昌县所管辖境内的牧群。从申请人可知群牧管理者是槽头梁远。槽头为长行坊牲畜管理的主要官职，在其他文书中也多次提到，此不累赘。另一件文书《唐西州长行坊退蒲昌群马牒尾》记载："马皮九十八张、驴皮四十九张。张纵　仙白　廿八日　检蒲昌马数退齐仙白廿八日"③。从上述文书可知，高昌群牧和蒲昌群牧都负责为长行坊养马，并按时接受长行坊相关人员的查阅，以保障长行坊用马的安全。至于文书中提到的马皮和驴皮，可知群牧中的养驴数也不少。

在长行坊畜群牧养方面，设置有群头和牧兵，由群头负责管理若干牧兵，④ 并分配给牧兵一定数量的马驼等，由牧兵负责牧养。出土文书《唐西州长行坊配兵放马簿》对此有明确记载。该文书由于残缺，记载不全。仅从残件看，共记载了六个牧兵，共放马 68 匹，一般每人放养 14—18 匹不等，最少放养 8 匹。按照《唐律疏议》卷一五《厩库律》"诸牧畜产"条引《厩牧令》的规定："牧马、牛，皆百二十为群"。由于西州建置比之内地，故西州的群牧可能参照此规定。每个牧兵负责的

---

① 国家文物局古文献研究室等编：《吐鲁番出土文书》第 9 册，文物出版社 1990 年版，第 107—108 页。

② 陈国灿：《斯坦因所获吐鲁番文书研究》，武汉大学出版社 1994 年版，第 210 页。

③ 陈国灿：《斯坦因所获吐鲁番文书研究》，武汉大学出版社 1994 年版，第 212 页。

④ 荣新江等：《新获吐鲁番出土文献》（下册），中华书局 2008 年版，第 350 页。

马匹的特征、数量是有详细规定的。该文书中就在放养马匹数目后均记有牧兵的名字，例如："8. 一匹留敦十二岁 9. 右件马配兵王怀贞放"①。群放不仅在白天，夜间也有放牧。文书《唐永徽三年贤德失马赔征牒》就记载了士兵贤德夜牧不慎丢失马匹只好赔偿马匹之事。文中说："廿九日，在群夜放，虽马匹阑失，□被府符征马，今买得前件马付主领讫"②。

对于放牧中丢失官畜的，在百日之内召回则免责，否则处以罚款。《唐六典》卷一七《诸牧监》规定："凡官畜在牧而亡失者，给程以访，过日不获，估而征之"。士兵贤德夜牧不慎丢失马匹需要赔偿与《唐六典》中的规定相符合。由此可知，西州的官营畜牧也是按照中央规定执行的。

除野外放牧之外，厩养亦是饲养牲畜的重要方式。厩养需要大量草料供应，《吐鲁番出土文书》第10册中收录的《唐天宝十三——十四载交河郡长行坊支贮马料文卷》中对此有较为详细的记载。该文书为交河郡长行坊、柳中县馆、柳中县达匪馆、礌石馆、天山县银山馆、高昌县上郡长行坊以及神泉馆等馆驿牲畜所用草料、糯料等的流水账目③。从该文书可知，长行坊以及各馆驿的牲畜有牛、驴、马等，再如《唐天宝十四载长行坊申勘十至闰十一月支牛驴马料账历》记载："合当坊从今载十月一日以后，至其载十一月二十九日以前，据案支牛驴马料总一千四百五十六硕七斗七升，并青麦"④。喂养牲畜的饲料主要是青麦、糜子、粟等，如《唐天宝十四载（757）交河郡某馆具上载帖马食糯历

① 陈国灿：《斯坦因所获吐鲁番文书研究》，武汉大学出版社1994年版，第200页。
② 国家文物局古文献研究室等编：《吐鲁番出土文书》第7册，文物出版社1986年版，第26页。
③ 国家文物局古文献研究室等编：《吐鲁番出土文书》第10册，文物出版社1991年版，第54—240页。
④ 国家文物局古文献研究室等编：《吐鲁番出土文书》第10册，文物出版社1991年版，第127页。

上郡长行坊状》记载："一百五十硕一斗九升青麦、六十硕糜子、粟"①。饲料的来源可能是由长行坊所在郡县和馆主私人提供。如上所引的饲料在同一件文书中记为："□伯四十硕长行坊支交河县给……贰拾硕四月于永安仓请壹拾硕青麦，壹拾硕糜子……贰拾硕十月于交河仓请并青麦……"。

除郡县仓库提供饲料外，馆主私人有时也提供饲料。《唐天宝十四载（757）柳中县具属馆私供马料账历上郡长行坊牒》记载："合当馆纵天十三载闰十一月十六日郡支帖马食贮料外，馆家私供糜麦□□□□斗九升，内七石糜"②。《唐天宝十四载（757）柳中县具达匪馆私供糜麦账历上郡长行坊牒》也记载了私供糜麦总三十五硕五斗③。除粮食饲料外，草料也不可或缺。《唐天宝某载三月二十一日交河郡长行坊典张温璟牒兵曹司为济弱馆蹃料史》记载济弱馆缺乏蹃料，急需补充④。

从文书记载看，牲畜的草料一部分来自长行坊自己的小块田地"长行小作"，还要从民间征调或从外地调拨。文书《唐上元二年柳中县界长行小作具元收破用粟草束数请处分状》记载了行坊的小块田地"长行小作"生产草料饲养牲畜的情况。该文书记载："柳中县界长行小作，合当作据元收数粟总六千五百五十五束，每粟一束准草一束……三千九百五十八束……□千五百九……"⑤。《唐上元二年柳中县城具禾草领数请处分状》记载："柳中县城　状上：长行小作禾草三千九百五十

---

① 国家文物局古文献研究室等编：《吐鲁番出土文书》第10册，文物出版社1991年版，第56页。

② 国家文物局古文献研究室等编：《吐鲁番出土文书》第10册，文物出版社1991年版，第76页。

③ 国家文物局古文献研究室等编：《吐鲁番出土文书》第10册，文物出版社1991年版，第86页。

④ 荣新江等：《新获吐鲁番出土文献》（下册），中华书局2008年版，第349页。

⑤ 国家文物局古文献研究室等编：《吐鲁番出土文书》第10册，文物出版社1991年版，第248页。

八束，三千五百三十三束县城作，四百二十五束酒泉作，搬到。右件草于作官王无骄边领得。并供箫大夫下进马食讫。"①　文书中记载的柳中县长行小作禾草共三千九百五十八束，绝大部分来自柳中县城作，小部分来自外地酒泉。《唐上元二年蒲昌县界长行小作具收支饲草数请处分状》则记载了蒲昌县长行小作收取草料的内容。文中记载了该县："营田粟总两顷共收得□□三千二百四十一束，每粟一束准草一束，一千九百四十六束县□□□……一千二百九十五束山北、横截等三城……以前都计当草三千二百四十一束具破用，现在如故"②。

　　从上述文书记载可知，西州各县的长行坊的牲畜草料有一部分是各自长行小作生产的，包括蒲类县、柳中县等，若据此推测，其他各县如高昌、天山等县的长行坊或许也有"长行小作"生产草料，来饲养牲畜。除了长行坊自备草料外，西州还从民间征集草料，以弥补草料的不足。《唐西州高昌县出草帐》就记载了民间缴纳草料的情况。③　从该文书记载来看，民间缴纳草料从一束到数十束不等。一般是按照一亩地征草三束半的标准来征缴的，一般民户以三束半、四束半、七束者居多。④

　　长行坊的牲畜由于种种原因生病或受伤需要治疗。从文书记载看，牲畜患病有多种，其一便是瘰病。瘰病是一种严重的皮肤病，对牲畜的皮肤伤害很大，甚至导致牲畜死亡。例如，《唐神龙元年（705）西州都督府兵曹处分死马案卷》中就记载了马匹因患瘰病致死之事。文书记载："长行马一匹忿草一匹赤敦，右件马伊州使患瘰，医疗不损，今既致死，请处分。……令检上件马咨状，依检前件马，检无他故，患瘰致

　　①　国家文物局古文献研究室等编：《吐鲁番出土文书》第10册，文物出版社1991年版，第250页。

　　②　国家文物局古文献研究室等编：《吐鲁番出土文书》第10册，文物出版社1991年版，第252—253页。

　　③　国家文物局古文献研究室等编：《吐鲁番出土文书》第9册，文物出版社1990年版，第23—25页。

　　④　乜小红：《唐五代畜牧业经济研究》，中华书局2006年版，第143页。

死有实。……兽医　车智隆……"① 另一件文书也是记载长行马因患瘰病致死之事。②

此外，吐鲁番出土文书《唐开元十年二月（西州）牧马所驴子李贞仙牒为使李恪下驴患事》记载：

"1.（西州）牧马所　状上 2. 使李恪下驴一头白堂六岁 3. 右件驴使乘至此，患毛焦腹窭，少食水草，既是 4. 官驴，请处分。开元十年二月廿九日驴子李贞仙牒 5. 好加疗灌廿九日楚。"③

从文书行文可知：驴子李贞仙发现归其放养的驴在被使者乘骑归还后"毛焦腹窭，少食水草"，便及时向上级作了汇报。"好加疗灌廿九日楚"一语可见，在李贞仙上报驴病情的当日兽医楚就开出疗方"好加疗灌"。然而，此法没能够治疗该驴之病。至三月一日，又牒报："前蒙判好加疗灌者，百方疗灌不损，加困重。"到次日，该驴已死亡，又报："今见致死，既是官驴，不敢私□，乞处分"④。遗憾的是，该文书没有记载"疗灌"的用药配方和具体用量。

马匹受伤致死也是牲畜死亡的重要原因之一。例如，《唐西州某府主帅阴海牒为六驮马死事》记载："营司进洛前件马比来在群牧放，被木刺破，近人□后脚筋断，将就此医疗，不损，去五月二十八日致死"。⑤

---

① 陈国灿：《斯坦因所获吐鲁番文书研究》，武汉大学出版社 1994 年版，第 251—253 页。

② 孙晓林：《试谈唐西州长行坊制度》，唐长孺主编《敦煌吐鲁番文书初探二编》，武汉大学出版社 1990 年版，第 182—189 页。

③ 日本有邻馆藏 24 号文书，转自乜小红：《唐五代畜牧业经济研究》，中华书局 2006 年版，第 306 页。

④ 日本有邻馆藏 24 号文书，转自乜小红：《唐五代畜牧业经济研究》，中华书局 2006 年版，第 306 页。

⑤ 国家文物局古文献研究室等编：《吐鲁番出土文书》第 6 册，文物出版社 1985 年版，第 199 页。

　　牲畜生病和受伤均需治疗，因此，长行坊有专门的兽医进行防治。例如："兽医车智隆"①、"兽医曹鸵鸟"② 等。吐鲁番出土文书中有一张为治疗牛疫的药方。该文书记载："（一）〔上残〕牛疫方……（二）1. ……三两，木三两 2. 细辛一两 3. 初以瓶盛药，4. 小□瓶内烧药 5. 气熏牛鼻，中 6. 出即止。养牛……7. 疫宜顿置……"③。细辛又名细参、小辛、细草、少辛等，属马兜铃科，多年生草本植物，为常用中药。该草为全草入药，性温，味辛，功能温经散寒、化饮、祛风止痛，主治风寒头痛、痰饮咳喘、风湿痹痛、牙痛、鼻渊等症，兽药则用于治咳嗽喘、便秘。疗牛药方的发现反映了唐时西州地区的畜牧业生产管理水平的提高。如上文所述，西州兽医治疗牲畜的方式至少有疗灌和气熏两种。唐西州兽医的设置对治疗牲畜的疾病和创伤起到积极作用，在一定程度上保障了区域畜牧业生产的顺利发展和畜群的正常繁衍与增殖。

三、长运坊

　　除长行坊外，西州还设立长运坊来运输物资。由于主要是靠牛车、驴车运输的，故长运坊又被称为车坊，伊州（哈密）则称为"转运坊"④。长运坊中的牛驴属于坊主管理，在牲畜的身上印有印记。出土文书《唐开元二十一年天山县车坊请印状》就记载："牛既属坊生，得合申文状堪印。即合请印，不合许年（史在州）……"⑤。长运坊对牛的管理和长行坊对牲畜的管理相似，均建立严格的登记制度，对牛的毛

---

　　① 陈国灿：《斯坦因所获吐鲁番文书研究》，武汉大学出版社 1994 年版，第 253 页。

　　② 国家文物局古文献研究室等编：《吐鲁番出土文书》第 10 册，文物出版社 1991 年版，第 59 页。

　　③ 国家文物局古文献研究室等编：《吐鲁番出土文书》第 6 册，文物出版社 1985 年版，第 537—538 页和新疆维吾尔自治区博物馆：《吐鲁番阿斯塔那—哈拉和卓古墓群发掘简报（1963—1965）》，《文物》1973 年第 10 期。

　　④ 乜小红：《唐五代畜牧业经济研究》，中华书局 2006 年版，第 143 页。

　　⑤ 国家文物局古文献研究室等编：《吐鲁番出土文书》第 9 册，文物出版社 1990 年版，第 75—76 页。

色、岁齿、体态特征、出生和死亡、牲畜的来源等有详细记载。出土文书《唐开元二十一年推堪天山县车坊翟敏才死牛及孳生牛无印案卷》就记载了天山县车坊镇兵翟敏才放牧时牛被狼咬及落泥死，因怕上级查失，私买牛填数之事："合当县车坊开元廿一年正月一日，据帐合交牛驴总〔下残〕四十一头牛，……一黄犍二岁，一黄牸三岁……或有州印明验，或有毛长无印……六头翟敏才款注狼咬及落泥死私填：一犁牸面白肚白十五岁，用钱七百文于张仁其处买，用填黄牸白面十五岁替。一乌犍（死）十二岁，角把头，脊上及远人相胯上疮痤，用钱两千文于车原元胤处买，用填赤（乌）犍十二岁者……中间或有在群牧放处，被狼咬，或□落（泥）死……"①。从上文可知，车坊对每头牛均印有官印，坊官就是通过此法发现镇兵翟敏才放养的牛没有官印，经过查实才知是新孳生的牛犊因为毛长隐藏没有看到的。

此外，我们还知车坊的牛除了自身繁衍生殖增加外，还可通过购买民间的牛来补充。车坊的牛一部分实行厩养，《唐贞观十七年牒为翟莫鼻领官牛蒭料事》就记载："青稞五硕，备蒭六硕，给官牛六头二十日蒭料"②。除了厩养外还采用群牧方式，翟敏才放养的六头牛就是在群牧地方被狼咬死或落入泥潭中死亡的。此外，文书《唐天山县申长运坊孳生牛状》明确记载了一头十五岁白面犁牸生犊的情况③。

车坊中的牲畜除了群牧之外，还要厩养，所以所需的粮食和草料也与长行坊相似，一部分为其自备或来自官仓，还有就是来自民间征集。出土文书《唐开元二十三五月伊州转运坊牒州为当坊年支草五万围事》和《伊州某坊典窦元贞牒为请差遣人员助收草事》就记载了伊州的转

---

① 国家文物局古文献研究室等编：《吐鲁番出土文书》第 9 册，文物出版社 1990 年版，第 77—94 页。

② 柳洪亮：《新出吐鲁番文书及其研究》，新疆人民出版社 1997 年版，第 94 页。

③ 国家文物局古文献研究室等编：《吐鲁番出土文书》第 9 册，文物出版社 1990 年版，第 95 页。

运坊一年需要支草五万围①，所以要求伊州动员戍卒和车坊人员"及时收割"牧草，"勿使失时"。②伊州的转运坊如此，与之性质相似的西州的车坊情况也不会相差太多。

总之，唐代西州及伊州地区的畜牧业经营与发展良好，这固然与当地畜牧业传统有关，唐代在此设置驿站、长行坊、长运坊等运营机构也促进了饲养马牛等畜的发展。《旧唐书》卷一九六上《吐蕃传》记载："贞观中，李靖破吐谷浑，侯君集平高昌，阿史那社尔开西域，置四镇。前王之所未伏，尽为臣妾，秦、汉之封域，得议其土境耶！于是岁调山东丁男为戍卒，缯帛为军资，有屯田以资粮粮，牧使以娩羊马"。唐在西域设置群牧以孳息马牛羊等畜的措施，无疑对西域畜牧业生产的发展起到了积极的促进作用。

四、军马饲养

为守卫边疆和维护社会秩序，唐朝在西域重地驻扎大批军队，骑兵是其重要组成部分。因此，军马饲养也就成为当时官营牧业的一部分。

北庭都护府是唐朝在北疆军事管理中心，驻有重军。"自永徽至天宝，北庭节度使管镇兵二万人，马五千匹；所统摄突骑施、坚昆、斩啜；又管瀚海、天山、伊吾三军镇兵万余人，马五千匹。"具体而言，瀚海军，本烛龙军，长安二年置，三年更名，由北庭伊西节度使盖嘉运在开元年间增驻，驻扎北庭都护府城内，"管镇兵万二千人，马四千二百匹。天山军，开元中，置西州城内，管镇兵五千人，马五百匹，在都护府南五百里。伊吾军，开元中置，在伊州西北五百里甘露川，管镇兵三千人，马三百匹"。③安西都护府是唐朝在南疆的军事管理中心，也同北庭都护府一样，驻扎大量军士。史载："安西都护府，镇兵二万四千人，马二千七百"。④

---

① 每围以三尺为限，见《唐六典》卷一七《典厩署》。
② 陈国灿：《吐鲁番出土唐代文献编年》，新文丰出版公司2002年版，第241页。
③ 《旧唐书》卷四〇《地理志三》。
④ 《旧唐书》卷四〇《地理志三》。

第四章 五代宋元明时期的曲折发展

五代、宋、元、明时期是新疆古代历史上大动荡、大组合的时期。唐朝末年，吐蕃势力退出西域后，塔里木盆地南缘的于阗重获自由。回鹘西迁进入西域，逐渐在天山北麓中东部和高昌地区定居下来，成为当地重要的势力，建立了回鹘高昌政权。9世纪中后期兴起的喀喇汗王朝先是在河中地区活动，后逐渐向东发展，征服了于阗，成为西域强国。随着喀喇汗国的分裂，南疆大部属于东喀喇汗国所辖。辽朝末年，耶律大石率部进入西域，先后臣服了高昌回鹘政权和东喀喇汗王朝，成为统一西域的又一个重要王朝。公元13世纪，蒙古大军进入西域，高昌回鹘归附。灭西辽后，蒙古统一西域。元朝建立后，察合台汗国成为元朝在西域最主要的统治势力。元朝灭亡后不久，察合台汗国分裂为东、西两大汗国。除新疆东部的哈密归属明朝外，新疆大部分地区主要处在东察合台汗国统治下。五代、宋、元、明时期是一个时间跨度很长的阶段，鉴于元朝对西域全境统一的影响较大，兹以元朝为界，分为五代、宋、辽时期和元、明时期两大阶段论述。

第一节 五代宋元明时期的农业

一、五代宋辽时期的农业

由于该时期的史料较少，我们对此了解也就不甚清晰。但从有限的资料，我们可以大致勾勒出此时期新疆农业发展的概况。

（一）塔里木盆地绿洲农业

后晋天福三年（938），于阗国王李圣天遣使向后晋朝贡。同年十二月，后晋派遣使者回访。作为使者之一的高居诲记载了于阗王国的农业情况。从其记载中，我们知道他受到国王热情款待的食物是"粳沃以蜜，粟沃以酪。"① 由此来看，于阗的农作物至少有粳稻和粟两种。一般来说，农业种植具有一定的延续性。由此可知，于阗的农业依然继承了自唐以来的耕作方式，引水灌溉，种植麦子、黍、大麻、青稞等作物。于阗的酒主要有葡萄酒、紫酒、青酒等，虽"不知其所酿，而味尤美"。于阗人穿着布帛的衣服，所以该地当种植棉花。此外，于阗还"有园圃花木"。诸多迹象表明，于阗在唐以后依然是农业繁盛、瓜果飘香地方。

自从喀喇汗王朝吞并于阗后，大部分塔里木盆地的绿洲又成了喀喇汗王朝的重要农业区。喀喇汗王朝比较重视东部农业区的发展。在玉素甫·哈斯·哈吉甫献给博格拉汗哈桑的长诗《福乐智慧》中提醒国王要重视农民，因为"一切人都从他们那里获益，他们给人们赋予饮食的乐趣。一切能呼吸、知道饥饱之人，一切活人都需要他们。"② 在统治者的重视下，塔里木盆地的农业得以继续发展。马赫穆德·喀什噶里的巨著《突厥语大辞典》中记载了当时喀喇汗王朝农业的情况。他们懂得施肥，使用镰刀、犁、坎土曼等农具，种植大麦、小麦、大米、豆子、芝麻、棉花等粮食作物，种植大蒜、山葱、皮夹子（洋葱）、水萝卜、甜白萝卜等蔬菜和甜瓜、葡萄、李子、木梨、苹果、樱桃、核桃、杏、桃子等瓜果，还制成了干杏、干桃和葡萄干等干货以供四季食用。③ 和田地区粮食种植有小麦、大麦、黍等，瓜果有南瓜、芝麻、葡

① （后晋）高居诲：《高居诲使于阗记》，见杨建新：《古西行记选注》，宁夏人民出版社1987年版，第151页。
② 玉素甫·哈斯·哈吉甫：《福乐智慧》，郝关中等译，民族出版社1986年版，第571页。
③ 邓浩：《〈突厥语词典〉与回鹘的农业经济》，《敦煌研究》，1995年第4期。

萄、柠檬、无花果、桑、梨等①。龟兹的农业状况在史书中记载极为稀少，《宋会要辑稿》仅记载："米麦瓜果与中国无异"。② 不过这至少说明该地依然种植稻米和麦子，瓜果也较多。

此外，考古工作者在巴楚县五代宋辽时期的脱库孜萨来古城发现了蚕茧、丝、棉籽、大麦、黑豆等农作物及瓜果核③。这些农作物和瓜果遗迹的出土说明了塔里木盆地的绿洲农业，在此一时期并没有受到太大冲击，保持着持续发展势头。

（二）吐鲁番哈密地区农业

自唐中期以后，五代、宋、辽、金时期的高昌由游牧民族回鹘统治，由于高昌特殊的自然地理条件，一部分回鹘逐渐由游牧改为定居农耕。《新五代史·四夷附录》记载高昌出产独峰驼，适宜种植白麦、青稞、黄麻、葱、韭和胡荽，并且用骆驼耕地。白麦是指种皮为白色或黄白色的麦粒不低于90%的小麦，适宜于干旱地区的种植，这与适宜于多雨湿润地区种植的红麦是相对的④。高昌地区改用骆驼耕地，颇有地方特色。

北宋太宗时期，王延德出使高昌，看到该地："有水，出金岭，导之周绕国城，以溉田园，作水碾。地产五谷，惟无荞麦。"⑤ 高昌地区"地无雨雪而极热"，农业灌溉主要依赖高山积雪融水，当地人民不仅在山谷中筑堤坝修渠引涧水到农田灌溉，还利用水磨加工粮食，这是一大进步。我们在上文曾叙述过该地人们利用足踏舂去谷壳，用直杆推磨

---

① ［苏］Л·吉洪诺夫：《十至十四世纪回鹘王国的农业》，姬增录翻译，《西北历史资料》1984 年第 2 期。

② （清）徐松：《宋会要辑稿》卷二○二七《蕃夷四·龟兹》，中华书局 1957 年版，第 7720 页。

③ 穆舜英等：《建国以来新疆考古主要收获》，《新疆考古三十年》，新疆人民出版社 1983 年版，第 21 页。

④ 张泽咸：《汉晋唐时期农业》，中国社会科学出版社 2003 年版，第 807 页。

⑤ 王延德：《西州使程记》，见杨建新：《古西行记选注》，宁夏人民出版社 1987 年版，第 159 页。

磨面，这都需要人力，此时利用水力驱动来磨面，可节省人力劳作，使人们可以把更多的精力用在农田耕作和放牧牛羊上。

虽然作为游牧民族的回鹘统治了高昌，但由于高昌特殊地形所限和农业经营的进步性对回鹘人产生了巨大的吸引力，回鹘统治者转而重视农业生产，回鹘人也转而学会农耕。高昌回鹘还设立"主管农业的官员"以督促农业生产①。水利是农业发展的命脉，特别是在降雨量比较少的高昌地区，回鹘也专门设立的"管理河流与水源的人员"②，协调用水和管理该区水利。无地或少地的农民还用租赁土地的方式进行农业种植，回鹘文书记载："我伊利奇因需要种植庄稼的土地，我把凯依杜姆的位于崖尔吐里坎的可以播种半石种子的土地自愿地租下来，该地需要下多少种子，（我们）两个人均摊予以播种，获得的收成我们均分。"在另一份文书中也记载了一个农民租赁别人土地种植庄稼的事情。"我铁木尔·普化需要种庄稼的土地，因此从凯依杜姆的坐落在恰坎的跟伊利奇有同等份额的土地种租（可以播种）两石（种子的）土地。土地所受的庄稼，（派）来的捐税均由我铁木尔·普化负责。"③ 从这两件土地买卖的契约，我们可以知道凯依杜姆可能是大地主，他拥有许多土地，并靠向他人租赁土地获益。

高昌农田多位于河流两岸的平坦地方，便于耕作灌溉。因为这里是主要产粮地和人口居住区，故在其地标物中，既有粮仓，又有庭院宅第等。文书中记载的一份卖地契约中提到"该地的四至是：东边已（以）属于仓库的地，南边也已（以）属于仓库的地为界，北边以克奇克雅（之）土地为界。该地同位于提甫赛·泰卜固河岸上涉渡处的平地上一大片耕地（和）一个庭院相连。"还有一份文书记载了一块二面均有河流的良田。"这块土地的四界是：北边以河为界；东边以托尔切克的土

---

① 李经纬：《吐鲁番回鹘文社会经济文书研究》，新疆人民出版社 1996 年版，第 211 页。
② 李经纬：《吐鲁番回鹘文社会经济文书研究》，新疆人民出版社 1996 年版，第 222 页。
③ 袁丁：《回鹘文社会经济文书选注一》，《喀什师院学报（哲学社会科学版）》1987 年第 1 期。

地为界；南边以流向陆赛的土地的拔合拉小河为界；西边以严压克·依纳尔的土地为界。"此外，还有"河上种庄稼的土地"①。以上文书记载的农田大多靠近河流，且是连片分布，这是干旱区引水灌溉农业的分布特点。我们由此可窥知五代、宋、金时期吐鲁番地区水利灌溉主要是引用河流之水。此外，当时，高昌地区的回鹘人还学会了用粪肥、黄土、老墙土、沟渠里的河泥作肥料，以保持和增加土地肥力，提高农作物的产量②。

当地种植的农作物主要还是大麦、小麦、大米、青稞、黍、粟、豌豆、高粱等，经济作物有葡萄、大麻、棉花、芝麻、苜蓿等。③ 蔬菜瓜果有洋葱、芹菜、"葱蒜美而香"，还有重达六十斤的瓜。④ 水果有葡萄、石榴、杏、桃子、甜瓜属等。⑤ 普鲁士皇家第二次吐鲁番考察团在吐鲁番七克台掠走的一份回鹘文书记载了当地官员征集黍作为回鹘可汗贡品和税收的手谕。该文书记载："你从你的税的黍子中付给这位夏迷孜·塔依西玛三斗黍子吧，我是为汗征集贡品的。我塔音恰克达干有言告塔音恰克之妻：曾有命令给你，三斗黍子的筹码已经给过了，你快给黍子吧！"⑥

芝麻的大量种植是该时期高昌地区农业发展的亮点。被外国考察团于 1903 年在吐鲁番地区发现的回鹘文书中有多次记载借贷芝麻的事情，

---

① 袁丁：《回鹘文社会经济文书选注（一）续补》，《喀什师院学报（哲学社会科学版）》1990 年第 2 期。

② ［苏］Л·吉洪诺夫：《十至十四世纪回鹘王国的农业》，姬增录译，《西北历史资料》1984 年第 2 期。

③ ［苏］Л·吉洪诺夫：《十至十四世纪回鹘王国的农业》，姬增录译，《西北历史资料》1984 年第 2 期。

④ （金）刘祁：《北使记》，见杨建新：《古西行记选注》，宁夏人民出版社 1987 年版，第 234 页。

⑤ 杨富学：《回鹘文文献与高昌回鹘经济史的构建》，人大复印资料《经济史》2008 年第 2 期。

⑥ 袁丁：《回鹘文社会经济文书选注六》，《喀什师院学报（哲学社会科学版）》1992 年第 1 期。

并且借贷的数量最高达一斗之多！其中一份文书记载："鸡年二月的初七，我苏利亚西利因需要芝麻，便从凯依姆杜巴克奇借了一斗芝麻。秋初，我将如实地还他两斗芝麻。"另一份文书也记载："猴年四月初七，我楚利因需要用带利息的芝麻，而从凯依姆杜那儿借了一斗芝麻。秋初，我将如实地还他两斗芝麻。"第三份文书则记载了猴年四月初五，库玛什巴依也从凯依姆杜那儿借了十二钵芝麻，到秋初需要还二十二钵的芝麻。从上述三份文书可见，三个人均是在二月初、四月初向凯依姆杜借高利息的芝麻。这说明凯依姆杜这个人家中有较多的芝麻存储。此外，我们从第四份借芝麻的文书中可知，卡乌西杜是在鼠年六月初十向依尔·铁木尔借了一斗芝麻，也是要在秋季归还两斗芝麻。① 综上可见，高昌地区的芝麻需求高峰是上半年，收获季节是在秋季。芝麻作为当时人民重要的油料作物，是每日饮食生活中不可或缺的食物。吐鲁番出土的回鹘文摩尼教寺院文书中就记载该寺"每月要给二僧团众僧八十石小麦、七石芝麻、两石豆子、三石谷子作为食用。"②

高昌回鹘的蔬菜种植也有明确记载。文书中就明确记载有"位于吐峪沟的石桥东边的、环绕着围墙的菜园子"、"乌雅利神庙的菜园子"以及位于"田埂里边的菜园子"等。③

葡萄是高昌地区历史悠久的特色产品，五代、宋、辽、金时期仍然种植不衰，且存在相互买卖的情况。回鹘文社会经济文书中记载："我阿拉·铁木尔有言致托里法师：你的葡萄园已被村社所迫，欲售于伊纳尔·胡哥了。我同村社进行了协商，你所卖的这座（原来租给我的葡萄园），他们已打算给我（另）一座葡萄园进行交换。（因此）我现在有话对你说：如果我要求（他们用）另一座葡萄园顶替你的（那个）葡萄园，他们将会答应给我一座葡萄园。如果我不愿意，而不至于使你原

---

① 李经纬：《回鹘文借贷文书选注》，《西北民族研究》1991 年第 2 期。
② 耿世民：《回鹘文摩尼教寺院文书考释》，《考古学报》1978 年第 4 期。
③ 李经纬：《吐鲁番回鹘文社会经济文书研究》，新疆人民出版社 1996 年版，第 96、113、114、225 页。

定契约中的租金落空的话，请你交出你那里的临时字据，你给我立一个真正的鸿契。当拿到（鸿）契时，我就要求（用另）一个葡萄园顶替。你的葡萄园售价到秋天我会付给你。"这件文书是外国考察团在亦都护城发现的。亦都护城就是高昌古城。由此可见，高昌地区的葡萄种植依旧繁荣，并且存在相互买卖的现象。此外，另一件文书也记载了阿拉·铁木尔租赁托里的葡萄园的情况，租金为六十坛钵酒①。这两份文书均是关于阿拉·铁木尔租赁托里葡萄园的事情，这或许说明了当地已经出现了葡萄园的使用权和所有权分离的情况。法师托里拥有大面积的葡萄园，他靠向别人出租来获取租金，或许说明了他才是村社大规模葡萄园的所有者，可能他不善于经营管理，只好靠出租给别人经营来谋利了。那些没有葡萄园的村民只有高价租赁别人的园子。此外，伊纳尔·胡奇曾在村社的帮助下胁迫托里法师让出葡萄园的使用权，可见当是葡萄园的利润相当诱人。

葡萄园规模的大小不是按照面积计算，而是由需要耕作的人数来决定。回鹘文书中就记载了"需要十六个人丁耕作的葡萄园"和"需三个人丁耕作的葡萄园"②。回鹘时期对精通葡萄种植人员所种葡萄还给予免除税收的优惠条件鼓励葡萄种植。文书中记载："由于该葡萄园归精通（园艺）的吐利耕作，（为此）从今日起，该吐利的一切卡兰（税）、库鲁特（税）、吐屯（税）、卡宾（税）予以免除。葡萄园的庄稼和耕地、棉（田）、菜园子地的实物贡租也全部免课，特以此言托付给该卜塔西里法师"③。葡萄种植的发达，使得葡萄也就成为当地统治者向百姓征税的项目之一。依据回鹘文献记载可知，当时的政府按照葡

———

① 袁丁：《回鹘文社会经济文书选注六》，《喀什师院学报（哲学社会科学版）》1992年第1期。

② 袁丁：《回鹘文社会经济文书选注（一）续补》，《喀什师院学报（哲学社会科学版）》1990年第2期。

③ 李经纬：《吐鲁番回鹘文社会经济文书研究》，新疆人民出版社1996年版，第225页。

萄园的数量来征收葡萄税，有时还征收葡萄酒税①。

　　自魏晋南北朝开始，高昌地区的棉花种植一直不衰，当地生产的棉布享誉四方。回鹘文书中就明确记载有"棉田"②。五代、宋、金时期的高昌人民为了种植棉花还要租赁别人的葡萄园。一件发现于吐鲁番的回鹘文书记载："鸡年二月初十，我巴依·铁木耳需要耕种棉花的土地，我把帖米奇的位于甫对面的葡萄园以十听棉花为租金，租了下来。这十听花在秋初季节，我将彻底付清。"③ 棉花收成后需加工纺织，一般是由下层人民作织工的。回鹘文书中就记载了一个作织布工的女奴与一个铁匠结婚的事情。官府生产的，盖有特定印章的棉布或许被称为官布，它可以在高昌西部的市场通用。文书中记载了依纳尔·巴尔斯向雅千克尔借一百官布，需要还一百五十官布④。棉布在当时还充当实物交换的手段，在众多回鹘文书记载中买卖奴隶、买卖货物、土地买卖都可以用棉布支付。例如："该女奴的售价，一百（个?）棉布，我卡里木杜在缔结文契之日已全部数清收到了。"⑤ "我雅尔甫·雅阿和艾得古两人因需要通用的官布，把我们位于河上游的七石种粮食的（?）地合理合法地卖给了库达特迷失，其售价之官布，我们是这样商定的：我们已当今在高昌（?）西部流通的、两侧（及）后面、中间盖有印章的三千二百五十个官布成交了。"⑥

　　总体而言，五代、宋、金时期，南疆农业受到游牧民族一定的冲击，但影响是有限的，各地农业持续得以发展，特别是高昌地区的回鹘

　　① W. Radloff, Uigurische Sprachdenkmäler, Leningrad 1928. 第88、65、78号。转引自杨富学：《回鹘文文献与高昌回鹘经济史的构建》，人大复印资料《经济史》2008年第2期。
　　② 李经纬：《吐鲁番回鹘文社会经济文书研究》，新疆人民出版社1996年版，第225页。
　　③ 袁丁：《回鹘文社会经济文书选注六》，《喀什师院学报（哲学社会科学版）》1992年第1期。
　　④ 李经纬：《回鹘文借贷文书选注》，《西北民族研究》1991年第2期。
　　⑤ 袁丁：《回鹘文社会经济文书选注六》，《喀什师院学报（哲学社会科学版）》1992年第1期。
　　⑥ 袁丁：《回鹘文社会经济文书选注（一）续补》，《喀什师院学报（哲学社会科学版）》1990年第2期。

人逐渐学会农耕，使用粪肥增进地力，使用骆驼耕地等，体现了高昌地区农业的强大吸引力和良好的发展势头。

（三）天山北麓地区的农业

经过唐代的经营，北疆地区的农业分布基本是沿着天山北麓一线，其中巴里坤南岸地区和吉木萨尔则是重点地区，这初步改变了自史前以来伊犁河谷的地区优势。自唐中叶以降，北疆先后为回鹘、契丹和蒙古等游牧民族统治，游牧经济自然获得更有利的发展。即便如此，在一些汉人居住地区，农业生产仍不曾间断地进行着。

五代、宋、辽时期的北疆农业继承了唐前期的发展趋势，获得较好发展，农业重心逐渐西移至伊犁河谷和天山北麓的西段，从而回归到隋唐以前的农业分布格局。西辽时的北疆有为数不少的汉人定居，他们推动了北疆农业的进步。畏兀儿人哈剌亦哈赤北鲁在随成吉思汗西征时，"至别失八里东独山，是城空无人，帝问：'此何城也？'对曰：'独山城。往岁大饥，民皆流移之它所。然此地当北来要冲，宜耕种以为备。臣昔在唆里迷国时，有户六十，愿移居此。'……后六年，太祖西征还，见田野垦辟，民物繁庶，大悦。"① 此处的独山城可能在今天的吉木萨尔东部一带。耶律楚材在随军西征时也记载下当时北疆地区的经济状况，其中"不剌（今博乐）之南有阴山……其山之顶有圆池……既过圆池，南下皆林檎（苹果）木，树荫蓊翳，不露日色……既出阴山，有阿里马城。西人目林檎曰阿里马。附郭皆林檎园，由此名焉。附属城邑八九。多葡萄、梨、果，播种五谷，一如中原。"② 其"农者亦决渠灌田"③。阿里马城即阿力麻里，在今天的霍城县西北。以苹果城命名，可见当地的水果园艺生产多么繁盛，"播种五谷"和"决渠灌田"表明农业生产技术较为进步且已有相当规模。长春真人丘处机经过西域时，

① 《元史》卷一二四《哈剌亦哈赤北鲁传》。
② （元）耶律楚材著，向达校注：《西游录》，中华书局1980年版，第2页。
③ （元）李志常：《长春真人西游记》，中华书局1985年版，第12页。

对当地农业状况也有描述。在阴山（今天山中段）的一个小城郊外，丘处机一行受到当地回纥首领迎接，款待的食物就是葡萄酒、名果、大饼和浑葱。当地气候炎热，"葡萄至夥"。次日西行，沿途两个小城，皆有人居，"时禾麦除熟，皆赖泉水浇灌，得有秋少雨故也。"再西行就是鳖思马大城（可能为今奇台附近），受到当地官民僧道的迎接。当地人烟较盛，为重要城镇。丘处机一行在当地的歇息地就是城西的葡萄园内。当地回鹘王部首领以葡萄酒、异花杂果款待之。再西行至轮台，当地山下有泉源，可以灌溉田禾。向西经过两个小城是回鹘昌八剌城（也称昌八里，在今昌吉境内）。当地"园蔬同中区"。生产的西瓜"其重及秤，甘瓜如枕许，其香味盖中国未有也，园蔬同中区"。轮台（今乌鲁木齐附近）其地"水众能滋稼穑干，下有泉源，可以灌溉田禾，每岁秋成"①。可见当地农业生产已与内地相差无几。此后，元初刘郁在《西使记》中记载准噶尔盆地北部的"乞则里八寺（今乌伦古湖），多鱼，可食。有碾硙，亦以水激之。行渐西，有城曰业蛮（今额敏）。又西南行，过字罗城（今博乐），所种皆麦谷"。再往前则有阿力麻里城，"市井皆流水交贯，有诸果，唯瓜、蒲萄、石榴最佳。回鹘与汉民杂居，其俗渐染，颇似中国。又南有赤木儿城（今新疆磨合古城）居民多并、汾人。"②此处具体地记载了当地居民多为回鹘和来自山西的汉人，种植大麦、谷等农作物以及瓜果，当时的作物品种已相当丰富。水网密织的引水工程及利用自然水力的水碾等先进生产工具的出现，表明该时期的农业生产又有了新的发展和进步。回鹘原为漠北游牧民族，自迁入西域后，一部分人弃牧从耕，过上定居生活。自此以后，回鹘人便是唐中叶以后北疆农业生产者的重要组成部分。

二、元明时期的农业

13 世纪，蒙古大军进入西域，高昌回鹘归附。在攻灭西辽后，蒙

---

① （元）李志常：《长春真人西游记》，中华书局 1985 年版，第 10—11 页。
② （元）刘郁：《西使记》，中华书局 1985 年版，第 1 页。

古国统治西域。元朝建立后，元朝与察合台汗国、窝阔台汗国矛盾激化，西域战火又起。为解决西域驻军的军粮，元朝在西域诸地进行屯垦，促进了南疆农业的恢复和发展。元朝灭亡后不久，察合台汗国分裂为东、西两大汗国，南疆的塔里木盆地和吐鲁番盆地等地区由于战乱较少，农业发展得以持续。

1. 军垦农业

元世祖忽必烈重视农业，他大力倡导屯垦。所谓"古者寓兵于农，汉、魏而下，始置屯田为守边之计。有国者善用其法，则亦养兵息民之要道也。国初，用兵征讨，遇坚城大敌，则必屯田以守之。海内既一，于是内而各卫，外而行省，皆立屯田，以资军饷。"① 在此政策下，元朝在西域平叛过程也在一些战略要地进行屯垦，以垦助军。元朝在南疆地区的屯垦主要分布在哈密力（哈密）、火州（高昌）、斡端（又名忽炭，今和田）、阇鄽（且末南）等地。哈密和高昌是内地进入新疆的交通要道，并有良好的农业发展基础。至元十六年（1279），元世祖忽必烈命察合台曾孙阿只吉建牙帐于别失八里，节制在西域的元军，并兼辖哈喇火州及哈密力等处屯田事务，"别给钞令购牛及农具、籽种与其分地贫民，耕者自赡。"② 这是元朝在哈密和高昌屯田的明确记载。哈密屯田还得到了地方的支持，哈密王曾亲自出资赞助屯田。至元十九年（1282），哈密城主"的斤帖林以己赀充屯田之费，诸王阿只吉以闻，敕酬其值"③。此后，朝廷还给钞令驻军购买耕牛、农具和籽种，并给当地的贫民分给一定的土地，耕种自赡。两地军屯获得巨大成效，至元十六年，就为驻军提供了粮食五千石，马五千匹，羊万头。后二年，又给军队六千石④。至正七年（1347）十月，"西番盗起，凡二百余所，

---

① 《元史》卷一〇〇《兵志三》。
② （清）屠寄：《蒙兀儿史记》卷四二《阿只吉传》，上海古籍出版社1989年版，第344页。
③ 《元史》卷一二《世祖纪九》。
④ （清）屠寄：《蒙兀儿史记》卷四二《阿只吉传》，第344页。

陷哈喇火州，劫供御蒲萄酒，杀使臣。"① 此后，元朝丧失对哈密和高昌的直接统治，屯田也随之罢弃。

斡端，又名忽炭，即今和田。位于塔里木盆地的南缘，是丝绸之路南道的重要城市，也是军事重镇。至元十三年（1276）十月，忽必烈命别速鹏、忽别列八都儿二人为都元帅，"领蒙古军二千人、河西军一千人，守斡端城"②。至元二十五年（1288）七月，元朝命"斡端戍兵三百一十人屯田。"③ 阇鄽，元代又称车尔臣，在今且末城南，是丝绸之路南道上的军事重镇。至元二十四年（1287）七月，"立阇鄽屯田。"④ 同年十二月，又"发河西、甘肃等处富民千人往阇鄽地，与汉军、新附军杂居耕植。"⑤ 由此可见，阇鄽屯田是军民混合屯垦的形式。考古工作者先后在若羌地区出土了几件元代文书，反映了元代在此地戍军和农垦的情况。1975 年在瓦石峡遗址出土的一件文书中有"管军副元帅"字样，另一件文书记载了军士逃亡的情况⑥。这两件文书与史籍中元朝在阇鄽设立驿站，实行军站户制度相符合。1986 年考古工作者又在且末县塔提让乡的苏伯斯坎古遗址发现了一批元代文书，内容有书信、呈状、驴账等。其中一件文书记载："粮食须要具各翼佥粮军人五名"。这份文书的背面记载有至元廿一年，这在阇鄽屯田之前。书名在此之前，驻军可以向当地居民购买粮食。在一份信札中还提到："借与你都不来取，伯祥回言有□便与曹木匠一同赶去吉人庵，□曹木匠将用短布袋糜子约三升，用短布袋□斤约三升付伯……"。另一件文书也提到"……压糜子壹硕接济教员……"⑦。这大致可以反映出元代阇鄽农业经济的状况，生产有糜子等农作物。至于上述两地屯垦废弃时间，史

① 《元史》卷四一《顺宗纪四》。
② 《元史》卷九七《兵志二》。
③ 《元史》卷一五《世祖纪十二》
④ 《元史》卷一四《世祖纪十一》。
⑤ 《元史》卷一四《世祖纪十一》。
⑥ 张平：《新疆若羌出土两件元代文书》，《文物》1987 年第 5 期。
⑦ 何德修：《新疆且末县出土元代文书初探》，《文物》1994 年第 10 期。

书没有记载，不过《元史》卷二六《仁宗纪三》记载：延祐六年（1319）三月"斡端地有叛者入寇，遣镇西武靖王搠思班率兵讨之。"元朝反击入侵斡端的叛军，似乎可以说明元朝还有效控制该区，当地驻军的屯垦也不会荒弃。

至元十八年（1281）七月，忽必烈命"刘恩所将屯肃州汉兵千人，入别失八里（今吉木萨尔附近）"①。次年，怀远大将军李进亦受命"屯田西域别石八里"②。为保障屯垦的顺利进行，同年元朝"设立冶场于别失八里，鼓铸农器"③，以供垦田之需。至元二十三年（1286），海都叛军攻占别失八里及火州、哈密力等地，元廷在新疆的屯田一度中断。之后，元军收复以上地区，屯田得以继续进行。翌年十月元朝派遣侍卫新附兵千人，同年十一月另遣"蒙古千户曲出等，总新附军四百人，屯田别失八里"。④ 当地屯田的规模不断扩大。大德二年（1298），在几经反复争夺后，都哇等反叛势力再次攻占别失八里及其附近一带，元朝在此区的屯垦彻底废弃。除别失八里一地的军屯外，元朝还在亦里黑（今伊宁市）地区有过小规模的屯田。至元二十三年（1286）十月"徙戍甘州新附军千人屯田中兴，千人屯田亦里黑"⑤。赵予征先生考证后认为，该处屯垦不是至元二十三年而是至元六年，为元朝在西域最早的屯垦基地⑥。

除上述汉军在西域的屯垦，北疆还有回回人军事屯垦。滕竭儿（今阜康县附近）是北疆地区回回屯田的主要地区，屯田人员即被编入探马赤军的回回人。至元二十七年（1290），元朝曾下令"给滕竭儿回回屯田三千户牛、种"⑦。由于战火频仍，滕竭儿的回回屯田最终也难逃失

---

① 《元史》卷一一《世祖纪》。
② 《元史》卷一五四《李进传》。
③ 《元史》卷一二《世祖本纪》。
④ 《元史》卷一四《世祖本纪》。
⑤ 《元史》卷一四《世祖本纪》。
⑥ 赵予征：《丝绸之路屯垦研究》，新疆人民出版社 2010 年版，第 144 页。
⑦ 《元史》卷一六《世祖本纪》。

败的命运。

虽然元代北疆的军事屯垦持续时间不长，但基本保持了唐以来的发展势头。此后，在蒙古人统治下的北疆地区的经济又恢复到游牧状态，《明史·西域传》记载，别失八里地区是"其国无城郭宫室，随水草畜牧"。农业发展进程再次遭到重大挫折。总体观之，这一时期北疆农业主要分布在伊犁河谷和天山北麓的东、西两段。

2. 吐鲁番哈密地区

14世纪中叶，东察合台汗国建立，并先后占领了整个南疆地区。东察合台汗国境内的农业在前期发展的基础上得以持续。主要体现在统治该地的蒙古人也开始学会农耕，定居下来。吐鲁番、哈密地区是以往回鹘统治地区，当地农业较为发达，到此时吐鲁番依然是"城近而广人烟，广有屋舍"，一派生气盎然景象！虽然该地"天气多暖少寒，希鲜有雨雪"，但"土宜麻、麦，水稻不生，有桃、杏、枣、李，多葡萄，畜羊马"①。由于该地气候异常干旱，地表径流蒸发量大，在特别干旱的时节只好从深井中汲水灌田。《拉失德史》载："吐鲁番异常缺水，歪思汗便亲自灌溉土地。他不从河里汲水，而是掘一口深井，从井中汲水灌田"，"我们时常看到歪思汗在大热天让奴隶们帮着用水壶从井里汲水，然后亲自倒到田地上"②。长春真人丘处机在阿里马城时也见到蒙古人这种汲水灌田的特殊灌溉方式。当时"农者亦掘渠灌田，土人惟以瓶取水，戴而归。及见中原汲器，喜曰：'桃花石诸事皆巧。'桃花石谓汉人也。"③ 吐鲁番地区的蒙古人虽学会农耕种田，但是尚未学会决渠引水灌溉的先进方式，依然采用深井汲水灌田。不过，这种方式或许为后来坎儿井的出现提供了某些技术准备。

鲁陈城，汉之柳中城，城方二三里，山谷中有泉水涌出，为绿洲提

① （明）陈诚著，周连宽校注：《西域番国志》，中华书局2000年版，第106页。
② 米尔咱·马黑麻·海答儿：《拉失德史》（第一编），新疆社会科学院民族研究所译，新疆人民出版社1983年版，第249页。
③ （元）李志常：《长春真人西游记》，中华书局1985年版，第12页。

供了宝贵的水源。陈诚记载该城："四周多田园，流水环绕，树林阴翳"。当地生产穄、麦、麻、豆等粮食作物，广植葡萄、桃、杏、花红、胡桃、小枣、甜瓜、葫芦等瓜果蔬菜。特别是当地生产的锁子葡萄以"甘甜而无核"闻名遐迩。此外，当地生产种植棉花的历史悠久，织成的棉布以"纰薄"而闻名。当地人"善酿葡萄酒，畜牛羊马驼。"①

鲁陈城东的哈密城位于平川之中，城方三四里，仅东、北二门就有数百户人民。城东的溪水流向西南，为城市百姓提供了水源，在溪旁有二三处果林，其中有楸、杏等果木。该地农民通过施用粪肥来增进地力，种植穄、麦、豌豆、大麦、小麦等作物。② 该地的回回、畏兀儿、哈剌灰人等"皆务耕织，不尚战斗。"在各族人民的辛勤劳动下，区域遂称"殷富"③。

3. 塔里木盆地绿洲

塔里木盆地南缘的喀什、叶尔羌及于阗等绿洲地区亦一片繁荣景象，凡是河流所经之处，皆经营农业，五谷繁庶。河水是该区绿洲存在的最关键因素。于阗绿洲在两条大河之间，农耕地带宽度很窄。依赖于哈喇塔斯浑河的水源，喀什绿洲耕地得以灌溉。同样，英吉沙尔绿洲则依赖于苦先河。得益于叶尔羌河，叶尔羌绿洲广大，人口众多，且城池高大。从喀什到英吉沙尔之间除了驿站外，村落较少；但从叶尔羌到于阗之间，则是人烟稠密的城镇和村落。④

虽然元朝在南疆的屯垦时间不过五六十年，但还是有助于保障驻军的粮食需求，促进当地农业生产的恢复和发展。马可·波罗经过南疆时看到鸭儿看（叶尔羌）"居民百物丰饶"，忽炭（和田）"境内有环以墙垣之城村不少……百物丰饶，产棉甚富，居民植有葡萄园及林园。"

---

① （明）陈诚：《西域番国志》，中华书局 2000 年版，第 111 页。
② （明）陈诚：《西域番国志》，中华书局 2000 年版，第 112 页。
③ （明）许进：《平番始末》卷上，上海古籍出版社 1996 年版。
④ 米尔咱·马黑麻·海答儿：《拉失德史》（第二编），新疆社会科学院民族研究所译，新疆人民出版社 1983 年版，第 206—210 页。

哈密"境内有环以墙垣之城村不少……土产果实不少,居民恃以为生"。① 哈石哈(今喀什)"城邑民居,田园巷陌",盛产"桑、麻、禾、粟",② 生产的水果产量丰富,以梨为最好。从喀什到于阗沿途有人烟稠密的城镇和乡村,③ 于阗是南疆重镇,由于元末战争纷扰,人口减少,劫后余生的百姓纷纷逃亡山中,至永乐年间,方得安息,"渐行贾诸蕃,复致富庶。桑麻黍禾,宛然中土"④。

总体而言,此期新疆诸多少数民族进入农业区后多能适应新环境,逐渐摈弃旧有游牧生活而转为以农耕为主之生活,这是可喜的方面。但元末战争的影响使得农业遭到一定程度的打击,直到明永乐年间才得以恢复。我们从陈诚的记载中可见一斑。经过有明一代的恢复和发展。到明末新疆农业已有较大起色。无论是哈密、和阗还是喀什均呈现出繁荣的景象。

第二节　五代宋元明时期的畜牧业

一、五代宋辽时期的畜牧业

五代辽宋时期,南疆社会发生一系列变化,各绿洲城邦和诸游牧民族经过重新的交融、整合,到九世纪中后叶逐渐形成了高昌回鹘王国、于阗王朝和喀喇汗王朝三个地方政权。公元 12 世纪时,西辽政权攻灭或臣服西域诸国成为西域霸主。

---

① [意] 马可波罗:《马可波罗行记》,冯承钧译,上海书店出版社 2001 年版,第 90、92、119 页。

② (明) 陈诚:《西域番国志》,中华书局 2000 年版,第 102—103 页。

③ 米尔咱·马黑麻·海答儿:《拉失德史》(第二编),新疆社会科学院民族研究所译,新疆人民出版社 1983 年版,第 210 页。

④ 《明史》卷三三二《西域传四》。

1. 回鹘统治下的高昌、哈密、龟兹地区

回鹘原是一个以游牧为主的民族,进入高昌地区后,虽然部分民众转为农耕,但仍有许多部众依然从事畜牧。北宋时,王延德出使高昌见到伊州(哈密):"有羊尾重者三斤,小者一斤,肉如熊白而甚美"。高昌的回鹘"贵人食马,余食羊及凫雁"。天山北麓的北庭地区:"地多马,王及王后、太子各养马,牧放于平川中,弥亘百余里,以毛色分别为群,莫知其数"。①

关于回鹘畜牧业的资料较少,从目前所能搜集到的资料来看,该地的畜牧品种主要是马、牛、羊、骆驼、毛驴等,马在《吐鲁番回鹘文社会经济文书》中有多处提及,主要被用于载运物品、宰杀食用等。如:"猪年三月二十一日,请把玛斯玛达尔的一匹驮重载的马给塔雅克来的旅客"②,"六匹载运货物的马"③等。如上文所述,高昌回鹘的贵人才能食用马肉,一份文书就记载了"一匹要宰杀的马"④。此外,该区的马匹还需缴纳税收,例如,一份《马税征收单》文书记载了不同的八个人的马匹,每人的马均缴纳了五钱⑤。牛的记载比较少,但还是记录下了牡牛、牝牛和小牛等⑥。羊是牧民养殖的主要畜类,也是普通老百姓所食用的主要肉源和奶源。正如上文说的"贵人食马,余食羊及凫雁"。羊多采用放养的方式,其主要品种有山羊和绵羊,如一份文书记载:"虎年八月二十五日,突尔赤·阿里甫·塔什的羊(群里有)两只奶绵羊,两只奶山羊、一只公山羊、一只公绵羊、五只羊羔在其牧场死掉了"⑦。一份《婚丧费用记录》的文书中记载了花费的物品例就有五

① 王延德:《西州使程记》,见杨建新:《古西行记选注》,宁夏人民出版社 1987 年版,第 159—156 页。

② 李经纬:《吐鲁番回鹘文社会经济文书研究》,新疆人民出版社 1996 年版,第 190 页。

③ 李经纬:《吐鲁番回鹘文社会经济文书研究》,新疆人民出版社 1996 年版,第 202 页。

④ 李经纬:《吐鲁番回鹘文社会经济文书研究》,新疆人民出版社 1996 年版,第 193 页。

⑤ 李经纬:《吐鲁番回鹘文社会经济文书研究》,新疆人民出版社 1996 年版,第 186 页。

⑥ 李经纬:《吐鲁番回鹘文社会经济文书研究》,新疆人民出版社 1996 年版,第 442 页。

⑦ 李经纬:《吐鲁番回鹘文社会经济文书研究》,新疆人民出版社 1996 年版,第 256 页。

只羊①。骆驼在回鹘高昌时期除了运输物品外，还被用来耕地，《新五代史·四夷附录》记载高昌回鹘时云："以橐驼耕而种"。毛驴主要被用来驮运物品，如果租用毛驴不仅要付给主人租金还要每日喂养两次。如若驮运的是碑石，则需要每日喂养五次②。回鹘王国的畜牧业比较兴盛，北宋真宗景德元年（1004）六月，西州（高昌）回鹘向宋朝进献了良玉名马③。耶律大石率部西进经过高昌回鹘王国时，回鹘可汗曾赠给耶律大石马 600 匹，骆驼 100 峰，羊 3000 头。

高昌回鹘的村社要向村民收缴牛羊等牲畜等实物，上缴村社的牛羊需要有人牧养，从回鹘文书记载看，当时实行的是轮放制度。一份《给巴西·喀雅的派工单》就记载："虎年五月初十，将轮到巴西·喀雅放养秋天缴的牛、羊（及）村社的畜群"④ 明确记载了该区的蓄养牲畜方式是放养。联系到上文所提到的羊死于牧场的记载，我们可知高昌地区还是有牧场的。此外，该地也可能存在厩养的方式。

龟兹地区在此时也是属于回鹘统治。北宋时，该地区也多次向宋王朝上贡物品，其中，宋真宗咸平四年（1001）二月大回鹘龟兹国安西州大都督府单于军剋韩王禄胜遣使曹万通封表贡玉勒名马、独峰无峰橐驼、宝刀、宾铁剑甲、琉璃器等。大中祥符三年（1010）闰二月，龟兹王又遣使李延胜副使安福等贡乳香 249 斤，花蕊布 2 疋，硇砂 371 斤，独峰橐驼 1 峰，大尾白羊 15 头；李延胜贡马 15 匹，玉鞍勒金玉 212 斤⑤。大中祥符六年（1013）十一月，龟兹又遣使上贡，其中包括橐驼和名马。天禧元年（1017）四月，龟兹遣使贡马；六月，又遣使贡马。天禧四年（1021）十二月，龟兹遣使上贡大尾白羊。仁宗天圣

① 李经纬：《吐鲁番回鹘文社会经济文书研究》，新疆人民出版社 1996 年版，第 269—275 页。
② 李经纬：《吐鲁番回鹘文社会经济文书研究》，新疆人民出版社 1996 年版，第 168—169 页。
③ （清）徐松：《宋会要辑稿》，中华书局 1957 年版，第 7719 页。
④ 李经纬：《吐鲁番回鹘文社会经济文书研究》，新疆人民出版社 1996 年版，第 231 页。
⑤ （清）徐松：《宋会要辑稿》，中华书局 1957 年版，第 7720 页。

二年（1024）四月，龟兹遣使上贡橐驼、马、玉、乳香等①。龟兹以区域特产的名义，多次向北宋上贡橐驼、马和大尾白羊，也说明橐驼、马和大尾白羊分别是区域畜类的主要物种之一。

2. 于阗地区

于阗在吐蕃势力退出南疆后得以复国。由于该时期的畜牧业资料较少，目前只能简略论述之。《宋史》卷二《太祖纪》中记载："乾德三年（965）十二月戊午，甘州回鹘可汗、于阗王等遣使来朝，进马千匹、橐驼五百头、玉五百围、琥珀五百斤"。这些贡品虽然不能具体确定马皆是由于阗上贡的，但于阗是产良马的，所以可能上贡了马匹。此后，于阗国也上贡过马匹和独峰驼。"天圣三年（1025）十二月，遣使罗面于多、副使金三、监使安多、都监赵多来朝，贡玉鞍辔、白玉带、胡锦、独峰橐驼、乳香、硇砂。……熙宁以来，远不逾一二岁，近则岁再至。所贡珠玉、珊瑚、翡翠、象牙、乳香、木香、琥珀、花蕊布、硇砂、龙盐、西锦、玉秋辔、马、腽肭脐、金星石、水银、安息鸡舌香"。从中可见，于阗上贡物品中有独峰橐驼和马。此后，于阗多次向北宋贡马。嘉祐八年（1063）十一月，"（于阗使者）罗撒温等以献物赐直少不受，及请所献独峰橐驼。诏以远人特别赐钱五千贯，以橐驼还之，而与其已赐之直。其后数以方物来献。"② 于阗使者向北宋进贡独峰橐驼，却以北宋回赐少而索回所献之独峰驼。《宋会要辑稿》载：（元丰八年）"十一月十二日因进马赐钱百有二十万。十二月六日特赐进奉人钱百万"。③ 楚生认为赐钱当为一百二十万文，④ 殷晴认为，按照北宋购买于阗中等马每匹三十千文推算，此次于阗贡马为四十匹，⑤ 也是于阗贡马

---

① （清）徐松：《宋会要辑稿》，中华书局 1957 年版，第 7721 页。

② 《宋史》卷四九〇《外国传六·于阗》。

③ （清）徐松：《宋会要辑稿》，中华书局 1957 年版，第 7722 页。

④ 楚生：《谈宋元奉八年的于阗贡马》，《新疆社会科学》1984 年第 1 期。

⑤ 殷晴：《丝绸之路与西域经济——十二世纪前新疆开发史稿》，中华书局 2007 年版，第 413 页。

较多的一次。

于阗所贡的良马还成为宋代画家笔下的题材。北宋宣和年间（1119—1125）编纂的《宣和画谱》卷七《人物三》曾云："麒骥院御马，如西域于阗所贡好头赤、锦膊骢之类，写貌甚多"。[1] 北宋著名画家李公麟曾惟妙惟肖将西域所贡的良驹神骏凤头骢、锦膊骢以及好头赤、照夜白、满川花等五匹御马画出来。《云烟过眼录》卷上云："李伯时《五马图》，并列其名于后。云：一匹，元祐元年十二月十六日，左麒麟院收于阗国进到凤头骢，八岁，五尺四寸。一匹，元祐元年四月初三日，左麒麟院收董毡进到锦膊骢，八岁，四尺六寸。一匹，元祐二年十二月廿三日，于左天驷监拣中秦马好头赤，九岁，四尺三寸。一匹，元祐三年正月上元（日，于阗）进满川花。一匹，元祐三年闰月十九日，温溪（心）进照夜白。"[2] 文中括号内文字为林梅村先生考证补入的。[3] 上面五匹名马有两匹来自于阗，分别是八岁五尺四寸的凤头骢和满川花。下面分别是凤头骢和满川花。

图4－1 北宋时期于阗向宋廷进贡的马匹

资料来源：两图均引自林梅村：《于阗花马考——兼论北宋与于阗之间的绢马贸易》，《西域研究》2008年第2期。

此后，于阗还多次向北宋上贡马匹，史载：元祐四年（1089）"八

---

① 潘运告主编：《宣和画谱》，湖南美术出版社1999年版，第156页。
② 黄宾虹等编：《美术丛书》第1册，江苏古籍出版社1997年版，第727页。
③ 林梅村：《于阗花马考——兼论北宋与于阗之间的绢马贸易》，《西域研究》2008年第2期。

月八日诏：李养星（阿）点魏奇等进贡御马以（已）回赐"。① 于阗向北宋上贡马匹和独峰橐驼，说明了该地的畜牧业较为繁盛（良马与独峰驼是于阗畜牧业生产中的名产，依托于阗繁盛发达的畜牧业而得以持续）。

二、喀喇汗及西辽王朝统治下的新疆畜牧业

9 世纪中后期兴起的喀喇汗王朝先是在河中地区活动，后逐渐向东发展，征服了于阗，成为西域强国。随着喀喇汗国的分裂，南疆大部属于东喀喇汗国所辖。辽朝末年，耶律大石率部进入西域，建立西辽王国。先后臣服了高昌回鹘政权和东喀喇汗王朝，成为统一西域的又一重要政权。

畜牧业对喀喇汗人的影响是巨大的，正如十一世纪著名维吾尔族诗人玉素甫·哈斯·哈吉甫在其名作《福乐智慧》中所阐述得那样："除此之外，还有牧民，他们是牲畜的主人。他们是心地诚实的人，肩上担负着重任。吃穿、骑乘和战马，还有驮畜全靠他们供给。还有马奶酒、毛、油和酸奶疙瘩，还有使你住房舒适的地毯和毛毡"。② 关于喀喇汗王朝和西辽王国畜牧业的情况，史籍记载极少，只能从一些零星的资料中勾勒出大致脉络。11 世纪新疆喀喇汗王朝维吾尔学者马哈茂德·喀什噶里编写的《突厥语大词典》（简称《词典》），通过丰富的语言材料，广泛地介绍了喀喇汗王朝时代维吾尔和突厥语系各民族政治、经济、历史、地理、文化、宗教、哲学、伦理方面的知识和风土人情。当时的喀喇汗王朝对畜牧业还是比较重视的，《突厥语大词典》的一首民歌对此有形象的表述："谁的牲畜增多，谁就适宜治理国家。伯克失去牲畜，就会陷入失去民众的痛苦境地。"由此可见，当地的畜牧业仍是

---

① （清）徐松：《宋会要辑稿》，中华书局 1957 年版，第 7722 页。

② 玉素甫·哈斯·哈吉甫：《福乐智慧》，耿世民等译，新疆人民出版社 1979 年版，第 201 页。

较为重要的经济部门。从《词典》记载看，牧畜中有马、牛、羊、骆驼、骡子、驴、牦牛等，其中马、羊、牛在整个牧畜结构中占有重要地位。马是喀喇汗王朝居民重要的生产、生活工具。马蓄养的好坏直接关系到国家和人民的利益。因而，时人对养马十分重视，喀喇汗人对马的疾病及其治疗方法已有了相当深入的了解和认识。词典中对马生疾病多有记载，如"马胸前出现的一种伤口"、"马胸上长的疖子，其中流出黄水和脓后，将烙铁烧红，烫其患处即愈"、"从地上挖出的治马腹疼的根"等等。《词典》中也多羊和牛的记载，如羊有绵羊、山羊、羊羔、母羊、花羊、棕色羊、两岁羊等，牛有奶牛、耕牛、犍牛、公牛、牛犊、一岁的牛犊等，[①] 均透露着畜牧业养殖的信息。其中兽医业的发展是伴随和适应畜牧业的发展需要而产生的，是畜牧业发展的重要信息。

西辽的建立者是契丹族。契丹也是游牧民族，"逐寒暑，随水草畜牧"。[②] 契丹势力进入西域后，逐渐征服了河中地区、高昌和东喀喇汗王朝，并建立了西辽政权。由于上述地区的畜牧业在喀喇汗王朝时期发展较好，加之契丹本身也是游牧民族，所以在西辽统治时期南疆的畜牧业也没有受到影响。如记载说"畏兀儿各部和各族，每逢传来马嘶声、犬吠声、牛鸣声、骆驼吼叫声、野兽咆哮声、羊群的咩咩声、鸟雀的喊喳声、婴儿呜咽声，都从中听见一种'喝起！喝起！'的呼喊"。[③] 可见，该区畜牧业发展应是较好。

总之，五代、辽、宋、金时期，由于此期区域的统治者多是游牧民族，即以畜牧为生的民族，都很重视畜牧业生产，这就为区域畜牧业发展创造了良好的外部条件。这一时期畜牧品种多，兽医业发展，畜牧防病治病的措施多，均说明区域畜牧业发展良好。

---

① 邓浩：《从〈突厥语大辞典〉看回鹘的畜牧文化》，《敦煌研究》1995 年第 1 期。
② 《隋书》卷八四《北狄传》。
③ ［波斯］志费尼：《世界征服者史》上册，何高济译，内蒙古人民出版社 1980 年版，第 67 页。

天山以北地区经回鹘经营后，当地畜牧业的发展也颇见起色。北宋王延德出使西域，经过北庭故地，受到回鹘王的热情款待，"烹羊马以具膳，尤丰洁"。王延德一行人还实地参观与了解了回鹘养马业的状况，"地多马，王及王后、太子各养马，放牧平川中，弥亘百余里，以毛色分别为群，莫知其数"。"善马值绢一匹，其驽马充食，才值一丈，贫者皆食肉。"① 可见，当地养马业比较兴盛。这些生活场景还体现在当地的壁画中。西大寺（今吉木萨尔县境）的 S105 殿西壁绘有一幅《王子出巡图》，图中绘画出王子"交脚坐于华丽的骑鞍上……其坐骑有异于马……后有五位骑士，全身铠胄，各骑红、白、褐、棕等颜色的高头骏马。"殿西绘有攻战图，长 4 米，宽 2.5 米，人马众多，浩浩荡荡，主要人物与普通骑士，大小悬殊，色彩鲜艳，尤其是马的形象，非常逼真。②

耶律大石借回鹘道西迁，回鹘王毕勒哥"献马六百，驼百，羊三千"以示归顺。耶律大石继续西行，降服数国，"获驼、马、牛、羊、财物，不可胜计。"③ 可见，当时天山北麓经济不仅有灌溉农业，还有发达的畜牧业。阿里马城"其地出帛，目曰秃鹿麻，盖俗所谓种羊毛织成者。时得七束，为御寒衣。其毛类中国柳花，鲜洁细软，可为线，为绳，为帛，为绵。"④ 其毛织品工艺的发展也从另一侧面反映了当时北疆地区畜牧业生产的发达。

三、元明时期的畜牧业

伴随着成吉思汗大军的西进，西辽政权瓦解，天山南北归为蒙古人统治。南疆地区先后为察合台汗国、东察合台汗国以及叶尔羌汗国、畏兀儿亦都护政权等诸多政权管辖。这一时期南疆的畜牧业资料非常稀

---

① （北宋）王延德：《西州使程记》，见杨建新：《古西行记选注》，宁夏人民出版社 1987 年版，第 159—161 页。

② 薛宗正：《北庭春秋——古代遗址与历史文化》，新疆人民出版社 2006 年版，第 531 页。

③ 《辽史》卷三〇《天祚皇帝本纪》。

④ （元）李志常：《长春真人西游记》，中华书局 1985 年版，第 11—12 页。

少，下面仅从有限的资料来分析。1986 年 9 月考古人员在南疆车尔臣河附近的且末县塔提让乡的苏伯父斯坎古遗址发现一批元代文书，其中的两份《驴帐》记载了当时该地对民户养驴的统计。其中一份文书为小楷字体，已残，内容是：

> "冯道驴一头□，牌子头张禄下驴一□，本名驴一□，张能驴一□，齐秀驴□，刘□……"。另一份文书内容为："……高□驴一头，刘得秀驴一头，□头，□驴一头，□驴一头，杨爱驴一头，□一头，王义顺驴一头，刘伸驴一头，□驴一头，刘□，丘温驴一头□，□石秀驴一□"。①

这两份残缺不全的文书记载了且末地区养驴的情况，从上面的录文看，一共记载了十五头驴。该区位于塔里木盆地的东南部，气候干旱少雨，自汉以来这里就善养驴马，多骆驼。在历史发展过程中，驴一直是这里的重要牲畜，至元亦然。

在蒙古统治西域时期，塔里木盆地西部诸绿洲地区的畜牧业得到了持续发展。当地贵族及平民所蓄养的马、牛、骆驼及其他大型牲畜，在畜身上作一记号，任其牧于野外，不用人看守。各主的牲畜虽混牧一处，但凭有记号，可以辨识，牧放后各归其主。但小型牲畜则有人牧放守护，羊只身躯较为肥大。②《拉失德史》记载了异密·赛亦德·阿里统治哈实哈尔（今喀什噶尔）地区长达二十四年之久，他"始终关怀农牧，他逝世时，留下三个儿子和两个女儿，他的一个儿子米儿咱·马黑麻·海答儿所分得的遗产是十八万只绵羊。"在异密·赛亦德·阿里

---

① 何德修：《新疆且末县出土元代文书初探》，《文物》1994 年第 10 期。
② ［意］马可波罗：《马可波罗游记》，冯承钧译，上海书店出版社 2001 年版，第 154—155 页。

在位时，他率领狩猎的士兵一次就得到五千只绵羊的供应①。数额如此大的羊群说明了塔里木盆地西部诸绿洲地区畜牧业的繁荣。此外，于阗生产马、骡及独峰驼，特别是该地"多骏"②。明永乐年间，于阗以"神骏"良马进献明廷。永乐十八年（1420），于阗又"偕哈烈、八答黑商诸国贡马，命参政陈诚、中官郭敬等报以彩币。……二十二年贡马及方物。"③

农牧兼营的吐鲁番、哈密地区，其畜牧业也得以持续发展。明朝使臣陈诚见吐鲁番"畜羊、马。"鲁陈城人善"畜牛、羊、马、驼。"④ 桂萼在《吐鲁番夷情》中也记载该地人民"秋冬居城郭，春夏随水草孳牧，或各山川种田，或打围射猎"。⑤ 此外，严从简在《殊域周咨录》中还记载：火州"其产：马、橐驼、胡桃、葡萄、蚕"等特产。⑥ 哈密地区"其产：马、橐驼、玉石、镔铁、穄米（即糜）、豌豆、麦、大尾羊（羊尾大者重三斤，小者一斤，肉如熊，白而甚美）、楸子、胡桐律、阴牙角香、枣。其贡：马、驼、玉、速来蛮、石青、金石、把咱石、铁器、诸禽皮等物。"⑦ 哈密地区多骏马，该地向明王朝进奉的贡品也多以马为主。《明史》对此也多有记载："成祖初，遣官诏谕之，许其以马市易，即遣使来朝，贡马百九十匹。永乐元年十一月至京，帝喜，赐赉有加，命有司给直收其马四千七百四十匹，择良者十匹入内厩，余以给守边骑士。明年六月复贡，请封，乃封为忠顺王，赐金印，复贡马谢恩。……三年二月……因赐其祖母及母彩币，旋遣使贡马谢

---

① 米儿咱·马黑麻·海答儿：《拉失德史》（第一编），新疆社会科学院民族研究所译，新疆人民出版社 1983 年版，第 265 页。

② 《四夷广记》，转引自冯家昇等编：《维吾尔族史料简编》，民族出版社 1958 年版，第 142 页。

③ 《明史》卷三三二《西域传四》。

④ （明）陈诚：《西域番国志》，中华书局 2000 年版，第 106、111 页。

⑤ （明）桂萼：《进哈密事宜疏·吐鲁番夷情》，见《皇明经世文编》卷一八一，中华书局 1962 年版，第 1849 页。

⑥ （明）严从简：《殊域周咨录》卷一五《火州》，中华书局 1993 年版，第 482 页。

⑦ （明）严从简：《殊域周咨录》卷一三《哈密》，中华书局 1993 年版，第 428 页。

恩。……十七年，其使臣及境内回回寻贡马三千五百余匹及貂皮诸物，诏赐钞三万二千锭、绮百、帛一千。二十一年，贡驼三百三十、马千匹。……宣德元年，遣官赐祭，命故王脱脱子卜答失里嗣忠顺王，且以登极肆赦，命其国中亦赦，复贡马谢恩。明年遣弟北斗奴等来朝，贡驼马方物"。① 从记载看，哈密共向明朝上贡了至少 9430 匹马，330 头骆驼。由此可见哈密地区的畜牧业较为发达。

总之，元明时期南疆地区畜牧业的发展，虽然资料有限，我们无法全面复原南疆畜牧业的具体状况，但可以推测，当时区域畜牧业发展基本良好。

当时，北疆地区的畜牧业也应较好。明初，陈诚等人出使西域时对北疆的社会经济有较为详细描述。"别失八里地居沙漠间……不建城郭宫室，居无定向，惟顺天时，逐趁水草，牧羊马以度岁月，故所居随处设帐房，铺毡罽……饮食惟肉酪，间食米面，稀有菜蔬，少酿酒醴，惟饮乳汁。不树桑麻，不务耕织，间种穄、麦，及为毛布。有松、桧、榆、柳、细叶梧桐，广羊马。"② 别失八里向明朝的贡品主要是马匹。《高昌馆课》载："亦力把力地面专差使臣头目拾剌马合木舍等……今进贡骟马三匹西马二匹到京"③。明朝亦予以肯定："敕亦里把里地面火者王头目马哈木等，尔能敬顺天道，尊事朝廷，遣使以阿鲁骨马来进，诚意可嘉。"④ 当时别失八里的势力范围是"东连哈密，西至撒马尔罕，后为帖木儿驸马所夺，今止界于养夷，西北至脱忽麻，北与瓦剌相接，南至于阗阿端"，⑤ 这基本包括今天北疆及塔里木盆地北缘的广大地区。

元末明初，今阿尔泰山和额尔齐斯河流域成为瓦剌的势力范围。瓦剌牧养马、牛、骆驼、绵羊、山羊等牲畜，尤以马、羊为大宗，骆驼和

① 《明史》卷三二九《西域传一》。
② （明）陈诚：《西域番国志》，中华书局 2000 年版，第 102 页。
③ 胡振华等：《高昌馆课》，新疆人民出版社 1981 年版，第 39 页。
④ 胡振华等：《高昌馆课》，新疆人民出版社 1981 年版，第 170 页。
⑤ （明）陈诚：《西域番国志》，中华书局 2000 年版，第 102 页。

牛较少。牲畜是瓦剌部众的主要财富。瓦剌每次向明朝朝贡的马、驼动辄以万计，部落间纠纷也往往是判罚驼百只、马千匹，数量之大，可知其畜牧业已经相当发展。① 此为明初北疆畜牧业经济之大观。

明朝中后期，天山北麓广大地区民族格局变动最大的应是瓦剌势力向南扩展。史载其民众"皆聚牧天山之北，阿尔泰山之南"②。在此过程中，瓦剌各部经过长期发展，融合和吸纳了周边部落成分，最终形成了准噶尔、杜尔伯特（辉特部归附之）、土尔扈特、和硕特四大部，分牧而居，每部自立首领，过着逐水草而居的生活。其中，准噶尔部主要游牧于伊犁河流域，杜尔伯特部游牧于准噶尔盆地北部的额尔济斯河一带，土尔扈特部游牧于塔尔巴哈台一带，和硕特部游牧在乌鲁木齐一带。

明崇祯元年（1628），迫于准噶尔部压力，土尔扈特部首领和鄂尔勒克率领部众及和硕特与杜尔布特的部分民众，共 5 万余帐，约 20 余万人向西迁移，最终辗转至伏尔加河下游游牧。崇祯十年（1637），和硕特部首领图鲁拜琥率其部分部众离开原游牧地，向东南迁移至青海一带，并出兵入藏，占领青藏高原。

崇祯十三年（1640），为缓和蒙古各部的矛盾，巴图尔珲台吉召开蒙古诸部落大会，制定了蒙古——卫拉特法规，暂时缓和了各部间的矛盾，生活在北疆各地的蒙古获得暂时安定。巴图尔珲台吉采取一系列发展生产的举措，促进农业和畜牧业发展。1643 年，曾到塔尔巴哈台和布克赛尔地区参观的俄国使臣就看到当地有农业耕作。巴图尔珲台吉还从其他地方引进品种较好的猪、鸡等，促进家畜和家禽繁殖；注意换进优质种子，栽植黍、小麦、大麦和豌豆等各种庄稼。巴图尔珲台吉也因此获得了"羊倌王子"的称号③。

---

① 准噶尔史略编写组：《准噶尔史略》，人民出版社 1985 年版，第 25、26 页。
② （清）祁韵士：《皇朝藩部要略》卷九《厄鲁特要略》一。
③ 准噶尔史略编写组：《准噶尔史略》，人民出版社 1985 年版，第 63 页。

　　不仅农业有一定发展，传统畜牧业也得到较快发展。《咱雅班第达传》中记载一些部落首领对喇嘛的施舍，可从一个侧面反映当时畜牧业之盛。1643 年，咱雅班第达得到了和硕特部昆都仑乌巴什的赠品，多至 5000 头牲畜。1645 年，咱雅班第达和其他喇嘛为土尔扈特台吉做法事而得到王公们的厚礼，咱雅本人独得 1 万匹马，其他台吉喇嘛各得1000 匹或 500 匹马，普通喇嘛各得马 100 匹、60 匹或 20 匹不等，喇嘛们一共得到 2 万匹马。1647 年，额尔德尼洪台吉赠给咱雅 6000 只绵羊。同年，鄂齐尔图汗准备 1 万匹马作为进藏熬茶开支所用。其母亲的畜群有大小牲口 2 万多头①。

　　关于普通民众拥有畜牧数量，可以从《蒙古卫拉特法典》中有关财产刑和聘礼的规定窥见一斑。《法典》第三十五条规定，下层间的聘礼数量是：驼 2 只、牛 10 头、羊 15 只，嫁妆则是马和骆驼各 1 头，外加若干衣服等。第三十九条规定，婚姻违约者，科以财产刑，系下层者课罚一九及驼 1 只②。

---

① 准噶尔史略编写组：《准噶尔史略》，人民出版社 1985 年版，第 64 页。
② 准噶尔史略编写组：《准噶尔史略》，人民出版社 1985 年版，第 64、65 页。

第五章　清代的飞跃发展

清代是新疆农牧业飞跃发展的时期。在此时期内，新疆的屯垦事业空前发展，兵屯、旗屯、民屯、回屯、遣屯等屯垦形式多样，屯垦地点不仅遍布天山南北，而且横贯天山东西，西起伊犁河畔，东至巴里坤湖沿岸，绿洲中麦田膴膴。在清政府的强有力组织下，天山南北各地水利大兴，坎儿井等水利灌溉事业得到很大发展，各绿洲水渠畅流。由于清政府治理新疆重心在北疆，故北疆的农业开发成效更大，这彻底改变了此前新疆农业"南重北轻"的不均衡状况。清政府还在新疆各地建立一批官营畜牧场，管理严密，蕃孳养多个大型牧群，促进了清代新疆畜牧业发达。虽然清代新疆农牧业发展比之前历史时期更为繁盛，但也有起伏波动，大致可分为清前期准噶尔部的平稳发展、清统一新疆后的飞速发展、同治年间短暂停滞和建省后的恢复发展四个阶段。总体而言，清代新疆农牧业良性发展的时间较长，而受波动干扰的时间较短，特别是经过建省后的大力恢复后，新疆农牧业已恢复至乾嘉时期水平。

第一节　清代的屯垦

清统一新疆后，新疆屯垦再度兴起。施行屯垦是自汉代以来中央王朝治理新疆的重要举措，主要目的是为解决当地驻军的粮食问题。"筹边之策，将使兵食兼足，舍屯政无由"①。在统一新疆前，清军已在哈密等地实施军屯，以满足驻军的日常消耗。平定大小和卓叛乱后，清政府确立在新疆的完全统治，开始在北疆大部和南疆的部分地区实行屯种。"择其地之近泉源傍河渍者，剪莱垡土以布物宜，且割其岁收之数，自给官兵粮糈，储赢余以资增垦。"清政府在新疆的屯垦，"且耕且驻，无俟招集流亡。在兵在民，不必官支农具，史书佽牛括牛之弊，种种俱绝；不惟腹地不资转运，而给馕之羡，陈陈相因，减费更广。"实施屯垦不仅在于"筹军实"、"谨边防"，更在于使"沙碛之区，绝无弃地；泄卤之土，尽变膏腴"，使"荒裔悉成乐土"②。换言之，清代的新疆屯垦已经超越过去仅为补军粮、固边防的军事功能，更在于开发新疆、建设新疆的经济功能。由于清政府的重视，新疆的屯垦事业又在前代的基础上有了长足发展，其规模也远远超过前代。总体而言，清代新疆屯垦大致可分为三个阶段。

一、第一阶段：康熙五十四年（1715）至乾隆二十二年（1757）

在此阶段，清军进入新疆并为统一新疆做积极准备。康熙朝末年，清军已进驻新疆东部哈密、吐鲁番、巴里坤等。为节省消耗，及时补给前线战备，康熙帝决定在上述地区实行屯垦。康熙五十四年（1715），清政府在击退进犯哈密的准噶尔军队后，随即派遣大军进驻巴里坤，并派员调查哈密屯垦的条件。巴里坤位于天山东端的北坡，路通新疆南北，地理位置尤为重要。哈密位于天山东端的南麓，是新疆东部门户与军事重镇。次年，巴里坤的杜勒博尔金、图呼鲁克、哈拉乌苏和哈密的塔勒纳沁及蔡巴什湖屯垦正式开启。屯垦所获之谷物，就近供给军营。

---

① （清）傅恒等：《钦定皇舆西域图志》卷三二《屯政一》，日本早稻田大学馆藏钱恂所有本。

② （清）傅恒等：《钦定皇舆西域图志》卷三二《屯政一》，日本早稻田大学馆藏钱恂所有本。

康熙六十年（1721），清军将屯垦区向西扩展到吐鲁番地区。吐鲁番位于哈密之西，是向西北进入乌鲁木齐、向西南进入焉耆的交通要道，军事地位极其重要。是年，5000清军从巴里坤调驻吐鲁番，并在吐鲁番筑城驻防与屯垦。次年，屯垦即见成效，获粮9300余石。

鉴于战局不稳，三地屯垦时断时续，规模也不大。从雍正元年（1723）到乾隆四年（1739）的十六年间，《清实录》记载吐鲁番地区的收获粮食的年份仅有4次，哈密则有8次。吐鲁番地区的收获粮食主要是麦子和糜子，共计24560石；哈密收获的粮食主要是麦子、糜子和青稞，总计51684石。虽然此时清朝在新疆屯垦的地区较少，规模也不大，且不能持续，但是毕竟开启了清朝在新疆屯垦历程，为后来大规模屯垦积累了经验，奠定了基础。

二、第二阶段：乾隆二十二年（1757）至道光二十七年（1847）

在这个阶段，清政府完成对新疆的统一，屯垦主要因戍守而兴，后又发展为兵屯、户屯、遣屯、回屯和旗屯等多种形式，其范围也遍布天山南北，并以北疆为重。

1. 兵屯

绿营兵屯是新疆屯垦诸多形式中出现最早的。康熙、雍正年间的哈密、巴里坤和吐鲁番屯垦主要是由绿营兵完成。乾隆年间的绿营兵屯是随着军事行动的开展而兴起的。屯垦地点先从哈密和巴里坤开始，逐渐向西扩展。

乾隆二十一年（1756），清政府再次用兵新疆，采取稳扎稳打，步步为营的战术，在进军的同时也开展以兵屯为主要形式的屯垦。是年九月，清军统帅兆惠在进军途中奏请，"前奉旨令于伊犁附近地方，酌量派遣绿旗兵丁屯种。查自巴里坤、至济尔玛台、济木萨、乌鲁木齐、罗克伦、玛纳斯、安济海、晶河等处，俱有地亩可资耕种。伊犁附近地方，约有万人耕种地亩。崆吉斯、珠勒都斯等处可种之地亦多，但须预为筹办，方不误来春耕种之期。……请敕巴里坤办事大臣及甘肃抚臣，派出绿旗兵一百名，委员酌带籽种、农具、耕牛，于明年正月内前来。臣等按地分给耕种，俟试看一年，再行办理。"① 此后，新疆天山南北的兵屯由此拉开大幕。

（1）哈密垦区

早在康熙五十六年（1717），靖逆将军富宁安驻军巴里坤时就奏请在哈密所属的布鲁尔图、古里克接壤地，及巴里坤都尔博勒津哈拉乌苏、西吉木大里图布隆吉附近的上浦、下浦等处募兵兴屯。雍正七年（1729），清政府商议在哈密及塔勒纳沁屯垦。次年，收获麦、青稞6400石，成效很好。雍正十二年（1734）副将军张广泗奏称，哈密蔡巴什湖地方有荒地，由榆树沟水口开渠引水可以灌溉。经过开垦，取得田亩4065亩，其中，种麦1465亩，种豌豆1000亩，种谷1600亩，牛毛湖种豌豆205亩。此外，塔纳沁种地7030亩，其中，麦地6430亩，青稞地500亩，胡麻地100亩。总之，巴里坤地区种地11300亩，收各色粮食7000余石。②

乾隆二十一年（1756），清政府在原来兵屯的基础上，从陕甘黄墩营派遣200名屯兵试垦，二十三年（1758），益以哈密卡伦兵200名试垦，均有成效。乾隆二十四年（1759），哈密正式开屯，设兵为定额。哈密地区兵屯先后设置塔勒纳沁、蔡把什湖和牛毛湖三个屯区。其中，乾隆二十四年，塔勒纳沁有屯兵200名，垦地5670亩；二十五年，垦地增加500亩。二十七年，屯兵减至170名，垦地减少170亩。三十二年，又增加1030亩。至三十三年，该区垦地数为7030亩。该区主要种植小麦、胡麻、菜籽、糜子和青稞等作物。乾隆二十七年（1762）蔡把什湖开设兵屯，额定屯兵100名，是年垦地3000亩，三十三年增至

---

① 《清高宗实录》卷五二〇，乾隆二十一年九月己巳。
② （清）松筠：《钦定新疆识略》卷三《南路舆图·哈密屯务》，文海出版社1965年影印版。

4065 亩，主要种植小麦、谷子和糜子。乾隆三十一年（1766），蔡把什湖管屯把总姚成仁私垦荒地，被查出后，没收入官。次年，牛毛湖照例设立兵屯，额定屯兵 10 名，把总 1 名，垦田 205 亩，主要种植小麦和豌豆。

（2）巴里坤垦区

乾隆二十三（1758），清政府在镇西府属之朴城子（宜禾县属）及奎素二处开设两屯，调派甘州、凉州、西宁、肃州、宁夏、固原和河州七提镇营官兵 1000 名，统以副将、游击、守备诸员经理屯务。二十七年裁撤 600 名，三十一年又增加 100 名，于是 500 名屯垦兵丁为定额。乾隆三十六年十月，清政府将前派官兵撤回，并裁奎素一屯，别派巴尔库勒镇标营游击、千总和把总各员管理。乾隆二十三年，朴城子开垦20900 亩，二十五年增加 100 亩，二十六年增加 1000 亩，二十七年裁7700 亩，三十一年增加 2200 亩，三十二年增加 2200 亩。乾隆四十五年，当地有屯田 18700 亩。当地主要种植小麦、豌豆和青稞。至乾隆末年，巴里坤有屯兵 500 名，有四处屯点，共种地 13092 亩，额给马、牛636 匹只，农具 410 副，岁收小麦、豌豆二色粮约 12000 石。[1]

（3）古城垦区

乾隆三十七年（1772）设立，初设 400 名，从肃州、沙州和巴里坤官兵内调拨而来。三十八年增加 150 名，额定屯兵 550 名，由官屯游击、千总和把总各员管理经营，系古城本营专辖。古城屯兵采取更换制度。乾隆四十二年内地裁撤拨眷兵，清政府撤换沙州和巴里坤兵丁 350名回各自营区，留下肃州千总 1 员和 150 名屯兵名，遂在本营增派眷兵350 名。乾隆五十六年，吉木萨裁撤屯田，即于吉木萨营派千总 1 员，兵 150 名更换肃州官兵回营。吉木萨官兵则岁更换。嘉庆十六年，因古城差多兵少，遂由玛纳斯派兵 80 名，吉木萨派兵 20 名更换古城屯兵

---

① （清）永保：《乌鲁木齐事宜·屯田》，见王希隆：《新疆文献四辑种注考述》，甘肃文化出版社 1995 年版，第 130 页。

100 名回营。①

乾隆三十七年，古城垦区有垦田 8000 亩，次年增加 4100 亩，额定屯田 12100 亩。该区主要种植小麦和豌豆。至乾隆末年，古城有屯兵 500 名，有三处屯点，分别为丰盛、太平和安乐三屯，共种地 11000 亩，额给马、牛 500 匹只，农具 250 副，岁收小麦、豌豆二色粮约 11000 余石。② 至道光元年，古城兵屯依然保持 500 名屯兵，种地 11000 亩。

（4）木垒垦区

该垦区隶属奇台县，乾隆三十一年（1766）设立，初置屯兵 200 名，次年增加 300 名，额定 500 名，于巴尔库勒镇标属管内派拨，由官屯守备、千总和把总各员经理。至乾隆末年，木垒有屯兵 150 名，每名屯兵种地 22 亩，共种地 3300 亩，额给马、牛 150 匹只，农具 75 副，岁收小麦、豌豆二色粮约 3400 余石。③ 此处兵屯数量及屯垦地亩保持至道光元年（1821）未变。④

需要指出的是，木垒垦区存在轮作现象。乾隆三十一年，屯垦木垒，兼东济尔玛台。三十二年，屯奇台，兼西济尔玛台。三十三年，屯奇台兼吉布库。三十四年，屯奇台、木垒兼东格根，略仿古代一易再易之法。至乾隆三十五年后，专于吉布库开垦，而统于古城营游击管理。其木垒、奇台等处屯田、遗地均给民户耕种。该区垦田在乾隆三十一年是 2400 亩，次年增加 7760 亩，总共 10000 亩。该区主要种植小麦和青稞两种作物。吉布库垦区。该区设置于乾隆三十五年，屯兵 150 名，于

---

① （清）松筠：《钦定新疆识略》卷二《北路舆图·古城屯务》，文海出版社 1965 年影印版。

② （清）永保：《乌鲁木齐事宜·屯田》，见王希隆：《新疆文献四辑种注考述》，甘肃文化出版社 1995 年版，第 130 页。

③ （清）永保：《乌鲁木齐事宜·屯田》，见王希隆：《新疆文献四辑种注考述》，甘肃文化出版社 1995 年版，第 130 页。

④ （清）松筠：《钦定新疆识略》卷二《北路舆图·巴里坤屯务》，文海出版社 1965 年影印版。

巴尔库勒镇标属营内派拨，由管屯都司、守备、千总和把总各员管理。当年开垦3000亩，三十八年增加300亩。该垦区主要种植小麦和豌豆。

（5）迪化州垦区

乾隆二十二年（1757）十月，根据侍卫努三等调查和兆惠关于"自木垒至乌鲁木齐、昌吉、辟展等处皆可开垦"的建议，[①] 乾隆帝谕令黄廷桂在绿旗兵内，多选善于耕作之人，发往乌鲁木齐，明春令其试种地亩，量力授田，愈多愈善。[②] 次年，乌鲁木齐的五堡、昌吉、罗克伦三屯驻进800名屯兵。乾隆二十四年，增加至980名。是年，南疆战事告捷，乌鲁木齐兵屯规模迅速扩大。清政府一面加大从内地调拨绿营兵的力度，一面截留凯旋官兵，留驻屯垦。乾隆二十五年，乌木鲁齐地区的屯兵人数激增至4374人。次年，清政府又从辟展调拨屯垦兵丁分赴乌鲁木齐、昌吉、洛克伦等处。屯兵每三名给马2匹，农具1全副，每兵二名给牛1头。屯兵由内地轮班更换。自乾隆二十七年至三十二等年，由内地甘肃、凉州提标各营移来携眷及告留兵丁分拨各营屯田。此后，屯兵人数变动较大。乾隆三十三年至三十五年，达到历史最高的4631人。乾隆三十九年的人数保持在3190人以上，可见乌鲁木齐是当时兵屯的重要地区。

乾隆三十二年，办事大臣温福奏请，每名屯兵拨地20亩，每名每年收粮18石。如有多收，官府给予奖励。乾隆四十年，乌鲁木齐都统索诺木策凌奏请每屯兵百名添设马、牛80匹，以资耕作。乾隆五十年，乌鲁木齐都统常青奏请古城、吉布库二地按照伊犁的标准，每名屯兵收成18石以上，给予奖赏一个月盐菜银。其余各处屯所则以15石为标准，进行奖励。这比原来的乌鲁木齐和巴里坤地区屯兵每年交粮12石的标准有所提高。[③]

---

① （清）松筠：《钦定新疆识略》卷二《北路舆图·乌鲁木齐屯务》，文海出版社1965年影印版。

② 《清高宗实录》卷五四八，乾隆二十二年十月上丙寅。

③ （清）和宁：《三州辑略》卷四《屯田门》，成文出版社1968年影印版。

乌鲁木齐屯兵于乌鲁木齐提标属营内派拨，主要由管屯副将、参将、游击、都司、守备、千总和把总等各员管理经营。乾隆四十年后，乌鲁木齐屯区人数渐少，分为中营、左营和右营三处。其中中营九屯，左营八屯，右营七屯。至乾隆末年，乌鲁木齐地区的左、中、右三营屯兵有 2598 名，每营给牛马 693 匹只，农具 288 副，三营共种地 54558 亩，岁收小麦、豌豆、粟谷色粮 19000 至 20000 余石。① 至道光元年（1821），乌鲁木齐地区绿营提督直辖的中、左、右三营及迪化城守营各有屯兵 500 名，共 2000 名。②

嘉庆四年（1799），乌鲁木齐都统兴奎奏请将提标中、左、右三营每营额设屯兵 886 名酌减，每营营留屯兵 500 名，库尔喀喇乌苏原额设屯兵 240 名，晶河原额设屯兵 120 名，均酌量减少。每营各留一半，令其耕作。其余官兵归营差操，以增加军事训练。此奏议被批准。

嘉庆四年（1799），新疆各处兵屯分布如下。

乌鲁木齐提标统辖屯田中营设参将 1 员，兼管守备 1 员，专管把总 2 员，经治外委 3 员，额外外委 3 员，屯兵 500 名，每 3 名给农具 1 全副，③ 每百名给马、牛 80 匹只，共有农具 166 副 6 分，马、牛 400 匹只。

提标统辖屯田左营设游击 1 员，兼管守备 1 员，专管千总 1 员，把总 3 员，经制外委 1 员，额外外委 3 员，屯兵 500 名，每 3 名给农具 1 全副，每百名给马、牛 80 匹只，共有农具 166 副 6 分，马、牛 400 匹只。

提标统辖屯田右营设都司 1 员，兼管守备 1 员，专管千总 1 员，把

---

① （清）永保：《乌鲁木齐事宜·屯田》，见王希隆：《新疆文献四辑种注考述》，甘肃文化出版社 1995 年版，第 129 页。

② （清）松筠：《钦定新疆识略》卷二《北路舆图·乌鲁木齐屯务》，文海出版社 1965 年影印版。

③ 农具一全副包括犁铧一张、铁锹二把、斧头一把、镢头一把、镰刀二把、锄头一把、马攀脖二副、撇绳一根、铲子二把、缰绳二条、辔头二副、弓弦五根、马绊一副、肚带一根、搭背二副。参见（清）和宁：《三州辑略》卷四《屯田门》，成文出版社 1968 年影印版。

总 1 员，经制外委 3 员，额外外委 3 员，屯兵 500 名，每 3 名给农具 1 全副，每百名给马、牛 80 匹只，共有农具 166 副 6 分，马、牛 400 匹只。

提属统辖屯田库尔喀喇乌苏营设游击 1 员，兼管守备 1 员，专管把总 1 员，屯兵 120 名，每 3 名给农具 1 全副，每百名给马、牛 80 匹只，共有农具 40 副，马、牛 96 匹只。

提属统辖屯田晶河营设都司 1 员，专管把总 1 员，屯兵 60 名，每 3 名给农具 1 全副，每 10 名给马、牛 80 匹，共有农具 40 副，马、牛 96 匹只。

巴里坤政属统辖屯田右营设游击 1 员，专管把总 2 员，经制外委 4 员，屯兵 500 名，每 3 名给农具 1 全副，每百名给马、牛 100 匹，共有农具 166 副 6 分，马、牛 500 匹只。

镇属统辖屯田古城营设游击 1 员，专管把总 2 员，经制外委 3 员，屯兵 500 名，每 3 名给农具 1 全副，每百名给马、牛 80 匹只，共有农具 166 副 6 分，马、牛 400 匹只。

镇属兼管屯田木垒营设守备 1 员，专管把总 1 员，经制外委 1 员，屯兵 150 名，每 3 名给农具 1 全副，每百名给马、牛 80 匹只，共有农具 50 副，马、牛 120 匹只。

吐鲁番统辖屯田设都司 1 员，由陕甘提镇各营调任，兼管守备 1 员，专管千总 4 员，把总 3 员，经制外委 7 员，屯兵 700 名，每 3 名给农具 1 全副，每百名给马、牛 80 匹只，共有农具 233 副，马、牛 560 匹只。

清政府在规定乌鲁木齐、巴里坤及吐鲁番三地兵屯规模的同时，对各地交纳粮石也有明确规定。乌鲁木齐中左营屯兵 700 名，每年纳粮 16064 石，交迪化州仓，其中小麦 11750 石，豌豆 1853 石 7 斗，粟谷 2468 石 8 斗 8 升 8 合。

乌鲁木齐左营、二工、三工屯兵 300 名，每年纳粮 6372 石 4 斗 7 升，交昌吉县仓，其中小麦 3546 石 3 升，豌豆 2685 石 4 斗，粟谷

141 石。

乌鲁木齐右营屯兵 500 名，每年纳粮 12191 石，交呼图壁巡检仓，其中小麦 9176 石，豌豆 1993 石，粟谷 1021 石。

吐鲁番屯兵 700 名，每年纳粮 11084 石，交吐鲁番同知仓，其中小麦 9743 石，粟谷 2010 石。

库尔喀喇乌苏营设管理屯田粮员 1 名，由京城拣派，屯兵 120 名，每年纳粮 2500 石，交粮员仓，其中小麦 1360 石，青稞 1006 石，粟谷 72 石。

晶河营设管理屯田粮员 1 员，由京城拣派，屯兵 60 名，每年纳粮 1257 石，交粮员仓，其中小麦 540 石，粟谷 43 石。

巴里坤营屯兵 500 名，每年纳粮 4850 石，交宜禾县仓，其中小麦 3230 石，豌豆 16010 石。

古城屯兵 500 名，木垒屯兵 150 名，每年纳粮 9657 石，交奇台县仓。其中小麦 7057 石，豌豆 600 石。[①]

从上述规定可知，乌鲁木齐、巴里坤及吐鲁番等地屯兵种植农作物品种主要是小麦、豌豆、粟麦和青稞，其中小麦是最主要的，精河屯兵不种植豌豆，巴里坤和古城屯兵不种植粟米。库尔喀喇乌苏不种植豌豆，但种植青稞。可见，上述地区农作物种植是根据各地气候和地理条件而分别决定的。从粮食交纳取向看，各地屯兵均是向屯地附近行政管理机构仓库交纳。其中，库尔喀喇乌苏和晶河两地规模较小，而特设粮员，并由京城拣派，专管二地的粮食仓储事宜。

---

① （清）和宁：《三州辑略》卷四《屯田门》，成文出版社 1968 年影印版。

表 5.1 乾隆四十二年（1777）乌鲁木齐兵屯表

营名		屯兵数	遣犯数
中营九屯	辑怀城	133	3
	土墩子	133	2
	怀义堡	133	4
	屡丰堡	133	3
	宣仁堡	133	2
	惠徕堡	133	1
	阜康城	88	
	头道湾头工	90	
	头道湾二工	90	
左营八屯	头工	148	3
	二工	148	3
	三工	148	3
	四工	148	2
	甘标头屯	90	
	甘标二屯	90	
	宝昌堡	147	2
	乐全堡	147	1
右营七屯	头工	153	2
	二工	153	3
	三工	153	2
	四工	153	2
	五工	152	1
	六工	152	2
	土古里克	150	

资料来源：王希隆：《新疆文献四辑种注考述》，甘肃文化出版社1995年版，第53—54页。

乾隆二十五年，乌鲁木齐屯区垦地 87174 亩，二十六年增加 163

亩，二十七年裁 40600 亩。二十八年增加 20039 亩，二十九年增加 6132 亩，此后年年均有变动，或增或裁，至乾隆四十年，乌鲁木齐屯区有垦地 65348 亩。该区主要种植小麦、粟、谷子、胡麻和青稞等作物，种植比例大致是每名屯兵种地 21 亩内，小麦 14 亩，青稞 2 亩，粟谷 4 亩，胡麻 1 亩。小麦、青稞每亩用籽种 1 斗，粟谷每亩用籽种 2 升 5 合。[①] 至道光元年（1821），乌鲁木齐兵屯，左、中、右三营各有垦地 10500 亩，总计 31500 亩。[②]

（6）玛纳斯屯区

乾隆二十七年（1762），清政府始设屯兵 180 名。三十二年增加 180 名。此后，数经增加或裁撤，至乾隆三十九年，玛纳斯屯区有屯兵 1400 名。屯兵均从陕西甘肃调拨，由管屯游击、都司、守备、千总和把总各员管理。

玛纳斯屯区分为左营和右营两部。左营有和丰、稼茂、广裕、瑞成、亨有、源兴、松盛等处，每处均设屯兵 100 名。右营有丰盈、恒裕、庆稔、广润、大有、千仓和万储等处，每处均设屯兵 100 名。[③] 乾隆二十七年时，玛纳斯屯垦 1700 亩地，次年新增 1900 亩，此后数年，或增或减，至乾隆三十九年，该区有垦地 28200 百亩。主要种植青稞、小麦、粟谷等作物。此后或有增损，乾隆四十二年左营垦地至 15036 亩，右营垦地至 14700 亩，两营共计 29736 亩。至乾隆五十年（1785），左营垦地减至 12936 亩，右营垦地减至 13020 亩，分别比乾隆四十二年减少 2100 亩和 1680 亩，总计减少 3780 亩。[④]

---

① （清）永保：《乌鲁木齐政略·屯田》，见王希隆：《新疆文献四辑种注考述》，甘肃文化出版社 1995 年版，第 52 页。

② （清）松筠：《钦定新疆识略》卷二《北路舆图·乌鲁木齐屯务》，文海出版社 1965 年影印版。

③ （清）永保：《乌鲁木齐政略·屯田》，见王希隆：《新疆文献四辑种注考述》，甘肃文化出版社 1995 年版，第 54—55 页。

④ （清）松筠：《钦定新疆识略》卷二《北路舆图·乌鲁木齐屯务》，文海出版社 1965 年影印版。

（7）吉木萨垦区

设置于乾隆三十三年（1768）。始设屯兵 1000 人，此后陆续裁撤，至乾隆三十九年，该区共有屯兵 755 名。乾隆四十二年，又增加至 875 名。屯兵均从陕西甘肃调拨，由管屯参将、游击、守备、千总和把总各员管理。吉木萨屯区分为五屯，主要是吉木萨、双岔河、柳树河、三台和特讷格尔等处，主要种植青稞、粟谷和小麦。该区在乾隆三十三年垦田 20000 亩，后有所裁减，至乾隆三十七年有屯田 17560 亩。乾隆三十九年减至 15100 亩，乾隆五十六年（1791）减至 13419 亩。当年清政府撤出该区兵屯，屯兵移驻古城垦区，屯田改为民田。①

（8）库尔喀喇乌苏垦区

始设于乾隆二十七年（1762）。初设屯兵 270 名，乾隆三十年裁撤 90 名，屯兵 180 名为定额，全部由陕西甘肃调拨，隶属管屯都司、守备、千总和把总各员管理。该区屯田初设时为 5400 亩，此后或增或减，至乾隆四十年（1775）为 3636 亩，主要种植小麦、粟谷和青稞等作物。乾隆末年，该区有屯兵 240 名，两处屯垦地分别为头工和二工，共种地 5040 亩，额给牛、马 192 匹只，农具 80 副，岁收三色粮约 4700 石。②至道光元年（1821），库尔喀喇乌苏兵屯种地 2520 亩。③

（9）晶河（精河）垦区

设置于乾隆二十七年（1762）。初设时有屯兵 200 名，此后不断裁撤，至乾隆四十年有屯兵 168 名。屯兵均由陕西甘肃省调拨，隶属管屯都司、千总和把总各员管理。乾隆末年，该区有屯兵 120 名，共种地

---

① （清）松筠：《钦定新疆识略》卷二《北路舆图·乌鲁木齐屯务》，文海出版社 1965 年影印版。

② （清）永保：《乌鲁木齐事宜·屯田》，见王希隆：《新疆文献四辑种注考述》，甘肃文化出版社 1995 年版，第 129 页。

③ （清）松筠：《钦定新疆识略》卷二《北路舆图·库尔喀喇乌苏屯务》，文海出版社 1965 年影印版。

2520 亩，额给牛、马 96 匹只，农具 40 副，岁收三色粮 2300 石。^① 该区初设屯时，有垦田 4050 亩。后或增或减，至乾隆四十年有屯田 3360 亩，主要种植小麦、青稞和粟谷等作物。至道光元年（1821），精河兵屯种地 1260 亩。^②

（10）塔尔巴哈台垦区

始设于乾隆三十年（1765）。是年，清政府从陕西甘肃省内调拨 540 名绿营兵进驻雅尔地区设屯垦殖，每名屯兵给马 1 匹或牛 1 头，垦种 20 亩土地，种植小麦、青稞、黍子。^③ 因为当年收成不好，加之雅尔冬季雪大，难以驻扎，参赞大臣阿桂只得奏请于次年移至雅尔以东二百余里的楚呼楚一带建城屯驻。乾隆三十二年，新城完工，赐名"绥靖"城，又称塔尔巴哈台城，雅尔屯田兵也随迁至此。此后，屯兵或增或减，至乾隆四十年为 850 名，乾隆五十九年（1794），则减为 300 名，隶属管屯副将、都司、千总和把总管理。嘉庆十三年（1808）八月，伊犁将军松筠奏请在塔尔巴哈台增加兵屯，从乌鲁木齐调拨兵丁。次年，清政府从乌鲁木齐调拨绿营兵丁 20 名移驻塔尔巴哈台。道光元年（1821），则有屯兵 500 名。^④ 该区初设屯田 10800 亩，后或增或减，至乾隆四十年，有屯田 17000 亩。

塔尔巴哈台绿营屯田以"工"为单位，每工人数在百人左右。历年屯工个数，因屯兵数量增减而定。据《塔尔巴哈台事宜》载，乾嘉之际，塔城绿营屯田共有五个工，即五处，每工有屯兵 80 人。按照定例，每名屯兵额种地 20 亩，其中种小麦地 12 亩，种糜谷地 8 亩。^⑤ 各

① （清）永保：《乌鲁木齐事宜·屯田》，见王希隆：《新疆文献四辑种注考述》，甘肃文化出版社 1995 年版，第 129 页。
② （清）松筠：《钦定新疆识略》卷二《北路舆图·库尔喀喇乌苏屯务》，文海出版社 1965 年影印版。
③ （清）永保：《塔尔巴哈台事宜》卷四《屯田》，成文出版社 1969 年影印版。
④ （清）松筠：《钦定新疆识略》卷二《北路舆图·塔尔巴哈台屯务》，文海出版社 1965 年影印版。
⑤ （清）永保：《塔尔巴哈台事宜》卷四《屯田》，成文出版社 1969 年影印版。

工都分布在城周边，头工在城西四里、二工在城南二里、三工在城东南八里、四工在城东南十二里、五工在城东三十里，共有官牛 400 头，耕作 8000 亩土地。各工所获粮食全部收入官仓。屯工需要的农具，每年由内地和乌鲁木齐两处调拨。[①]

水利是农业生产最重要的基础设施，特别是在气候相对干燥的新疆地区。塔尔巴哈台境内河流较多，这为该区屯垦提供有利条件。塔尔巴哈台额密尔河发源于塔城东北的鄂尔霍楚尔、茂海克凌等山，汇合诸水而南流，再西流如带，注入额彬格逊淖尔。发源于塔尔巴哈台山的锡伯图、阿布达尔莫多、板厂沟、楚呼楚、乌里雅素图等河流则由北向南注入额密尔河。"所有各屯工引用诸河之水，不惟取应时灌溉之利，收秋时无需于水之际，且又宣泄有方，下游不致肆溢漫流之患。"绿营五处屯工的用水分别是：头工引水于乌里雅苏图之滋泥泉子；二工引水于楚呼楚之水；三工引用板厂沟之水；四工引用乾河边之水；五工引用阿布达尔莫多之水；锡伯图工引用锡伯图河之水[②]。

（11）伊犁屯垦区

设于乾隆二十五年（1760）。乾隆帝"武定功成，农政宜举，特命办事大臣阿桂专理屯田，由阿克苏率满洲、索伦骁骑 500 名，绿营兵 100 名，维吾尔人 300 名越木苏尔达坂罕至伊犁镇守，专事搜捕玛哈沁，招抚溃败之厄鲁特。即以绿营兵筑城，回子乘时兴屯开渠灌溉，是为伊犁屯田之始。"[③] 是年，阿桂又奏调绿营兵 900 名，共计 1000 名，俟到齐后即令全行垦种[④]。次年，金梁带兵入驻，伊犁屯兵实则 800 名，一兵种地 20 亩。[⑤] 翌年，增加 200 名，增至 1000 名。"二十六年至三十

① （清）永保：《塔尔巴哈台事宜》卷四《屯田》，成文出版社 1969 年影印版。
② （清）永保：《塔尔巴哈台事宜》卷四《水利》，成文出版社 1969 年影印版。
③ （清）松筠：《钦定新疆识略》卷六《屯务》，文海出版社 1965 年影印版。
④ （清）松筠：《西陲总统事略》卷七《兵屯》，文海出版社 1965 年影印版。
⑤ （清）格瑝额：《伊江汇览·屯政》，见马大正主编：《清代稀见史料汇辑》，全国图书馆文献缩微复制中心 1990 年版，第 69 页。

四年，陆续由内地增调屯田兵至二千五百名，五年更替，五百名差操，二千名屯种。四十三年将军伊勒图奏准改为携眷，定额三千名，以五百名差操，二千五百名屯种，分为二十五屯，仍视仓储之多寡，随时增减屯种"。[①]"乾隆四十七年（1782），将军伊勒图以积贮粮石过多，恐致霉变奏明于二十五屯内减撤十屯兵一千名操练技艺。乾隆五十四年将军保宁因筹贮仓储奏准增添七屯。"

至乾隆三十八年（1773），伊犁兵屯有西宁屯五处，甘、凉、肃屯各四处，宁夏、安西屯各二处，西安、兴汉、固原、延绥屯各一处，凡25屯。其分布格局是绥定城北之喇嘛寺沟及芦草沟各设1屯，塔尔奇城安设3屯，其迤西之霍尔果斯安设3屯，察罕乌苏安设7屯，城西北至清水河安设2屯，独山子安设1屯，城北至大西沟安设2屯，大东沟、小东沟各安设1屯，惠宁城之南设3屯，每屯兵100名，以千把、外委2员专司其事。若三四屯，仍以都司1员兼理稽察。至十二三屯，派游击1员综理之。其参将1员，则总辖25屯，而隶于总兵。[②]

乾隆二十六年（1761）时，伊犁兵屯16000亩。此后不断增加，至乾隆四十年，伊犁兵屯垦田共50588亩。主要种植大麦、小麦、糜、粟谷和青稞等作物。

表5.2　伊犁兵屯水利分布表

屯田地	引用水源	余水	备注
绥定城屯镇中营屯田	乌哈尔里克山泉及小芦草沟泉水		
喇嘛寺沟遣屯民地、绥定城屯镇中营官屯地亩、城南户民地亩、水泉子一带满营五旗地亩及户民园地、旗下园地	乌哈尔里克山泉水上游	余水入惠远城街渠适用	

---

① （清）松筠：《钦定新疆识略》卷六《屯务》，文海出版社1965年影印版。
② （清）格琫额：《伊江汇览·屯政》，见马大正主编：《清代稀见史料汇辑》，全国图书馆文献缩微复制中心1990年版，第69—70页。

屯田地	引用水源	余水	备注
绥定城中营官屯地	兼引用左营四屯遗水及泉水	灌溉余水流归磨河渠	磨河上游本有山泉由塔尔奇城西北潴渠，环绕城南，折东。
绥定城正红、镶红二旗屯地并本城官兵新垦地亩（是为西地）	泉水		
绥定城西北屯镇左营大芦草沟屯田	果子沟（即塔尔奇沟）泉水龙口分水	余水流归营屯地	
左头屯地亩	果子沟（即塔尔奇沟）泉水龙口分水	余水留归塔尔奇屯	
左营屯地	小西沟水	余水留归塔尔奇屯	
屯镇右营清水河屯田（在左营之西）	大西沟泉水自龙口分水一渠另潴水泉一道	余水流入头道河	
右营屯田地	察罕乌苏沟泉水分水二渠	余水流入三道河	
屯镇塔尔奇营屯田（绥定之西微北）	用左营各屯遗水并引泉水过灌溉		
塔尔奇营稻田	磨河渠水灌溉	余水退入磨河水下游草湖	
塔尔奇营遗屯地（草湖东岸，谓之西地）	草湖水	、	

续表

屯田地	引用水源	余水	备注
屯镇霍尔果斯营屯田	霍尔果斯河水并滚坝沟泉水兼用索伦屯地余水	所有余水统归三道河	
屯镇巴燕岱营屯田（惠宁成东南）	闢里沁沟泉水分为渠水二道，第一道为巴燕岱渠		
惠宁城旗屯、民人园地	闢里沁沟泉水渠水第二道		
惠远城旗屯阿奇乌苏地亩	巴燕岱渠的分支		
惠远城商户地亩并绥定城旗屯	阿里木图沟泉水（闢里沁之西）	余水由七里沟新渠引灌惠宁城之阿奇乌苏旗屯。余水引入八旗稻屯大渠	

资料来源：（清）松筠：《西陲总统事略》卷七《兵屯》。

从乾隆二十一年至乾隆三十七年，清政府在天山北麓自东向西设立诸多兵屯垦区，其中哈密和巴里坤守东、伊犁居西、塔尔巴哈台扼北、乌鲁木齐居中，形成北疆兵屯战略的重大支点。在支点之间，奇台、吉木萨、吉布库、古城、库尔喀喇乌苏、玛纳斯、精河等处连点成线，构成一条农垦绿色丝带。

清政府在哈密及吐鲁番的兵屯时间是比较早的。康熙六十年（1721），清政府始商议在吐鲁番屯田。次年，即遣派巴里坤兵5000名赴吐鲁番筑城垦地。雍正二年（1724），吐鲁番屯垦取得成效，屯粮五千余石。此后，因回民内徙，准部用兵等因，至乾隆二十年平定准噶尔，二十一年瓜州的回民返归吐鲁番，将军兆惠奏请将地亩赏给维吾尔族耕种，得到允许，当年即拨给40000亩耕田，额交税粮4000石，二十七年又奉旨减去1000石，实际缴纳3000石。

乾隆年间，为满足进军南疆的军需，清政府在天山南麓诸多绿洲也开展兵屯。吐鲁番垦区，主要包括辟展、哈喇和卓和托克逊等处。乾隆二十二年（1757），吐鲁番复屯。是年，吐鲁番垦区有田 6550 亩。二十三年，增垦地 11150 亩。乾隆二十四年（1759）清政府平定大小和卓叛乱。陕甘总督杨应琚奏请从凯旋官兵内酌留三千余名，分拨乌鲁木齐、昌吉等处开辟屯田试种。获允后，当年辟展有屯兵 800 名，由陕西甘肃省调派，隶属管屯都司、守备、千总和把总各员管理。设立当年开垦 10700 亩，次年增加 2928 亩，共 13633 亩。屯区主要种植小麦、青稞、豌豆和粟谷等作物。

哈喇和卓，乾隆二十四年（1759）设立，有屯兵 300 名，由陕西甘肃省调派，隶属管屯游击、千总和把总各员管理。当年垦田 4500 亩，次年增加 1500 亩，共 6000 亩，主要种植小麦、青稞和粟谷等作物。

托克逊，乾隆二十四年（1759）设屯，有兵 1000 名，由陕西甘肃省调派，由管屯参将、守备、千总和把总各员管理，当年垦田 11082 亩。次年，增至 14253 亩，主要种植小麦、豌豆和粟谷等作物。

乾隆二十六、二十七两年，经办事大臣奏请给吐鲁番回民为世业，岁纳额租。二十六年，清政府把托克逊、哈喇和卓两处的屯田 18582 亩转交各当地维吾尔族。二十七年，又把辟展、连木沁的兵屯裁撤，其屯田 15650 亩转交给当地维吾尔人耕种。接收屯田的维吾尔人每年额交粮 1560 石。至此，吐鲁番没有屯务。不过，在乾隆四十四年（1779），因为郡王苏赉璊获罪，其私产地亩自辟展至托克逊被没收归官。清政府分其地为七处，开设七屯，令屯田官兵 714 名分种。吐鲁番垦区由领队大臣统领，由内地五年更替总理，或设游击一员，或设都司一员，下设千总、把总等官，托克逊屯兵 100 名，每名每年纳粮 13 石；安展屯兵 250 名，每名每年纳粮 15 石；哈喇和卓屯兵 100 名，每名每年纳粮 13 石；以上共驻兵 450 名，设都司 1 员管理耕作。

阿斯塔纳屯兵 100 名，每名每年纳粮 15 石；和色尔图喇屯兵 50 名，每名每年纳粮 13 石；胜金屯兵 50 名，每名每年纳粮 12 石；辟展屯兵50名，每名每年纳粮12石，共驻兵250名，设守备1员管理耕作。[1] 以上各屯屯兵每名种地21亩，额给牛马560匹只，农具233副，共种地14700亩，额交粮9000石。[2] 乾隆末年，岁收粮增至12300余石。[3] 至嘉庆十一年（1816），乌鲁木齐都统所属的乌鲁木齐、吐鲁番及哈密三地绿营兵屯有11500余名，加上家属，总人口约40000有余。[4]

喀喇沙尔屯区，乾隆二十三年（1758）设立，初设屯兵207名，次年新增277名，后或增或减，至乾隆三十八年（1773），有屯兵362名，均由陕西甘肃省调派，隶属管屯参将、游击、都司、守备、千总和把总各员管理，主要种植粟谷、小麦和青稞等作物。该区初设屯田时，有4145亩。次年新增5535亩，后或增或减，至乾隆三十九年，有屯田7440亩。道光元年（1821），该区有三处屯垦点，头工有屯兵71名，二工有屯兵101名，三工有屯兵130名。头工在城东北六十里处，种地1420亩，由西北引开都河水灌溉。二工在城东七十里，种地2020亩，由正西引开都河水灌溉。三工名为乌沙克塔尔，在城正东二百二十里，种地2600亩，由东北察罕通格山沟内引雪水灌溉。每年各屯工交粮5952石1斗7升。[5]

乌什屯区，乾隆三十一年（1766）设立，初设屯兵1000名，屡经裁撤，至乾隆三十六年，有屯兵400名，由陕西甘肃省调派，隶属管屯副将、都司、守备、千总和把总各员管理。屯区曾有垦田20000亩，后屡经裁减，至乾隆三十六年，减少到8000亩，主要种植小麦、大麦、豌豆和穈子。嘉庆四年（1799），清政府裁撤屯兵归营。道光元年

---

① （清）和宁：《三州辑略》卷四《屯田门》，成文出版社1968年影印版。

② （清）松筠：《钦定新疆识略》卷三《南路舆图·吐鲁番屯务》，文海出版社1965年影印版。

③ （清）永保：《乌鲁木齐事宜·屯田》，见王希隆：《新疆文献四辑种注考述》，甘肃文化出版社1995年版，第130页。

④ （清）和宁：《三州辑略》卷三《户口门》，成文出版社1968年影印版。

⑤ （清）松筠：《钦定新疆识略》卷三《南路舆图·喀拉沙尔屯务》，文海出版社1965年影印版。

（1821），又复垦地 5000 亩。[①]

阿克苏屯区。乾隆二十六年（1761），经办事大臣奏请，以其地当孔道，供支往还使臣及内附藩臣，有酌宜筵宴之处，需用稻米，申请从叶尔羌运籽试种。次年（1762）设屯，有屯兵 15 名，隶驻防官兵，不另派，属管屯游击、把总管辖。屯区位于阿克苏城东南，主要种植水稻，有稻田 150 亩，每年籽种 29 石，收稻谷 502 石 3 斗 5 升。[②] 阿克苏稻田收获水稻盈余时，运交乌什粮员，配给官俸，取足用而止。

兵屯是清政府组织性很强的军事屯垦活动，屯兵是按名拨给份地的。《新疆图志》载："兵屯之制，一夫拨田二十亩"。[③] 但实际情况与此记载不同。清政府对不同地区的兵屯要求也不一致。乾隆二十三年（1758），陕甘总督黄廷桂奏请"每名种地十五亩外，酌加五亩"。[④] 可知，当时哈密和巴里坤地区的屯兵每名原授田为 15 亩，此后增为 20 亩。之后，巴里坤、古城、木垒三处的屯兵和遣犯每名耕田为 22 亩，伊犁、塔尔巴哈台、乌什和哈喇沙尔的屯兵每名耕田均 20 亩。而乌鲁木齐提标中、左、右三营，库尔喀喇乌苏、精河的镇标右营及吐鲁番等处屯兵则是每名耕种 21 亩，遣犯每名耕种 12 亩。[⑤]

此外，清政府在屯兵耕作与畜力配置方面也因管理系统不同而有所差别。新疆绿营兵归属两个不同系统，一个是归提督管理，名提属；一是归总兵管理，名镇属。"提属屯兵每百名额给马牛八十匹只，每年每百匹马准倒三分，牛准倒一分五厘。每兵三名给农具一幅，铁骑销三，木器皮麻等物销五。每遣犯三名额给马牛一匹只，农具一幅。每年马牛

---

① （清）松筠：《钦定新疆识略》卷三《南路舆图·乌什屯务》，文海出版社 1965 年影印版。

② （清）永保：《总统伊犁事宜·南路总说·阿克苏》。松筠：《钦定新疆识略》卷三《南路舆图·阿克苏屯务》，文海出版社 1965 年影印版。

③ 《新疆图志》卷三〇《赋税一》，上海古籍出版社 2015 年版。

④ 《清高宗实录》卷五七二，乾隆二十三年十月甲子。

⑤ （清）永保：《乌鲁木齐事宜·屯田》，见王希隆：《新疆文献四辑种注考述》，甘肃文化出版社 1995 年版，第 129 页。

查明预咨伊犁将军差解补缺。"而"镇属屯兵、遣犯每名额给马牛一匹只。右营马准一分五厘报倒，牛准一分二厘报倒；古城、木垒马牛倒毙分数与提属例同，惟马匹在该处孳生厂内拨给，其牛只在伊犁解到数内分额。田工马牛倒毙微有过额，倒毙之数着落该管官员赔补，仍记过示惩；如马骡驴头倒至四分、牛只倒至二分者，将多倒至数着落补外，仍将该管官严参交部议处。"清政府不仅对兵屯的畜力使用有严格规定，而且对其农具使用和采买也有明确规定。比如，巴里坤属屯田农具在乾隆六十年之前由宜禾、奇台二县采买。乾隆六十年后，经乌鲁木齐都统奏请，其使用的铁器应从乌鲁木齐铁厂内调取，其余物品仍采用采买补额制度。此外，乌鲁木齐铁厂铸造的农具还供用给哈喇沙尔、塔尔巴哈台及吐鲁番屯工之用。

除此之外，屯田管理部门甚至连供给屯营的夹布口袋和扎口绳也有明确规定。如乌鲁木齐提标中营屯额定给夹布口袋1081条，左营给815条，右营给782条，库尔喀喇乌苏给231条，精河给104条，巴里坤镇标右营给夹布毛麻口袋1166条，上述兵屯给的口袋和扎口绳是等额配给的。可是古城、吉布库屯支给夹布毛麻口袋，不给扎口绳，前者给口袋918条，后者则给315条。以上口袋每年以三分核销，在营存备用口袋、口绳内按年动拨，而库尔喀喇乌苏和精河二屯则是在该处文员处领补。①

从《钦定皇舆西域图志》记载可知，乾隆年间，新疆兵屯人数呈现增长态势，并有波动性。总体上看，人数不断增加，乾隆二十三年至二十五年、乾隆三十年至三十五年，两个阶段为快速增长期；其中在乾隆二十五年、乾隆三十五年和乾隆三十九至四十年三个时段为人数较高期，乾隆三十九年人数最多，高达12476人；乾隆二十六年至三十年、乾隆三十七年和乾隆四十二年为三个下降期。如下图所示：

---

① （清）永保：《乌鲁木齐事宜·屯田》，见王希隆：《新疆文献四辑种注考述》，甘肃文化出版社1995年版，第130—131页。

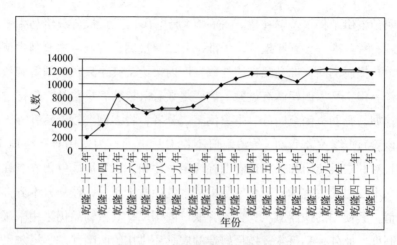

图 5 - 1　乾隆年间兵屯人数图

从下图可知，乾隆年间，新疆兵屯每年耕作地亩数也呈现出总体性增长和年份波动的特征。其中，乾隆二十五年、乾隆三十四年和乾隆三十九年为三个高峰，其中以乾隆三十四年为最高，多达327508亩。两个增长期分别为乾隆二十二年至二十五年、乾隆二十八年至三十五年。另外，在乾隆二十五年至二十七年、乾隆三十六年至三十七年、乾隆四十二年为三个衰减期。如下图所示：

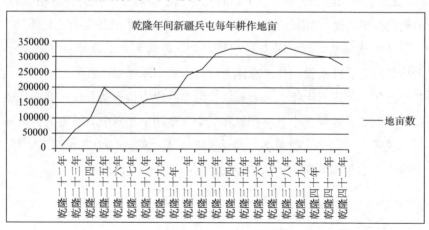

图 5 - 2　乾隆年间新疆兵屯每年耕作地亩图

由下图可见，乾隆年间，新疆兵屯各个垦区每年的收成（按石计算），也是呈现明显的区域差异性和波动性。阿克苏、伊犁两处的收成较好，大致在亩收 10 石以上，特别是阿克苏在乾隆四十二年竟高达 37.2 石，为新疆各兵屯之最，二地总体收成高于其他垦区，显示出优越的农垦条件。其他地区总体在 5—10 石之间波动。如下图所示，就年度波动性而言，乾隆二十五年、乾隆三十年、乾隆三十四年、乾隆四十年为收成较高年份，是为丰年。而乾隆二十七年、乾隆三十一年、乾隆三十九年为收成较低年份，为歉年。

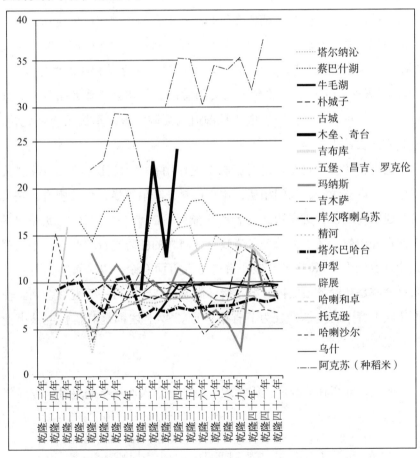

图 5-3　乾隆年间新疆兵屯耕作收获分布图

总体而言，新疆兵屯以乾隆、嘉庆两朝为盛，自道光朝后渐衰。主要原因是兵屯政策的调整，或裁撤兵屯，或转为民屯，遂使兵屯规模比之于前而呈现出缩减趋势。由于屯垦农业的发展，粮食生产供给戍军已多有盈余。多余的粮食在不易存储的情况下则生霉变，造成浪费。于是，清政府遂在乾隆四十七年（1782）开始逐渐裁减兵屯规模，以与粮食供给需求相适应。如伊犁地区的屯兵从 2500 人裁撤到 1500 人，其他人员转入军事训练。[1] 再如乌鲁木齐和巴里坤的屯兵在乾隆中期有 7000 余人，乾隆末年则减至不足 3000 人。这是由屯田的规模由戍军的粮食供给决定的。然自清朝乾隆年间在新疆开始大规模屯垦活动，以高效的组织形式，在较短时期内恢复和发展了新疆的农业生产，改变了清军统一新疆初期的荒凉景象，则是功不可没的。嘉庆初年的和宁认为："我朝自荡平准部以后，轮台、蒲类间悉设府厅州县，鸡犬相闻，烟火相望，于民屯之外，罗布兵屯，是御边省征调之繁，军饷无辗输之苦，诚久安之长策也。"[2]

道光初年伊犁将军松筠对新疆屯垦作用有深刻认识，他指出："大兴屯田，设立学校，闾阎相望，比户可封，阡陌纵横，余粮栖亩，是又自古建堡塞之议，讲安边之论者所不能得一二于千百者矣。"此外，兵屯的良好绩效，还大大减轻了清政府在新疆的驻防与行政开支。松筠就此计算后认为："每岁节省银一百二十九万两有余，以一百零七万八千四百余两是新疆各城之俸、廉经费，尚余银二十一万一千五百余两。使得新疆不特未尝糜饷，且为节省币银也。"[3] 上述都是对新疆屯垦事业的高度肯定。

2. 回屯

回屯，即指在清政府组织管理下由维吾尔人所从事的屯垦。乾隆年

---

[1] （清）松筠：《西陲总统事略》卷七《兵屯》，文海出版社 1965 年影印版。

[2] （清）和宁：《三州辑略》卷四《屯田门》，成文出版社 1968 年影印版。

[3] （清）松筠：《钦定新疆识略》二《北路舆图》，文海出版社 1965 年影印版。

间，清政府在参考历史经验和征求多方意见的基础上，决定从南疆迁移部分维吾尔人至伊犁屯田，以供给伊犁驻军的粮糈。在乾隆皇帝的强力支持下，阿桂和舒赫德等新疆大员积极策划，从乾隆二十五年至三十三年，先后九次组织南疆的维吾尔人迁徙，至乾隆朝末期，移居到伊犁地区的维吾尔人已有六千多户，二万余人，成为伊犁屯田的又一支力量。

康熙十九年（1680），噶尔丹攻灭南疆的叶尔羌汗国，将南疆伊斯兰教白山派首领拘押于伊犁。为解决准噶尔粮食供应问题，策妄阿拉布坦和噶尔丹策零从南疆各地强制迁移4400余户，15000余名维吾尔人到伊犁地区。这些移居伊犁的维吾尔人主要从事农垦，准噶尔人称之为"塔兰奇"，这是准噶尔蒙古语的音译，也译作"塔里雅沁"，意为"种地人"。因为这段历史，所以乾隆帝在规划伊犁屯垦时，就想到仿照准噶尔旧例，但采取自愿的原则，迁移部分维吾尔人至伊犁垦田。乾隆二十三年（1758）四月初，定边将军兆惠奏报平定阿睦尔撒纳之乱，乾隆帝认为势力弱小的大小和卓将会更易平定。看到平叛胜利在即，乾隆帝开始筹划伊犁驻军防卫及屯垦事宜。他谕令军机大臣："明岁驻兵、屯田，最为紧要。"虽然乌鲁木齐等处已进行屯垦，但位于新疆战略核心的伊犁却"尚属闲荒"，应驻扎索伦兵、健锐营兵二三千名及"绿旗屯回兵丁"，[1] 以壮大声威；同时，令将军兆惠入京商议伊犁屯垦事宜。不久，乾隆帝就明确指出，待平定大小和卓叛乱后，应将南疆维吾尔人酌量迁移至伊犁。"伊犁驻兵屯田，关系甚重，亦宜预为筹划。从前伊犁地亩，皆回人耕种。今俟回城平定，即将回人酌量迁移，与绿旗兵杂。"[2]

乾隆二十三年（1758）四月初，陕甘总督黄廷桂奏请伊犁屯垦事宜。乾隆帝谕令："查准噶尔旧例，系回人耕种交租，请俟回部荡平，将叶尔羌等处回人量移耕种，查明回人原纳租粮，足敷屯田兵丁若干人

---

① 《清高宗实录》卷五六〇，乾隆二十三年四月己未。
② 《清高宗实录》卷五六〇，乾隆二十三年四月己巳。

之食；其不足者，以货物交易。"① 由此可见，乾隆帝鉴于准噶尔旧例，将南疆部分维吾尔人移居伊犁进行屯田，以供给伊犁驻军的粮糒。

四月二十七日，黄廷桂再次上奏："伊犁一带地方驻兵屯田，约略驻兵五千名计算，其未经收获以前，酌备十个月口粮，即需驼一万四五千只方能运送。此外，应运之农具、籽种、零星物件，尚未计入。巴里坤以西，山路崎岖，不惟车辆难行，即车路可通，拉车骡马必须料豆饲喂，始可前往，计转运裹带，所费更巨。且伊犁既设兵屯田，而原议之济尔哈朗、安海、玛那斯、乌鲁木齐、特纳格尔、伊尔巴尔、和硕、木垒一路，均应设兵屯田，以联声势，是所设屯守各兵，断不止五千之数。况屯田初设，三五年之内，开渠垦土，修堡盖房，事事皆需人力，其屯种所获未必丰裕足用"。他建议："南路回民地方距离伊犁一带甚近，从前赴肃州贸易时距彼地六七千里，尚且欣然而来。今若在伊犁一带与之贸，迁牲畜米面，回民自必乐从，且伊犁一带彼时原有回民种地，如令自备牛具、籽种，将屯兵所余之地，分拨垦种，减收其租，均与兵食有裨。"②

乾隆二十四年（1759）九月，南疆大小和卓叛乱平定。十月，参赞大臣舒赫德奏请，驻防伊犁应派出满洲和索伦兵共四千名驻防，派绿旗兵四千名修建城堡。关于伊犁屯田，他认为应全面展开，"第一年派回人三千户前往屯田，或马匹，或牛驴，亦购买二三千，预备调用。"乾隆帝认为伊犁驻兵与屯田之事，应由近及远，逐步推进，不可着急。他指令舒赫德："屯田伊始，或派兵五百名防守，回人五百人耕作，计所获之粮，足敷食用，再议开扩。"③

定边将军兆惠和办事大臣阿桂商议从南疆阿克苏、乌什、赛里木、

① 《清高宗实录》卷五六一，乾隆二十三年四月癸未。

② 朱批奏折，档号：04-01-23-0029-007，大学士管陕甘总督事黄廷桂奏为拨解色缎酌奖赴伊犁等处贸易垦种回民事，乾隆二十三年四月二十七日。

③ 《清高宗实录》卷五九九，乾隆二十四年十月癸卯。

拜城、库车和沙雅尔等处"酌派回人二三百户"，将其送往伊犁设屯垦种。[1]

乾隆二十五年（1760）二月，陕甘总督杨应琚奉旨与将军兆惠、办事大臣阿桂再次会商此事。三人商议后，提出第三种方案，即"派兵四五千名，回人一千户"。此外，阿克苏的维吾尔人迁移伊犁的工作已准备就绪，而库尔勒等地所派任务尚未办理。乾隆帝即谕令阿桂：伊犁"驻兵屯田，惟当渐次扩充。今岁且照原议，派兵五百名，回人三百户"，以后应"量为添派，以渐增多。"[2]

乾隆二十五年（1760）二月，三百户维吾尔族民众在清军护送下，从阿克苏起程，翻越天山到达伊犁。清政府将其安置在伊犁河南的努克安屯，是为伊犁回屯之始。不久，阿桂奏请再添七百名以足千名之数。适经舒赫德奏派回子五百名，令其携眷于次年春由阿克苏再赴伊犁种地。此次派遣的五百名维吾尔族农民，"每名携带小麦、大麦籽种各五斗，谷黍籽种共五斗，农具、马匹、牲畜等项俱着本年移来回子之例办理"。[3] 随后，清政府又陆续从乌什、叶尔羌、和阗、哈密、吐鲁番等处迁徙维吾尔族民众至伊犁屯垦。此后，虽然迁移工作陆续进行，但规模渐小。史料中所见最后一次迁移是乾隆三十三年（1768）。是年三月，阿桂奏请："伊犁驻兵众多，需粮甚殷，若多移回人数百名，于屯田甚有裨益"。他得知叶尔羌及和阗"回人精壮，请拣选三百五十户，照前次遣往乌什之例办理，于冬间遣往伊犁。"[4]

伊犁回屯，最初有八处，分别是吉尔格朗、鄂罗斯坦、塔什鄂斯坦、巴尔托辉、哈什、霍诺海、博罗布尔噶素和海努克。乾隆三十八年（1773），将军伊勒图奏准以六千回户分为九屯，耕种纳粮，每户交粮

---

① （清）傅恒等：《平定准噶尔方略》正编卷八三，乾隆二十四年十二月乙巳，全国图书馆文献缩微复制中心1990年影印版。

② 《清高宗实录》卷六〇六，乾隆二十五年二月癸未。

③ （清）松筠：《钦定新疆识略》卷六《屯务》，文海出版社1965年影印版。

④ 《清高宗实录》卷八〇六，乾隆三十三月乙未。

16 石，每年共交粮 9.6 万石。乾隆五十四年（1789），将军保宁以屯回生齿日繁，增垦地亩，情愿加交粮 4000 石，以足 10 万之数。乾隆帝谕令，嗣后遇到有歉收之年，不必增交，以示体恤。① 经过多次迁移和繁衍生息，至乾隆四十二年（1777），伊犁地区实际有维吾尔人 6406 户，20356 口。② 至嘉庆末年（1790），伊犁地区维吾尔人为 6383 户，34300 口。其中，"颜齐回子（随伯克品级给舆服役之回子）323 户，挖铁回子 60 户，种地回子 6000 户"。③ 至道光二十三年（1843），伊犁地区维吾尔人增至 8000 户。④

嘉庆九年（1804），将军松筠以六千回户生齿倍加，请将遣屯等处地亩拨给回子耕种，每年令交小麦二千石以供铜、铅厂夫口食之需。⑤ 道光二十年（1840），清政府组织人员在"塔什土比地方开挖水渠，安置新增回子一千户"，"续开地十六万四千七百五十亩，每年交粮一万六千石"。道光二十一年（1841），"在三道湾地方开挖水渠，安置新增回子五百户，每年纳粮八千石。二十三年（1843），在阿尔布孜地方开挖水渠，安置新增回子五百户，每年纳粮八千石"。两处共"垦地二十五万六千四百九十三亩"，⑥ 共计回子 8000 户，每年共纳粮 12.8 万石。⑦

关于伊犁回屯的人口，《钦定新疆识略》卷六《屯务》载："至

---

① （清）永保：《总统伊犁事宜·回务处应办事宜》，见马大正主编：《清代新疆稀见史料汇辑》，全国图书馆文献缩微复制中心 1990 年版，第 230 页。

② （清）格琫额：《伊江汇览·户籍》记载为 20556 口。成书于乾隆四十七年的《钦定皇舆西域图志》卷三三《户口》记载为"6406 户，20356 口。"笔者估计 20356 或为 20556 之笔误。

③ （清）松筠：《西陲总统事略》卷一《伊犁兴屯书始》，文海出版社 1965 年影印版。

④ 《伊犁略志》，见马大正主编：《清代新疆稀见史料汇辑》，全国图书馆文献缩微复制中心 1990 年版，第 288 页。

⑤ （清）松筠：《西陲总统事略》卷七《回屯》，文海出版社 1965 年影印版。

⑥ 佚名：《伊江集载·屯务·回屯》，见马大正主编：《清代新疆稀见史料汇辑》，全国图书馆文献缩微复制中心 1990 年版，第 105 页。

⑦ 佚名：《伊犁略志》，见马大正主编：《清代新疆稀见史料汇辑》，全国图书馆文献缩微复制中心 1990 年版，第 288 页。

（乾隆）三十三年，共有六千三百八十三户。"成书于乾隆末年嘉庆初年的《总统伊犁事宜·回务处应办事宜》则载："历年伙驻回子共六千三百八十三户。内除养赡各伯克之颜齐回子三百二十三户外，实有纳粮回子六千户，内三十户挖铁，三十户种地。"成书于乾隆四十年《伊江汇览·户籍》载："回子伯克并耘地、挖铁、额齐回子，凡六千四百零六户，计大小二万五百十六名口。"成书于乾隆四十七年《钦定皇舆西域图志》卷三三《屯政二》则载："回户六千四百零六户，二万三百五十六名口。"二者记载户数相同，但口数稍异。嘉庆末年，户数未增，口至 34300 人，道光二十三年（1843），户又增至 8000 户。① 由此可知，随着北疆屯垦事业的发展，伊犁地区的维吾尔族人口也出现了较快增长。

伊犁回屯的具体管理者均为吐鲁番郡王额敏和卓后裔。在伊犁回屯设置之初，屯务由阿奇木伯克茂萨负责。茂萨是吐鲁番郡王额敏和卓之次子，于乾隆二十五年授伊犁阿奇木伯克。乾隆三十一年（1766），额敏和卓第三子鄂罗木杂布赴伊犁，将军明瑞奏令协理屯田事务。是年，授其一等台吉，任伊犁三品阿奇木伯克。嘉庆十年（1805），鄂罗木杂布卒，清政府以其子密里克杂特袭一等台吉，署阿奇木伯克事务。为加强对伊犁维吾尔人的管理，清政府在伊犁设立回务处，由领队大臣直接管理。乾隆年间，清政府设立屯田大小伯克共 81 员，其中，三品阿奇木伯克 1 员，养廉银每年 500 两；四品伊什罕伯克 1 员，养廉银每年 200 两；五品噶祺那齐伯克 2 员，商伯克 2 员；六品哈子伯克 1 员，密布拉伯克 6 员，都官伯克 1 员；七品明伯克 7 名，什扈尔伯克 1 名，帕提沙布伯克 1 名，巴吉格尔伯克 1 名，色迪尔伯克 1 名，玉子伯克 60 名，管理挖铁七品顶戴玉子伯克 1 名。道光年间，伊犁大小各级伯克增至 115 员，分别管理各屯地亩、粮赋、水利和诉讼等具体事务。清政府

----

① 《伊犁略志》，见马大正主编：《清代新疆稀见史料汇辑》，全国图书馆文献缩微复制中心 1990 年版，第 288 页。

规定，五品以上伯克缺出，由伊犁将军奏请补放；六品以下伯克缺出，由将军、参赞大臣补放，并随时咨行。[①] 另外，为不断培养下一代伊犁维吾尔伯克，清政府在伯克子弟内选择有堪造就者，赏给金顶，额定12人，指导他们学习中央政府的法规法令与政策，从而为中央政府的统治服务。

乾嘉年间，清政府明确规定伊犁的维吾尔人纳税户为6000户，这实际是清政府对伊犁维吾尔人农业纳税户的规定，少于实际户数。史籍中明确记载乾隆四十年（1775），伊犁地区维吾尔人是6406户。乾隆末年，伊犁地区维吾尔人约6383户。清政府规定，"有缺额时，前经南路各回城拨补。"乾隆四十一年（1776），改为从伊犁成年子弟及哈萨克地方投回的后代中拨补，"嗣后，若有缺额时，即在成年子弟内拨补。"[②] 清政府规定和维持伊犁维吾尔族屯垦人数为定额六千户的目的非常明确，就是既要使其持续稳定地为伊犁驻军提供粮草，也要使之处于驻军可控的范围之内。道光年间，随着伊犁维吾尔人不断增加，清政府先后在塔什土比地方安置1000户，在三道湾地方安置500户，在阿勒卜斯地方安置500户，上述三地均为屯垦之所。[③]

较之民屯，清政府对伊犁维吾尔人屯垦的待遇是比较好的。清政府为其提供牲畜，"官给六千户种地回子马、牛六千只，每年补给三分倒毙。"[④] 此外，清政府较早在固尔扎城设立义仓，贮藏麦子6500石，用于接济饥荒年民众缺粮之需。规定是青黄不接时借出，俟秋收后照数交

① （清）永保：《总统伊犁事宜·回务处应办事宜》，见马大正主编：《清代新疆稀见史料汇辑》，全国图书馆文献缩微复制中心1990年版，第231页。

② （清）永保：《总统伊犁事宜·回务处应办事宜》，见马大正主编：《清代新疆稀见史料汇辑》，全国图书馆文献缩微复制中心1990年版，第231页。

③ 《伊犁略志》，见马大正主编：《清代新疆稀见史料汇编》，全国图书馆文献缩微复制中心1990年版，第288页。

④ （清）永保：《总统伊犁事宜·回务处应办事宜》，见马大正主编：《清代新疆稀见史料汇辑》，全国图书馆文献缩微复制中心1990年版，第231页。

纳。① 虽然清政府对待伊犁屯田的维吾尔人较汉人优厚，但清政府对待
从南疆和吐鲁番两处迁移来的维吾尔人的待遇也有所差异。因为吐鲁番
地区维吾尔人归顺较早，且比较忠顺国家，清政府对他们相对有所优
待。比如，伊犁挖铁的维吾尔人，从南疆来的"挖铁回子三十户，每月
各交生铁三十四斤，熟铁各四斤；由吐鲁番发来回子图伦泰等四户，每
月各交生铁十七斤，熟铁二斤。"② 通过灵活的优待政策和较为完善的
管理体制，由于清政府较好地处理了南疆维吾尔人移居伊犁的问题，而
后者也在辛勤劳动中，为建设伊犁和保卫伊犁做出了积极贡献。至道光
年间，伊犁地区维吾尔人增至 8000 户，每年交粮 128000 石。③ 咸丰初
年，海努克等处维吾尔人每年交粮 96000 石。宁远城附近的维吾尔人开
垦田地 164750 亩，每年交粮 16000 石。三道湾、阿勒卜斯开垦田地
256493 亩，每年交粮 16000 石。④

表5.3　伊犁回屯水利一览表

地点	户数	水源	备注
海弩克	六百户	山泉	
哈什	五百户	河水	
博罗布尔噶素	一千一百户	河水	
吉尔格朗	九百户	山泉	
塔舒斯塘	四百户	山泉	
鄂罗斯塘	六百户	山泉	

① （清）永保：《总统伊犁事宜·回务处应办事宜》，见马大正主编：《清代新疆稀见史料汇辑》，全国图书馆文献缩微复制中心1990年版，第231页。
② （清）永保：《总统伊犁事宜·回务处应办事宜》，见马大正主编：《清代新疆稀见史料汇辑》，全国图书馆文献缩微复制中心1990年版，第231页。
③ 佚名：《伊犁略志》，见马大正主编：《清代新疆稀见史料汇辑》，全国图书馆文献缩微复制中心1990年版，第288页。
④ 佚名：《伊江集载·屯务·回屯》，见马大正主编：《清代新疆稀见史料汇辑》，全国图书馆文献缩微复制中心1990年版，第105页。

续表

地点	户数	水源	备注
巴尔图海	六百户	山泉	
霍诺海	八百户	山泉	
达尔达木图	五百户	山泉	乾隆五十四年奏明拨给此地
呢勒哈	回户加种地亩	山泉	
乌里雅素图	回户加种地亩	山泉	
乌兰库图尔	回户加种地亩	哈什河水	此地即铜铅厂田亩改归回子耕种，每年交粮二千石
春稽	回户加种地亩	泉水	以上四处屯地均系嘉庆九年奏明拨给

资料来源：（清）松筠：《西陲总统事略》卷七《回屯》。

3. 犯屯

犯屯亦名遣屯，是清政府组织遣派至新疆的犯人进行屯种的形式。这实际上清政府对遣犯的一种惩罚和改造的方式。由于其身份特殊，遣犯多是被纳入当地兵屯组织系统中，由兵屯主管官员监督管理。

按照犯人罪行的轻重，清政府对犯人的惩处程度不一。犯人罪行较重，往往发配给种地兵丁为奴，由兵丁负责日常管理，监督其日常劳作；[①] 罪行稍轻，则"补耕屯缺额"，领种定额地亩，与屯垦兵丁一起"合力耕作"。[②] 所以，清代新疆隶属于兵屯的屯田遣犯大致可分为两种：一是发遣屯兵为奴，二是承种份地。

发遣罪犯至新疆进行屯垦的建议始于乾隆二十三年（1758）。是年二月，御史刘宗魏倡议，把盗贼抢夺、挖坟、应拟军流人犯，"不分有无妻室，概发巴里坤，于新辟夷疆并安西回目扎萨克公额敏和卓部落、迁空沙地等处，指一屯垦地亩，另名圈卡，令其耕种。其前已配到各处

---

① 《清高宗实录》卷五六四，乾隆二十三年六月癸亥。
② 《清高宗实录》卷一〇九〇，乾隆四十四年九月乙巳。

军流等犯，除年久安静有业者，照常安插外，无业少壮曾有过犯者，一并改发种地，交驻防将军管辖。"① 这一建议得到允许。

虽然刘宗魏的建议得到乾隆帝允许，但并未马上实行。此后数年内，乾隆帝一再在谕旨中提及遣犯至新疆进行屯垦的益处。乾隆二十四年十月，乾隆帝谕令："此等人犯，原系死罪减等，仅从改发，已属格外之仁。……内地淳俗既不为稂莠渐移，而食货亦无虞坐耗，且令匪恶之徒，困心衡虑，惟以力田自给，日久化为良民，岂非美事。"这"于直省生机既多裨益，即罪人并知改过自新。"②

乾隆二十六年（1761）三月，乾隆帝再次就新疆遣犯下达谕令："此等罪犯，本属去死一间，投畀远方，既不至渐染民俗，而新疆屯垦方兴，又可力耕自给，实为一举两得。"③ 从乾隆帝的一系列谕令，可知乾隆帝是极力主张发遣罪犯去新疆从事屯垦的，不仅可以给遣犯一个改过自新的机会，还可以增加新疆屯垦的劳动力。最初，这些遣犯多在安西、哈密和巴里坤一带安置。后来渐次遣送至乌鲁木齐、伊犁及塔城地区。不过由于种种原因，清政府并没有把遣犯押送至新疆进行屯垦，而是赏给安西的绿营兵为奴。至于发遣罪人至新疆的时间，《清实录》中记载最迟为乾隆二十六年四月，甘肃巡抚明德奏称："查巴里坤、哈密、安西三处，遣犯甚多，难以安顿。嗣后各省遣犯，请停止分发巴里坤等三处，酌发辟展、乌鲁木齐屯所，到配之日，即令分派各屯。照例给与口食"。④ 八月，巴里坤有遣犯 480 余名，哈密有种地遣犯 130 名。此后，清政府逐渐在乌鲁木齐、伊犁、塔尔巴哈台等地安置遣犯。乾隆四十八年（1783），伊犁地区的遣犯已多达"三千数百余名"。⑤ 椿园载

---

① 《清高宗实录》卷五五六，乾隆二十三年二月己巳。

② 《清高宗实录》卷五九九，乾隆二十四年十月戊戌。

③ （清）傅恒等：《平定准噶尔方略》续编卷一〇，乾隆二十六年三月辛酉，全国图书馆文献缩微复制中心 1990 年影印版。

④ 《清高宗实录》卷六三五，乾隆二十六年四月戊戌。

⑤ 《清高宗实录》卷一一九五，乾隆四十八年十二月壬午。

"内地发遣人犯数千，皆散处于昌吉、玛纳斯等处，开垦草莱，充斥其地"。①

新疆的遣犯主要从事更艰苦的劳动，特别是从事农垦、挖煤、采矿等体力消耗量大的劳动，此处主要从农垦的角度论述犯屯的情况。依据《钦定皇舆西域图志》卷三十二《屯政一》记载，犯屯主要集中在以下地区：

哈密的塔尔纳沁地区，乾隆二十七年，派来遣犯 130 名。至乾隆四十年，无增减。蔡巴什湖地区，乾隆二十七年，派来遣犯 50 名。

巴里坤朴城子地区，乾隆二十七年，派来遣犯 250 名。以后不断增加，至乾隆四十年，增至 350 名。②

乌鲁木齐五堡及昌吉罗克伦地区，乾隆二十七年，派来遣犯 28 名，次年，增加 185 名，二十九年增 123 名，三十年增 199 名，三十一年增 684 名，三十二年增 427 名，三十三年增 101 名，三十四年裁 147 名，三十六年裁 1074 名，三十七年增 15 名，三十八年裁 25 名，三十九年裁 61 名，四十年增 3 名，至乾隆四十八年为 81 名。乌鲁木齐是清政府在新疆统治的重要地区，建省后更是成为新疆的首府，这里也自然成为建省后安插遣犯的重要地区。光绪十二年（1886），刘锦棠奏报称，迪化县已安 300 户，其余人犯拟于奇台、阜康、绥来等四县各安 100 户。

玛纳斯，乾隆三十一年派来遣犯 20 名，三十二年增 70 名，三十三年增 15 名，三十四年增 12 名，三十五年增 62 名，三十六年增 18 名，三十七年裁 49 名，三十八年裁 76 名，三十九年裁 40 名，四十年裁 19 名。至乾隆四十八年，存留 13 名。

库尔喀喇乌苏，乾隆三十一年派来 19 名，三十二年增 85 名，三十三年增 1 名，三十四年减 8 名，三十五年减 12 名，三十六年减 53 名，

---

① （清）椿园：《西域闻见录》卷一《新疆纪略》，日本早稻田大学所藏宽政本。

② （清）傅恒：《钦定皇舆西域图志》卷三二《屯政一》记载，乾隆三十二年增加一名，现有三百五十名。笔者怀疑，是否是《钦定皇舆西域图志》记载有误，应为"乾隆三十二年增加一百名"，且存疑。

三十七年减 27 名，三十八年增 12 名，三十九年减 12 名，四十年减 9 名，至乾隆四十八年，存留 3 名。

精河，乾隆三十一年派 16 名，三十二年增 87 名，三十三年减 7 名，三十四年减 12 名，三十五年减 2 名，三十六年减 53 名，三十七年减 4 名，三十八年减 6 名，三十九年减 2 名，四十年减 4 名。至乾隆四十八年已无存。不过，此后清政府又继续在精河安插遣犯。道光二十二年（1842），林则徐遣戍伊犁，途经精河时，见到此地仍有安插遣犯，约 200 余名，闽、粤人居其半，他们或者种地，或者在各军营中服役。[1]

至嘉庆四年（1799），上述各处犯屯人数和屯地规格具体如下。乌鲁木齐中营有遣犯 42 名，每 6 名合给农具 1 全副，每 3 名合给牛 1 只，共有农具 7 副，牛 14 只。

乌鲁木齐左营有遣犯 39 名，每 6 名合给农具 1 全副，每 3 名合给牛 1 只，共有农具 6 副 5 分，牛 13 只。

乌鲁木齐右营有遣犯 38 名，每 6 名合给农具 1 全副，每 3 名合给牛 1 只，共有农具 63 分副，牛 12 只 6 分。以上三处遣犯每名种地 12 亩，每年纳粮 6 石。

乌尔喀喇乌苏营有遣犯 12 名，每 6 名合给农具 1 全副，每 3 名合给牛 1 只，共有农具 2 副，牛 4 只。该处遣犯每名种地 12 亩，每年纳粮 6 石。

晶河营有遣犯 12 名，每 6 名合给农具 1 全副，每 3 名合给牛 1 只，共有农具 2 副，牛 4 只。该处遣犯每名种地 12 亩，每年纳粮 6 石。

巴里坤营有遣犯 138 名，每 6 名合给农具 1 全副，每 100 名合给马、牛 100 匹只，共有农具 23 副，马牛 138 匹只。该处遣犯每名种地 12 亩，每年纳粮 6 石。[2]

---

[1] （清）林则徐：《荷戈纪程》卷一。
[2] （清）和宁：《三州辑略》卷四《屯田门》，成文出版社 1968 年影印版。

农具一全副包括犁铧一张、铁锨二把、斧头一把、镢头一把、镰刀二把、锄头一把、马擁脖二副、撒绳一根、铲子二把、缰绳二条、辔头二副、弓弦五根、马绊一副、肚带一根、搭背二副。[①]

伊犁地区，早在乾隆二十九年已始安置遣犯，而不是有人认为的三十一年。[②] 乾隆二十九年，派来遣犯 9 名，三十年增 3 名，三十二年增 2 名，三十三年增 4 名，三十四年增 6 名，三十五年增 6 名，三十六年增 10 名，三十七年增 2 名，三十八年增 1 名，三十九年增 3 名，四十年增 3 名，至乾隆四十八年存留 49 名。

伊犁地区的遣犯，自乾隆二十九年以降，每名遣犯种地 12 亩，其所收之粮，除给一年口粮 360 斤外，所余尽数交纳。这是比较严苛的规定，可见遣犯屯种的惩罚性质比较鲜明。不过，此后清政府对能携眷入疆的遣犯，待遇有所提高。乾隆三十二年（1767），清政府规定，将遣发为奴人犯，有携眷者，每名先拨给田地 12 亩，令其耕种。次年，即拨地 15 亩，每亩纳细粮八升，按岁征收。这说明清政府在对待携带家眷的遣犯，还是有所宽限的。乾隆三十五年（1770），清政府对遣犯服刑期满三、五年后，可以保释为民，"给与籽种牛粮开种，次年计亩纳粮"。伊犁地区"每岁保送为民者数十名，至今五年之内，计为民者二百二十五名。"[③] 这样，很多遣犯在服刑期满后，身份变成普通民户，也在实际上增加了新疆的民户，同时也减轻了清政府安置民户迁移新疆时所需的费用，一举两得。史载："昔年负罪之黥戍，今为科配之编氓，附屯力穑兵农交安矣。"[④] 此外，伊犁满营协领格琫额还在遣犯中挑选 40 名素谙农务、能于耕作之人，设屯种地，照例升租，每岁地中收获

① （清）和宁：《三州辑略》卷四《屯田门》，成文出版社 1968 年影印版。

② 王希隆认为伊犁安置遣犯是在乾隆三十一年。见王希隆：《清代西北屯田研究》，新疆人民出版社 2012 年版，第 111 页。

③ （清）格琫额：《伊江汇览·船运》，见马大正主编：《清代新疆稀见史料汇辑》，全国图书馆文献缩微复制中心 1990 年版，第 76 页。

④ （清）格琫额：《伊江汇览·屯政》，见马大正主编：《清代新疆稀见史料汇辑》，全国图书馆文献缩微复制中心 1990 年版，第 69 页。

之粮，除扣留来岁籽种并一岁口粮，以所余变价，为置办衣履布匹等项，散给居民，使其"均无饥寒之虞"。①

随着军屯、户屯、回屯、犯屯的发展，伊犁盆地的农业生产有了很大进步，无论屯点数量，还是地域分布，均有较大幅度增加，随处可见欣欣向荣的农业景观。时人盛赞曰：当地"阡陌毗连，塍浍环接，每当秋夏，一望平无，星罗棋布，听炊烟影里春歌，恍历州之境矣。"②

《钦定皇舆西域图志》中的记载仍是有所偏差的，塔尔巴哈台地区实际也有遣犯，却没有被载入。我们可以认为《钦定皇舆西域图志》中记载的应是承种田地的遣犯，而不包括发遣为奴的犯人。也就是说，清代新疆实际上的遣犯数量应比较多。乾隆四十一年的《伊江汇览》记载"现在实计遣犯二百八十四名。"③ 椿园在同时期记载伊犁有"流犯千余"。④

塔尔巴哈台地区犯屯的设立，与其他地区略有不同，这是为挖煤遣犯提供粮食而设立的。塔尔巴哈台地区的遣犯本是金川战役中溃散的逃兵，原本是发往湖南服役，后在乾隆四十二年改为发往伊犁，给额鲁特为奴。分拨至塔尔巴哈台有 100 名，除去年老病故外，还有放牧、种地和挖煤，共存 52 名。乾隆四十六年（1781），塔尔巴哈台参赞大臣惠龄奏请在城北的乌里雅苏图山开挖煤炭，要求在这批遣犯中挑选年轻力壮 21 名入山挖煤，11 名则种地接济挖煤遣犯的口粮。此一犯屯地点在塔尔巴哈台城东七十里的锡伯图，由一名把总管理。每名遣犯种地十二亩，共种地一百二十亩。按照乌鲁木齐遣犯种地之例，秋收后除需用口粮外，尽数交仓报部。这一点与伊犁地区遣犯的待遇规定相同。如果收

---

① （清）格琫额：《伊江汇览·船运》，见马大正主编：《清代新疆稀见史料汇辑》，全国图书馆文献缩微复制中心 1990 年版，第 76 页。

② （清）格琫额：《伊江汇览·屯政》，见马大正主编：《清代新疆稀见史料汇辑》，全国图书馆文献缩微复制中心 1990 年版，第 70 页。

③ （清）格琫额：《伊江汇览·船运》，见马大正主编：《清代新疆稀见史料汇辑》，全国图书馆文献缩微复制中心 1990 年版，第 76 页。

④ （清）椿园：《西域闻见录》卷一《新疆纪略》，日本早稻田大学所藏宽政本。

获到六石六斗，则加赏白面半斤，其管官照屯兵收十五石之例议叙；收至十石者，加赏白面一斤，其管官照屯兵收二十五石之例议叙；若只收四石，则功过相抵；不及者，则给以处罚。

乾隆五十八年（1793），因这批遣犯年迈或残疾不堪力作而逐渐减少。嘉庆三年（1798），仅存挖煤种地遣犯 22 名。遂从乌鲁木齐调拨 14 名加入。嘉庆五年，因皇恩而释放遣犯 12 人，复又从乌鲁木齐调拨遣犯 12 名。嘉庆九年二月，因病故 7 人，复又从乌鲁木齐调拨 10 名，人数增至 52 名。锡伯图种地的遣犯牛只和农具也是自备。① 嘉庆十年（1805）塔尔巴哈台参赞大臣鉴于当地地处极边，且附近有哈萨克游牧，而本处遣犯"聚集渐多，于此地深为不便"，遂请求"改发遣犯一概停止"。② 从此，塔尔巴哈台地区的犯屯人数遂日渐减少，以至于消亡。

此外，清政府还在辟展和哈喇沙尔安置过遣犯，尤其是光绪二十二年（1896），清政府将俘虏的河湟起义军及其家属二千余人安置在哈喇沙尔的英气盖地方进行屯田。③

关于遣犯的管理，清政府也有相关的政策规定。一般而言，罪行严重的遣犯往往发配为奴，一般罪行的遣犯则往往发配为承种份地，并且以在一定年限后，就可以转为普通的民籍。

乾隆二十六年（1761），陕西巡抚明德奏请，将应发巴里坤人犯改发乌鲁木齐。之后，乌鲁木齐办事大臣旌额理奏请，待人犯到达乌鲁木齐后，每日给口粮一斤，令其屯种官地 12 亩外，种田 5 亩，为其贴补衣履之费，其随带妻子儿女，在未收获私田之前，一律给以口粮，秋收后停止。乾隆三十四年（1769），乌鲁木齐办事大臣奏请，遣犯交粮至六石六斗者，每石加赏口粮半斤。乾隆三十五年，乌鲁木齐办事大臣又

---

① （清）永保：《塔尔巴哈台事宜》卷四《屯田》，成文出版社 1969 年影印版。
② （清）永保：《塔尔巴哈台事宜》卷四《煤窑》，成文出版社 1969 年影印版。
③ 王希隆：《清代西北屯田研究》，新疆人民出版社 2012 年版，第 112 页。

奏请，"只身为民遣犯，每户拨地三十亩，籽种小麦八斗，粟谷一斗，青稞三斗，房价银二两，每四名给农具一副，马二匹，每马一匹作银八两。为民后三年升科，房、马价摊分作三年带征"。①

清政府对遣犯的监管非常严格，如其脱逃，一旦被抓回则正法处死。乾隆二十七年的上谕中就明确规定："乌鲁木齐等四处遣犯逃脱，即行一面正法，一面具奏，钦遵在案。如逾限不获，专、兼各官咨参议处。"乾隆三十年，乾隆帝再次谕令，"遣犯脱逃，如逾二十日不获，即行具奏，降旨各处查拿"。② 不过，军屯法规定遣犯私逃"二十日内自归，尚可贷死。"③

清政府规定，遣犯在屯种期间无过错的前提下，按照遣犯的罪行轻重程度不同，经过不同年限后可以废除其罪犯身份。乾隆三十一年，塔尔巴哈台参赞大臣奏请，"遣犯俱金妻、子发遣，其已到只身遣犯有情愿搬眷者，官为资送。在于屯所分别情罪轻重，定以三年、五年，无过准入民籍。"此后，清政府进一步规定："以原犯死罪减等者定为五年，军流改发者定为三年，如于限内无过，咨部议复，准入民籍；只身人犯若即改为民籍，恐其易于脱逃，俟其搬眷到日亦准为民。"乾隆三十五年，又规定："只身遣犯年满，准其一体为民，仍交原管屯员管束。"④

承种份地的遣犯，隶属于兵屯，分散于各兵屯中进行垦种，这也是防止遣犯集中，不利于管理的目的。兹以乌鲁木齐及巴里坤等地区为例。

---

① （清）永保：《乌鲁木齐政略·遣犯》，见王希隆整理：《新疆文献四种辑注考述》，甘肃文化出版社 1995 年版，第 31 页。

② （清）永保：《乌鲁木齐政略·遣犯》，见王希隆整理：《新疆文献四种辑注考述》，甘肃文化出版社 1995 年版，第 30 页。

③ （清）纪昀：《阅微草堂笔记》卷七《如是我闻》。

④ （清）永保：《乌鲁木齐政略·遣犯》，见王希隆整理：《新疆文献四种辑注考述》，甘肃文化出版社 1995 年版，第 31 页。

表 5.4　乾隆年间新疆各屯遣犯分布表

地点	兵屯点	屯兵数	遣犯数
乌鲁木齐中营	辑怀城	133	3
	土墩子	133	2
	怀义堡	133	4
	屡丰堡	133	3
	宣仁堡	133	2
	惠徕堡	133	1
乌鲁木齐左营	头工	148	3
	二工	148	3
	三工	148	3
	四工	148	2
乌鲁木齐右营	头工	153	2
	二工	153	3
	三工	153	2
	四工	153	2
	五工	152	1
	六工	152	2
玛纳斯左营	禾丰工	100	3
玛纳斯右营	丰盈头工	100	5
库尔喀喇乌苏	库尔喀喇乌苏屯	180	5
精河	精河屯	180	5
巴里坤	巴里坤营屯	500	350
哈密	塔尔纳沁屯	170	130
	蔡把什湖	50	100

资料来源：（清）永保：《乌鲁木齐政略·屯田》，见王希隆整理《新疆文献四种辑注考述》，甘肃文化出版社 1995 年版，第 53—55 页。

遣犯承种土地，也与屯兵一样，要完成额定纳粮并接受赏罚处理。可能是受到各地土壤、气候等自然环境的不同，新疆各地区的遣犯奖惩标准也不一致。乌鲁木齐和塔尔巴哈台地区的遣犯，均承种 12 亩地，清政府规定其纳粮，4 石为标准，其功过相抵，不及则交官吏议处，管理官员则降一级留任；如至 6 石 6 斗，日增赏白面半斤，收 10 石者，则日赏白面 1 斤。[①] 伊犁地区是遣犯收获细粮达到 9 石，则每日奖赏半斤白面。[②] 哈密和巴里坤二地则是因为遣犯承种地亩与屯兵承种地亩一致，故其种地奖罚与屯兵一致，即纳细粮 12 石为标准，功过相抵，不及此则严加议处；15 石以上则每日加赏白面半斤；25 石以上则每日加赏白面 1 斤。兹据《乌鲁木齐政略·屯田》详述该区兵屯与遣犯在乾隆二十七年至四十二年的收获情况。

表5.5 乾隆年间乌鲁木齐屯兵与遣犯垦种收成表

时间 （乾隆朝）	屯兵收成 （单位：石）	标准线 （单位：石）	遣犯收成 （单位：石）	标准线 （单位：石）
二十七年	3.4	12	1.88	4
二十八年	16.74	12	7.53	4
二十九年	15.2	12	5.91	4
三十年	13	12	5.89	4
三十一年	11.27	12	4.7	4
三十二年	13.68	12	4.9	4
三十三年	14.9	12	4.13	4
三十四年	14.8	12	6.26	4
三十五年	13.1	12	5.15	4
三十六年	14.41	12	5.35	4
三十七年	10.78	12	5.64	4
三十八年	11.39	12	4.2	4
三十九年	15.68	12	5.75	4

① （清）永保：《塔尔巴哈台事宜》卷四《屯田》，成文出版社 1969 年影印版；《乌鲁木齐事宜·屯兵地粮马牛具口袋杂例·屯田分数赏罚例》。

② （清）松筠：《西陲总统事略》卷七《屯务》，文海出版社 1965 年影印版。

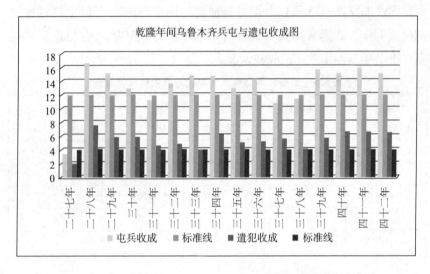

续表

时间 (乾隆朝)	屯兵收成 (单位：石)	标准线 (单位：石)	遣犯收成 (单位：石)	标准线 (单位：石)
四十年	15.2	12	6.69	4
四十一年	16.01	12	6.69	4
四十二年	15	12	6.6	4

图 5-4　乾隆年间乌鲁木齐屯兵与遣犯垦种收成对比图

从上面图表可知，在这十六年间，乌鲁木齐地区的屯兵在很多年份是能达到基本要求的，仅有四年没有达标，达标率为75%；遣犯的达标率远高于屯兵，仅有一次没有达标，达标率为93.75%，这说明遣犯的屯垦收成效果远大于兵屯。无论是屯兵还是遣犯，都很难达到最低的奖赏要求，屯兵有六次，受赏率为37.5%，遣犯有五次，受赏率为31.25%。

4. 旗屯

旗屯，其实有广义和狭义两种，广义的旗屯就是旗人进行屯垦，包括满、蒙驻防八旗屯田和编旗设置的额鲁特、锡伯、察哈尔和索伦等营屯田。狭义的旗屯是指满洲八旗的屯垦。学术界在论述伊犁的旗屯时，多是指狭义的满洲八旗屯垦。

旗屯是清政府在新疆进行屯垦的重要类型在之一，但与其他类型性质不同。民屯是清政府组织普通民众，特别是汉族人进行屯垦，征收较多粮食；兵屯则是清政府组织的汉族将士进行的屯垦，也是征收高额度粮食；犯屯更是一种惩罚性质的屯垦活动，不仅待遇低，除保障基本生存要求外，其收获粮食全部上缴国家。回屯与民屯类似，只是民族不同而已。但旗屯的劳动者是旗人，其进行的屯垦收获不是上缴国家，而是满足自身生活需要。所以，就其屯垦的目的而论，旗屯与其他类型屯垦有着较大差别。此外，同样是旗屯，满蒙驻防八旗屯垦与锡伯、额鲁特、察哈尔和索伦四营旗屯也不相同。满蒙驻防八旗屯垦有粮饷，而后四营则有饷无粮，分授的田地也仅仅是为自食其力，有俸饷的性质。

伊犁地区旗屯以锡伯营屯垦最早。乾隆二十九年（1764），清政府从东北盛京迁移携眷锡伯族官兵 1000 户至伊犁驻防。次年，清政府设总管、副总管各 1 员，佐领 8 员，及其他各级官员 26 名。乾隆五十七年（1792），伊犁锡伯族兵及家口共 7392 名。[1] 道光二十三年（1843），伊犁锡伯族兵 1300 名，家口 18000 丁口。[2]

清政府原本计划让迁徙伊犁的锡伯族放牧戍边，后来发现他们已不善于畜牧，而乐于农耕，遂令其屯垦。锡伯八旗在伊犁的屯垦地点是伊犁河南和济格尔、巴克绰和罗等处。其屯垦制度是"按名分给地亩，各令自耕自食，某人耕者，即为某人世产。"[3] 虽然"锡伯营向无官给口粮米面"，但经过长期耕耘，其生活均能自耕自食，乾隆五十九年

---

① （清）永保：《总统伊犁事宜·锡伯营应办事宜》，见马大正主编：《清代新疆稀见史料汇辑》，全国图书馆文献缩微复制中心 1990 年版，第 199 页。

② 佚名：《伊犁略志》，见马大正主编：《清代新疆稀见史料汇辑》，全国图书馆文献缩微复制中心 1990 年版，第 278 页。

③ （清）松筠：《西陲总统事略》卷七《兵屯·旗屯》，文海出版社 1965 年影印版。

（1794），锡伯八旗粮仓储藏粮食 9800 余石，成效显著。①

锡伯营屯垦的成功为满洲八旗的屯垦树立了榜样。虽然早在乾隆二十九年（1764），乾隆帝就颁布谕旨："伊犁田土肥润，如敷多人耕作，莫令满洲官兵分种，既得勤于力农而于养赡家口、喂养马匹，均属有益。著交明瑞查明地亩，俟满兵到齐住定后，酌量分给耕种。"当年，经将军明瑞测量，清政府把附近伊犁二百里以内划为旗地，俟官兵到齐再妥为议办理。②

随着驻防年久，伊犁地区的满洲八旗驻防人员生齿日繁，伊犁官员则不断奏请增加伊犁步甲钱粮。乾隆五十五年（1790），伊犁将军保宁奏请增加四百名步甲钱粮。乾隆帝认为"国家钱粮原有定额，不容屡议增加。此次保宁所奏四百名步甲钱粮暂准其增添外，嗣后不得再请增给。若果因伊等人口众多，钱粮有限，不能养赡，伊犁地方现在可耕之地甚属宽广，满洲兵丁即不谙耕作，自可酌按名数分给伊等地亩，令其雇人耕种，即以取得租息，养赡用资生计。"乾隆帝明确提出要求伊犁官员实行满洲八旗屯垦。不过，由于种种原因，乾隆末年，伊犁地区仍未开始满洲八旗屯垦。

嘉庆七年（1802），伊犁将军松筠开始实施满洲八旗屯垦。鉴于现在八旗生齿日繁，他因采近水可种之田于本年四月间奏明，由惠远、惠宁两满城派闲散 360 名，分地试种，虽为时稍迟，秋收通计尚获十分有余。是旗人种地已有成效，自应广行，汲引以利屯垦而资养赡。

同年秋间，他派委员于惠远城东相度地势，自伊犁河北岸竣开大渠一道，逶迤数十余里，尽可引用河水。又于城之西北草湖中，觅得泉水甚旺，设法另开渠道以资灌溉。

另外，他计划在次年新春修筑堤岸，广开支渠，一俟工程完竣，春

① （清）永保：《总统伊犁事宜·锡伯营应办事宜》，见马大正主编：《清代新疆稀见史料汇辑》，全国图书馆文献缩微复制中心 1990 年版，第 199 页。
② （清）松筠：《西陲总统事略》卷七《兵屯·旗屯》，文海出版社 1965 年影印版。

水畅流，计可浇灌地亩甚广，即于渠畔拣择好地分给惠远城八旗耕种。惠宁城八旗于该城就近从前绿营裁撤屯地耕种，原有渠水足资灌溉，两城种地所需器具等项，酌交各协领归还。

鉴于种地必需牛力，松筠认为，伊犁绿营屯田每屯例各牛马，每年倒毙分数，按例由厂拨补旗人种地。事一同律，且官厂孳生牛只一万有余，其余存厂备差。牛只照例拨补各项外，尚有常年牧放牛四千余只，既无需用，徒滋倒毙。他奏请准于官厂内赏借惠远城八旗每旗牛八十只，惠宁成八旗每旗牛四十只，俾得藉资，种地既多，产量必广。倘有倒毙，毋庸拨补，均着落各该旗自行买补，以示限制。经过松筠的大力办理，伊犁满洲八旗屯垦终于付诸实施。

在屯垦之初，松筠鉴于"八旗闲散耕耘未谙，故令公同夥种，以便教习"，但"两年以来，熟悉者已有数百余人，若仍令其夥种，将所获粮石分赡八旗，未免视为官产，久而生懈。"嘉庆九年（1804），松筠奏请，"应照锡伯营八旗屯种之例。按名分给地亩，各令自耕自食，某人耕者，即为某人世产。"另外，他认为自次年为始，惠远、惠宁两满城熟悉耕种之人内先行酌拨发数百名。另派年长妥实领催马甲，委以催总，按旗约束，量其力作多寡，每名分地三、四十亩，仍派妥员督率耕种，永为己产。另外，协领每月例支口粮米面二百六十余斤，佐领、防御以下等官以及前锋、领催、马甲每月每员例支口粮一百四十余斤，多有不敷养赡，此内情愿，令其闲散亲属子侄，分地耕作者，应请一体拨给地亩。各家永为世产，所有自行耕种之人，仰恳鸿慈于仓存余粮内赏借明年籽种、口粮，分作三年，秋成后还仓。如果按此规划执行，则两城余地甚广，所有稻田，每年照旧耕种，不过数年，一切工本概可归还。彼时陆续所获余利尽可赡给贫乏。俟耕种数年，饶裕之后，应仿照锡伯之例，八旗各设公仓一座，每年量其所能，交粮若干，用资生计。今通盘筹划，惠远城官兵需地八万亩，惠宁城官兵需地四万亩，克资久远养赡，遍行踏勘可耕之地尽有。嘉庆九年（1804），伊犁旗屯种植秈稻600石，收获14000余石；收获谷子、胡麻等各色杂粮4190余石；

收获小麦 15000 余石，成效良好。①

嘉庆十年（1805）十一月，松筠上伊犁旗屯章程折。军机大臣会商认为，若将此项地亩陆续分给官兵，只交闲散余丁代为耕种，断不敢令壮健余丁尽趋南亩，有妨武备。同时，特别强调，"应禁其私行典卖，乃能世守无敝"。

嘉庆十一年（1806）三月，松筠认为，惟期伊犁惠远惠宁两城驻防官兵渐次立有世产，如耕作闲散不敷，仍可雇人佃种，现在渠水既足，地亩自应宽为筹划，是以有惠远城需地八万亩，惠宁成需地四万亩之奏。现经屯镇总兵纳尔松阿业将地亩如数办就，兹按议复咨文，农作已觉稍迟，领者不过数百名，其籽种口粮已蒙圣恩准借，酌量每名放给仓存小麦三石按限归欤。至于稻田及雇佣伊犁地区维吾尔人一切工本该协领等以所获粮石变卖办理，其将来得有盈余，如何养赡贫乏、设立公仓贮粮之处，仍请照依原奏，视收成多寡随年酌办，俟耕种数年之后，照锡伯营立仓贮粮成法办理。②

嘉庆十七年（1812），伊犁将军晋昌奏请变通伊犁屯田事宜。"该处满营种植杂粮地亩除已分授八旗田二万四千亩，历年均有实效外，其未分之田四万亩缘近来冬雪较少而春暖又旱，易于消化，值夏田需水之时，不能接济以致收获有限，且此项田亩除八旗公种之田分授八旗视为己业，不无畛域之见。请与此内删去不能得水之田，将其余二万仍一并分给八旗，悉行管业。如人力不敷，不能全种，准其佃人耕种，计亩收租。"不过，嘉庆帝认为"此项地亩只可暂时歇种，亦不便径置废弃，应令该将军随时察看情形，留心经理，至于可以得水之田二万余亩若仍令八旗通力合作，伊等视公产不如私业，或有勤惰不齐，转不足以收实效，自应照该将军所请将此项田二万余亩，按数分给八旗，添入已分田

---

① 中国第一历史档案馆：《清代奏折汇编——农业·环境》，商务印书馆 2005 年版，第 348 页。

② （清）松筠：《西陲总统事略》卷七《兵屯·旗屯》，文海出版社 1965 年影印版。

亩项下，俾各专心耕种，永为世业。"另，要求伊犁将军"责令八旗余丁自行耕种，不准佃人耕种，方足以永资乐利。如有违禁租佃。以及私买私卖，将该旗人及典买之人一体严行治罪入官，另给别户勤于耕作之人，以示惩劝。至于回子遣犯，当日原因旗人未谙耕作，是以雇令帮种，今数年来，旗人皆已谙习，毋庸再为佣雇帮种。"①

表5.6 伊犁地区旗屯水利分布表

旗屯名称	耕作地点	水源	备注
惠远镶白旗五佐领	惠远城东南红柳湾一带	伊犁河通惠渠水	
惠远正黄旗五佐领	惠远城东北沿山一带	乌哈尔里克泉水	
惠远正蓝旗五佐领	惠远城东北水泉子一带	乌哈尔里克泉水	
惠远镶黄旗五佐领	惠远城新北屯	乌哈尔里克泉水	
惠远正白旗五佐领	惠远城东通惠渠迤北一带	乌哈尔里克泉水	
惠远镶蓝旗五佐领	惠远城东分水闸迤北一带	乌哈尔里克泉水	
惠远正红旗五佐领	惠远城西北一棵树西南一带	塔尔奇上游草湖泉水	
惠远镶红旗五佐领	惠远城西北一棵树西北一带	塔尔奇上游草湖泉水	第三佐领地亩兼用乌哈尔里克渠（泉?）水
惠远八旗公田	惠远城东旗屯稻田	通惠渠伊犁河水	此项收获米石用抵羊只口粮，每年分散官兵搏节羊只价银，酌给种地壮丁盐菜月银，其有盈余分赡旗下贫乏

① （清）松筠：《钦定新疆识略》卷六《屯务》，文海出版社1965年影印版。

续表

旗屯名称	耕作地点	水源	备注
惠远八旗公田	惠远城稻田迤东七里沟阿奇乌苏旗屯	阿里木图沟泉水、闢里沁新开渠水	此地数年后垦种成熟，另议筑堡盖房派令不能挑甲之闲散壮丁居住，分授地亩，自耕自食，养鸡、畜、豚，一如锡伯，永资生计，并酌设公仓，存贮余粮，以为养赡过鳏寡孤独之需
惠远船工处遣屯地亩	惠宁城西北	苇湖新开渠水	
惠宁正黄、正红旗四佐领	惠宁成东	闢里沁新开渠水	
惠宁镶黄、正白四佐领	惠宁城东	闢里沁新开渠水	
惠宁镶红、镶蓝旗四佐领	惠宁城东	闢里沁新开渠水	
惠宁镶白、正蓝旗四佐领	惠宁城北	磨霍图泉水	
惠宁八旗公田	惠宁城西北	阿里木图沟泉水	
锡伯营镶黄、正白二旗	豁吉格尔	泉水	锡伯营八旗八佐领分为八屯

续表

旗屯 名称	耕作地点	水源	备注
锡伯营正 红旗	巴图蒙克	泉水	
锡伯营镶 白旗	绰豁啰	河水	
锡伯营正 黄旗	塔什布拉克	河水	
锡伯营镶 红旗	厄尔格穆托罗海	河水	
锡伯营正 蓝旗	绰豁啰之东	河水	
锡伯营镶 蓝旗	绰豁啰之西	河水	
察哈尔营 左右翼	博罗塔拉河南北 两岸	河北之田引山泉 河南之田引河水	察尔营八旗分左右翼
厄鲁特营 上三旗六 佐领	敦达察罕乌苏、 怀图察汗乌苏、 特尔莫图、塔尔 哈木	引用其地之水	厄鲁特营上三旗六佐领屯 田四处
厄鲁特营 下五旗十 四佐领	昌曼、哈什、春 稽布拉克、苏布 台、浑多莱、衮 佐特哈、库尔库 垒、呢勒哈、大 济尔格朗、筹珠 图、特勒克、明 布拉克、特古斯 塔柳、沙拉博果 沁、巴哈拉克、 弩楚衮	引用其地之水	厄鲁特营下五旗十四佐领 屯田十六处

资料来源：（清）松筠：《钦定新疆识略》卷六《屯务》。

沙俄入侵伊犁致使当地社会经济遭到严重破坏。伊犁收复后，清政府开始规复伊犁营制。光绪九年（1883），将军金顺恢复了锡伯营的屯垦事宜。光绪二十九年（1903），清政府从锡伯营中挑补大量官兵在特古斯塔柳开展旗屯。同年，伊犁将军马亮巡视锡伯八旗时，见到锡伯营人口繁庶，土地肥沃，士兵能耐苦劳，种植也非常得法，屯垦效果良好。

在阿古柏入侵南疆及沙俄入侵伊犁期间，新疆惨遭十余年浩劫，各族人民损失巨大，而满洲八旗驻军损失极为惨重。左宗棠收复新疆后，清政府收集残余旗丁，乌鲁木齐、古城八旗兵丁仅剩 295 名，巴里坤有 779 名，刘锦棠遂将其集中驻扎在古城，设城守尉统领之。[1] 移驻古城后，清政府仍按例拨给地亩，令其自行耕作。光绪二十九年（1903），甘肃新疆巡抚潘效苏鉴于古城满营官兵不暇屯种，奏请招民承垦，但遭清廷否决。光绪帝下旨："督饬城守尉，责令兵丁，迅往屯种，毋使偷惰，坐享粮料，以尽地利，而免久荒。"[2] 可见，古城满洲旗屯一直持续到清末。

5. 户屯

户屯又称民屯，是内地民众移居新疆建立的屯田，《新疆识略》卷六《屯务》云"户屯者，商、民之屯也。"民屯的主体是从陕甘地区招募和认垦的贫苦农民、进入新疆的商人、携眷兵丁的子弟及遣户等。

随着新疆的统一，清政府在规划新疆建设时，不仅考虑到让绿营兵进驻屯田，还要求内地民众前往屯田。早在乾隆二十五年（1760），乾隆帝就谕令"西陲平定，疆宇式廓，辟展、乌鲁木齐等处在在屯田，而客民之力作贸易于彼者，日渐加增，将来地利逾开，各省之人将不招自集，其于惠养生民，甚为有益。"[3] 不久，他再次强调招民入疆屯垦的

---

① 刘锦棠：《刘襄勤公奏稿》卷九《巴、乌满营移并古城并请改设城守尉折》，文海出版社 1968 版影印版。

② 《清德宗实录》卷五〇三，光绪二十九年十一月辛巳。

③ 《清高宗实录》卷六〇四，乾隆二十五年正月庚申。

重要性，"甘肃等处无业贫民前往营生耕作，污莱辟而就食多，于国家牧民本图，大有裨益。"①

乾隆二十六年（1761）八月，乾隆帝谕令陕甘总督杨应琚将甘肃无业贫民迁移乌鲁木齐垦种立业，并"酌量官为料理前往"，由此拉开清代内地民众移居新疆进行屯垦的大幕。十一月初六日，杨应琚奏报，经广为招徕，高台、安西等地 206 户，男女大小 730 人愿前往新疆屯垦。同时，哈密办事道员淑宝招募到 41 户，清政府允许其中有家室的 7 户和有家口在籍的 7 户照例送往新疆；只身贫民的 7 户，恐其不能安心长久居住，遂停止办送。②

自此以后，清政府不断组织甘肃张掖、肃州、敦煌、山丹、高台、安西、凉州、甘州、武威等地招募贫民移垦新疆。大致来说，从乾隆二十六年（1761）至乾隆三十六年（1771），移垦新疆的民众多来自甘肃中西部，自乾隆三十七年开始，来自甘肃东部及内地的贫民逐渐增加。

清政府把内地民众主要安置在天山北麓，以乌鲁木齐为中心，东起巴里坤，西至伊犁，北至塔尔巴哈台。

（1）乌鲁木齐及其所属地区

从乾隆二十七年至四十六年底，乌鲁木齐所属各州县共安置户民 19700 余户。③ 至乾隆六十年（1795）底，迪化州所属民户有 3326 户，男 142322 名，女 12386 口。昌吉县属有 3252 户，男 8847 名，女 6665 口。绥来县有 2913 户，男 6661 名，女 4664 口。阜康县属 1964 户，男 6102 名，女 5032 口。济木萨县有 2674 户，男 7502 名，女 5336 口。呼图壁有 1064 户，男 4942 名，女 2838 口。喀喇巴尔噶逊有 200 户，男 607 名，女 505 口。镇西府宜禾县有民户 601 户，男 3931 名，女 2889

---

① 《清高宗实录》卷六一二，乾隆二十五年五月壬子。
② 中国第一历史档案馆：《清代奏折汇编——农业·环境》，商务印书馆 2005 年版，第 207 页。
③ 中国第一历史档案馆：《清代奏折汇编——农业·环境》，商务印书馆 2005 年版，第 285 页。

名。奇台县有 3426 户，男 183422 名，女 12703 口。头屯有民户 447户，男 1085 名，女 467 名。芦草沟有 496 户，男 990 名，女 444 口。塔西河所有 424 户，男 1064 名，女 280 口。以上共有民户 20662 户，男女大小共 129642 名口。嘉庆八年（1803），乌鲁木齐和巴里坤两处有民150000 余口。另外，还有商民保甲 11545 户，男女大小共 43791 名口。① 嘉庆十一年（1806），乌鲁木齐、吐鲁番和哈密三地人口又有新增长。其中，迪化州有男女 36970 口，昌吉县有男女 18488 口，绥来县有男女 12785 口，阜康县有男女 11518 口，呼图壁有男女 11176 口，吉木萨有 18025 口，喀拉巴尔噶逊有 1674 口，精河有男女 87 口，库尔喀喇乌苏有男女 113 口，塔西河有男女 1105 口，芦草沟有男女 863 口，头屯所有男女 777 口，宜禾县有男女 8064 口，奇台县有男女 31075口。② 民屯人口的增长，说明民屯的成效是显著的。

清政府对新疆户屯采取政府补助政策，屯户使用的屯地、牛具和籽种等均由政府授予或贷予。早在乾隆二十七年（1762），陕甘总督杨应琚就奏准，乌鲁木齐地广水足，招募内地无业穷民，由政府咨送。办事大臣旌额理则奏准，屯户每户拨给田地 30 亩，力能多种者，则听民任意开垦。另外，每户赏给农具一副，籽种小麦八斗、粟谷一斗、青稞三斗外，借给建房银二两，马一匹作价银八两，待其生计充裕后在完交。③ 迨至道光元年（1821），乌鲁木齐地区户屯垦地大有发展。迪化州户屯种地 181866 亩，其中，自乾隆二十七年至四十一年垦地 37176亩；自四十二年至嘉庆五年垦地 63092 亩；此外，乾隆五十一年丈出余地 81598 亩。昌吉县户屯种地 165567 亩，其中，自乾隆二十七年至四十一年垦地 66938 亩；自四十二年至嘉庆六年垦地 38952 亩。此外，乾

---

① （清）永保：《乌鲁木齐事宜》，见王希隆整理：《新疆文献四种辑注考述》，甘肃文化出版社 1995 年版，第 126—127 页。

② （清）和宁：《三州辑略》卷三《户口门》，成文出版社 1968 年影印版。

③ （清）永保：《乌鲁木齐政略》，见王希隆整理：《新疆文献四种辑注考述》，甘肃文化出版社 1995 年版，第 57 页。

隆五十一年丈出余地 59677 亩。绥来县户屯种地 93595 亩，其中，自乾隆四十二年至六十年垦地 86850 亩，乾隆五十一年丈出余地 6865 亩。呼图壁户屯种地 51841 亩，其中乾隆三十八年至四十一年垦地 3000 亩，自四十二年至嘉庆七年垦地 36306 亩，乾隆五十一年丈出余地 12535 亩。阜康县户屯种地 63678 亩，其中从乾隆二十九年至四十一年垦地 43547 亩，自四十二年至嘉庆五年垦地 15387 亩，乾隆五十一年丈出余地 4744 亩。吉木萨尔户屯种地 93217 亩有余，其中自乾隆三十七年至四十一年垦地 20850 亩，自四十二年至五十八年垦地 64500，乾隆五十一年丈出余地 7867 亩有余。喀喇巴尔噶逊户屯种地 7384 亩，其中乾隆五十七年垦地 6188 亩，乾隆五十年丈出余地 1196 亩。头屯所种地 8823 亩，其中自乾隆三十二年至四十一年垦地 1622 亩，自四十三年至嘉庆十年垦地 6360 亩，乾隆五十一年丈出余地 43 亩。芦草沟所种地 5313 亩，其中自乾隆三十五年至四十一年垦地 1740 亩，自四十二年至嘉庆九年垦地 3540 亩，乾隆五十一年丈出余地 33 亩。塔西河所种地 10529 亩，其中自乾隆三十六年至四十一年垦地 780 亩，自四十二年至嘉庆九年垦地 9480 亩，乾隆五十一年丈出余地 269 亩。[1]

除民人承垦外，乌木鲁齐所属商户也承种田地。乌鲁木齐所属商户种园共 498 户，种地 27090 余亩，纳租银 2828 两有余。其中迪化州商户 35 户，种地 1806 亩；昌吉县有商户 35 户，种地 1036 亩有余；绥来县有商户 82 户，种地 6836 亩有余；阜康县有商户 13 户，种地 366 亩；济木萨县有商户 81 户，种地 1840 亩有余；呼图壁有商户 32 户，种地 757 亩；吐鲁番有商户 28 户，种地 710 亩有余；还有 16 户种地 230 亩有余；12 户种地 480 亩。[2]

嘉庆道光年间，乌鲁木齐地区不断招民垦种。道光二年（1822），

[1]（清）松筠：《钦定新疆识略》卷二《北路舆图·乌鲁木齐屯务》，文海出版社 1965 年影印版。

[2]（清）永保：《乌鲁木齐事宜》，见王希隆整理：《新疆文献四种辑注考述》，甘肃文化出版社 1995 年版，第 128 页。

235

济木萨马厂的畸零散段地 247000 余亩，招户承种，每年收粮 11200 余石。①

库尔喀喇乌苏是乌鲁木齐西部又一个户屯点。乾隆五十五年（1790），库尔喀喇乌苏有商户 95 户，种地 13330 亩有余；精河有商户 20 户，种地 410 亩有余。② 库尔喀喇乌苏户也有民人垦种，至道光元年（1821），屯种地有 2520 亩，精河户屯种地 1260 亩。③

天山北麓多土壤肥沃、水源充足之地，比较适宜农垦。上述地区的户屯收效也较为良好。以乾隆六十年为例，迪化州每年收户粮 13060 余石，屯粮 19000 余石，外运 40000 余万，年获粮食 71800 余石。昌吉县每年收获粮食 12330 余石、屯粮 18360 余石；绥来县收户粮 9050 余石；阜康县收户粮 5720 余石，屯粮 255 余石；济木萨收户粮 8590 余石；呼图壁收户粮 3670 余石；头屯岁收民户粮 1250 余石，芦草沟岁收民户粮 1330 余石，塔西河所岁收民户粮 1370 余石，宜禾县岁收户粮 3740 余石、屯粮 7980 余石；奇台县岁收户粮 12400 余石，屯粮 9930 余石。吐鲁番岁收屯粮 12300 余石，库尔喀喇乌苏岁收屯粮 4770 余石；精河岁收屯粮 2370 余石，喀喇巴尔噶逊岁收户粮 650 余石。④

道光初年，清政府在新疆广泛招民垦殖，从而掀起一轮户屯高潮。道光二十年（1840），乌鲁木齐所属地方自开辟以来，已经原垦、续垦田地 12170 顷，而迪化、昌吉、阜康、绥来、宜禾、奇台各州县共开成田地 35694 亩。⑤

---

① 中国第一历史档案馆：《清代奏折汇编——农业·环境》，商务印书馆 2005 年版，第 408 页。

② （清）永保：《乌鲁木齐事宜》，见王希隆整理：《新疆文献四种辑注考述》，甘肃文化出版社 1995 年版，第 128—129 页。

③ （清）松筠：《钦定新疆识略》卷二《北路舆图·库尔喀喇乌苏屯务》，文海出版社 1965 年影印版。

④ （清）永保：《乌鲁木齐事宜》，见王希隆整理：《新疆文献四种辑注考述》，甘肃文化出版社 1995 年版，第 133—134 页。

⑤ 中国第一历史档案馆：《清代奏折汇编——农业·环境》，商务印书馆 2005 年版，第 452 页。

（2）伊犁地区

伊犁地处新疆居中之地，也是清政府在新疆的政治、经济和军事中心。当地不仅有兵屯、旗屯、回屯和犯屯，还有户屯。

伊犁地区的户屯始于乾隆二十八年（1763），主要是商民张子仪与张尚义等232名民人报垦。其中，乾隆二十八年起至嘉庆十三年（1808）止，商民张子仪等32名陆续共报垦麦地39618亩6分，每亩征银五分，每岁共计征银1980两9钱3分。

乾隆二十八年起至嘉庆十三年（1808）止，商民张尚义等200名共垦种蔬地稻田10668亩6分。每亩征租银一钱，每岁共计征银1066两8钱6分。以上地亩俱一系听民报垦官为查丈。

此后，伊犁地区不断有民户加入屯田户籍。史载，乾隆三十七年（1772），西堡居住的客民庄世福等48户152口，愿入屯田户籍，将军舒赫德奏准将其安置与惠远城西河湾，每户给地30亩，官府借给牛、种、口粮，自我开垦，三年内代完借项。每亩纳租一钱。其借项代完之后，每亩实纳租银五分。乾隆三十九年（1774），民户张成印等23户57名口，也照四十八户客民屯田户籍之例，经将军伊勒图奏准，官府借给牛、种、口粮，分年还项，以次酌定科则。①

乾隆四十六年（1781），将军伊勒图以户民王已兴等30户愿入户籍，永为土著良民，亦照前例拨给地亩垦种，以上三项共计户民101户，每户种地30亩，共3030亩，每亩征银五分，每岁共计征银151两5钱。

乾隆四十五年（1780）将军伊勒图奏准绿营眷兵分户子弟任世才等114户，每户拨给地30亩，共地3420亩，定例升科，每亩额交细粮小麦8升8合9勺，每岁共计额交细粮小麦304石3升8合。

乾隆五十四年（1789），将军保宁咨准编入民籍潘有成等4户，每

---

① （清）格琫额：《伊江汇览·赋税》，见马大正主编：《清代新疆稀见史料汇辑》，全国图书馆文献缩微复制中心1990年版，第65页。

户拨给地 12 亩，每亩征交细粮小麦 8 升，每岁共计征交细粮小麦 15 石 3 斗 6 升。①

伊犁地区的遣犯逐渐落户为民，清政府也按照户屯规格拨给地亩，令其耕种，并收取粮税。乾隆三十三年（1768），将军阿桂以发来种地人犯马登科等三户，每户拨给 12 亩，每亩交纳细粮小麦八升，共计每岁交纳细粮小麦 2 石 8 斗 8 升。

道光年间是民屯较快发展时期，将军布彦泰于三棵树及红柳湾附近开垦农田，得地 33300 多亩，分授 571 户户屯屯民，平均每户授地 50 亩，每亩征粮 8 升，年获赋粮 2668 石。道光二十四年（1844），将军布彦泰奏准，对惠远城东六十余里处的阿齐乌苏废地进行重垦，捐资引伊犁河支流哈什河水灌溉。林则徐主持修筑了工程浩大而艰辛的渠道，修成阿奇乌苏大渠，得良田 83000 余亩，招徕民众分 17 段进行屯垦。

咸丰五年（1855），伊犁地区民户承种稻地 53316 亩，征银 3199 两有余。后又续开三棵树、阿奇乌苏和大榆树等处田地 178690 亩，岁征小麦 2668 石，征银 7267 两。还有遣犯民为屯，每民种地 12 亩，每亩交粮 8 升。②

（3）塔尔巴哈台地区

塔尔巴哈台城外及所属南湖沙拉活落素、乌努根齐肯、色特尔莫多等处地方有民人承垦地亩，嘉庆十年（1805），民户种地 3000 余亩，每年每亩征收地课银一钱，由管粮厅衙门征收。③

（4）吐鲁番、哈密地区

嘉庆二十四年（1819），吐鲁番东湖地区有民报垦 12000 亩，另外

---

① （清）松筠：《西陲总统事略》卷七《户屯》，文海出版社 1965 年影印版。
② 佚名：《伊江集载·户屯》，见马大正主编：《清代新疆稀见史料汇辑》，全国图书馆文献缩微复制中心 1990 年版，第 105 页。
③ （清）永保：《塔尔巴哈台事宜》卷二《田赋》，成文出版社 1969 年影印版。

97200 余亩正在办理中。① 不过，经过屯种实践，道光四年（1824），只有 5000 余亩可以垦种，其余不是干燥就是碱潮不能耕作。② 道光二十八年（1848），哈密地区也通过兴修水渠，实现了土地改造，经过招徕民户屯种，产生成效。其所垦生熟地有 10500 余亩。③

（5）叶尔羌地区

叶尔羌巴尔楚克的毛拉巴什和塞克三一带荒地甚多，经叶尔羌参赞大臣长清奏请，清政府照道光十三年（1833）招募内地民人 360 余名进行屯种，当年开辟田地 24000 余亩。经试种，收成在九分以上，效果较好。④ 次年，喀什噶尔喀拉赫依地方招垦民人 500 余名，垦地 20000 余亩。⑤ 道光十五年（1835），伊犁将军特依顺宝奏称，南疆自道光十一年议请兴办垦地招种以来，已经开地 24000 余亩。其中，巴尔楚克城附近，经过筑坝修渠，当地新垦 4000 余亩田地。⑥

（6）喀拉沙尔地区

喀拉沙尔的乌沙克塔尔西六十里的曲惠地方，地当新疆交通要道，其山根下有民人居住。道光元年（1821），当地民人报垦田地 1993 亩，每年交粮 259 石 9 斗。⑦ 道光二十七年（1847），喀喇沙尔所属的环城及库尔勒地方由官荒 13500 余亩，经当地政府大力招徕，从吐鲁番和乌

---

① 中国第一历史档案馆：《清代奏折汇编——农业·环境》，商务印书馆 2005 年版，第 399 页。

② 中国第一历史档案馆：《清代奏折汇编——农业·环境》，商务印书馆 2005 年版，第 415 页。

③ 中国第一历史档案馆：《清代奏折汇编——农业·环境》，商务印书馆 2005 年版，第 470 页。

④ 中国第一历史档案馆：《清代奏折汇编——农业·环境》，商务印书馆 2005 年版，第 440 页。

⑤ 中国第一历史档案馆：《清代奏折汇编——农业·环境》，商务印书馆 2005 年版，第 441 页。

⑥ 中国第一历史档案馆：《清代奏折汇编——农业·环境》，商务印书馆 2005 年版，第 444 页。

⑦ （清）松筠：《钦定新疆识略》卷三《南路舆图·喀拉沙尔屯务》，文海出版社 1965 年影印版。

鲁木齐共 75 户民人前来认种。经二年试种，成效较好。①

在清政府的组织下，内地民众不断移居新疆天山南北，或是被动招募屯垦，或是主动认垦田亩，或是由犯屯改为户屯，或是商户认垦地亩，虽然存在各种不同类型，但均功效显著，极大地促进了新疆地区的经济开发与繁荣。特别是天山北麓形成了规模不断加大的农业带和城镇群。木垒是"商贾云集，田亩甚多，民户约五百家"；济木萨是"沿途田亩连塍，村落相接"；绥来则"商民辐辏，庐舍如云，景象明润丰饶，与内地无异"。②

三、第三阶段：光绪元年（1875）至宣统三年（1911）

19 世纪中叶后，南疆爆发了大规模农民起义，特别是同治初年，浩罕的阿古柏入侵南疆，对南疆社会经济造成了严重破坏。"屯田蹂躏，荒熟俱不可考"，③"在阿古柏的暴政之下，新疆南部某些地区的人口比以前减少了一半，耕垦面积也到处缩减"，④ 整个南疆社会经济出现了大倒退。光绪二年（1876），在左宗棠的督率下，清朝大军开始了收复新疆的战争。次年，便顺利收复南疆。光绪九年（1884），清政府在新疆设立行省，刘锦棠为第一任巡抚。在这一阶段，清政府恢复对新疆的治理，并创建行省，变革管理方式，积极恢复和发展屯垦事业。

军垦是解决军队粮饷的重要举措，因此清军一入新疆，左宗棠就提出"每师行所至，相度形势，以屯田为务。战事余暇，即令士卒持锄犁，从事耕种，树艺谷粟，种植蔬菜，以充军食"。⑤ 在筹办军垦的同

① 中国第一历史档案馆：《清代奏折汇编——农业·环境》，商务印书馆 2005 年版，第476 页。
② （清）祁韵士：《万里行程记》，见杨建新：《古西行记选注》，宁夏人民出版社 1987年版，第 410、454 页。
③ （清）王树楠：《新疆图志》卷三〇《赋税志一》，朱玉麒整理，上海古籍出版社2015 年版。
④ 冯家升等辑：《维吾尔族史料简编》（下册），民族出版社 1981 年版，第 387 页。
⑤ 曾问吾：《中国经营西域史》，上海书店 1989 年版，第 429 页。

时，左宗棠也积极招徕流民从事耕垦。在清军收复吐鲁番和托克逊时，就将流民2500余人送还哈密，皆给以牛种赈粮，尽快恢复生产。在清政府的大力鼓励和倡导下，南疆各地的屯垦开展得如火如荼，特别是光绪十六年（1891），清政府又在罗布淖尔地区设立"扶辑招徕总局"，将全境分为英格可立、卡克里克、托和拉克三段，"安插土著，招抚迁民，开渠垦荒，发给农器籽种"。① 此后，将来自南疆各地的贫民1200余户和商民200余户安置于此，村落集市，渐有起色。② 光绪十九年（1893），清政府又在罗布淖尔的都纳里建立蒲昌城，以加强管理。此后，蒲昌城人口日渐增多，清政府又分其地设立新平县，将卡克里克升格为婼羌县。新平、婼羌两县的设立是南疆屯垦事业发展的显著标志之一。从1905—1911年，两地共开垦土地29087亩，③ 水利建设也获得飞速发展，成为南疆新的垦区。

长期的战乱和阿古柏的暴政使得新疆的水利灌溉系统受到严重破坏。例如，叶尔羌河因河道溃坝多处，"河水从各个决口汹涌四出，经由玛喇尔巴什以上，直趋喀什噶尔之乌兰乌苏河"。每至秋汛时节，玛喇尔巴什地区便成为一片泽国，下游则断流，以至渠道久废，旱涝无备，土地荒芜。所以刘锦棠指出，当前之最为切要之务莫急于兴水利以除民患。清政府组织民众修补毁坏的渠道，新建水渠，完善水利灌溉系统。

除上述措施之外，清政府还实行了计户授田、按亩征税等举措大力调动民众生产的积极性，促进农业的恢复和发展。通过上述诸多举措，清政府在新疆建省后的开发策略已从原来的政府组织的兵屯、户屯等经

---

① （清）唐光祎：《婼羌县乡土志·沿革》，见马大正等整理：《新疆乡土志稿》，新疆人民出版社2010年版，第312页。

② （清）王树楠：《新疆图志》卷一〇三《奏议十三·筑罗布淖尔蒲昌城动支银两片》，朱玉麒整理，上海古籍出版社2015年版。

③ （清）王树楠：《新疆图志》卷六五《土壤篇》，朱玉麒整理，上海古籍出版社2015年版。

济开发形式转向以农民自主开发为主的新形式。开发形式的转变是新疆
建省后的新疆建设的重要特点之一。所以，我们在晚清的新疆方志中看
不到清中期所常见的兵屯、旗屯等经济开发形式，而是土著居民的开
发。这些内容将在下一节中具体论述。

第二节 清代新疆土著农业

一、准噶尔汗国时期的新疆土著农业

在清朝统一新疆前，蒙古准噶尔汗国统治下的南疆各地农业发展较
为平稳。正所谓"山南诸回部，有城郭宫室，故居处有恒，有沟塍垄
亩，故田作有时。男识耕耘，女知纺织。"南疆从事农耕的多是维吾尔
族，自高昌回鹘起，维吾尔族便从以往专事游牧逐渐向农耕转变。到准
噶尔汗国时期亦是如此。史载："回人咸知稼穑，其种植大率以麦为重。
虽不种秫谷，豆不为常食。耕种有犁有耒，播种时无耧，惟凭乎撒，无
锄，不知刈芸。收获时堆于平地，用马牛驴数匹头践踏而已。收藏则将
粗粮埋于池窖"。①

准噶尔时期的南疆依然是当时主要农业区，吐鲁番以西有八个较大
城镇，号称南八城。以阿克苏为界，又划分为东四城和西四城。东四城
分别是阿克苏、库车、乌什和喀拉沙尔，西四城分别是喀什噶尔、英吉
沙尔、叶尔羌和和阗。这八城均是历史上的传统农业区，当地人口多以
经营农业为主，乾隆四十年时（1775），喀什噶尔有回庄 16 处，回部
13500 余户；英吉沙尔有回庄 9 处，有回部 2753 户；叶尔羌有回庄 25
处，回部 14600 户；和阗，有回部 13635 户；乌什，有回部 810 户；阿
克苏，有回部 10066 户；库车和喀喇沙尔，共有回部 2844 户；以上八

---

① （清）永贵等：《回疆志》卷三《耕种》，文海出版社 1968 年影印版。

城合计共有回部 58208 户①。可知乾隆四十年的新疆回部民众大致有 30 万人。

南疆气候干旱，降雨量较少，农田灌溉全赖泉水或河水，各地均重视水利灌溉。《钦定皇舆西域图志》卷三〇《官制二·附回部旧官制》记载："密喇布伯克，职司水利疏浚灌溉之务"。在密喇布伯克之下，各村还设置"农管一名，察田亩高下远近，以时启闭，更番引疏"，确保村民均能引水灌田。同时还处理"遏流壅利相讼争"的水源分配不均之事。从《钦定皇舆西域图志》记载来看，在乾隆四十七年（1782）之时南疆各绿洲的水利灌溉方式还是修渠引河水或泉水灌溉，尚未出现坎儿井。例如，哈密："泉甘土肥，山泉竞发，巨细不一，伏流或数十里或百里许出地，引渠溉田"。吐鲁番（今吐鲁番市区及附近地区）："北倚金岭，岭麓有泉南流，周绕国城，民田资其灌溉"。色尔启布（今鄯善县赛尔克甫村）地区"有水从北山下出，南流经城东，分二支流，其西一支经鲁克察克城（今鲁克沁）南，以溉田园"。辟展（今鄯善县城）地区"秋冬山间积雪，入夏消融，流注南麓，渗于沙土。离辟展城五六里许，复出地上，是为泉源。泉眼星罗棋布，约十数处。去城里许，汇合成渠，名辟展郭勒，屈曲而南。地势就平，渠流散漫。凡近渠之地，咸引水灌溉。其高阜则水所不到，专资鱼泽也。哈喇和卓（今吐鲁番二堡乡），水源出北山下，经由沙碛，漫衍而南，出金岭口，汇为大渠，入哈喇和卓郭勒。分道诸堡，田亩资其灌溉。托克三（今托克逊县城），水凡二道，一发源于东面大山之麓，湍泉漫流沙碛间，经一百五十余里，汇入河流。一发源于乌鲁木齐之东山，积雪所融，流注南行，离城二十里许，与泉水合，为托克三郭勒，藉溉田亩。……哈喇沙尔（今焉耆回族自治县开都河西岸）：冬春河身广及一里，夏秋涨发辄三四里。引渠灌溉，屯垦地亩"。各地人民兴修水利，灌溉农田，确

---

① （清）永保：《总统伊犁事宜·南路总说》，见马大正主编：《清代新疆稀见史料汇辑》，全国图书馆文献缩微复制中心 1990 年版，第 167—174 页。

保了粮食所需水源。

农具种类的齐全也是这一时期南疆农业进步的表现之一。农具包括耕耘、施肥、收割、脱粒一整套农具。耕耘工具有铁犁、犁耙、铁锹等。维语称犁为"布古而斯"，犁头铁制，曰题实。长短参差如指形。犁梁长约一丈，端头有环，可以穿钩。牛缚之上，左右设有两木板，长约一尺五寸，其上放置横木。横木长约一丈，可以驾两牛。横木中间系以长绳，系有挂钩，系在犁梁之间。这样便可驱牛负犁前进了。这就是南疆的二牲抬杠犁耕法，诚所谓："双驱骏马勤耕陇，不待天明早唤醒"。"耕不拘牛，骡马与驴皆用之"。由此可见，维吾尔族用来耕作的家畜不仅仅是牛，还可以是马、驴、骡等。播种之后，还需犁耙用来平整土地。维吾尔族使用的犁耙铁头向内，形似铲，以枣木为柄。掘土开沟引水灌田的工具叫做"恰特满"，它形似铁镢，前端呈圆形，以枣木为直柄。维吾尔族一般使用柳条编制的粪筐运粪肥，"以牛马者为良，粪田可倍收"。收割稻麦的工具"鄂尔嘎克"，形如曲刀，以纯钢制成，头柄皆铁，锋利无比。脱粒时，先用类似叉子的工具"阿伊俚"把庄稼均匀地铺散在场圃上曝晒，在中间树立一个木棍，用来系住牲口，"同踏谷麦，以代碌碡"。场上的立木叫做"摩密"。维吾尔族还用簸箕除去谷壳和杂质。簸箕以屈柳木为边，以牛皮为挡，结细草为底，或用藤为底。此外，还有出谷的木制工具"阿斯喀克"。颇知农耕的维吾尔族长期以来逐渐完善耕作工具，"以资耕获，若地利人工之所出，劝课有方，则不逮中土甚矣"。

据《钦定皇舆西域图志》和《回疆志》记载可知，南疆各地虽土地肥瘠不一，但五谷俱全，有小麦、豌豆、糜子（黑、黄二种）、高粱、大麦、稻等，豆类有豌豆、扁豆、小豆、绿豆等，还有黑、白、黄三色的麻。芝麻有黑、白两种，榨油食用，奇香无比，俗称芝麻油为香油。此外，还有"红粒"的品种，也可榨油。向日葵的种子也可用来榨油。棉花在汉代起就在南疆种植，准噶尔汗国时期依然种植，是衣料的重要来源。

瓜果蔬菜是南疆各族喜爱的食品。瓜类有西瓜，大者重四五十斤。甜瓜小而脆。甜瓜可能就是后来闻名于世的哈密瓜。哈密瓜原本产于哈密，但"自平定回疆以来，哈密迤西处处皆有。"各地种类不同，"绿皮绿瓤而清脆如梨、甘芳似醴者为最上，圆扁如阿浑帽形、白瓤者次之；绿者为上，皮淡白多绿斑点、瓤红色者为下"。水果有石榴、苹果、木瓜、梨、樱桃、杏、柿、核桃、李子、酸梅、葡萄、无花果、桃子、酸枣、沙枣、桑葚等。葡萄有长的、圆的两类，其色有紫、白、青、黑数种。此外，还有绿色的葡萄"味倍甘，无核，截条栽地而生"，为布哈尔部所种植，其名美曰"奇石蜜食"。其实这就是明代陈诚所见到的锁子葡萄。上述各种葡萄多是七八月间成熟，当地人将其晒干，或酿造葡萄酒。桑葚有白、黑、红、紫数种，大者长寸许，食之甘美而多浆，"实大而味厚，可佐粮储"，亦可酿酒。其中无子的桑葚叫做"沙图特"。蔬菜有蔓菁、芫荽、丕牙斯（洋葱）、茄子、葫芦、红萝卜、白萝卜、野葱、黄芽韭、秦椒、胡椒、姜等。

《钦定皇舆西域图志》中记载有征收菜园地税的南疆地区就有哈密、辟展、哈喇沙尔、乌什等地。值得注意的是，辟展的菜园地还分为附郭菜园地和远郊菜园地两类，前者的税率是后者的 3.5 倍。商民认垦菜园地需缴税，这说明了南疆蔬菜种植的规模较大，商品化程度较深。此外，还设有专门官员"赛特里伯克"负责巡查街道园林果木。南疆的瓜果在人民日常生活中占有重要位置，在粮食不充分的时候，瓜果就是充饥之物。对此，林则徐在诗中有形象描述，"桑葚才肥杏又黄，甜瓜沙枣亦糇粮"。直到现在，新疆人民还把桑葚、葡萄、杏、瓜等制成干货，长期储存，以备日常食用。叶尔羌地区的瓜果不仅种类繁多，而且规模较大，当地的果园还需缴税，这是南疆地区仅有的，这说明该地瓜果规模是相当大的。

如前文所述，北疆的农业在准噶尔汗国时期也有所发展，这主要得益于准噶尔首领的倡导和奖励。准噶尔汗国时期的北疆农业区主要集中在额尔齐斯河流域、伊犁河谷和乌鲁木齐地区。1640 年托博尔斯克将军派往巴图尔珲台吉处的使者亲见"珲台吉在蒙古边境的基布克塞尔天然界区建造了一座石城从事耕耘，并要在这座小城里居住"。次年，另一位俄国人又记载珲台吉在此处从事耕耘。1643 年，到过巴图尔珲台吉牙帐的俄国人伊林记载："霍博克萨里系由三五个小镇构成。"1654 年出使清廷的巴伊科夫曾经过珲台吉辖区，也见到额尔齐斯河流域布克赛尔修建的小城里居住着种田的布哈拉人。① 准噶尔汗国建立后，噶尔丹和噶尔丹策零也相继在额尔齐斯河流域屯垦。

伊犁河谷是准噶尔汗国的牙帐所在，当地是准噶尔农垦的重要地区之一。准噶尔汗曾把战俘集中在伊犁河谷屯种。此外，还把南疆的乌什、叶尔羌、阿克苏和喀什噶尔等地土著居民迁移至伊犁河谷，从事农耕，这些人被称为塔兰奇人，意思是"种地人"。清军统一新疆后，对此情况也有清晰认识。"从前伊犁地亩，皆回人耕种"，"回人等本以种艺为生，自为准夷驱使执役，伊犁各处习耕佃者延袤相望。"② 据定边右副将军兆惠奏报："伊犁附近地方约有万人耕种地亩"。③ 兆惠在乾隆二十四年一次就接收齐凌扎布等准噶尔汗国首领送还的八千三百余人，其中大半是伯德尔格和塔兰奇人④。准噶尔对伊犁河谷农业经营之深由此可见一斑。乌鲁木齐地区的农田面积也不小，因为当地有从事农耕的500 多户准噶尔人、300 多户维吾尔人和 30 多户汉人，在赛音塔喇（今阜康县以东 60 里）的种田人也有五六十家⑤。准噶尔汗国内农牧兼营，大大加强了准噶尔汗国的实力。史载，准噶尔"且耕且战，号富强"⑥。准噶尔汗国对北疆农业的经营对北疆农业发展起到积极促进作用。

---

① 马大正：《马大正文集》，上海辞书出版社 2005 年版，第 600—601 页。
② 《清高宗实录》卷五六〇，乾隆二十三年四月己巳；卷六一二，乾隆二十五年五月壬子。
③ 《清高宗实录》卷五二〇，乾隆二十一年九月己巳。
④ 《清高宗实录》卷五九八，乾隆二十四年十月丁亥。
⑤ 蔡家艺：《清代新疆社会经济史纲》，人民出版社 2006 年版，第 60 页。
⑥ （清）松筠：《西陲总统事略》卷一，文海出版社 1965 年影印版。

二、统一新疆后的土著农业发展

（一）南疆地区

清代新疆发展的第二个时期，为乾隆二十年（1755）后完成新疆统一至同治四年（1865）阿古柏入侵南疆的百余年时间。这段时间是清朝在新疆各地大力发展经济的时期，也是新疆社会秩序稳定、经济文化大发展时期。

清军统一新疆及平叛大小和卓之乱期间，南疆农牧业遭到严重破坏。为了尽快医治战争创伤，恢复和发展社会经济，清政府采取一系列措施鼓励开垦，兴修水利，发展生产。

首先，招民耕种，尽快恢复社会经济正常运行。劳动力是发展经济的主要动力，只有把民众召集起来从事农耕才能恢复和发展社会生产，免除社会动荡。对于在战乱中盲从的普通百姓，清朝政府轻罚宽赦，保障劳动力充足，以恢复发展生产。乾隆二十五年（1760），陕甘总督杨应琚上奏曰："巴尔楚克傍近河流，泉源充裕。若多招无业回民保聚耕作，由灌溉有资，可渐成村落。……恒额拉克可垦地亩甚多，若招散处回民，听其垦艺，亦可成一大聚落"。[①] 对于贫困不能自立的民众，可以让政府借给口粮籽种让其开垦荒地，恢复生产，等待收获后再缴还粮种。乾隆三十一年（1766）时乌什土地足供 6000 余户耕种，虽然以前已经把部分土地分给当地民众种植，但余地尚多，地方官员曾奏请招人耕种，以免荒芜。

其次，将旧王族土地或军垦田地分给民众耕种。旧王族的土地主要集中在塔里木盆地四周的绿洲地区，特别是灌溉条件较好的库车、沙雅尔、乌什、阿克苏、喀什噶尔、叶尔羌及和阗等地。据《钦定皇舆西域图志》卷三四《贡赋》记载可知：库车原有 250 石籽种地亩，沙雅尔

---

① 《清高宗实录》卷六一○，乾隆二十五年四月己丑。

原有 75 石籽种地亩，阿克苏原有 344 亩，喀什噶尔原有 801 石 4 斗有奇籽种地亩，内兼一易地亩；叶尔羌原有旧官地 1283 石 6 斗 6 升籽种地亩，和阗原有旧官地 13062 石有奇籽种地亩。这些规模宏大的旧官地"一体归民垦种"。由于其土质肥沃，水利灌溉便捷，所以该地税收是高达"十分之五"，是一般土地的五倍。更有甚者，清朝为了安抚维吾尔族贫民，竟把军屯田地划拨给他们耕种。例如，乾隆二十六、二十七两年间将军垦田地 34232 亩裁归回部郡王额敏和卓、公苏赉满所属回户承种。① 这些措施既从经济根本上打击了原来的旧官僚实力，又促进了社会经济的恢复，有利于稳定社会秩序，为南疆经济的发展创造了有利条件。

第三，大兴水利，确保耕作顺利进行。经过实际考察后，清朝地方官员对南疆农业发展与水源的关系有了深刻地认识，"回人地亩，俱藉山水灌溉"。所以，要尽快恢复农业，必须首先修复水渠，重视水利灌溉，确保农业生产的顺利进行。鉴于此，乾隆二十六年（1761），叶尔羌办事都统新柱上奏：按照旧有惯例，设置密喇布伯克，专司水利。并给噶匝纳齐伯克（管理地亩粮赋）和商伯克（职司征输粮赋）配给丁役五十人办公，在引水季节须"派拨丁役从叶尔羌河源逐步查勘"，以防不当用水行为。② 喀什噶尔地方官员也鉴于地方百姓不知守护修葺渠道，以至淤阻塌陷的弊病，特地"派喀什噶尔伯克水灵所属密喇卜伯克等，遍历村庄，详加查勘，或应浚渠以通其源，或应筑堤以蓄其势"。③ 上文已述，密喇布（卜）伯克是南疆专管水利的官员。清朝在统一新疆后继续设置此职以维护水利灌溉的通畅。从记载来看，库车设置密喇布伯克 2 人，沙雅尔置密喇布伯克 1 人，乌什置密喇布伯克 1 人，阿克苏置密喇布伯克 7 人，赛喇木（兼拜城）置密喇布伯克 2 人，喀什噶尔

① （清）傅恒：《钦定皇舆西域图志》卷三四《贡赋》，日本早稻田大学馆藏钱恂所有本。
② 《清高宗实录》卷六三二，乾隆二十六年三月丁未。
③ 《清高宗实录》卷六五六，乾隆二十七年三月甲申。

置密喇布伯克 9 人，叶尔羌置密喇布伯克 7 人，和阗置密喇布伯克 7 人。① 南疆各地官吏体系中大量设置密喇布伯克说明了清朝对水利事业的重视，这对南疆农业的恢复与发展提供了有利的条件。塔里木盆地各地密喇布伯克设置的数量多少也反映出各地水利事业盛弱的不同。上述八个地区，库车、沙雅、乌什和赛喇木（兼拜城）只有 1—2 人不等。喀什噶尔的密喇布伯克最多，有 9 人。阿克苏、叶尔羌与和阗也较多，均为 7 人。仅从密喇布伯克设置的数量看，塔里木盆地北缘地区的水利较南缘和西南部略逊。

在清政府的鼓励举措激励下，各族人民辛勤劳作，战争的创伤逐渐得到医治，新疆各地农业得到恢复并有所发展。

首先，新垦耕地面积增多。嘉庆二十五年（1820），库车办事大臣嵩安疏报称，别什托固喇克等处挑渠引水，垦田有 53000 余亩。② 道光七年（1827），长龄奏称："（南疆）各城田土肥饶，新垦日增"。③ 道光十二年（1832），叶尔羌办事大臣壁昌组织的巴尔楚克和喀拉赫依两处屯垦经过两年的经营已初具规模。道光十四年，喀拉赫依有田 20262 亩；④ 道光十四年，巴尔楚克有田 24000 余亩。⑤ 次年，后者屯田又增至 10 万余亩。⑥ 道光十九年（1839），巴尔楚克官兵"沿堤两岸培修"原来 320 余里的渠道，并且"派屯丁分段看守，遇水涨时，有渠旁草湖可泄，不致淹漫要路"，维护水利灌溉，还在此基础上又延伸了 140 余里，共垦田 164000 余亩。这些田地"实属肥腴，引水足灌溉"，获得皇

---

① （清）傅恒：《钦定皇舆西域图志》卷三〇《官制二》，日本早稻田大学馆藏钱恂所有本。

② 《清史稿》卷一二九《河渠志四》。

③ （清）曹振镛等：《钦定平定回疆剿擒逆裔方略》卷四六，道光七年闰五月癸酉，北京出版社影印道光刻本。

④ 《清宣宗实录》卷二四九，道光十四年二月丙申。

⑤ 中国第一历史档案馆：《清代奏折汇编——农业·环境》，商务印书馆 2005 年版，第440 页。

⑥ 《清宣宗实录》卷二八六，道光十六年七月辛丑。

帝褒奖。① 到道光末年，新疆各地耕地面积大增，吐鲁番、阿克苏各有田 10 万余亩，叶尔羌有田约 98000 亩，喀什噶尔有田 83298 亩，库车有田 120393 亩，哈密有田约 9952 亩，和阗有田 28100 亩。

在南疆土著农业大发展的同时，北疆农业也趋向兴盛，伊犁和乌鲁木齐二地区尤为突出。道光十八年（1838），伊犁将军奕山鉴于"伊犁每岁需放官兵口粮日久渐形不足"，遂筹划增垦地亩。经过实地勘察，额鲁特营所在的塔什图毕地方"长约三十里，宽五、六、七里不等，颇可耕种，开渠引水，足资灌溉"，呈请将此项地亩拨给回户承种纳粮，以解决官兵口粮不足问题。② 此奏得到道光帝嘉奖。经过一年努力，当地修浚水渠一百四十余里，得地 164753 亩，安置伊犁维吾尔民众 1000 户，设立伯克管理。③ 次年，奕山又组织人员续垦塔什图毕以南三道湾地 92493 亩，安置维吾尔民众 500 户。④

新任伊犁将军布彦泰热心农垦事业，他多次留心相度伊犁宜垦之地，要求各级官员着意访察各处土地，如有可垦之地，即行呈报。道光二十二年（1842），布彦泰奏请开垦惠远城东的三棵树和阿卜勒斯二地。在其积极筹措下，次年，三棵树及红柳湾迤东地方共开垦田地 33350 亩，安置 571 户，每年征收小麦 2668 石；阿卜勒斯地方垦地 161000 余亩，设立回庄五处，安置回户 500 户，每年征粮 8140 石。⑤

三棵树和阿卜勒斯二处开垦的顺利开局，获得道光帝的肯定和嘉奖。道光二十四年（1844）二月，道光帝降旨称赞布彦泰，指示"当以开垦为第一要务"。⑥ 四月，布彦泰筹划对惠远城东六十里处的阿齐乌苏地方应先引水后开垦。布彦泰任用谪戍伊犁的林则徐指导修建水

---

① 《清史稿》卷一二九《河渠志四》。
② 《清宣宗实录》卷三一〇，道光十八年五月癸卯。
③ 中国第一历史档案馆：《清代奏折汇编——农业·环境》，商务印书馆 2005 年版，第451 页。
④ 《清宣宗实录》卷三四六，道光二十一年二月戊辰。
⑤ 《清宣宗实录》卷四〇〇，道光二十三年十二月丁未。
⑥ 《清宣宗实录》卷四〇二，道光二十四年二月己酉。

渠。林则徐选择龙口，修建了哈什河引水渠。经过一年努力，阿齐乌苏水渠全线贯通，共得地十万零三百亩，除去低洼盐碱地，实际垦成熟地八万三千亩。[1] 经过嘉庆、道光年间的大力耕耘，伊犁地区农垦面积大增，乾隆朝时该区不过三十万亩，至咸丰四年，伊犁已有垦地"七十二万三千二百亩"。[2]

在伊犁大兴农垦之时，乌鲁木齐都统所属地区也开始兴垦活动。道光二十年（1840），乌鲁木齐都统惠吉奏报，乌鲁木齐所属地方自开辟以来有田地12170顷，而未垦者甚多。经过多方努力，至本年七月，迪化、昌吉、阜康、绥来、宜禾、奇台各州县共已开成地35694亩有余，召集有眷民户1189户，吐鲁番所属的都岗湖地方开垦2600余亩，牙木什地方垦地800余亩，农垦有较大发展。[3] 至道光二十九年（1849），乌鲁木齐所属地方共垦荒地86519亩，其中镇西府所属的宜禾县和奇台县共垦24569亩，迪化州、阜康县、昌吉县、绥来县、吉木萨、呼图壁等处垦地45600亩，喀喇巴尔噶逊、库尔喀喇乌苏、精河等处垦地16350亩。[4] 道光二十七年（1847），哈密已垦新地一万五百余亩。[5] 道光三十年（1850），喀喇沙尔所属环城及库尔勒地方新增垦地13500亩。[6]

其次，水利事业的兴盛。清政府对水利事业比较重视，各地纷纷开

---

① 华立：《清代新疆农业开发史》，黑龙江教育出版社1995年版，第176页。

② 中国第一历史档案馆：《清代奏折汇编——农业·环境》，商务印书馆2005年版，第484页。

③ 中国第一历史档案馆：《清代奏折汇编——农业·环境》，商务印书馆2005年版，第452页。

④ 中国第一历史档案馆：《清代奏折汇编——农业·环境》，商务印书馆2005年版，第473页。

⑤ 中国第一历史档案馆：《清代奏折汇编——农业·环境》，商务印书馆2005年版，第470页。

⑥ 中国第一历史档案馆：《清代奏折汇编——农业·环境》，商务印书馆2005年版，第476页。

渠修堰，加大水利建设力度。乌什"所属回庄并官垦屯田，皆开渠灌溉"；[1] 英吉沙尔的"大河阔四五丈，至图木舒克地方分流各处，回民开渠，引以灌田"；[2] 和阗"各回庄开渠灌田，资其利焉"。[3] 清朝地方政府在喇沙尔城西利用开都河引水灌溉。道光十七年（1837），组织民众修筑护堤，设有屯田头工、二工两渠，自裁屯安户后，又于上游大河开一大渠，嗣头二工又各添新渠，共有五渠。鉴于上年大水，各渠口冲塌，护堤亦坏。当年又挑浚北大渠，接长二千三百丈，共长九千丈；修筑龙口石工，外设木闸，自龙口至坡心滩嘴，筑碎石长坝四十余丈，中设泄水闸，随时启闭；接长旧堤三十余里，至北大渠口为止；其余诸渠挑浚深通，庶期经久。[4] 道光二十五年（1845），吐鲁番的伊拉里克除了新修水渠把阿拉浑水由东向西引到了新垦田地之外，还在黑山头修筑了灌溉大渠，为了防止渠道下渗，还在渠底铺上毡子，大大提高了灌溉效益。[5]

特别需要指出的是吐鲁番地区坎儿井的出现和推广。坎儿井是清朝时期水利发展的最突出特点。坎儿井适宜于特别干旱、蒸发量大的地区。从文献和考古资料看，清朝乾隆四十二年（1777）时吐鲁番地区还没有坎儿井。《钦定皇舆西域图志》中记载该地的水利设施全是水渠，而没有坎儿井的任何痕迹。现在所见有关坎儿井最早的一条史料是和宁《三州辑略·赋税》中的记载："嘉庆十二年五月乌鲁木齐都统和宁案据……又据民人魏良灏等十五家情愿认垦雅尔湖潮地一千三百四十亩，堪垦卡尔地二百五十一亩，潮地每亩交纳租银四钱，卡尔地每亩交纳租银六钱，交同知衙门存贮"。雅尔湖是地名，东距吐鲁番市约 10 公

---

① （清）和宁：《回疆通志》卷一〇，成文出版社 1966 年影印版。
② （清）和宁：《回疆通志》卷七，成文出版社 1966 年影印版。
③ （清）和宁：《回疆通志》卷八，成文出版社 1966 年影印版。
④ 《清史稿》卷三八二《萨迎阿传》。
⑤ （清）王树楠：《新疆图志》卷一一四《人物·黄冕》，朱玉麒整理，上海古籍出版社 2015 年版。

里。卡尔即坎儿井，坎儿井水量稳定，由它浇灌的土地，可保旱季收获，故其租税比潮地须多交纳三分之一，显然坎儿井已经产生实际效益。

道光十九年（1839）五月二十九日，道光帝在上谕中说："据奏（乌鲁木齐都统廉敬奏）……在牙木什（吐鲁番西一小地名）迤南地方，勘有可垦地八百余亩，因附近无水，必须挖卡引水，以资浇灌"。"卡"即"卡井"的简称。此后，林则徐在考察吐鲁番时，见到："沿途多土坑，询其名曰'卡井'，能引水横流者。自南而北，渐引渐高，水从土中穿穴而行，诚不可思议"。[1] 这是中原人士第一次在个人文献中记载坎儿井，并对坎儿井"水从土中穿穴而行"的特征做了准确描述，不过当时仍称"卡井"。此外，坎儿井还被称为"闸井"。林则徐曾大力提倡修建坎儿井，这为坎儿井的推广，起到了积极的推动作用。道光二十五年（1845），伊犁将军萨迎阿上疏言："吐鲁番掘井取泉，由地中连环导引，浇灌高田，以备渠水所不及，名曰闸井，旧有三十余处。现因伊拉里克户民无力，饬属捐钱筹办，可得六十余处，共成百处"。[2] 萨迎阿在吐鲁番地区对伊拉里克户民的大力支持，扩大了坎儿井的规模。坎儿井以其水量稳定，蒸发量小等优点利于人民生产生活，然由于开挖工程量大，一般由清政府组织，统一开挖。此后，坎儿井便在吐鲁番地区逐渐推广开来。

道光年间，伊犁地区兴修水利中，以林则徐主持的哈什河引水渠为著。道光二十四年（1844）四月，伊犁将军布彦泰筹划开垦阿齐乌苏地方荒地，然当地水源未辟，原来所用山泉之水一遇旱季便无水，致使垦地抛荒，故开渠引水是恢复阿齐乌苏垦田的关键。经过仔细勘查，引注哈什河水浇灌是最佳方案。哈什河是伊犁河支流，可因之兴修水利，仍然需要修筑长度约四百里引水渠道，工程量大，任务艰巨。布彦泰倡

---

① 中山大学历史系整理：《林则徐日记》，中华书局1985年版，第448页。
② 《清史稿》卷三八二《萨阿迎传》。

导捐工，发动文武官弁捐资分段承修。哈什河引水渠道的关键是龙口部分。承修该段工程的是谪戍伊犁的林则徐。他经过详细勘测，选择水流缓慢，易于引导水之处，开凿引水渠，定桩抛石，修筑龙口。历时四月，用工十万，龙口引水工程顺利竣工。新渠开通后，河水源源不断入渠，为新垦土地提供了水源保障。开挖新渠的同时，布彦泰还组织人员为塔什鄂斯坦回屯疏浚年久淤积的旧渠九十余里，并把新旧二渠连接起来。哈什河引水渠的修建，可以灌溉周边十万亩田地，功效甚大。因林则徐的卓越贡献，当地民众又称此渠为"林公渠"，以示纪念。

随着土地垦殖的不断增加，粮食生产屡获丰收。乾隆四十二年（1777），南疆除了哈密外，共纳粮75235石，[①] 按照清朝"十分之一"税率计算，当年上述地区产量应为752350石。至道光三十年（1850），上述地区的纳粮上升至146449石，[②] 若按照同样税率计算，当年该区产量为1464490石，这是前者的1.95倍。粮食的增加，为人口的增长和社会的发展与稳定提供了可靠保证。

于是，在其后一段时间，新疆的人口也出现了快速增长。据《大清会典》记载，乾隆二十六年（1761），南疆地区有民205250口，[③] 到乾隆四十一年（1776），人口数已经增至61.4万人，到了嘉庆年二十五年（1820），又上升至70余万，[④] 增速较快。

总之，南疆各地已呈现出一派农业繁荣的景象。于阗"户口繁多，瓜果咸备"；叶尔羌"远近所属，村城甚多"，物产丰富，"土产米、谷、瓜果甲于回地"；喀什噶尔水果繁多味美，所产石榴、木瓜瓜膏、苹果、葡萄干等均为贡品；乌什境内饶耕稼，"果木成林"；阿克苏

---

① （清）傅恒：《钦定皇舆西域图志》卷三四《贡赋》，日本早稻田大学馆藏钱恂所有本。

② 华立：《清代新疆农业开发史》，黑龙江教育出版社1995年版，第183—184页。

③ 蔡家艺：《清代新疆社会经济史纲》，人民出版社2006年版，第163页。

④ 曹树基：《中国人口史·第五卷·清时期》，复旦大学出版社2001年版，第445—446页。

"土田广沃，芝麻、二麦、谷、豆、黍、棉、黄云披野；桃、杏、桑、梨、石榴、葡萄、苹果、瓜菜之属，塞圃充园，人人富厚，牛羊驼马，所在群聚"；尤以所产稻谷闻名遐迩。库车"自底定以来，滋养生息，家给人足，迄今最贫苦之小回，亦有牛、羊、驼、马，出有衣，入有食，吉凶皆能成礼，歌舞升平亦"。① 辟展"民居鳞接，商贾辐辏"。② 哈密"田畴沃衍，园林蕃庑"。③ "人烟辐辏，店铺繁多"，④ 经济繁荣，景象喜人。

如前所述，十九世纪中叶后，南疆地区在内忧外患的严重影响下，社会经济曾遭受巨大破坏，出现了人口锐减、田畴荒芜等现象。光绪三年（1877），左宗棠收复南疆。光绪九年（1884）新疆行省建立，清政府在新疆实行了更有效的管理。在广大人民群众的积极参与下，新疆农业逐渐得到恢复。

第一，水利灌溉系统得到修复和维护。从《新疆图志·沟渠志》的记载来看，南疆共修建干渠664条，支渠共1704条，分别占全疆水渠数量的70%（664／944）和73%（1704／2333），南疆的水利事业已取得巨大进步。叶尔羌河和喀什噶尔河流域所属渠道均得以疏浚。"回疆四城，自兴修各项工程以来，闾阎鲜水旱之忧"。⑤ 南疆其他地区的水利灌溉事业也均发展良好，在南疆诸地区中以库车、和阗、沙雅、皮山、叶城、疏勒、疏附、伽师、鄯善等地区的水渠数目较多，这体现了上述地区农业进步。

第二，耕地面积的扩大。例如，鄯善从1901—1911十年间新增田

---

① （清）椿园：《西域闻见录》卷二《新疆纪闻》，日本早稻田大学所藏宽政本。

② （清）傅恒：《钦定皇舆西域图志》卷一四《疆域七》，日本早稻田大学馆藏钱恂所有本。

③ （清）傅恒：《钦定皇舆西域图志》卷九《疆域二》，日本早稻田大学馆藏钱恂所有本。

④ （清）钟方：《哈密志》卷一四《街巷》，文海出版社1968年影印版。

⑤ （清）王树楠：《新疆图志》卷九八《奏议·新疆南路四城兴修各工完竣并筹办应修各工折》，朱玉麒整理，上海古籍出版社2015年版。

地 3892 亩，新平县新增 8793 亩，婼羌县新增 20294 亩，拜城新增 23426 亩，巴楚州新增 16413 亩，疏附县新增 21146 亩，英吉沙尔厅新增 10255 亩，叶城新增 15298 亩，皮山县新增 55165 亩，和阗本州新增 52065 亩，洛浦县新增 27287 亩，于阗新增 46863 亩。①

第三，耕作技艺大大提高。在收复新疆的过程中，大量士卒和商人及杂役人员落户于此，其中就有许多有丰富种植经验和技能的内地农民，比如"客民之艺棉者咸聚焉"。② 其中湖北人的植棉技术较高，人数也较多，他们在吐鲁番地区植棉时会及时浇水、注意施肥、松土整枝，使得该区棉花产量大增。③ 此外，吐鲁番地区还引进了高产的优良棉花新品种——美利坚棉，当时的吐鲁番有两种棉花，一是与布哈尔品种同类的当地品种，还有就是较前者优良的美利坚品种。然而，该品种何时引进已不可考。自光绪二十九年（1903）以后，吐鲁番的棉花产量大增，每年出口俄国的棉花价值五六十万两白银。④ 光绪年间，浙人赵贵华受新疆布政使王树楠之命，寻求流落南疆的丝质蚕桑工匠推广先进的养蚕技术，并对从植桑、接枝、压条到选择蚕种、制器、缫丝等过程详加考究，终于总结出先进的养蚕缫丝方法，在南疆推广，使得南疆蚕丝的质量和产量均大幅提高。⑤

第四，新品种引进和高产作物的推广。明清时期我国农业发展的一个特点就是引进了许多国外优良高产新品种，如玉米、马铃薯、甘薯等。长期以来，南疆的农作物主要是大小麦、青稞、粟、黍、高粱、豌

---

① （清）王树楠：《新疆图志》卷六五《土壤篇》，朱玉麒整理，上海古籍出版社 2015年版。

② （清）王树楠：《新疆图志》卷二八《实业一》，朱玉麒整理，上海古籍出版社 2015年版。

③ （清）王树楠：《新疆图志》卷二八《实业一》，朱玉麒整理，上海古籍出版社 2015年版。

④ （清）钟广生等：《新疆志稿》卷二，成文出版社 1968 年影印版。

⑤ （清）王树楠：《新疆图志》卷二八《实业一》，朱玉麒整理，上海古籍出版社 2015年版和钟广生等纂：《新疆志稿》卷二，成文出版社 1968 年影印版。

豆等，也有一些地区种植稻谷。大约在乾隆年间玉米等新物种被引进新疆。齐清顺依据《伊江汇览》的记载，认为新疆玉米是由内地传入的。[①] 日本学者堀直则认为是从中亚引进的。[②] 但有一点可以肯定的是，玉米首先是在伊犁地区种植，此后逐渐向南疆推广的。玉米是一种适应性强、耐旱、耐高温产量高的优良作物，直到道光后期时期，南疆地区开始种植玉米。咸丰时期，南疆其他地区已广泛种植。[③] 据《新疆乡土志稿》记载，在南疆的 26 个府、厅、州、县中有 21 个地区种植玉米，特别是轮台、沙雅、莎车和于阗四地的玉米成为当地粮食生产的大宗。此外还有洋芋的引进。洋芋即马铃薯，俗称土豆。在《哈密志》中就有洋芋的记载。不过洋芋还是归于蔬菜类，可能是其种植比较少。糯米在清代时也被引进新疆，哈密地区就生产糯米[④]。糯米又叫江米，富含维生素 B，温暖脾胃，补益中气，有良好的食疗效果，且其香糯黏滑，常被用以制成风味小吃，深受人民喜爱。稻谷早在魏晋时期已经在疏勒、莎车、和阗等地种植，吐鲁番地区可能有少量栽培。到了清代，稻谷的种植范围逐渐扩大，南疆的稻谷种植已较普遍，焉耆、库尔勒、沙雅、阿克苏、新平、库车、疏勒、叶城、英吉沙尔、叶城、皮山、和阗等地均有种植。而乌什地区早在乾隆三十二年（1767）就试种成功，但由于该地水冷而没有坚持种植下去，即长时间放弃种植稻谷[⑤]。然而，到了清后期，该地又生产稻谷[⑥]，这或许与生产技术提高有关。在左宗棠收复新疆后，湖南籍军士中有的留在南疆，他们善于种植水稻，

---

① 齐清顺：《玉米在新疆的种植与推广》，《新疆社会科学》1988 年第 1 期。

② ［日］堀直：《回疆玉米考》，《西域研究》1994 年第 4 期。

③ 华立：《清代新疆农业开发史》，黑龙江教育出版社 1995 年版，第 240 页。

④ （清）钟方：《哈密志》卷二三《物产》，文海出版社 1968 年影印版。

⑤ （清）傅恒：《钦定皇舆西域图志》卷三三《屯政二》，日本早稻田大学馆藏钱恂所有本。

⑥ （清）穆彰阿等：《嘉庆重修大清一统志》卷五一六《西域新疆统部》，商务印书馆 1983 年影印版。

史载"湘人善艺稻,深耕溉种,亩收十钟"。[①] "深耕溉种"即通过深耕排碱,再灌溉种植。蔡家艺先生认为"亩收十钟"可谓太高,可能是"十斛"之误。[②] 即便如此,稻谷的产量还是相当可观的。乾隆年间阿克苏水稻的产量年均在20—30分左右(十分为一石),在各地军垦中名列榜首。[③]

第五,粮食产量的增加。粮食的产量是反映农业进步的重要指标。光绪四年(1878),南疆共征粮247064石,[④] 按照清朝当时的"什一分而取其一"的税率,当年南疆产量应为2470640石,这是前一时期的1.7倍。

第六,人口大增。光绪末年,南疆人口进一步增长,从《新疆图志》(宣统元年)所载的南疆阿克苏道和喀什噶尔道共有户口375376户,人口1804143人,分别占到全疆的88%和89%。这还没有加入划归镇迪道的吐鲁番、鄯善和哈密三地。较之前一时期南疆70余万数,宣统时期人口增长了2.6倍。其中农业人口占到1433088人,占到全疆农业人口的92%。[⑤]

总而言之,经过有清一代政府的大力鼓励、支持和广大劳动人民的辛勤劳动,南疆农业发展虽经历战争的波动,但仍取得了令人瞩目的成就。无论是农田面积的扩大,新物种的引入,高产作物的推广还是耕作技术的进步,人口的增加,这些都体现了南疆农业生产发展的巨大成就。南疆农业生产呈现出波浪式前进的发展特点,清代则是继汉、唐之后南疆农业发展的第三个高潮。

---

① (清)王树楠:《新疆图志》卷二八《实业一》,朱玉麒整理,上海古籍出版社2015年版。

② 蔡家艺:《清代新疆社会经济史纲》,人民出版社2006年版,第296页。

③ (清)傅恒:《钦定皇舆西域图志》卷三三《屯政二》,日本早稻田大学馆藏钱恂所有本。

④ 华立:《清代新疆农业开发史》,黑龙江教育出版社1995年版,第231页。

⑤ 华立:《清代新疆农业开发史》,黑龙江教育出版社1995年版,第219—220页。

（二）北疆农业的发展

清代是新疆农业大发展时期。鉴于北疆战略地位的重要性，清朝尤为重视对北疆的经营，从而促进了该区农业获得飞跃式发展。

虽然准噶尔汗国时期北疆的农业仍有经营，但存在从事农业经营的人口少，农田规模小等现象，农业种植零星分布，尚未形成具有一定规模的农耕区。这种状况直到清军收复全疆后才有根本上改变。

清代统一新疆后，屯垦事业蓬勃发展，军屯、民屯、旗屯、回屯和犯屯等各种形式的屯垦遍布天山北麓。以屯垦为主体的农业区自东向西不断拓展，并日益密集，逐渐形成了巴里坤、木垒、奇台、吉木萨尔、阜康、昌吉、乌鲁木齐、呼图壁、玛纳斯、库尔喀喇乌苏、精河、伊犁、塔尔巴哈台等众多屯区的条状分布带，其中以伊犁九城为中心的伊犁河谷和以乌鲁木齐为中心的吉木萨尔—精河地区是北疆农业区的双核。伊犁时为新疆前期的首府，该地不仅屯垦形式多样，而且农耕人口众多，农业成效也最为显著。阡陌纵横，渠道密布，禾菽弥望。在农业发展的基础上，逐渐形成了以惠远、惠宁、绥定、宁远、拱宸、广仁、瞻德、塔勒奇、熙春等九城为中心的城镇体系，村落毗接，鸡犬相闻，呈现出欣欣向荣的繁荣景象，"昔年荒服之区，今悉无殊内地矣"。[①] 乌鲁木齐则是新疆后期的首府，亦是清代移民屯垦的重点区域之一，以其为中心的吉木萨尔—精河农区，有军屯、民屯、犯屯等诸多类型。农业发展，城镇兴起，商业繁盛，真是"到处歌楼到处花，塞垣此地最繁华"。[②]

清代北疆农业的飞跃式发展主要体现在人口的增加、田亩的增长、农耕技术的提高、农田水利的进步和农作物品种的改良与引进等方面。以下依次论述。

---

① （清）格琫额：《伊江汇览·赋税》，见马大正主编：《清代新疆稀见史料汇辑》，第65页。

② 吴蔼宸：《历代西域诗抄》，新疆人民出版社1983年，第103页。

第一，人口的增加。在没有实现农业机械化的古代，人口的多寡是衡量地区农业进步与否的重要指标之一。在清军收复新疆之初，由于长期战乱，北疆人口锐减。为了迅速医治战争创伤、稳定社会和发展生产，清朝开始大规模移民运动，不断从南疆、内地以及东北调集士兵以及招徕各族民众进入北疆。[1] 据学者研究，乾隆四十二年（1777）前后，北疆地区的人口已有 27 万左右。道光六年（1826）前后，北疆仅汉族人口就达到 43 万人。[2] 若加上维吾尔、蒙古等民族，北疆的人口将超过 50 万。此后新疆人民起义和沙俄的侵略，以及清军收复新疆等一系列社会动荡和战争使得新疆人口大幅减少。到了 1909 年，北疆人口已经减至 220519 人。[3]

第二，田亩的增长。先以伊犁地区为例，清军进入伊犁时，当地不过有 10 万亩左右。经过各族劳动人民的辛勤开发，耕地面积在咸丰初年曾一度高达 723200 余亩，增长了七倍多。[4] 再看北疆的农耕面积，乾隆四十二年（1777）北疆耕地面积为 678885 亩，经乾嘉时期的快速发展，道光元年（1821）时北疆的耕地面积已达 1285687 亩，[5] 较之前者增长近一倍！此后，由于受到一系列社会动荡等因素的影响，到光绪三十一年（1905）时，北疆各府厅州县的耕地面积略有下降，但仍多达967269 亩。[6] 即便如此，这仍是唐代北疆农垦面积的九倍多！

第三，土壤改良与农耕技术的提高。经过长时间探索，劳动人民对北疆地区土壤的认识进一步加深，并逐渐总结出土壤改良的成功经验。《新疆图志》卷二十八《实业》记载："迪化以西，伊犁以东，土质坚实，荒田弥望，无虑千万顷。垦荒之法，先相土宜：生白蒿者为上地，

---

① 马大正：《清代西迁新疆之察哈尔蒙古的史料与历史》，《民族研究》1994 年第 4 期。

② 齐清顺：《清代新疆农业生产力的发展》，《西北民族研究》1988 年第 2 期。

③ 笔者依据《新疆图志》中的镇迪道和塔伊道人口数减去哈密厅的人口计算所得。

④ 《伊江集载·屯务》，见马大正主编：《清代新疆稀见史料汇辑》，全国图书馆文献缩微复制中心 1990 年版，第 104 页。

⑤ 华立：《清代新疆农业开发史》，黑龙江教育出版社 1995 年版，第 140 页。

⑥ 依据《新疆图志·土壤志》估算北疆的耕地面积。

生龙须草者为中地，生芦苇者多碱，为下地，然宜稻。既度地利，乃芟而焚之，区画成方畛形。夏日则犁其土，使草根森露，曝之欲使其干也。秋日则疏其渠，引水浸之，欲其腐也。次岁春融，则草化而地亦腴。初种宜麦，麦能吸地力，化土性，使坚者爽，实者松。再种宜豆，豆能稍减碱质。若不依法次第种之，则地角坼裂，秀而不实矣。如是三年之后，五谷皆宜，每种一石，若可获二十石"。这种先通过植物辨识土质，在通过生物种植技术来改良土壤的方法对今天仍有重要借鉴意义。

随着进入北疆的内地人民增多，内地先进的耕作技术也日渐传播到北疆。在左宗棠收复新疆后，湖南籍军士中部分留驻北疆，他们善于种植水稻，史载"湘人善艺稻，深耕溉种，亩收十钟"。[①] 通过水稻种植技术的改进，原来不能种植水稻的阜康、迪化、昌吉、呼图壁、绥来、库尔喀喇乌苏、精河和伊犁也开始种植水稻了，其中迪化所属的三个泉、绥来和库尔喀喇乌苏三处的稻米最负盛名，库尔喀喇乌苏所产的稻米有"西湖稻米"之美誉，[②] 品质与南疆阿克苏的稻米不相上下。此外，来自内地的民众还把家乡的种菜技术带到乌鲁木齐，并针对当地冬季寒冷的特点创造了地窖温室育苗法。史载"掘地为窖，播种其中，以微火烘之，取苇秆密护四周，上覆芦箔，以御风雪"。等到春暖时节，再移苗田间，使"春初之菜，无不应时入市"。[③] 种菜技术的改进，大大提高了当地蔬菜的产量，更重要的是反季节蔬菜的种植和上市，大大丰富了饮食品种，提高了人民生活质量。

第四，农田水利的进步。水利是农业命脉，没有良好的灌溉，农业

---

① （清）王树楠：《新疆图志》卷二八《实业一》，朱玉麒整理，上海古籍出版社2015年版。

② （清）王树楠：《新疆图志》卷二八《实业一》，朱玉麒整理，上海古籍出版社2015年版。

③ （清）王树楠：《新疆图志》卷二八《实业一》，朱玉麒整理，上海古籍出版社2015年版。

生产难以进行。有清一代，北疆的军民为粮食种植，大力发展农田水利事业。建省前的新疆，水利建设主要集中在伊犁地区。伊犁将军阿桂率领军民在惠远城北修建有塔尔奇沟和乌哈尔里克沟二渠。伊犁将军松筠在惠远城东修建有通惠渠，又在其渠东阿齐乌苏地方开浚大渠引辟里沁山的泉水灌田数万亩。此外，由伊犁将军松筠勘探、发起和主持，锡伯营总管图伯特率领锡伯军民，用时六年开凿的察布查尔渠长二百余里，沿泉水溢出带与洪积扇之间延伸，东至察布查尔山口，得地七万余亩。道光十八年（1838）到道光二十四年（1840）伊犁地区先后开垦出塔什图毕及三道湾、三棵树（包括红柳湾）、阿卜勒斯、阿齐乌苏等四块灌溉垦区，垦区内灌溉渠网密布，保证了灌溉之需。此外，还有林则徐在伊犁期间主持修建的哈什河引水灌溉工程，使得阿齐乌苏荒地得以顺利开垦灌溉。经过乾、嘉、道三朝的努力，伊犁的灌区田地面积达 30 万亩以上。[①]

新疆建省后，北疆地区的水利建设取得了进一步发展。宣统末年，据《新疆图志·沟渠》记载统计可知，北疆各地共有干渠 280 条，支渠 576 条，溉地约达 1708223 亩。其中对乌鲁木齐地区的水利建设投入的人力、物力、财力为最大，修浚的河渠数量最多，干渠 44 条，支渠 66 条，渠道总长达 2245 里，灌溉亩数达 44557 亩。[②] 北疆水利开发中心由伊犁地区转向乌鲁木齐地区，这与新疆政治中心的转移有很大的关系。总之，清代北疆地区农田水利事业的发达充分反映了清代北疆农业的巨大进步。

第五，农作物品种的改良和增多。品种改良是农业进步的重要体现。清代的农作物品种改良主要是水稻和棉花，涉及北疆的则是水稻。清代以前新疆的水稻是粳稻，粳稻颗粒短而圆，而清代记载的水稻却是

---

① （清）松筠：《钦定新疆识略》卷六《屯务》，文海出版社 1965 年影印版。
② （清）王树楠：《新疆图志》卷七三《沟渠》，朱玉麒整理，上海古籍出版社 2015 年版。

颗粒长白，这是清代水稻的新品种。《新疆志稿》记载该品种是"粒长色白，味甘而濡，精凿出东南秔米上"。[①]

长期以来，新疆的农作物主要是大小麦、水稻、青稞、粟、黍和高粱等。玉米等新作物大约在乾隆年间被引进新疆。这种高产作物品种的引进，提高了粮食产量。清代的众多引进的作物中还有油菜，这是重要的油料作物。油菜在乾隆年间由内地的军士带进新疆，并首先在辟展（今鄯善）试种成功。此后，油菜逐渐推展到乌鲁木齐地区，并向当地的维吾尔族民众推广种植。[②]

综上所述，清代的北疆地区农业生产的进步远远超过以前各代，从农田水利建设看，清代的水利最发达；从农作物品种看，清代的农作物品种最多，高产优质的粮食品种多且种植广；从农田规模看，清代北疆的农业区东起巴里坤，西至伊犁，北至额尔齐斯河流域，南到天山北麓，星罗棋布，远远超过以前任何一个时期。因此，清代作为北疆地区农业开发史上的飞跃时期，为后来北疆农业区的形成奠定了重要基础。在清代以前，北疆地区的农业生产较之南疆一直处于弱势，经过有清一代各族人民的辛勤开发，北疆地区农业生产的规模超过历史上任何时期，农业生产比重不断增加，以至渐居主体地位，形成北疆农牧兼营、以农为主的经济产业结构，并初步改变了长期以来新疆"南农北牧"的经济地理格局。古代北疆地区农业生产的不断进步与发展，不仅密切南、北疆的经济联系，而且缩小了新疆与内地的经济差距，为促进新疆与内地一体化进程，以及近代新疆农业的进一步发展夯实了基础。

---

① 《新疆志稿》卷二《建置》，成文出版社 1968 年影印版。
② 《清高宗实录》卷六五八，乾隆二十七年四月乙丑。

第三节　清代新疆的民间畜牧业

一、南疆地区

清朝康熙年间，蒙古准噶尔部南下攻灭了叶尔羌汗国，取得了对南疆的统治权。由于准噶尔对南疆实行间接管理，所以南疆畜牧业发展平稳。从有限的资料得知，当时南疆地区的牲畜主要是羊、牛、马、驴、骡等，骆驼较少。羊可供肉食和羊皮、羊毛，牛、马、驴、骡和骆驼等大型牲畜主要作为耕地和运输的畜力。肖雄在《西疆杂述诗·牧养》中记载："回俗亦重牧，养牛以事耕种，并负大车。骡马或骑乘，或驾车远去，农时也耕于野。驴则坐人运货，耕田推磨以及柴水之需，皆赖之。……耕牛壮大者少，皆黄犊，无水牛。……骡马率高大而善走……今各城所出骏马甚多。骡之嘉者，能日行数百里。羊为食肉计，兼成衣以御寒。……骆驼独少，不能成帮。"据此可知，准噶尔汗国时期，南疆的民间畜牧业依然如前得以继续。

清政府统一西域后，采取"因俗而治"的方略，由伊犁将军统管西域事务，南疆则由总理回疆参赞大臣管理。南疆地方具体事务由地方官员——各级伯克负责管理。所以，清政府对南疆的畜牧业管理基本上沿用传统的鼓励政策。南疆各地民间的畜牧业也较繁盛。哈密下属沁城东百余里的东山，"草木丛生，禽兽繁殖，居民皆回部缠种，畜牧逐水草之便"。东山东面四站路的淖毛湖，"草场阔大，孳生繁茂"。[1] 辟展的齐克塔木"有水草，可驻牧"；纳呼地区，"滨湖之地可驻牧"。[2] 哈

---

① （清）刘润通：《哈密直隶厅乡土志·道里》，见马大正等整理：《新疆乡土志稿》，新疆人民出版社 2010 年版，第 146 页。
② （清）傅恒：《钦定皇舆西域图志》卷一四《天山南路一》，日本早稻田大学馆藏钱恂所有本。

喇沙尔的硕尔楚克"有水草，可驻牧"；策特尔"饶水草"。^① 拜城地区，"地饶水草"。^② 乌什则"介于阿克苏、喀什噶尔之间，为回部适中之地，依山为城，有险可恃，田肥饶，水充足，又有牧场可滋养马牛羊"。^③ 叶尔羌的贝拉"有水草"。^④ 在上述水草肥美的地区中，特别要提到焉耆西部的开都河两岸和上游的裕勒都斯大草原。椿园在描述上述两地时说："著勒土斯山场迥环千里，草肥水甘，多野牲，足资游牧；开都河水畅流，足资灌溉。……后土尔扈特来归，遂将其汗乌巴锡部落、霍硕特贝勒恭格部安插于著勒土斯，恣其游牧，教之耕种。"经过一个时期的休养生息，"开都河南北两岸及著勒土斯牧场，毡帐云屯，皆伊等所居也"。^⑤ 乌什西部及喀什噶尔以南，游牧的布鲁特有 14 部之众，伊犁地区也有布鲁特 80 余户，^⑥ 内附的布鲁特还游牧在听杂布河（即叶尔羌河上游）左右两岸，"强盛不劣于哈萨克，岁鬻牲畜数十万计。"^⑦

清代南疆地区的畜牧业经营有一个特点，即南疆定居民众多聘请擅长畜牧的蒙古族和哈萨克族代为放牧。一般情况下，每个人放养马三十匹或牛五十头或羊三百只，雇佣放牧的报酬是每年主家给"絮氈裘革履毯幕各一具，月饷羊羔一麦三十斛，春秋剪毛二此分遗其半抵佣值"。此外，主人还定下了奖励机制："岁终巡视牧群，察其羡耗。若孳乳肥

① （清）傅恒：《钦定皇舆西域图志》卷一五《天山南路二》，日本早稻田大学馆藏钱恂所有本。

② （清）傅恒：《钦定皇舆西域图志》卷一六《天山南路三》，日本早稻田大学馆藏钱恂所有本。

③ （清）傅恒：《钦定皇舆西域图志》卷一七《天山南路四》，日本早稻田大学馆藏钱恂所有本。

④ （清）傅恒：《钦定皇舆西域图志》卷一八《天山南路五》，日本早稻田大学馆藏钱恂所有本。

⑤ （清）椿园：《西域闻见录》卷二《哈喇沙尔》，日本早稻田大学所藏宽政本。

⑥ （清）王树楠：《新疆图志》卷一六《蕃部一》，朱玉麒整理，上海古籍出版社 2015 年版。

⑦ （清）王树楠：《新疆图志》卷二八《实业》，朱玉麒整理，上海古籍出版社 2015 年版。

月循，则纳羔羝为酬"。在此激励下，"佣力弥奋其群"。①

长期畜牧使得当地牧民在草场的选择、放牧顺序、牲畜疾病的防治以及牧群的管理等方面积累了许多宝贵经验。关于草场的选择，牧民认为"大凡牧必谨择水草，度原隰之所，宜冬宜燠。取背阴而面阳以避风雪谓之冬窝；夏宜平原高阜蠓蠛不生之地谓之夏窝"。放牧的顺序也要有规定的，如果按照顺序放牧，则牲畜肥壮，否则，牲畜瘦弱。一般来说，"春草初生，宜先牧马，马性嗜洁，牛羊践之则不复食。饮水必寻上游。秋日苜蓿遍野，饲马则肥，牛误食则病。牛误食青苜蓿，必腹胀大。医法灌以胡麻油半斛，折红柳为枚衔之，流涎而愈"。此外，牧民对草原野地的毒草也有很多认识。例如，有一种毒草，草色碧绿而叶肥。该草毒性特强，驼马食之立毙。对此，牧民在驼驹马驹生下数月时，"取草涅齿则终身识之，一嗅即去"。② 为了防止羊群遭狼袭击，牧民多蓄养巨獒，巨獒警捷多力，能卫护羊群。白天放牧，牧民则让巨獒先行导路。黑夜则让巨獒巡逻守卫羊群，"御豺狼，戒窃盗"。疫疾对牲畜危害极大，所以牧民对此非常重视。长期牧养经验告诉他们：牧养羊群"必慎疾病，慎刍秣去其害群，勿使滋累，斯为善牧一。或不慎，疠气传染，旦夕之间能空其群，俾无遗育，马牛亦然"。③

此外，牧民对牲畜的合理育殖、孕育时间和齿岁辨别也有很正确的认识。牧民认为："牧羊之法，大率牡二羝四，配偶相当。多则乱群，少则孳生不蕃。羝羊四乳多孳生。"一般来说，马十一月而产，牛九月、十月而产，羊六月而产。牧民通过辨认牲畜的牙齿可以识别其齿岁，且马、羊、牛的不同齿龄也有不同的叫法。马初生曰驹，三岁曰对牙，四岁曰四牙，五岁牙齐，十岁牙平。牛初生曰犊，其辨牙之法，亦如之

① （清）钟广生等：《新疆志稿》卷二《畜牧》，成文出版社1968年影印版。
② （清）王树楠：《新疆图志》卷二八《实业》，朱玉麒整理，上海古籍出版社2015年版。
③ （清）钟广生等：《新疆志稿》卷二《畜牧》，成文出版社1968年影印版。

羊。羊初生曰羔，周岁曰密牙，二岁曰二齿，三岁曰四齿，四岁曰满口。[①]

南疆地区的畜牧业，在长期的驯养与发展过程中，也形成了具有地方优势的特产牲畜。如南疆沙漠地区盛产明驼。明驼是骆驼中特别擅长行走的品种。史载："明驼，驼之种类，以卧时前踣蜷曲而不著地者谓之明驼，谚云：明驼千里足是也"。明驼负致远有韧力，行戈壁中四五日程，不得水草亦无害。葱岭地区则盛产牦牛。牦牛毛长委地，耐高原空气稀薄和寒冷气候，尤其是它具有登陟山径，稳平健步胜过骡马的优点。所以牧民从蒲犁进入山岩陡坡时，必骑牦牛才能进入山岭。就马匹而论，天山南北盛产三种骏马，分别是伊犁马、巴里坤马和喀喇沙尔马。钟广生对此有一番精论："伊犁马高七尺，龙头努睛，长颈修尾；巴里坤马细腰耸耳，短小精悍，而性黠不受驯勒，往往张脉愤兴，有奔蹄乏驾之虞；喀喇沙尔马驯良过于伊犁而神骏不逮。故第马之品格，巴里坤不如喀喇沙尔，喀喇沙尔不如伊犁"。总之，喀喇沙尔马最适骑乘，故喀喇沙尔马深受当地人民喜爱。"喀喇沙尔马群，蒙部之人，资以为生，是以操术专而习业勤，息耗之数，比之官厂，悬绝不啻倍蓰。今南北疆所服乘者大抵洁喀喇沙尔产也"。[②]

南疆虽然属于开发较早的绿洲农业经济区，然其畜牧业比重也不小，实为"半耕半牧"。史载："天方之俗，专以牛羊常铺。是故，阡陌之间，讹寝成群，居恒生事，无一不取于牧，其同乳、绞毛、靬革、纺毡织罽之利，比闾之间，皆优为之"。[③]哈密所居回民"以耕牧射猎为生"，康熙三十五年（1696）当地回民首领曾向朝廷贡献驼、马等。[④]库车在清军平定准噶尔部叛乱时，城中"只有羊七双，牛二百"，然

---

① （清）钟广生等：《新疆志稿》卷二《畜牧》，成文出版社 1968 年影印版。
② （清）钟广生等：《新疆志稿》卷二《畜牧》，成文出版社 1968 年影印版。
③ （清）钟广生等：《新疆志稿》卷二《畜牧》，成文出版社 1968 年影印版。
④ （清）傅恒：《钦定皇舆西域图志》卷九《安西北路一》，日本早稻田大学馆藏钱恂所有本。

"底定以来，滋养生息，家给人足，迄今最贫苦之小回亦有牛羊驼马"。乌什"其地山场丰蔚，苇荡深邃，皆布鲁特游牧其中"，阿克苏"牛羊驼马所在群聚"。①

到了清末，依据各个府州县志的统计资料可知，南疆绝大部分地区均有畜牧业生产。下面依据《新疆乡土志稿》的记载对之列表。

表 5.7　清末南疆各地牲畜品种表

地区	牲畜品种	备注
温宿府	马、牛、羊、驴	马、牛、羊、驴、牛皮、羊皮、马皮、羊毛皆出产大宗。
新平县	牛、马、羊	
焉耆府	马、牛、羊、驼、驴	
疏勒府	羊、驴、牛、马	然多非产自本境，无牧场故也。
莎车府	马、牛、羊	
吐鲁番直隶厅	牛、羊、马	
鄯善县	马、牛、山羊、羯羊	
哈密直隶厅	牛、羊、马	牛羊马皆本地固有，惟回部孳繁，……东山地方孳生大马易膘肥，为回部第一牧厂，回贡马多选于此。
婼羌县	牛、羊、驴、马	
轮台县	羊、牛、马、驴、黄羊	县境草湖肥美，羊双孳生报繁，系大宗出产。牛马驴黄羊为民间蓄养，系本境常产。
和阗直隶州	牛、羊、马、驼	

---

① （清）椿园：《西域闻见录》卷二《新疆纪略》，日本早稻田大学所藏宽政本。

地区	牲畜品种	备注
皮山县	羊、牛、马、驴、骆驼、牦牛	大尾羊居多，山羊次之，南山内产寒羊；牛，概系黄牛，无水牛，缠民以牛乳为食；缠民之家善养马，不惟备骑，亦且代耕；行山路报险处，可以牦牛度之，万无一失，其肉可食；驴较多，骆驼较稀少。
洛浦县	牛、羊、马、驼	
伽师县	牛、羊、马	牛羊马不敷食用，尚由邻境商贩而来。
巴楚州	牛、羊	
英吉沙尔厅	牛、羊	
蒲犁厅	牦牛、骆驼、牛、羊、马、驴	
拜城县	马、牛、羊、驴	
库车州	马、牛、羊、驴	马、牛、羊、驴皆出产大宗。
沙雅县	牛、羊、驴、马	牛、羊为大宗，年孳生约 10 余万，民间交相贸易；驴、马所产有限。
柯坪县	马、骆驼、牛、羊	产马、骆驼、牛、羊，惟无大宗者。
乌什直隶厅	牛、羊、马、驼	

资料来源：马大正等整理：《新疆乡土志稿》，新疆人民出版社 2010 年版。

如上面的图标所示，南疆中的 22 个地区均由畜牧业生产，几乎每个地区均生产牛、羊，这两种牲畜是最主要的种类，次之就是马。此外，驴和骆驼也是塔里木盆地周边绿洲的重要牲畜。牦牛主要分布于皮山县和蒲犁厅的高寒地区。各地的畜牧业除了疏勒府较少外，其余地区均较发达，特别是温宿县、轮台县、和阗直隶州、蒲犁厅和库车州等地区尤为发达，畜牧产品成为该区出口的重要物品。例如，光绪三十二年（1906）温宿县出口牛皮 5300 斤，马皮 1050 斤，羊皮 50900 斤（以上均出口俄罗斯），还有羊毛 64000 斤（出口英吉利），另有向省垣运送毡子 3500 件。① 轮台县每年卖羊约 10000 余只，牛 1000 余头，马 300 余匹，驴 400 余头。② 和阗直隶州每年卖羊 11000 只至 12000 只，牛 220 至 2300 头，马 1000 余匹。③ 蒲犁厅每年卖牦牛约 1000 至 1200 头，羊约 18000 只。库车州在光绪（1906）出口牛皮 7900 斤，马皮 1500 斤（以上出口俄罗斯），羊毛 97000 斤（出口英吉利），老羊皮 59000 斤，羔羊皮 5400 斤（出口俄罗斯），羊羔皮筒 315 件（运送省垣）。④ 在新疆的畜产品中，南疆的一些毛皮产品以其良好的质量和庞大的数额而成为新疆畜制品的重要组成部分。如"库车之羊皮，温宿、莎车之马牛皮张岁值亦十余万（卢布）"。⑤ 上述地区牲畜制品的大量出口说明了当地畜牧业的繁盛。

在南疆的绿洲牲畜中，羊的养殖最为发达，基本上每个地区均蓄养有羊。除了羊的个体小，饲养所需草料和食料较少，便于养殖的原因外，还有一个原因是羊的孕期较短，产崽较多，增殖较快。"凡畜牧孳生之数，惟羊群最蕃，利亦最厚。一岁本息，二岁再倍，三岁四倍，六年以往则本一而利百。……假如一胎一子计之，如今秋间，交银一两六钱与哈萨克，明年及期交二齿羊二头，是为第一年，本年即有二羊，次年四羊，如是，按年乘至第六年，得六十四羊矣。"⑥ 牛是最为重要的耕作畜力，所以，各地养牛也较多。

总而言之，有清一代，南疆的畜牧业获得很大发展，尤其是在官营牧厂的激励下，各地牧民重视畜牧业经营，很快弥补了战争对畜牧业的创伤，促进了畜牧业的发展。在建省后，新疆对外贸易更为便利，特别是牲畜制品成为俄罗斯和英吉利的重要需求产品，这也刺激了南疆畜牧

① （清）佚名：《温宿府乡土志·物产》。
② （清）顾桂芬：《轮台县乡土志·物产》。
③ （清）谢雅兴：《和阗直隶州乡土志·物产》。
④ 《库车州乡土志·物产》。
⑤ 《库车州乡土志·物产》。
⑥ （清）钟广生等：《新疆志稿》卷二《畜牧》，成文出版社 1968 年影印版。

业的发展。南疆畜牧业的发展在很大程度上使得畜牧业的地位进一步上升，甚至出现"半耕半牧"的局面。

二、北疆地区

北疆地区水草丰美，历史就有发达的畜牧业，清代亦然。清政府统一新疆前，当地是卫拉特蒙古居住地。卫拉特蒙古是蒙古的一支，早期由绰罗斯、杜尔伯特、和硕特和土尔扈特四部组成，史称"四卫拉特"。土尔扈特部西迁后，辉特部继之，仍称"四卫拉特"。蒙古本是游牧民族，卫拉特自然也以畜牧为生。"准噶尔全境不乏泉甘土肥，宜种五谷之处，然不尚田作，惟以畜牧为业"。卫拉特各部，"各有分地，问富强者数牲畜多寡以对。饥食其肉，渴饮其酪，寒衣其皮，驰驱资其用，无一事不取给牲畜"。[1] 椿园在《西域闻见录》亦载：准噶尔"地据伊犁、乌鲁木齐、雅尔、著勒土斯、玛纳斯、巴彦岱之间，地广、草肥、水甘，易蕃牲畜"。[2] 在准噶尔部首领策妄阿拉布坦和噶尔丹策零统治期间，由于其强力统治，卫拉特社会稳定，畜牧业获得较大发展。"控弦之众百余万，驼、马、牛、羊遍满山谷。"[3] 由此可见，准噶尔汗国时期，当地居民牧养的主要牲畜品种是驼、马、牛、羊四种，其中以羊为主，这也是游牧民族主要的畜牧品种。蔡家艺研究认为，在噶尔丹策零时期，"一个上等户，其拥有牲畜头数，一般是马五六十匹，牛四五十头，羊二三百只，骆驼十多头。中等户是马二三十匹，羊五六十只以上，牛十多头，骆驼数峰"。[4] 噶尔丹统治时期，曾令其属下兵丁，"殷实者各备马十匹、驼三只、羊十只，窘乏者马五匹、驼一只、羊五

---

① （清）傅恒等：《钦定皇舆西域图志》卷三九《风俗一》，日本早稻田大学馆藏钱恂所有本。
② （清）椿园：《西域闻见录》卷五《准噶尔叛亡纪略》，日本早稻田大学所藏宽政本。
③ （清）椿园：《西域闻见录》卷五《准噶尔叛亡纪略》，日本早稻田大学所藏宽政本。
④ 蔡家艺：《准噶尔的畜牧业》，《西域研究》1993年第4期。

只，自其地起兵，不知何向。"①

准噶尔部养殖的羊主要是大绵羊和山羊。② 大绵羊，主要是蒙古羊，体型较大，羊毛细长，肉质肥美，经济价值较高。而山羊个体较小，能适应环境较差的牧场。此外，由于山羊的灵敏性高于绵羊，能较早发现狼等天敌，所以，牧民往往在饲养绵羊的同时，也饲养山羊。羊群一般以绵羊为主，掺杂少量的山羊，这样在野外牧养时，能起到及早发现野兽，保护羊群之目的。

牧民一般认为马是草原的精灵，马主要供骑乘，在日常放牧、出行、围猎等生活中占据重要地位，同时也是行军作战的重要乘骑，因此，饲养马匹也是其生活的主要内容之一。准噶尔人培育的蒙古马，体形矮小，其貌不扬，然而，蒙古马在风霜雪雨的大草原上，没有失去雄悍的马性，它们头大颈短，体魄强健，胸宽鬃长，皮厚毛粗，能抵御西伯利亚暴雪；能扬蹄踢碎狐狼的脑袋，还能攀登崎岖的山道，乘坐平稳；耐劳苦，不畏寒冷，能适应极粗放的饲养管理，生命力极强，在艰苦恶劣的条件下生存。经过调驯的蒙古马，在战场上不惊不诈，勇猛无比；耐力较强，适于长途行军，历来是一种良好的军马。准噶尔人的牧马经验丰富，亲到其地的阿克敦就曾赞美："种类之中，准噶尔善于牧马，日蕃滋部落"。③

准噶尔人养殖的牛有黄牛和牦牛。黄牛主要是用来拉车、挤奶和肉食。据赵翼《簷曝杂记》卷一载："蒙古之俗，膻肉酪浆，然不能皆食肉也"。"寻常度日，但食牛马乳。每清晨，男妇皆取乳，先熬茶熟，去其渣，倾乳而沸之。人各啜两碗，暮亦如此。"准噶尔人饲养的牦牛可能是产自巴音布鲁克草原山地一带，时至今日，当地蒙古族人依然保持饲养牦牛的传统。

① 《清圣祖实录》卷七六，康熙十七年八月庚午。
② ［俄］伊·温科夫斯基：《十八世纪俄国炮兵大尉新疆见闻录》，宋嗣喜译，黑龙江教育出版社 1999 年版，第 210 页。
③ （清）阿克敦：《德荫堂集》卷八《准噶尔歌》。

骆驼也是游牧民族养殖的重要家畜之一。骆驼，被沙漠或戈壁地区民众誉为"沙漠之舟"。忍饥耐饿，有知地下暗河和预知风沙的能力，使得民众对其特别重视。其主要作用是供骑乘和运货物，特别是长途运输或迁徙，均离不开骆驼的负重搬运。此外，驼毛还可以制作毡毯。准噶尔人也饲养一定数量的骆驼。乾隆六年（1741），准噶尔使臣齐默特等至青海贸易，就带来骆驼一千六百余峰，马一千一百余匹。[①] 此外，准噶尔人还饲养驴和骡，但这不是主要家畜品种。

准噶尔人畜牧方式是游牧放养，需要根据季节变化，进行转场。夏季时把牲畜赶往夏牧场，冬季则赶往冬牧场。夏季牧场多是地势开阔、牧草丰茂、气候凉爽和水源充足的地方，冬季牧场则是多选择背风向阳、能避风雪的山谷之间，即所谓"夏则平原，冬居暖谷"。[②]

清军统一新疆后，北疆民族分布有所变化。为统治新疆的需要，清政府从内地调拨游牧民族驻扎在新疆要地，戍守边疆。乾隆三十年（1765），清政府从张家口、热河等地方迁来部分额鲁特人驻扎在新疆的前期统治中心伊犁，立"厄鲁特营"。"厄鲁特营"设立"上三旗"和"下五旗"。前者游牧在新疆特克斯一带，设总管一员，大小官员 51 人，兵丁 1132 人；后者游牧于霍诺海、崆吉斯河、喀什河流域，设总管一员，有大小官员 58 名，兵丁 1564 人。另外，乾隆三十七年（1772），随着土尔扈特部回归祖国的沙比那尔额鲁特有八百六十七名。经伊犁将军舒赫德奏请，清政府将其归入下五旗额鲁特。[③] 因此，还有投诚的沙比那尔额鲁特四旗，有虚衔副总管一员，大小官员 35 人，兵丁 580 人。此外，还有达什达瓦厄鲁特，"系准噶尔在先投诚者，还有

---

① 本书编写组：《准噶尔史略》，人民出版社 1985 年版，第 125 页。

② （清）傅桓：《钦定皇舆西域图志》卷三九《风俗一》，日本早稻田大学馆藏钱恂所有本。

③ 《伊江集载·额制官兵》，见马大正主编：《新疆稀见史料汇辑》，全国图书馆文献缩微复制中心 1990 年版，第 103 页。

准噶尔灭后，陆续招抚，并由哈萨克、布鲁特投出者。"[1] "共计官五十七员，兵三千三百八十六名。"[2] 这与分别相加的结果不一致。经过扩展充实，额鲁特营官兵和民众数量有了进一步发展，"生齿日繁，添丁增户岁岁有之"。乾隆四十年（1775）的《伊江汇览》记载："额鲁特营官兵闲散凡三千五百一十六户，计大小一万七百三十七名口。"[3] 此后，额鲁特营人口进一步增加。乾隆五十四年（1789），额鲁特营"官兵家口，共二万二千七百二十九名口。"[4] 至道光元年（1821），额鲁特营有人口"二万六千三百余口"。[5]

伊犁地区还有察哈尔蒙古。察哈尔原为东北地区蒙古之一部，清初被编为"察哈尔八旗"，游牧于今内蒙古乌兰查布盟及锡林郭勒盟。乾隆二十七至二十八年（1762—1763），清朝为充实伊犁边防，维护西北领土安全，先后两次从张家口外抽调察哈尔蒙古官兵2000余名及其家属，其中200户留乌鲁木齐，其余1836户，5548人，迁至伊犁地区的博罗塔拉、哈布塔海、赛里木淖尔一带游牧。[6] 经过不断发展，至乾隆五十七年（1792），察哈尔营已有"家口一万零五十九名口"。[7] 道光元年（1821），察哈尔营有人口"一万一千七百余口"。[8]

---

① 佚名：《伊江集载·营务》，见马大正主编：《新疆稀见史料汇辑》，全国图书馆文献缩微复制中心1990年版，第106—107页。

② 佚名：《伊犁略志》，见马大正主编：《新疆稀见史料汇辑》，全国图书馆文献缩微复制中心1990年版，第278—279页。原文"共计官五十员，兵三千三百八十六名。"这与分别相加的结果不一致。特此说明。

③ （清）格琫额：《伊江汇览·户籍》，见马大正主编：《新疆稀见史料汇辑》，全国图书馆文献缩微复制中心1990年版，第41页。

④ （清）永保：《总统伊犁事宜·索伦营应办事宜》，见马大正主编：《新疆稀见史料汇辑》，全国图书馆文献缩微复制中心1990年版，第205页。

⑤ （清）松筠：《钦定新疆识略》卷四《伊犁舆图》，文海出版社1965年影印版。

⑥ （清）格琫额：《伊江汇览·户籍》，见马大正主编：《新疆稀见史料汇辑》，全国图书馆文献缩微复制中心1990年版，第41页。

⑦ （清）永保：《总统伊犁事宜·索伦营应办事宜》，见马大正主编：《新疆稀见史料汇辑》，全国图书馆文献缩微复制中心1990年版，第202页。

⑧ （清）松筠：《钦定新疆识略》卷四《伊犁舆图》，文海出版社1965年影印版。

　　除察哈尔外，清政府还从东北调拨锡伯族和索伦族驻防伊犁。乾隆二十九年（1764），清政府从盛京调拨锡伯族官兵和家眷到伊犁驻防。清政府在伊犁设立锡伯营，置总管一员管理之。《伊江汇览·户籍》记载"锡伯营官兵凡一千零一十八户，计大小四千四百三十九名口。"道光元年（1821），锡伯营有人口"九千二百余口"。① 此后的《伊犁略志》记载：锡伯营"兵一千三百名，家口一万八千丁口"②。

　　乾隆二十八年（1763），清政府从东北黑龙江调拨索伦及达尔虎族官兵和家眷一千户驻防伊犁。清政府设索伦营，置总管一员管理之。《伊犁略志》记载：索伦营"兵一千三百四十名"③。《伊江汇览·户籍》记载"索伦营官兵凡一千零一十八户，计大小三千二百六十八名口。"此后，经过不断繁衍，至乾隆五十七年（1793），索伦营人口大幅增长，已有"官兵家口共四千零五十七名口"。④ 道光元年（1821），索伦营有人口"四千五百余口"。⑤

　　在伊犁驻防的察哈尔、额鲁特、锡伯和索伦一方面从事边防戍守工作，一方面要从事生产自给。在早期，察哈尔、额鲁特、锡伯和索伦均从事畜牧生产活动。史载"旧系锡伯、索伦、察哈尔、额鲁特经管牧放，后将马、驼、牛并归察哈尔、额鲁特两营经牧。其羊系回子牧放，羊只归驼马处经管。凡孳生马，则三年一均齐；孳生牛，则四年一均齐；驼则五年一均齐；羊则一年一均齐。每均齐一次，马三匹取孳一匹；牛十只取孳八只；驼十只取孳四只，羊十只取孳三只。"⑥

---

　　① （清）松筠：《钦定新疆识略》卷四《伊犁舆图》，文海出版社1965年影印版。
　　② 佚名：《伊犁略志》，见马大正主编：《新疆稀见史料汇辑》，全国图书馆文献缩微复制中心1990年版，第278页。
　　③ 佚名：《伊犁略志》，见马大正主编：《新疆稀见史料汇编》，全国图书馆文献缩微复制中心1990年版，第278页。
　　④ （清）永保：《总统伊犁事宜·索伦营应办事宜》，见马大正主编：《新疆稀见史料汇辑》，全国图书馆文献缩微复制中心1990年版，第200页。
　　⑤ （清）松筠：《钦定新疆识略》卷四《伊犁舆图》，文海出版社1965年影印版。
　　⑥ 佚名：《伊江集载·厂务孳生牲畜》，见马大正主编：《新疆稀见史料汇辑》，全国图书馆文献缩微复制中心1990年版，第114—115页。

在伊犁驻扎以来，索伦和锡伯逐渐从畜牧转为农耕，而察哈尔和额鲁特依然主要从事畜牧生产。早在迁居伊犁之初，由于在长途迁徙过程中，其携带的牲畜大量倒毙，清政府待其抵达伊犁后，曾从乌里雅苏台等地调拨大批牛羊供其牧养。

乾隆二十七年八月，负责该事宜的伊犁办事大臣阿桂就奏称："新来察哈尔、厄鲁特兵之生活习性，与本地厄鲁特同，均系游牧兵丁，除交给伊等官牧孳生牲畜外，又按驻防兵得给口食羊只，则必有差异。查得，明年仍由乌里雅苏台解来三万只孳生羊。此项羊只能否作为孳生羊只，虽然不可预先议定，暂且皆可视为孳生羊只，俟解来后，平分给新来八百名察哈尔、厄鲁特兵孳生，照厄鲁特之例，本羊永不倒毙，每年每羊十只取孳三只，除交官羊外，倘有剩余，均赏给伊等；倘有减少，则令伊等赔偿，不必按驻防兵之例，支给口食羊只。如此，则伊等不唯各有奶喝，而且除无瘟疫之年交官及补充倒毙羊只数额外，尚能余羊数只，于其生计大有裨益。"①

在察哈尔官兵及家眷抵达伊犁后，开始组建察哈尔营，清政府以"每户各给二十五只、总管翼长各给一百五十只、佐领各给七十五只、骁骑校各给五十只计"的比例，拨给羊只牧放孳生。

至乾隆三十一年（1766），察哈尔营牧放的孳生羊共计54287只，其中左翼牧放28278只，右翼牧放26000只，并以此为定额。孳生羊每年一均齐，每本羊10只取孳3只，统计16287只，交给官署调拨食用外，其余归各自留用。

此外，还交给牛马牧放孳生。乾隆二十九年（1764）交给牧放的孳生牛1125只，其中左翼牧放575只，右翼牧放550只。孳生牛每四年一均齐，每本牛10只取孳8只，其中公牛拨入备用牧场牧放，以备调拨使用，而乳牛拨入本营孳生牛内牧放，按限取孳。所以，孳生牛并无常数，而是逐年增加。至乾隆五十八年（1793），孳生牛的数目，由

---

① 军机处满文录副奏折，档号：1964—003。

原来的 1125 只增加到 4164 只，每四年收取孳生牛犊 3331 只，其余归各自留用。

　　乾隆二十八年（1763）交给左翼牧放的孳生马 273 匹，乾隆二十九年（1764）交给右翼牧放的孳生马 229 匹，共计 508 匹。孳生马每三年一均齐，每本马 3 匹取孳 1 匹，其中儿马拨入备用牧场牧放，以备调拨使用，而骒马拨入本营孳生马内牧放，按限取孳。另外，每年向哈萨克贸易获得的骒马，也拨入孳生马内牧放，故孳生马逐年增加。至乾隆五十八年（1793），孳生马的数目，由原来的 508 匹增加到 11502 匹，每三年收取孳生马驹 3832 匹，其余归各自留用。[①]

　　此后，由于受到气候因素和瘟疫等因素影响，乾隆末年，察哈尔营牲畜倒毙很多，清政府及时予以接济。嘉庆二年（1797）十月，"动用近三年所得息银，先采买骟马九百匹，遇有官差，拨给伊等乘骑，其所有官私骒马留为孳生，不仅可收孳生官畜，又可赡养家口。此外，又陆续采买母羊一万九千八百只、母牛二千六百只、骒马一千二百八十匹，经查看其户口及孳生牲畜之多寡，为足以度日计，分别分发孳生。"[②] 经过一番努力，最终渡过难关，察哈尔营的牧养得以恢复。

　　除了清政府在乾隆年间从东北调拨一些游牧民族进驻伊犁戍边防守，从而促进伊犁地区畜牧业发展外，乾隆年间，从中亚万里回归的土尔扈特部，也促进了新疆畜牧业的发展。

　　明朝末年（1628），土尔扈特部为了寻找新的生存环境，整个部族离开新疆塔尔巴哈台故土，越过哈萨克草原，渡过乌拉尔河，来到当时尚未被沙皇俄国占领的伏尔加河下游和里海之滨。乾隆三十五年年底（1771），土尔扈特部在其首领渥巴锡的率领下起程东返祖国，历经种种艰辛与磨难，终于顺利到达清朝边界。土尔扈特部在东返时尚有三万余户，近十七万人。由于沿途大量损员，"其至伊犁者，仅以半数计"。

---

　　① 吴元丰：《清代伊犁察哈尔营述论》，《西域研究》2006 年第 3 期。
　　② 军机处满文录副奏折，档号：3574—035。

回到清朝时只剩下 15793 户，66073 人。[①] 加上同时随队归来的"旧新霍硕特、多罗特、绰罗斯、辉特六台吉五十人，所属一万六千五百三十八户，七万一千八十五名口。"[②] 清政府拨出专项银两，从内地调拨各种物资，动员新疆各族军民捐粮捐衣，对土尔扈特部民众大量物资救助。共计"币二十万……粮米一十三万八千余石……兼给与孳生种地之马五千七百余匹，牛二千九百余只，羊二十二万二千一百零"。[③] 政府按照部落大小和人口，分别每户"赏给孳生羊三十、二十、三、五、八只不等，赏给白银五十、三十、二十两不等"，[④] 在清政府的大力帮助下，土尔扈特部民众终于摆脱了困境，生活得以安定下来。

乾隆三十七年（1772），清政府对土尔扈特部的游牧地进行安排。舍楞一旗所属 104 户，共 1616 口，共设两扎萨克，为青塞特启勒图盟，游牧在科布多所属青济尔地方。叶璘所属 104 户，497 口，归于额鲁特营上三旗安插。准噶尔二十九鄂克之 838 口和 570 口安插在额鲁特营。喀喇沙毕纳尔 1080 户、4852 口也被安插在额鲁特营。阿尔泰之乌里洋海所属的 25 户、91 口，送赴乌里雅苏台归乌里洋海安插。将渥巴锡所属极贫穷人安置在伊犁种地的有 6514 口，在博罗塔拉种地者有 827 口。公坦所属的穷人 422 口在安置在塔尔巴哈台种地。绰罗斯所属 11 户、44 口，安置在张家口察哈尔营内。霍硕特台吉诺音格隆尊吉特之 9 户、16 口，送往京师安置。策伯克多尔济及在吉奇里布所属 5255 口，被安置在霍博克萨里游牧。巴尔及绰克托所属 2863 口，被安置在古尔班吉尔噶朗游牧。谟们图暨额尔德尼所属 1359 口，被安置在古尔班精库色木克游牧。德勒克渥巴锡、布彦楚克及诺海所属 3131 口，被安置在哈

---

① 马大正：《土尔扈特蒙古东返人、户数考析》，《历史档案》1983 年第 1 期。
② （清）格琫额：《伊江汇览·外藩》，见马大正主编：《新疆稀见史料汇辑》，全国图书馆文献缩微复制中心 1990 年版，第 82 页。
③ （清）格琫额：《伊江汇览·外藩》，见马大正主编：《新疆稀见史料汇辑》，全国图书馆文献缩微复制中心 1990 年版，第 82 页。
④ 本书编写组：《准噶尔史略》，人民出版社 1985 年版，第 238 页。

布齐海游牧。此后，土尔扈特部人口不断增多，至乾隆五十九年（1794），塔尔巴哈台地区的土尔扈特人有 1899 户，大小 11079 口。[①]至道光元年，被安置在额鲁特营的喀喇沙毕纳尔增加至 9300 余口。[②]

乾隆三十八年（1773）秋，渥巴锡所属人众由寨尔移驻喀拉沙尔，其冬日驻牧地方，距喀拉沙尔六七十里；夏日驻牧大珠尔图斯，距喀拉沙尔五百余里。渥巴锡所属有克勒特、察塘、巴伦、扎布萨尔、沙毕纳尔等五昂吉，及公坦所属下大小宰桑 170 余人，大小 10900 余口，有驼 2000 余只，马、牛 1000 有奇，羊 40039 只，耕种小麦 25000 亩，大麦 15000 亩，糜谷 32000 亩。[③] 乾隆四十二年（1777），生活在裕勒都斯的土尔扈特部有 11219 名口。[④]

此外，原本居住在伊犁河下游的哈萨克受到俄罗斯和浩罕的挤压，乾隆三十九年（1774）后，部分哈萨克部众向清朝边疆线内迁徙，居住在伊犁河中游地区和塔尔巴哈台西部，接受清政府管理，成为清政府的臣民。史载，这部分哈萨克人有 90 余户，700 余口，[⑤] 清政府对哈萨克人予以保护，驻守卡伦的清朝官员每年向当地征收赋税，按照"牛马百取一，羊千取一"的税率收取马匹和牛羊。[⑥] 同治年间，由于不满俄国压迫部分哈萨克民众不断向中国境内迁徙，甚至到了伊犁地区的托古斯塔柳（今巩留县）游牧。至乾隆五十九年（1794），塔尔巴哈台地区的哈萨克人有 94 户，大小 1055 口。[⑦] 哈萨克也是游牧民族，所养之马

---

① （清）永保：《塔尔巴哈台事宜》卷三《户口》，成文出版社 1969 年影印版。
② （清）松筠：《钦定新疆识略》卷四《伊犁舆图》，文海出版社 1965 年影印版。
③ （清）格瑝额：《伊江汇览·外藩》，见马大正主编：《新疆稀见史料汇编》，全国图书馆文献缩微复制中心 1990 年版，第 82—83 页。
④ （清）傅桓：《钦定皇舆西域图志》卷三三《屯政二》，日本早稻田大学馆藏钱恂所有本。
⑤ （清）松筠：《钦定新疆识略》卷二《塔尔巴哈台·疆域》，文海出版社 1965 年影印版。
⑥ （清）椿园：《西域闻见录》卷二《外藩列传·哈萨克》，日本早稻田大学所藏宽政本。
⑦ （清）永保：《塔尔巴哈台事宜》卷二《户口》，成文出版社 1969 年影印版。

是比较有名的。乾隆帝曾写诗赞美哈萨克进贡的马匹"如意骢","宛看龙是性,何用月为题"。[①]

塔尔巴哈台地区是一个多民族聚集地区,除了前文所述的土尔扈特部、哈萨克部外,清政府还将部分额鲁特和布鲁特迁居于此,一边戍守一边生产。乾隆三十年(1765),塔尔巴哈台驻防地尚在雅尔之时,清政府从乌鲁木齐调拨满洲及黑龙江索伦兵900名于此驻防。次年,改由伊犁驻防兵内派拨满营及察哈尔等四营1300名驻防雅尔。乾隆三十七年(1772),因分拨土尔扈特于塔尔巴哈台霍伯克赛里安置,又从伊犁添拨兵200名驻防塔尔巴哈台。经过多次调整,塔尔巴哈台地区有满洲兵700名,察哈尔兵150名,锡伯兵100名,索伦兵100名,额鲁特兵150名。至乾隆五十九年(1794),塔尔巴哈台地区的察哈尔人有156户,大小906口;额鲁特人有1222户,大小9810口。[②] 此外,在乾隆四十二年(1777),清政府还将伊犁"额鲁特户三千五百一十六户,一万一千七百三十七名口",移驻塔尔巴哈台。[③]

乾隆三十七年(1772)八月,清政府从伊犁迁移部分额鲁特官兵1000户移驻乌鲁木齐,由总管都布珠尔管理。该部额鲁特由官兵、家眷及家奴共有5000人。该部主要是养殖马、牛、羊,从三十七年之四十二年,连原从伊犁带来并陆续解到孳生马6760匹,儿马驹99匹,孳生牛1140匹,孳生羊66863只。[④] 清政府在乾隆三十八年和三十九年共收取孳生马2800匹,孳生牛500只,孳生羊23764只。乾隆四十二年(1777)三月,乌鲁木齐都统奏请将该部移驻塔尔巴哈台所属的斋尔

① 蔡家艺:《清代新疆社会经济史纲》,人民出版社2006年版,第46页。
② (清)永保:《塔尔巴哈台事宜》卷三《户口》,成文出版社1969年影印版。
③ (清)傅桓:《钦定皇舆西域图志》卷三三《屯政二》,日本早稻田大学馆藏钱恂所有本。
④ (清)永保:《乌鲁木齐政略·牲畜》,见王希隆整理:《新疆文献四种辑注考述》,第83页。

地方。①

此外，乌鲁木齐地区还有军台饲养的骆驼数百只。乾隆三十七年
（1772）十二月底，从伊犁解送运物骆驼 325 只，牧放驼 95 只。不过两
年，乌鲁木齐都统奏请将所有骆驼变价充公。乌鲁木齐辖境内各屯田地
点，也有众多牧放的耕地用马匹和牛。截至乾隆四十二年（1777），乌
鲁木齐中营有田工马 298 匹，田工牛 380 只；左营田工马 326 匹，田工
牛 371 只；右营田工马 320 匹，田工牛 355 只。济木萨营田工马 232
匹，田工牛 285 只。库尔喀喇乌苏屯有田工马 39 匹，田工牛 77 只，军
台马 190 匹，军台牛 48 只，备差马 36 匹，备拨马 113 匹，备拨牛 20
只。精河有田工马 36 匹，田工牛 77 只，军台马 116 匹，军台牛 34 只，
备拨马 64 匹，备拨牛 19 只。玛纳斯左营田工马 247 匹，田工牛 276
只，备拨马 108 匹，备拨牛 32 只。玛纳斯右营田工马 174 匹，田工牛
276 只，备拨马 66 匹，备拨牛 48 只。

巴里坤屯也有田工马、牛。清政府规定，巴里坤屯田之田工马、牛
管理，按照蔡巴什湖之例，每百准倒八匹，军台马匹准倒三分。古城、
木垒二营田工马匹，系照乌鲁木齐之例，准倒三分，牛只准倒一分五
厘，磨马准倒三分。如有逾额，着落该管官员按年赔补，并不分别功
过，具奏系造册题销。截至乾隆四十二年底，巴里坤有田工马 500 匹，
田工牛 282 只，军台马 160 匹。古城营田工马 194 匹，田工牛 199 只，
拽磨马 11 匹。木垒营田工马 78 匹，田工牛 29 只。②

总体而言，北疆地区的民间畜牧业有别于清政府设立的官营牧场，
体现在游牧民族的日常畜牧，还有屯垦区内的田作牛马及军台马匹和骆
驼的饲养与管理，还有驻军骑兵部队中的军马的饲养与管理等，均为北
疆畜牧业兴盛的一部分。

---

① （清）永保：《乌鲁木齐政略·额鲁特》，见王希隆整理：《新疆文献四种辑注考述》，
第 52 页。

② （清）永保：《乌鲁木齐政略·牲畜》，见王希隆整理：《新疆文献四种辑注考述》，第
81—84 页。

同治年间，因受到社会动荡的影响，北疆民间畜牧业生产遭到沉重打击。建省以后，新疆社会安定，畜牧业生产逐渐得以恢复和发展，北疆地区也不例外。《新疆图志》载："全疆之地皆宜耕牧，而牧之利有大且厚"。① 塔尔巴哈台地区游牧的额鲁特、察哈尔、土尔扈特部及哈萨克部。"孳生牛、羊、驼、马，逐水草而居，随处列帐，弥漫山谷。就中以羊为最多，富者千百成群，贫者也数百余头不等；次则各色马，次则黄牛，次则骆驼与驴，均系大宗常产"。② 牲畜在塔城地区行销"每岁马五百余匹，牛三百余头，羊二万余只；运出本境，在俄国行销者每岁马二千余匹，牛二千余头，羊七万余只。"③

伊犁地区的察哈尔营左右两翼游牧在博罗塔拉一带，额鲁特营右翼游牧在喀什河北一带，额鲁特营左翼游牧在特克斯川一带。伊犁各属均产牛、羊、骒、马、骆驼。④ 光绪八年（1882）投诚的哈萨克三千余人被清政府安置在在博罗塔拉北山游牧。光绪十五年（1889）鉴于当地哈萨克生齿日繁，已有6600余户，34000余口，"各项牲畜孳生亦好"，"现在所收共马十万匹幼龄"，伊犁将军长庚奏请添设千户二名，并按乾隆年间征收定例，"每马百匹收租马一匹"每岁征收马1000匹。光绪二十五年（1899），俄国送回哈萨克昆布拉特所属130户，男女大小713丁口，被安置在却尔角塔科克特齐地方游牧。至光绪二十七年（1901），两部哈萨克已有8900余户，大小40000余名。此外，光绪初年，游牧在喀拉沙尔珠勒都斯河附近的土尔扈特仍有十万余人，⑤ "土尔扈特牧其东，和硕特牧其西，雪山回环，草木繁殖，马羊之群，填委

① 《新疆图志》卷六五《土壤》，上海古籍出版社2015年版。
② 《塔城直隶厅乡土志·物产》，见马大正等整理：《新疆乡土志稿》，新疆人民出版社2010年版，第233页。
③ 《塔城直隶厅乡土志·商务》，见马大正等整理：《新疆乡土志稿》，新疆人民出版社2010年版，第236页。
④ （清）许国祯：《伊犁府乡土志·物产》，见马大正等整理：《新疆乡土志稿》，新疆人民出版社2010年版，第193页。
⑤ 《新疆图志》卷一六《蕃部一》，上海古籍出版社2015年版。

山谷，富庶为诸蒙部冠。"① 可见，珠勒都斯河地区的游牧业在经历同、光年间动荡后，已经得到恢复并有所发展。

自新疆与俄国通商以来，毛皮出口成为新疆与沙俄通商的主要商贸品。牲畜皮革价格也比昔日增长十倍左右，仅乌鲁木齐一地出口俄国的毛皮竟价值百万卢布。随着新疆与俄国铁路的修建，伊犁出口毛皮至俄国，既便捷又无关税，西方各国商人趋之若鹜。② 出口的增长，刺激了新疆畜牧业的发展。据《新疆乡土志稿》记载可知，迪化"物产的动物有马、牛、羊、骆驼等"，其商务出口以"马、牛、羊为大宗……马牛羊现设皮毛公司，每年估算约出马牛皮三千张，羊毛一千斤，均在省城销售"。阜康县物产主要有"六畜无论已，而马牛为最多，驴次之，以其有名马而无佳种也。羊猪之属，惟羊为成群，曰绵羊、曰鞨羊，绵羊分两种，曰哈萨羊，曰尖尾羊，非惟以尾判，肉亦有膻不膻之分。"奇台县，"孳生牲畜之繁以羊为最，骆驼次之，牛羊又次之，每岁约出羊皮八、九千张，牛皮三、四千只张，羊毛四、五斤，驼毛一、二万斤。"昌吉县也是"马牛羊畜"，"大宗羊岁产二千余只，马岁产六百余匹，牛岁产七百余头。……出产品也是大宗牛马皮筋、羊皮和羊毛。"绥来县"牛、羊、马匹，民户孳生者约数万余只，而南山内缠回之所畜牧者约又有一万数千。"呼图壁的民户也是蓄养"牛、羊、马"等。镇西厅（巴里坤）民间蓄养"马、牛、羊、骆驼"。库尔喀喇乌苏，"牛羊马匹，蒙古旧土尔扈特生产甚繁，乡下民户亦有孳生者，出产无多"。精河地区"牛羊马匹，蒙古旧土尔扈特生产甚繁，乡下民户亦有孳生者，出产无多"。

到了清末，依据各个府州县志的统计资料可知，南疆绝大部分地区出产牲畜。下面依据《新疆乡土志稿》的记载对之列表。

---

① 《新疆图志》卷二八《实业》，上海古籍出版社 2015 年版。

② 《新疆图志》卷二八《实业》，上海古籍出版社 2015 年版。

表 5.8 清末北疆各地牲畜品种表

地区	牲畜品种	备 注
迪化县	马、牛、羊、骆驼	马牛皮、羊毛
阜康县	马、牛、驴、骡、绵羊、山羊、	马牛为最夥，驴次之，骡则甚寡，羊成群
孚远县	随处所有	
奇台县	羊、骆驼、牛	以羊为最，骆驼次之，每岁约出羊皮八九千张，牛气三四千张，羊毛四五万斤，驼毛一二万斤
昌吉县	马、牛、羊	
绥来县	牛、羊、马	民户孳生者约数万余只
呼图壁县	牛、羊、马	
镇西厅	马、牛、羊、骆驼	
伊犁府	牛、羊、骆驼、马	
绥定县	马、牛、山羊	
宁远县	马、牛、山羊	
塔城直隶厅	黄牛、羊、马、骆驼、驴	以羊为最多，富者千万成群，贫者亦数百余头不等
精河直隶厅	牛、羊、马	旧土尔扈特生产甚繁，乡下户民亦间有孳生者，出产无多

资料来源于马大正《新疆乡土志稿》。

总体而言，清代北疆地区的民间畜牧业发展态势较好，尤以塔尔巴哈台、伊犁二地为最。哈萨克、额鲁特和土尔扈特等游牧部族驻牧，使畜牧业生产呈现兴旺发达之象。

第四节　清代新疆的官营畜牧业

随着清朝对准噶尔的用兵和随后的屯垦以及驿站陆续建立，清军对马驼等牲畜的需求日益增多。然而，其供给远远不能满足要求。因此，清政府认识到必须"设立牧厂,孳生牲口,方为久远之计",① 官营牧厂便应运而生。

一、南疆的官营畜牧业

清朝在新疆设立的官营牧厂分布在天山南北,南疆地区的官营牧厂主要是哈密牧厂、喀喇沙尔牧厂、库车牧厂、阿克苏牧厂、乌什牧厂、喀什噶尔牧厂、英吉沙尔牧厂和叶尔羌牧厂等,南疆诸牧厂由于自然条件所限,规模一般较小。

哈密牧厂,分为马厂和羊厂两类,乾隆二十五年(1760)从安西军营等处调解 1500 匹马入厂牧放,为马厂运营之始。② 至道光七年(1827),马厂牧养之马,除调拨和倒毙外,官兵换留之乏马及截留宁夏满汉各营解至之马,计有 868 匹,归入哈密备拨厂牧放。羊厂亦设置于乾隆二十五年,是年从甘肃、凉州、西宁等地收买 4 万余只羊入厂,此后从中挑出瘦弱的 4300 余只变价出售,其余羊只便成为羊厂孳养蕃息的基础。哈密马厂与羊厂均由绿营兵经营。

喀喇沙尔牧厂,设置的时间不详,主要蓄养马、牛和骆驼,供屯田和军台使用。在嘉庆年间(1796—1820)有牧马 120 匹、牛 79 头、屯田马 54 匹、屯田牛 105 头,磨坊马 17 匹,由屯田士卒负责经营。道光七年(1827),该牧厂尚存马 518 匹,骆驼 68 峰。此后,该厂调拨 150 匹马补给军台缺额,其余的 368 匹马由城守营牧养,骆驼则拨给军台驮运粮食。③

库车牧厂,设置时间不详,规模也较小。设有马、牛二厂,牧养马 100 匹、牛 50 头,每年孳生的小牲畜数量也少,大致有马驹 6 匹、牛犊 6 头。按规定库车牧厂每年要向军台提供马 10 匹,牛 10 头,显然达不

① 《清高宗实录》卷六八一,乾隆二十八年二月丁巳。
② 《清高宗实录》卷六一二,乾隆二十五年五月戊午。
③ (清)曹振镛等纂:《平定回疆剿擒逆裔方略》卷五〇。

到要求。鉴于库车牧厂孳息不符要求，只好每年向伊犁所属的沙土阿满军台请领马牛设厂牧养。[1]

阿克苏牧厂，为道光十二年（1832）设置，是时从内地购买协给官驼 500 峰，"供运送冰岭布棉硝黄"等物。[2]

乌什牧厂，设立于乾隆三十一年（1766）。是时，清廷鉴于"各回城需马甚多，乌什系回疆腹地，土地辽阔，水草丰美"，遂谕令在乌什"宜照伊犁设立牧厂数处，孳生马匹，以备接济喀什噶尔，叶尔羌等处调用"。当地驻军可直接"与哈萨克交易马匹，著多换驹骒，于乌什地方择水草佳处多置牧场，加意蓄养"，[3] 此外，清廷还以官抽税马、年满回京交留马、布鲁特呈递伯勒克马和来自喀什噶尔分领的备差马 200 匹充置。除了马厂外，乌什还设有羊厂，以每年官抽税羊约 200 只左右设置。另一来源是从伊犁解送过来的 1500 只羊。

叶尔羌牧厂，设置于乾隆二十七年（1762），后因该地水草与骆驼不甚相宜，便将喀什卡尔和叶尔羌所存的骆驼解行伊犁牧养，该厂遂废。道光十二年（1832），又在此处复置牧厂，主要是从内地购买来的协济官驼"挑选二千五百只拨叶尔羌等处设厂牧放"。此后不久，又将其中的 800 峰拨送给巴尔楚克，400 峰分交各军台兵丁运送布棉，以400 峰分拨叶尔羌和巴尔楚克两城兵丁运送粮石柴薪，统由经牧章京管理。[4]

英吉沙尔牧厂，设有马、羊二厂。马厂以喀什噶尔拨调解备差马30 匹置。自乾隆五十一年（1786）开始，由兵丁自行喂养。嘉庆时羊厂有母羊 547 只，羝羊 32 只，收获孳生羊羔 280 只余。每年出群约 170只，成效较好。[5]

---

① （清）和宁：《回疆通志》卷一〇《库车》，成文出版社 1966 年影印版。
② 《清宣宗实录》卷二〇九，道光十二年四月戊子。
③ 《清高宗实录》卷六七一，乾隆三十一年五月戊子。
④ 《清高宗实录》卷二〇九，道光十二年四月戊子。
⑤ （清）和宁：《回疆通志》卷七《英吉沙尔》，成文出版社 1966 年影印版。

喀什噶尔牧厂，设置于乾隆二十五年（1760）。有马、牛、羊、驼厂。马厂最初的马匹主要有每年来贡的伯特勒克马三四十匹、官兵交留马一二十匹、收税马八九十匹等。[①] 马厂的马匹在需要调拨时还要向叶尔羌和乌什调拨，数或七八十匹至一百匹不等。马厂每年计有官马 18 匹，在城拴喂备差马 12 匹，税马四五十匹至百余匹不等。牛厂以每年收税牛、孳生出群备差牛犊、牧厂备差牛、孳生乳牛等，各有十余头或数十头而置。羊厂以每年收税羊一二千只和厂内孳生羊羔而置。驼厂是道光十二年（1832）以内地购买的协济官驼 200 峰设置的，主要用来"备兵丁驮运柴薪"。[②]

牧厂管理均有比较严格的制度。各个牧厂的厂兵来自各城，为了厂兵更安心牧养牲畜，他们被免除了差操。厂规规定厂兵对各个牧厂的牲畜"不取孳生，亦不准倒毙，除运送官物，仍给盘费外，空闲之日准各厂兵日行营运。"但"定以限制，不得潜越库车以东"。[③] 厂兵营运所得的脚资只准用来添补绳索鞍，不准另行开销。各厂在每年度的年终要将该厂实有的牲畜数目上报参赞，以备查核。如果牧厂的牲畜达到一千只，就要上报乌鲁木齐都统收验。

此外，清政府在吐鲁番有驻防满营骑兵。吐鲁番满营有马 444 匹，除换防等项兵丁骑去马 73 匹外，其余 371 匹需要在当地牧养。牧养方式是，夏、秋二季全在当地牧厂牧放，春、冬二季则四成在牧厂牧放，六成归马圈喂养。[④]

南疆的官牧厂，主要是为牧放军台和屯田所用牲畜而设，也基本上是马、牛、驼、羊的混合配置，隶属各城守营，所孳生的牲畜则全部归公。虽然南疆的官营牧厂没有北疆的规模大，且多是备差厂，但牧厂的

---

① （清）和宁：《回疆通志》卷七《喀什噶尔》，成文出版社 1966 年影印版。

② 《清宣宗实录》卷二〇九，道光十二年四月戊子。

③ 《清宣宗实录》卷二〇九，道光十二年四月戊子。

④ （清）和宁：《乌鲁木齐事宜·满营马匹军械》，见王希隆整理：《新疆文献四辑种注考述》，甘肃文化出版社 1995 年版，第 120 页。

设立也在一定程度上反映了清廷对南疆畜牧业的重视。

二、北疆的官营畜牧业

北疆地区的官营牧厂主要集中在伊犁、巴里坤和塔尔巴哈台三地，此外乌鲁木齐、古城和木垒也有小型和临时性的牧厂。下面依次论述之。

1. 伊犁牧厂

伊犁地区，伊犁河的南北两山，形如箕张，当地草茂泉甘，是最优良的游牧区域。赛里木湖地处四山之中，其周围数百里松桧丛荫，细草如茵，夏无蚊蠓，宜于憩息，每至夏季，"卓帐千行，牧群麇集，繁衍称盛"。① 清政府在伊犁设立的官营牧厂种类较多，规模较大。

首先，满营马厂。满营马厂设立于满洲八旗驻防的惠宁和惠远二城。在移驻之初，因马匹颇多，购买甚易，较之内地计值亦廉，所以伊犁将军明瑞与陕甘总督督杨应琚协商，令驻防官兵只带骑马一匹，携带马价银两来伊犁后补立。计每旗马甲 410 名，额设马 601 匹。八旗计马 4810 匹，而镶黄、正黄则皆 602 匹。每二旗设厂一所，于附近水草丰裕之处，派官一员，兵数名牧放，相距不过二百余里。遇有差务，则酌调来城，左右两翼，每翼仍派佐领一员专司之。城内各旗均有官圈拴喂，小拴马 50 匹，以备近差操演骑用。各项差使，每年官兵需马不过千匹，向系每百准倒六匹。乾隆三十九年（1774），伊犁将军伊勒图上奏，因新疆差务殷繁，请以准倒二分之例；如官兵一月外差者，每匹准倒三分，赔补七分。其在厂牧放及官圈拴养者，每年仍按每百准倒二十匹。逾额倒毙者，着该官兵赔补，至核销应免马价银两，年终汇办，在于官铺领取。若小拴马匹，每月仍派营务处官为按旗点验，定以膘分，

---

① 《新疆图志》卷二八《实业》，上海古籍出版社 2015 年版。

殊无疲疾之累。他如各营之马，皆归于大厂牧放。① 营务处官员查验满营马厂的标准是，马匹膘壮者多，倒毙者少，给该管官记录二次，兵丁等应升之处列名。匹膘壮者少，倒毙者多，将该管官参奏治罪，兵丁等酌量责处。②

其次，孳生马厂。除满营马厂外，乾隆二十五年（1760），办事大臣阿桂奏请设立孳生马厂。③ 同年，清政府陆续从阿克苏、乌鲁木齐、张家口外牧群及达里冈爱等处运来孳生马 14033 匹。乾隆三十年（1765），又陆续购买孳生马 3526 匹。从乾隆三十年至五十八年，孳生马厂共收获孳生马 11010 匹，孳生本马 28569 匹。④

乾隆二十六年（1761），始设孳生羊厂。乾隆二十七年（1762），伊犁将军明瑞设孳生驼、牛厂，交锡伯、索伦、察哈尔、额鲁特、沙毕纳尔及维吾尔族等经营牧放。当年，清政府从乌里雅苏台等处调拨与达什达瓦、额鲁特从热河带来孳生牛共 5561 只，之后又陆续购买孳生牛 1576 只。⑤ 设置之始，马匹由锡伯、索伦、察哈尔、额鲁特四营牧养，牛则由上述四营及维吾尔族牧养。乾隆三十年（1765），停止锡伯营的孳生马厂。三十八年（1773），停止索伦营的孳生马厂，五十四年（1789），停止索伦营的孳生牛厂。嘉庆三年（1798），停锡伯营的孳生牛厂，嘉庆十三年（1808），停维吾尔族的孳生牛厂。此后，马厂、牛厂仅由察哈尔、额鲁特牧放，驼厂由额鲁特牧放，羊厂由察哈尔、额鲁特和维吾尔族牧放。⑥

---

① （清）格琫额：《伊江汇览·马政》，见马大正主编：《清代新疆稀见史料汇辑》，全国图书馆文献缩微复制中心 1990 年版，第 70—71 页。

② （清）永保：《总统伊犁事宜·功过处应办事宜》，见马大正主编：《清代新疆稀见史料汇辑》，全国图书馆文献缩微复制中心 1990 年版，第 267 页。

③ （清）松筠：《钦定新疆识略》卷一〇《厂务》，文海出版社 1965 年影印版。《伊江汇览·牧畜》记载："伊犁之设立牧厂也，始于二十九年。"此处错误，应为乾隆二十五年。

④ （清）松筠：《钦定新疆识略》卷一〇《厂务》，文海出版社 1965 年影印版。

⑤ （清）松筠：《钦定新疆识略》卷一〇《厂务》，文海出版社 1965 年影印版。

⑥ （清）松筠：《钦定新疆识略》卷一〇《厂务》，文海出版社 1965 年影印版。

此外，从哈萨克购买的马、牛、驼、羊，也拨入孳生厂养育。乾隆四十年（1775），牧厂获哈萨克骆驼270只，交察哈尔牧放者50只，交额鲁特牧放者220只。获哈萨克乳牛28头，交察哈尔牧放者12头，交额鲁特牧放者16头。获哈萨克大羊31988只，山小羊226只，交察哈尔牧放大羊15562只，交额鲁特牧放大羊15426只，山小羊226只。[①]乾隆五十八年（1793）后，则拨入备差厂。羊则另立官厂孳生，清政府又设驼马处，以专司其事。[②]

乾隆四十年（1775），孳生厂有马匹，交额鲁特牧放马19279匹，交察哈尔牧放马8106匹，交额鲁特牧放马11173匹；有牛9792只，交额鲁特牧养。孳生厂孳生羊147195只，交察哈尔牧放者54287只，交额鲁特牧放者54963只，交沙毕那尔牧放者31445只，交回子牧放者6500只。有孳生驼2080只。另牧未届四岁口齿牛犊1026只，交锡伯牧放者762只。[③]

至嘉庆二年（1797）三月底，孳生厂有驼3779只，内上三旗额鲁特牧放驼1624只，下五旗额鲁特牧放驼2155只。马28569匹，内两翼察哈尔牧放马11502匹，八旗额鲁特牧放马17067匹，另场牧放一岁骒马驹386匹，两翼察哈尔牧放马驹125匹，八旗额鲁特牧放马驹261匹。牛14845头，内两翼察哈尔牧放牛4164头，八旗额鲁特牧放牛5838头，准噶尔沙毕纳尔牧放牛犊350头，维吾尔族牧放牛4133头。另厂牧放一岁牛犊3466只。羊，内两翼察哈尔牧放羊54287只，八旗额鲁特牧放羊54963只，准噶尔沙毕纳尔牧放羊31445只，下五旗额鲁

① （清）格琫额：《伊江汇览·牧畜》，见马大正主编：《清代新疆稀见史料汇辑》，全国图书馆文献缩微复制中心1990年版，第71—72页。

② （清）松筠：《钦定新疆识略》卷一〇《厂务》，文海出版社1965年影印版。格琫额《伊江汇览·牧畜》记载为乾隆二十九年（1764），见马大正主编：《清代新疆稀见史料汇辑》，全国图书馆文献缩微复制中心1990年版，第71页。

③ （清）格琫额：《伊江汇览·牧畜》，见马大正主编：《清代新疆稀见史料汇辑》，全国图书馆文献缩微复制中心1990年版，第71—72页。

特牧放驼 1267 只。[①]

> 孳生厂的日常管理如下。
> 羊：每年正月起，至十一月止，各部落牧放孳生羊只，一年一均齐，每年十只，收取羊羔三只，按各部落起正月限，陆续报部，年底汇奏。
> 牛：每年二月起，至十一月止，各部落牧放孳生牛只，四年一均齐，每年十只收取牛犊二只。内已届四岁乳牛，拨入孳生场场，添入大牛内，扣限取孳。已届四岁牝牛撤出，入放各差场内，牧放备用。其三岁以下牛犊，仍交各昂吉，跟随大牛俟届口齿之时，照例查办。
> 马：每年四月起，至十一月止，各部落牧放孳生马匹，三年一均齐，每马三匹，收取马驹一匹。收取马驹内，已届二、三岁儿马驹撤出，入于各差场牧放备用。骡马驹，无论岁数，俱拨入孳生场，添入大马内，扣限取孳。其一岁儿马驹，仍跟随大马，俟届口齿之时，照例查办。
> 驼：额鲁特牧放孳生驼只，五年一均齐，每驼十只，收取驼羊羔四只，按限照例取孳。[②]

除孳生厂外，还设有备差厂。政府从孳生厂取孳之后的牲畜则归入备差厂。备差厂的牲畜也由察哈尔和额鲁特牧放。无论是调用本城的拨补，还是天山南北两路及内地调用的拨运，以及官兵请领交价充公的领买，皆于备差厂取之。

乾隆四十年（1775），备差厂有驼 667 只，交额鲁特牧放。马 5028

---

① （清）永保：《总统伊犁事宜·驼马处应办事宜》，见马大正主编：《清代新疆稀见史料汇辑》，全国图书馆文献缩微复制中心 1990 年版，第 262 页。
② （清）永保：《总统伊犁事宜·驼马处应办事宜》，见马大正主编：《清代新疆稀见史料汇辑》，全国图书馆文献缩微复制中心 1990 年版，第 262 页。

匹，交察哈尔牧放者 2341 匹，交额鲁特牧放者 2687 匹；牛 1896 头，交察哈尔牧放者 353 头，交额鲁特牧放者 1543 头。口食羊 43096 只，交察哈尔牧放者 24696 只，交额鲁特牧放者 16490 只，交沙毕纳尔牧放者 1907 只。①

嘉庆二年（1797）三月底，备差厂有马 12697 匹，内两翼察哈尔牧放 4381 匹，八旗额鲁特牧放 8316 匹。犍牛 2625 头，内两翼察哈尔牧放 816 头，八旗额鲁特牧放 1809 头。乳牛 171 头，俱交八旗额鲁特牧放。另厂牧放儿骒马 2483 匹，内两翼察哈尔牧放马 728 匹，八旗额鲁特牧放马 1755 匹。大羊 20386 只，内两翼察哈尔牧放 8122 只，八旗额鲁特牧放 12264 只。口食羊 111189 只，内两翼察哈尔牧放 40374 只，八旗额鲁特牧放 36663 只，准噶尔沙毕纳尔牧放 28301 只，维吾尔族民众牧放 5850 只。②

清政府对孳生厂和备差厂牧兵的奖惩管理是参照满营马厂执行的。乾隆四十年（1775）五月，伊犁将军奏请，将察哈尔和额鲁特二处马厂，按照满营马厂查验之例执行，或由将军、参赞大臣亲自查验，或委派领队大臣查验。官厂马匹膘分以上者，给该管领队大人官员等记录二次，兵丁等应升之处列名。马匹膘分三分以下者，将该管领队大臣官员等参奏治罪，兵丁酌量责处。③

伊犁官牧厂设立的目的是为国家供给优良马驼等牲畜，马资骑兵之用，驼资运输之需，均属国家战略性物资。可是由于管理制度上的弊病，而生出各种弊端。例如，给予牧马官兵的待遇太低，则导致牧马官兵的生产积极性不高，甚或生出诸多不法事端来。"马有优劣，则价有

---

① （清）格琫额：《伊江汇览·牧畜》，见马大正主编：《清代新疆稀见史料汇辑》，全国图书馆文献缩微复制中心 1990 年版，第 72 页。

② （清）永保：《总统伊犁事宜·驼马处应办事宜》，见马大正主编：《清代新疆稀见史料汇辑》，全国图书馆文献缩微复制中心 1990 年版，第 262 页。

③ （清）永保：《总统伊犁事宜·功过处应办事宜》，见马大正主编：《清代新疆稀见史料汇辑》，全国图书馆文献缩微复制中心 1990 年版，第 267—268 页。

高下。官马每匹一律定价八两，蒙兵嗜利，故盗卖抵换皆由此。"每当伊犁将军亲临检阅马厂时，牧马官兵往往"驱其良马藏纳山谷，而取中下驷以献。"造成"官马之良者，大半为厂兵所盗卖，故不可得。"①

咸丰三年（1893），伊犁牧厂报灾倒毙牲畜42000余匹。鉴于灾害对牲畜造成的巨大损失，清政府决定变价出售，应除备用不能变价外，最终变价出售了驼、马、牛、羊34910匹只。未能出售的牲畜，后以"停运内地马七、八百匹，奏请按每匹三两五钱变价抵饷，后又奏明拨差马一千匹，同驼、牛、羊等共三万四千余只，抵银五万三千六百七十八两八钱。"② 这些变价出售和抵饷的资金，支发给察哈尔、额鲁特两营兵饷，作为三年扣款。咸丰四年（1854），伊犁共存驼、马、牛、羊积存在册者还有十余万匹只。

在同治末年的新疆大动乱期间，伊犁马厂也惨遭毁灭性打击，"兵燹以后，荡然无存"。③ 此外，伊犁的察哈尔、额鲁特、沙毕纳尔等部众三万余口生计艰难。光绪十一年（1885），清政府在伊犁河南设立镇标牧场，隶属总兵管理。其经费不由政府拨发，"凡考核、功过及盈虚、良驽之数，皆不关白于部，其所孳生马，充官厩，备驿邮；羊以给岁时祭飨、蒐狩、犒劳之需，额有羡余，则分赡营中将士，故人人乐于尽力。"因为把经营主动权交给了从事牧养的将士，其生产积极性得到很大提高，"伊犁一厂，尤讲驭有法，骎骎称盛。"④

光绪二十年（1894），伊犁将军长庚奏请恢复伊犁牧厂旧制，请拨经费72000两白银购买孳生马、羊，交给当地牧民牧放。长庚先用24000两白银购买羊24000头，发给察哈尔、额鲁特，裁兵800名，每名发羊30头，令其孳生放牧。此后，长庚再购买马4000匹、羊16000

---

① 《新疆图志》卷二八《实业》，上海古籍出版社2015年版。
② 佚名：《伊江集载·牲畜》，见马大正主编：《清代新疆稀见史料汇辑》，全国图书馆文献缩微复制中心1990年版，第118页。
③ 《新疆图志》卷二八《实业》，上海古籍出版社2015年版。
④ 《新疆图志》卷二八《实业》，上海古籍出版社2015年版。

头，分别交给察哈尔、额鲁特和沙毕纳尔各营旗牧养。其管理制度，马厂仍遵旧章办理，羊厂则有所变动，原来是一年均齐一次，现改为三年均齐一次，羊十只取孳生羔羊三只，以示限制。[①] 这样既有利于帮助伊犁贫困牧民摆脱艰难生机，也有利于边圉安定，于国于民均有所裨益。长庚计划继续开设驼厂和牛厂，但由于当时连续几年驼、牛瘟疫流行，驼、牛受损严重，故其价格飙升，政府拨付资金不敷购买，恢复驼厂和牛厂的事就搁浅了。

2. 巴里坤牧厂

巴里坤牧厂共有三厂，东牧厂在巴里坤，西牧厂在古城，三牧厂在木垒。巴里坤牧厂由巴里坤总兵、乌鲁木齐提督和陕甘总督三方共同管理，具体分工为"巴里坤总兵专其政，乌鲁木齐提督董其成，陕甘总督考其绩"。饲养出的马匹"良壮者则给戎行，中材者则充传置。"[②]

乾隆二十六年（1761），清政府设立巴里坤牧厂，即东牧厂。当年，清政府从安西、凉州、肃州三地调运儿骒马1500余匹交给东牧厂牧放。乾隆三十四年（1769），清政府又从塔尔巴哈台送来一批马匹，加之该牧厂八年来已有孳生大量马匹，当年巴里坤共有马匹5000余匹。次年，清政府又在古城设立"西厂"，牧养从东厂匀出的孳生马匹和从塔尔巴哈台调拨来的马匹。乾隆四十年（1775），鉴于东、西二厂孳生马匹已达8000余匹，而牧场面积有限，清政府于木垒另设一个牧厂，名为三厂。[③] 当时，巴里坤三大牧厂各有马2900余匹，各设牧弁10员，牧兵122名，每名兵丁牧放24匹。巴里坤三处牧厂的管理定例是由巴里坤总兵专司办理，由该镇径行咨报乌鲁木齐提督和陕甘总督查核，不

---

① 《新疆图志》卷二八《实业》，上海古籍出版社2015年版。
② （清）和宁：《三州辑略》卷五《马政门》，成文出版社1968年影印版。
③ 录副奏折，档案号：03-3001-013。陕甘总督杨遇春、乌鲁木齐都统英惠：《奏为会同筹议疏通巴里坤各马厂厂地以利马政事》，道光九年三月十三日。杨遇春在奏折中说在乾隆四十年设立木垒牧厂后，"旋又改移济木萨营牧放。"这与《新疆图志》《三州辑略》中的记载有所差别。

由乌鲁木齐都统衙门核转。①

此后，三个牧厂发展势头良好，史载"昔承平时，各有马九千余匹，其后日益蕃庶，木垒河地势卑狭，渐至不能容。"乾隆五十一年（1786），巴里坤马厂马匹已有15000余匹，原本宽裕的牧场变得拥挤。陕甘总督福安康考虑马多，恐挤伤马驹，奏请将马龄较大、残废或矮小的马匹挑出1570余匹变卖。其中头等马匹作价银4两，拨补屯工；二等马作价银3两，招户②民领买；三等马作价银2两，交地方官变价；四等马亦作价银2两，着经理不善之牧厂厂员赔补，以上出售马匹所得俱交镇迪道作为正项③。清政府基本同意福安康的建议，认为将上等马直接补充屯工即可，毋庸变价。④ 福康安对巴里坤牧厂这一变价处理劣质马匹的做法成为此后清政府处理类似问题的惯例。

乾隆五十七年（1792），巴里坤牧厂马匹数量再次达到18000余匹新高峰，陕甘总督勒保奏请按乾隆五十一年之例，挑变不堪孳生之马3000余匹。

嘉庆十年（1805），巴里坤牧厂马匹数量再创新峰，多达31000余匹，陕甘总督倭什布奏请按照乾隆五十一年之例，挑变不堪孳生之马3190匹。

嘉庆十二年（1807），陕甘总督倭什布奏请改革巴里坤牧厂管理办法。将木垒马厂改归吉木萨尔营员具体管理，于吉木萨尔、玛纳斯两地设小型马厂，仍由巴里坤总兵总体负责管理。两处新厂，于每年收获孳生马匹中割骟，计岁除群，拨补各处营、塘、屯、台缺额，再有盈余则解送内地绿营补缺。其三年、五年均齐之例，由巴里坤总兵径报陕甘总督核办，以次赏罚。清廷商议后，最终决定上述牧厂每三年均齐一次，俟界六年均齐两次之后，准其挑变一次，每百匹不得挑变过六匹，定为

---

① （清）和宁：《三州辑略》卷五《马政门》，成文出版社1968年影印版。
② （清）和宁：《三州辑略》卷五《马政门》，成文出版社1968年影印版。
③ 正项，即正税。
④ （清）和宁：《三州辑略》卷五《马政门》，成文出版社1968年影印版。

成例。①

经过多方协商，清廷最终确定巴里坤牧厂管理和考核办法，具体
如下：

> 巴里坤东厂、西厂、三厂牧放马匹，每厂健儿马、骒马二千九
> 百十二匹，派游击、都司、守备各一员统率。每厂分为五群，每群
> 派千总、把总一员为牧长，外委一员为牧副。按马二十四匹派兵员
> 牧放。三年期满，陕甘总督委员逐厂查验，清点马数，叙明赏罚，
> 将各厂牧放孳生马数详造一册；将应赏应罚之处，及各厂官兵姓名
> 详造一册，咨明兵部查核。
>
> 牧马兵丁每月给银三钱，于司库扣贮提督、总督各营建旷项下
> 动支，报明户部。所收马匹不论健儿马、骒马，每三匹取孳生马一
> 匹，三年内一群之马除孳生额数之外，多孳生一匹至一百七十六匹
> 者，千总、把总加一级，外委记录二次，兵丁每名赏银一两。多孳
> 生一百七十七匹至三百五十二匹者，千总、把总加二级，外委加二
> 级，兵丁每名赏银二两。多孳生三百五十三匹以上者，千总、把
> 总、外委俱以应升之缺即用，兵丁每名赏银三两。所赏银两，亦于
> 建旷项下动支，保明户部。

较之微弱的奖励，清政府规定的惩罚则更为严厉。

> 如少孳生二十匹以下者，千总、把总罚马五匹，外委、兵丁各
> 责四十棍。少孳生四十匹以下者，千总、把总罚马七匹，外委、兵
> 丁各责五十棍。少孳生八十匹以下者，千总、把总罚马九匹，外
> 委、兵丁各责六十棍。如与原数内缺少者，千总、把总斥革，罚马
> 十八匹，外委革退，外委、兵丁各捆责八十棍。所罚之马，俱归入

---

① （清）和宁：《三州辑略》卷五《马政门》，成文出版社 1968 年影印版。

马群核算。

　　其五群得赏之游击、都司、守备，俱加二级；四群得赏、一群得罚之游击、都司、守备，加一级；三群得赏、二群得罚之游击、都司、守备，俱免处分；二群得赏、三群得罚之游击、都司、守备，降一级留任；一群得赏、四群得罚之游击、都司、守备降一级调用；五群全罚之游击、都司、守备，革职。

　　巴里坤镇统辖东厂、西厂、三厂，如十五群得赏者，加一级；十四群、十三群得赏者，记录二次；十一群、十群、九群得赏者，记录一次；八群、七群得赏者，免其处分。九群、十群得罚者，罚俸半年；十一群、十二群、十三群得罚者，罚俸一年；十四群、十五群得罚者，降一级调用。如于原牧放数内缺乏者，除将千总、把总罚出马数补入外，其余由游击、都司、守备、总兵各半分赔。

　　巴里坤孳生马厂内七岁以下之骟马留厂，经收以备拨用。每年每百匹准闻报倒毙马六匹。八岁以上之骟马遇有营马倒缺，拨补。二十岁以上之骒马及口老碎小之儿骒马，即以续得孳生儿骒马数抵补，分析造册，送部。俟考成时，将项补过马驹，乃算入孳生案内，以定功过。①

　　嘉庆十二年的巴里坤牧厂定例的制定与颁布对规范巴里坤牧厂发展有重大作用。此后，清政府对该处马厂的管理就是按照这一制度执行。

　　次年（1808），清政府就出售古城及吉木萨尔两处马厂的马匹。当时，马厂挑变马匹由地方官饬令户民承领。每匹价银二、三、四、五两不等，所变价银即解交道库充饷。②

　　道光五年（1825），巴里坤三大牧厂，除历次挑变与拨补各营缺额

---

① （清）和宁：《三州辑略》卷五《马政门》，成文出版社1968年影印版。
② 《新疆图志》卷二八《实业》，上海古籍出版社2015年版。

及倒毙外，实有马 39088 匹，比乾隆四十年增加至五倍。其中，巴里坤东厂有 14293 匹，古城马厂有 12164 匹，吉木萨厂有 12671 匹。鉴于牧厂"孳生日多，不能容牧"，陕甘总督杨遇春奏请每厂各留壮健儿马 500 匹，骒马 5500 匹外，并带牧骟马 2535 匹，及 300 匹备拨补毙缺军台等项外，其余马 15793 匹应酌定价值即行出售。如以每匹马定价四两白银，则应收 63172 两。[①]

巴里坤驼厂设于宜禾县，有孳生驼 800 余只。驼厂始于乾隆三十八年（1773），由甘、凉、西宁等处拨调 430 余只。乾隆五十七年（1792），都统尚安查出该处孳生 318 只，共有驼 749 只，拣选健壮者 500 只调拨至乌鲁木齐，交运驼户运送官粮。其余 240 只仍归厂孳生。驼厂每五年均齐考成一次，俱由巴里坤总兵径报陕甘总督核办。[②] 道光中叶，清军为平定张格尔叛乱，大批调拨骆驼运输物资，事后骆驼存活无几，驼厂遂停。

巴里坤牧厂马匹的饲养之法是，以 1400 匹为一群，每群用牧兵 20 人管理。每年四月，青草萌生时，驱赶马群至郊外食草，名曰抢青。五月以后，天气逐渐炎热，则驱入天山之中，以避蚊蠓。一旦被蚊蠓咬噬过重，马驹将会食欲不振而倒毙。待到秋日，再将马匹驱赶出山，散牧田埂间，取食禾麦，遣穗食之日，名曰抢岔。小雪以后，则驱之至北沙窝向阳之处取暖，以避风雪。[③]

巴里坤牧厂在经营管理上制定了一系列严格规定。例如，当时马厂规定：

> 每本马三匹取孳生马一匹，如应取千匹者，以百匹为一分，十匹为一厘。每届三年均齐一次，若如额取之外，多孳生一分者，为

---

① 录副奏折，档案号：03-3001-013。陕甘总督杨遇春、乌鲁木齐都统英惠：《奏为会同筹议疏通巴里坤各马厂厂地以利马政事》，道光九年三月十三日。

② （清）和宁：《三州辑略》卷五《马政门》，成文出版社 1968 年影印版。

③ 《新疆图志》卷二八《实业》，上海古籍出版社 2015 年版。

三等；一分以上至二分者为二等；二分以上至三分者为头等。如得头等，牧长、牧副记名候升，牧兵每名赏银三两。二、三等以次，长、副加级记录，兵丁赏银各有差。若于取额之内少孳生二分以下者，罚马四厘，牧长、副、兵俱责二十棍；少至四分、六分、八分、十分以下者，罚马八厘至一分六厘，责棍三十至六十，各有差。若原牧不敷缺少者，牧长、副革职，牧兵则八十棍，所缺马匹仍著牧长赔补二成，提督、总兵游击以次分赔八成。统辖五群之游击、都司、守备各官，若一群得赏四群得罚，则各降一级调用；二群得赏三群得罚，则各降一级留任；三群得赏二群得罚，则抵消免议；若四群得赏一群得罚，则俱加一级；若五群全赏，则俱各加二级；五群全罚者，俱革职。

道光年间，因牧遭遇灾荒，马匹倒毙逾额，总兵甚至自杀身死。如此严格的管理和苛刻的要求，时人也认为是"罚严而赏薄"，但这促使牧厂官兵努力牧养，甚至还修建了"马祖庙"，以祈求牧厂牲畜兴旺。[1]

同治、光绪之际，新疆社会动荡，先是新疆军民的反清起义，再是浩罕军官阿古柏入侵，还有沙俄趁火打劫侵占伊犁地区，造成新疆陷入战乱。在这场浩劫中，很多官牧厂惨遭洗劫。位于东疆的巴里坤在其军民竭力守卫下，巴里坤城没有失守，但长期围困下的巴里坤军民无粮可食，只好宰杀马厂的马匹，这样巴里坤马厂就有一万四千多匹马遭宰杀。巴里坤解围后，马厂残存的马匹不过数百匹而已。左宗棠收复新疆后，清政府力图重整新疆马政，首先就是恢复巴里坤马厂。

光绪十四年（1888），清政府分巴里坤马厂马匹为五群，每群设牧长一员，牧副一员，牧兵十四人，隶属左营游击管理。此后，巴里坤马群改归后路巡防步队第一营兼管。原设牧长、牧副、牧兵保持不变。光

---

[1] 《新疆图志》卷二八《实业》，上海古籍出版社 2015 年版。

绪三十二年（1906），巴里坤马群有 4528 匹。

因古城牧马厂被毁严重，无法恢复，清政府只好东巴里坤马厂分出 500 匹移入重建。吉木萨尔马群也分为五群，其牧地分别是叶家湖、营马台、小栓湖、四厂湖、五厂湖，每群设牧兵八名，牧长、牧副官额如巴里坤马群。此后，吉木萨马群改归中路巡防步队第四营兼管，有马 823 匹。①

3. 塔尔巴哈台牧厂

塔尔巴哈台的巴尔鲁克山之东、雅玛图枚利诸山之西，地势平衍，河流错出，草色葱茏，弥望无垠，是北疆重要的优良牧场，也是游牧民族的长居之地。乾隆三十九年（1774），清政府在塔尔巴哈台设立官牧厂。是年，塔尔巴哈台参赞大臣奏请在购买的哈萨克牲畜内挑出骒马 600 匹、牡乳牛 200 头、公母羊 3000 只，交本处察哈尔一佐领和额鲁特二佐领立厂牧放。管理条例是，孳生足例，马匹按三年均齐一次，每三匹每次征收马一匹；牛按四年均齐一次，每十头每年征收二头；羊则一年均齐一次，每十只羊每次征收三只。

乾隆四十二年（1777），乌鲁木齐都统会同伊犁将军奏请将乌鲁木齐的额鲁特 1000 户分作四佐领，移驻塔尔巴哈台的斋尔地方安插。当时额鲁特带来骒马 6760 匹、牝乳牛 1140 头、公母羊 66863 只，仍交给四佐领负责牧放。按照起限年月，照前例取孳。每年约收孳生马驹 900 余匹，内骒马驹随时拨入孳生大马群中，一例取孳。其三岁、二岁儿马驹即拨入备用厂内牧放。剩下的一岁儿马驹俟足二岁时，再拨入备用厂内牧放。

乾隆四十三年（1778），塔尔巴哈台参赞大臣又从陆续购换来的哈萨克牲畜中，挑出堪可孳生牛 100 头、羊 1000 只交察哈尔、额鲁特等七佐领牧放，照前例取孳。四岁牝牛犊随时拨入备用厂内牧放。三岁、二岁及一岁的牝乳牛犊随同大牛牧放，俟其齿足四岁时，再按年扣限取

---

① 《新疆图志》卷二八《实业》，上海古籍出版社 2015 年版。

孳，分别拨厂。羊则每年取羊羔 21260 只，每岁于八月间解送乌鲁木齐官兵口食羊羔 26000 只，其余羊羔 1200 只拨入备用厂牧放。乾隆五十七年（1792），孳生厂现存大马 9679 匹，马驹 371 匹，大牛 4154 头，牛犊 1120 头，大羊 70863 只，羊羔 8330 只。

备用厂设立于乾隆三十八年（1773），牲畜主要来源于照例追罚各项马牛。清政府每年从此备用厂调拨马和牛供乌鲁木齐屯田、台卡使用。乾隆五十二年后停止调拨。清政府规定，"凡本城调用谓之拨补，南北两路及内地调用谓之拨用。"① 备用厂骒马内除留存备用马 2000 匹及每年拨补塔尔巴哈台军台马 33 匹外，其余马匹则拨用陕甘各营。乾隆末年，塔尔巴哈台备用厂现存马 4367 匹，牛 1698 头，羊 34255 只。② 此外，备用厂的马匹还曾借给坐卡官兵使用。嘉庆七年（1802）九月，伊犁将军和塔尔巴哈台参赞大臣联衔奏请，因当地雪大，致使坐卡巡逻官兵的马匹倒毙甚多，必须于次年雪消后补给马匹，请将塔尔巴哈台备用厂内马匹暂借守卡官兵骑乘。清廷批准了此奏请，但同时要求伊犁将军严饬各卡借骑马匹兵丁"用心牧养，爱惜乘骑，勿致疲瘦、残疾，有累官厂难以牧养，如有倒毙，即着落该兵丁等赔补"。伊犁将军和塔尔巴哈台参赞大臣遂规定，冬季各卡借用官马于次年还厂，后酌定一分五厘报销。③

塔尔巴哈台官牧厂实行动态管理机制，如果存栏数目不足，则奏请减少给内地调拨的数额，俟存栏牲畜充足后再足额调拨。如果存栏牲畜数量过多，则采取变价出售的办法。乾隆五十七年（1792），伊犁将军保宁奏请，因伊犁、塔尔巴哈台近来换获哈萨克马匹不多，不敷如数解运，请每年暂运一半，其余一半则由陕甘各省自行购买，俟马匹充足时再全数解运。当年各营解送内地的均为一半之数，大致为六七百匹至一

---

① 《新疆图志》卷二八《实业》，上海古籍出版社 2015 年版。
② （清）永保：《塔尔巴哈台事宜》卷四《官厂牲畜》，成文出版社 1969 年影印版。
③ （清）永保：《塔尔巴哈台事宜》卷四《官厂牲畜》，成文出版社 1969 年影印版。

千匹不等。乾隆四十六年（1781），因官厂牛羊积聚过多，塔尔巴哈台参赞大臣奏请变价出售，听任官、兵、商、民购买。其价格是牛一头银三两三钱，羊一只银五钱至七钱。乾隆五十九年（1794），塔尔巴哈台参赞大臣奏请，因为官厂牛羊仍然积聚过多，奏请酌量减价售卖。每头骨力高大的牛，定价银三两；次等者二两五钱。羊每只递减定价四钱至六钱。塔尔巴哈台官牧厂的牛主要供给各屯点和军台使用。清政府规定，每年拨补田工牛 60 头，军台则是 4 头。乾隆五十九年，经参赞大臣奏请，科布多每年田工倒毙牛无法拨补，遂每三年一次，从塔尔巴哈台官厂内拨给科布多牛 300 头。

备用厂在经营管理上也有一系列严格规定。如马牛羊的倒毙数，每年每百匹、只，报销倒毙六匹、只。每岁搭放官兵口食羊约 6200 余只，每只抵口粮面 15 斤，由粮厅衙门扣收。塔尔巴哈台官牧厂主要分布在巴尔鲁克山和额鲁特等处。清政府规定，自乾隆四十四年起，塔尔巴哈台参赞大臣每年四五月间亲往查阅牧场，查看牲畜牧养情况。如果牲畜膘分足，则奖赏经牧官；若膘分不足，则将经理官员议处。清政府规定，在陆续从哈萨克购买的牲畜中，如果有怀驹、犊者，则投入厂后收获马驹、牛犊、羊羔等；除例倒毙外，挑出堪可入官厂者，收入官厂牧放；其余不堪官用者，则分赏给勤奋的官兵，以示鼓励。此外，清政府还从每年得到的哈萨克贡赋马内，挑出堪以官用者收入官厂牧放；其余掉膘、疲乏的牲畜则等来年青草发生得以饱食之际查验，除倒毙外，其余缓养痊好者，收入官厂牧放；其救养不痊残伤者，则变价出售。马一匹作价银一两二钱。

此外，塔尔巴哈台还短暂设置过驼厂。乾隆三十年，由乌鲁木齐驮载官物的骆驼交给本处官厂牧放。三十二年，塔尔巴哈台参赞大臣奏请，除倒毙外将现存驼只尽数变卖，收获价银归入本处库存。不过，时隔五年后，清政府再次恢复塔尔巴哈台的骆驼饲养。乾隆三十七、三十八年，清政府以本处官厂马、羊换获归国的土尔扈特部的骆驼 188 只。经过七八年养殖，乾隆四十三、四十五年，塔尔巴哈台参赞大臣奏请因此处骆驼没有调拨运输之用，遂请除倒毙之驼 20 只外，其余骆驼依照原换价值变卖，所有收获银钱收入本处库藏。① 自此，塔尔巴哈台地区官营牧场中没有骆驼饲养。

在同治年间的新疆社会大动荡中，新疆大部分官牧厂遭到严重破坏，虽然塔尔巴哈台官牧厂幸存下来，但由于沙俄侵占塔尔巴哈台地区大片领土，并"租借"塔尔巴哈台最重要的牧场巴尔鲁克山十年，致使塔尔巴哈台牧场大为缩小。光绪十九年（1893），清政府与俄国政府签订《收回巴尔鲁克山文约》，收回俄国所借的巴尔鲁克山和额粄勒河南之地。② 经此事件，塔尔巴哈台地区"蹙地千里，内附哈民不敷栖住"，③ 官营畜牧业发展受到很大挫折。从光绪三十一年（1905）塔尔巴哈台参赞大臣春满的奏折看，从光绪二十七年（1901）至三十年（1904），塔尔巴哈台牧厂三年届满均齐，马厂仅有选购而来的孳生马 500 匹，可挑选骟马驹 29 匹拨入备用厂。④

4. 乌鲁木齐牧厂

乌鲁木齐，准噶尔语意为"好牧场"。当地地势平坦，河湖俱备，是一处优良牧地。乾隆二十六年，清政府在乌鲁木齐设立马厂，在南山之阳，隶属都统，一切经制按照伊犁牧厂之例。在同光之际的战乱中，乌鲁木齐牧厂也未能幸免。光绪十一年（1885），清政府在天山南北增置标营，迪化抚标在南山中设立牧厂，由中军参将管理。不过，由于牧养不得其法，管理不善，历年孳生马不足千匹，羊不满万头，比之伊犁镇标牧场相差甚远。⑤

5. 各城驻军马匹

除上述官营马厂外，巴里坤、乌鲁木齐等军政要地及所属军事要地

---

① （清）永保：《塔尔巴哈台事宜》卷四《官厂牲畜》，成文出版社 1969 年影印版。
② 《中俄边界条约集》（俄文汉译本），商务印书馆 1973 年版，第 112、114 页。
③ 《新疆图志》卷二八《实业》，上海古籍出版社 2015 年版。
④ 《新疆图志》卷二八《实业》，上海古籍出版社 2015 年版。
⑤ 《新疆图志》卷二八《实业》，上海古籍出版社 2015 年版。

均驻扎骑兵，其所乘之马也是当地饲养的重要马匹。其中巴里坤满营原额有马 2544 匹，骑兵有马 848 匹，除换防卡伦等项兵丁骑去马 204 匹外，其余 644 匹需要在当地牧养。古城满营兵丁原额有马 2544 匹，骑兵有马 848 匹，除换防卡伦等项兵丁骑去马 173 匹外，其余 675 匹需要在当地牧养。饲养方式是，夏、秋二季全在当地牧厂牧放，春、冬二季则四成到牧厂牧放，六成在马圈喂养。[1]

吐鲁番满营原额有马 1332 匹，骑兵有马 444 匹。巴里坤绿营镇标三营兵丁骑马 1239 匹，城守营兵丁骑马 112 匹。古城营骑兵有马 205 匹。木垒营骑兵有马 144 匹，哈密协营骑兵有马 425 匹。[2] 绿营骑兵马匹的饲养现无资料记载，据前往满营骑兵马匹饲养规定推测，应与之相似。

清政府在乌鲁木齐驻防满营和绿营骑兵。乌鲁木齐满营兵丁原额有马 7992 匹，[3] 有骑马 2664 匹，除南路换防、军台、卡伦等项兵丁骑去马 497 匹外，其余 2167 匹需要在当地牧养。饲养方式是，夏、秋二季全在当地牧厂牧放，春、冬二季则四成到牧厂牧放，六成在马圈喂养。[4] 乌鲁木齐绿营骑兵中营有战马 474 匹，左营有战马 474 匹，右营也有战马 474 匹，城守营有战马 500 匹。此外，玛纳斯协营有战马 816 匹，吉木萨营有战马 462 匹，库尔喀喇乌苏营有战马 309 匹，精河营有战马 206 匹，喀喇巴尔噶逊营有战马 154 匹，巩宁城守营有战马 156 匹。[5] 这些军营战马也属于清政府官营的一部分。

塔尔巴哈台驻防兵的马匹放牧也就构成当地官营畜牧业的组成部分。按照当地军马放牧要求，满营分新、陈二营。满营的马匹一半在槽

---

① （清）永保：《乌鲁木齐事宜·满营马匹军械》，见王希隆整理：《新疆文献四辑种注考述》，甘肃文化出版社 1995 年版，第 119 页。
② （清）和宁：《三州辑略》卷五《马政门》，成文出版社 1968 年影印版。
③ （清）和宁：《三州辑略》卷五《马政门》，成文出版社 1968 年影印版。
④ （清）和宁：《乌鲁木齐事宜·满营马匹军械》，见王希隆整理：《新疆文献四辑种注考述》，甘肃文化出版社 1995 年版，第 119 页。
⑤ （清）和宁：《三州辑略》卷五《马政门》，成文出版社 1968 年影印版。

饲养，一半在城就近水草得宜之处牧放。陈营在东门外，自建马圈一处，负责日常圈养马匹的饲养。其牧放马匹之处，夏季在额尔格图一带，冬季在杂达尔莫多一带，以备随时差遣。新营在西门外，自建马圈一处，负责日常圈养马匹的饲养。其野外牧养的马匹，夏季牧于额尔格图一带，冬季牧于西伯图一带，以备差遣。留在城听差兵丁的马匹，夏季在额尔格图牧养，冬季在乌努根齐肯牧放。以上三营牧马处所，离塔尔巴哈台城不过三四十里之五六十里不等。[①]

伊犁是清前期新疆的军政中心，驻扎近 2 万名官兵，其中包括大量骑兵，故这些马匹也是清政府在伊犁饲养的官马之一。伊犁大城满营额设官员马 550 匹，兵丁马 4810 匹，巴彦岱满营官员马 236 匹，兵丁马 2700 匹，锡伯营兵丁马 680 匹，以上合计共 8976 匹。清政府规定伊犁在营之马，每年准许倒毙百分之二十；在卡伦、驿站、狩猎等差操的马匹准备每年倒毙百分之三十。南北两路戍守官兵所骑之马，按二年换班计算，每年准予倒毙百分之五十。[②]

6. 各城军台驿站马匹

清代新疆各城设置军台和驿站，以做到沟通消息。无论军台还是驿站均"守以弁兵，设以马驼，备以车辆，各有专管"。[③] 由于实施"以北治南"的治疆举措，清政府在新疆各处均设军台，但在天山北设驿站。

军台是军营驿站，主要是传递重要军情、政令，所谓"其事缓，则日行无里数；其事急，则限行几百里。"军台之外，还配有营塘，以接济差务，为不时之需。因军台多传送重要信息，故配备大量优良马匹。兹据《三州辑略》卷五《台站门》整理乌鲁木齐、吐鲁番及巴里坤三地的军台、驿站马匹。

---

① （清）永保：《塔尔巴哈台事宜》卷三《营制兵防》，成文出版社 1969 年影印版。
② 佚名：《伊犁略志》，见马大正主编：《新疆稀见史料汇辑》，全国图书馆文献缩微复制中心 1990 年版，第 289 页。
③ （清）和宁：《三州辑略》卷五《马政门》，成文出版社 1968 年影印版。

嘉庆十年，乌鲁木齐所属中营参将管理南路六处军台，分别是鄂伦拜星底台马 30 匹，昂吉尔图淖尔台马 25 匹，喀喇巴尔噶逊台马 25 匹，白杨河腰台马 5 匹，哈毕尔汗布拉克台马 25 匹，根忒克台马 25 匹。以上六台系乾隆二十五年以前安设，至二十六年，每台设车 2 辆，马 2 匹，哈毕尔布拉克台因为军务较重，设马 4 匹。

乌鲁木齐提标中营参将管理西路军台二处，分别是洛克伦台马 30 匹，呼图壁台马 30 匹，以上两台为乾隆二十七年以前设立。

玛纳斯副将管理西路军台四处，分别是土古里克台马 30 匹，玛纳斯底台马 30 匹，乌兰乌素台马 30 匹，安济海台马 30 匹，以上西路四台系乾隆二十七年安设。

库尔喀喇乌苏游击管理西路军台五处，分别是奎屯台马 30 匹，库尔喀喇乌苏底台马 40 匹，布尔噶齐台马 40 匹、牛 10 只，古尔图台马 40 匹、牛 10 只，以上西路五台均系乾隆二十七年安设。

库尔喀喇乌苏游击管理北路军台三处，分别是库尔河台马 30 匹、牛 5 只，沙拉乌苏台马 30 匹、牛 10 只，鄂伦布拉克台马 30 匹、牛 5 只，车牌子腰台马 6 匹，以上北路三台系乾隆三十二年安设。其中车牌子腰台一处为乾隆四十三年安设。

精河都司管理西路军台五处，分别是托克多台马 40 匹、牛 10 只，噶顺腰台马 5 匹，精河台马 40 匹，牛 10 只，托里台马 40 匹、牛 10 只，托霞穆图台马 40 匹，牛 10 只，以上西路五台系乾隆二十七年安设。

吐鲁番领队大臣管理东路军台六处，分别是吐鲁番底台马 29 匹，胜金台马 19 匹，连木沁台马 19 匹，辟展台马 19 匹，苏鲁圈台马 19 匹，七克腾木台马 19 匹。以上东路六台西乾隆二十五年以前安设，其中，辟展之吐鲁番四台于乾隆二十六年设，每台设马 2 匹。

吐鲁番所属南路二台，分别是布幹台马 18 匹，托克逊台马 18 匹，均为乾隆二十五年以前设立。

巴里坤左营游击管理东路军台八处，分别是盐池台马 31 匹，惠井

子腰台马 4 匹，梧桐窝台马 30 匹，托赖井子腰台马 4 匹，陶赖台马 21
匹，肋巴泉台马 31 匹，苏吉台马 14 匹，巴里坤底台马 13 匹。以上东
路八台系乾隆二十五年以前安设。

哈密副将管理东西两路军台十三处，分别是哈密底台马 20 匹，头
堡台马 20 匹，三堡台马 20 匹，鸭子泉台马 20 匹，瞭墩台马 20 匹，橙
槽沟台马 20 匹，黄芦岗台马 17 匹，长流水台马 19 匹，格子烟墩台马
19 匹，天生墩腰台马 5 匹、骡 2 头，苦水台马 19 匹，沙井子台马 19
匹，星星峡台马 19 匹，以上东西两路军台均系乾隆四十二年以前
安设。①

从上述乌鲁木齐、巴里坤及吐鲁番等处军台配备看，主要是马匹，
一般是每台 20 匹左右，小军台一般是 5 匹，大军台则是 40 匹。此外，
个别军台还配备骡或牛。

此外，塔尔巴哈台所属军台共有马 110 匹，牛 20 只。军台马每年
准报倒毙三分之一，牛准报倒毙百分十五。军台配属的马和牛照伊犁之
例，冬、春六个月俱给草料和黑豆喂养，所需费用在收获本地房租间款
项下动支，报部核销。其余六个月在野外放养。② 驿站也配备大量马
匹，迪化州以东各处驿站安设于乾隆四十一年，原本每驿站设驿马 5
匹，乾隆四十五年添设马 2 匹。据统计，迪化州以东驿站共有马 82 匹。
迪化州以南驿站安设于乾隆四十五年，各处共有驿马 24 匹。迪化州以
西驿站安设于乾隆四十四年，各处共有驿马 20 匹。③

营塘主要新疆绿营驻兵传递信息的台站，据《三州辑略》卷五
《台站门》整理乌鲁木齐、吐鲁番及巴里坤三地的营塘马匹共有 368 匹。
此外，三地的卡伦也配备大量马匹，统计可知有 382 匹。

总之，有清一代的新疆畜牧业获得很大发展，尤其是在官营牧厂

---

① （清）和宁：《三州辑略》卷五《台站门》，成文出版社 1968 年影印版。
② （清）和宁：《塔尔巴哈台事宜》卷四《军台》，成文出版社 1969 年影印版。
③ （清）和宁：《三州辑略》卷五《台站门》，成文出版社 1968 年影印版。

的激励下，各地牧民重视畜牧经营，尽快弥补了战争对畜牧业的创伤，促进了畜牧业的发展。建省后，新疆借助对外贸易的便利条件，向俄罗斯和英吉利等国出售皮货等畜产品，也刺激了新疆畜牧业生产的发展。

第六章　民国时期的近代化转型

1911 年，辛亥革命爆发，地处西陲的新疆也加入革命浪潮。历经短暂动荡，新疆历史步入民国时期。在该时期，先后主政新疆的有杨增新、金树仁和盛世才。三者中，金树仁主政仅有五年，农牧业建设成效较微。盛世才之后，南京国民政府主政新疆，但在当时新疆动乱的局势下，经济建设举步维艰，农牧业出现大幅倒退。民国时期新疆农牧业发展呈现出"M"型态势，杨增新和盛世才主政新疆时期的新疆农牧业发展较好，其他时期则相对衰落，故本书仅论杨增新及盛世才二人主政时期的新疆农牧业建设。总体观之，民国时期的新疆在世界局势大变革中基本保持了稳定状态。为求自保，杨增新及盛世才二人多能鼓励新疆农民牧业发展，故对其建设有一定促进作用。

第一节　杨增新时期新疆农牧业

1912 年 5 月，北京国民政府总统袁世凯任命杨增新为新疆都督。杨增新由此开始主政新疆，直至 1928 年，历时 17 年。

民国初年的新疆，外有俄国虎视，内有潜在危机，要维护统治，必须有强大的经济基础。然而此时的新疆却面临着严重的经济困难。清代新疆的财政除本省赋税供给外，更主要是从内地各省调拨，名为"协饷"。然而，民国建立后，内地军阀混战，北京国民政府困难，无力补贴新疆地方财政，加之这一时期自然灾害频仍，新疆一度面临"饷源断绝，无米为炊，其隐忧情况莫此为甚"①。严峻的经济形势，使得杨增新清醒地认识到发展新疆经济的重要性。"协饷之已停，恐斯民之坐困，力图补救，拟以振兴实业为前提，而实业之振兴，尤以注重农业为根本"。②

另外，在新疆主政多年的经历，也令其认识到新疆农业发展具备极大潜力和良好基础。"天山横亘中央隔成两大环境，天山北麓昔为准部高原，西至伊犁，东接蒙古，北至阿尔泰皆多为膏腴之地，水草丰盛除少数地区外，几皆为雪水与井水流灌之地……塔里木大戈壁周围，绿洲星点，亦可耕可牧。""新省地积纵横数千里，其间崇山戈壁不能种者固多，而蔓草荒原可以开辟者亦复不少，只因人民故步自封，官吏泄沓又不力为提倡，以致举天地自然之利弁髦弃之。"③

基于现实困境和维护稳定之需要，杨增新决定在新疆大力发展实业，"窃维开拓利源，首在振兴实业"。④ 实业开拓则尤以农牧业为先导。"实业之振兴，尤以注重农桑为根本"⑤。"大地之利殖于工商，而实孳乳于农。农者，工商之母，人民生活程度所从出。"⑥

一、农业发展

杨增新发展农业举措主要在三方面：一是兴修水利，二是安民垦荒，三是讲习农业新知，采取先北疆后南疆，依次推进的方式。

新疆土地广袤，但严重缺水，这就限制了新疆农业的发展。诚如其所认识的"新疆虽土地辽阔，肥沃之地甚多，如缺少水利灌溉则不能使地尽其利。""惜新疆人民只知引山水灌田而不知开河渠以利用。……

---

① 张大军：《新疆风暴七十年》第 1 册，兰溪出版社 1980 年版，第 565 页。
② 张大军：《新疆风暴七十年》第 4 册，兰溪出版社 1980 年版，第 2059 页。
③ 张大军：《新疆风暴七十年》第 4 册，兰溪出版社 1980 年版，第 2012、2058—2059 页。
④ 杨增新：《补过斋文牍》丁集下，新疆驻京公寓版 1921 年版，第 36 页。
⑤ 杨增新：《补过斋文牍》丁集上，新疆驻京公寓版 1921 年版，第 55 页。
⑥ 张大军：《新疆风暴七十年》第 4 册，兰溪出版社 1980 年版，第 2058 页。

惟旧渠之修筑，技术缺少，工程设计不周，以致水量无法节制，冲刷、渗漏、淤填不能防止，加之管理养护失调，新渠利用不久，即告废弃。"① 杨增新深刻认识到新疆修建新式水渠的重要性和紧迫性。他指出"垦荒一事为边民生计之根本，而修渠尤为垦荒之根本"②。

1914 年 12 月 21 日，北京国民政府全国水利委员总裁张謇颁布《各省水利委员会组织条例》。杨增新积极响应，他在 1915 年 2 月 19 日即呈报成立新疆水利委员会。在呈文中，杨增新回顾了自清代以来新疆水利发展状况后，特别指出"今年以来，人民日益加多，粮食日益加贵，自非开辟土地不足以安流氓而裕民食。但新省幅员辽阔，不患无地，而患无水，欲引水必须开渠，欲开渠必须筑坝，而坝较水为尤重，坝不坚牢水难堵塞，坝废则渠废，渠废则地废。"为此，他要求新疆各级地方官员均应进行水利调查，拟定勘修和整补计划，如何筹款或派队施工。他选择北疆绥来县（今玛纳斯县）为突破口，率先组织人力修建沙湾附近的大拐和小拐水利工程。沙湾地方在清代咸丰年间修建水渠，引龙骨河水，灌田二十余万亩，置户五六百家。民国初年，当地虽然人亡田废，但沟洫仍有遗迹可寻。他决定趁春季水消气暖，便于施工之良机，派绥来县知事刘希曾和陆军步队营长杨修政为水利委员会临时委员，进行前期调查勘探，拟定计划，再行进驻工程队施工作业。③

兴修水利固然重要，但"各属水利如欲同时并举，经费既有不济，人力亦有难周"，故杨增新令水利委员会详加讨论，最终决定采取"首从北路入手，而北路又先以迪化、昌吉、绥来、阜康、孚远、奇台等县就近施工"。④ 综合杨增新《补过斋文牍》丁集上的记载，这一时期水利工程建设情况：

（1）伊犁地区。1914 年 7 月，伊犁所属伊宁县修筑哈什河畔被洪

① 张大军：《新疆风暴七十年》第 4 册，兰溪出版社 1980 年版，第 2056 页。
② 杨增新：《补过斋文牍》丁集上，新疆驻京公寓 1921 年版，第 949 页。
③ 杨增新：《补过斋文牍》丁集上，新疆驻京公寓 1921 年版，第 909—911 页。
④ 杨增新：《补过斋文牍》丁集上，新疆驻京公寓 1921 年版，第 935 页。

水冲毁的阿奇乌苏渠。1917年6月，修建绥定县北渠。8月，兴修伊犁皇渠龙口石坝工程。

（2）沙湾县。1915年4月修建沙湾小拐新渠，长30余里，8月告竣。随后，又修建大拐水渠。11月，修建新盛渠龙口。经过整修，沙湾地区移民大增，新设沙湾县。

（3）迪化县。在迪化县北六十里的青格达湖地方修建水渠。工程于4月开始，8月告竣。该水渠有大渠一道，长2000余丈，宽5丈，底深5尺。开支渠两道，长2400丈。修补被洪水冲毁的迪化县六道湾渠，于1915年7月开建，次月竣工，由军队修建。10月，修建迪化县书柴俄堡附近的荒地水渠，长30余里，为防渠水渗漏，水渠砌石而成，工程艰巨，亦由军队修筑。沙山子水渠有东、西两道，西道从头屯河下游至白家海子，全长4000余丈，宽一丈二尺，深一丈八九尺不等；东道从老龙河下游至白家海子，全长约2300余丈，宽二三丈，深四五尺不等。

（4）阜康县。1915年8月开始修筑六运湖之西渠，12月竣工。水渠长20余里，安插民户50余家，由军队和招募的昌吉县民户共同完成。

（5）昌吉县。昌吉县曾拟定修建阿苇滩水渠，但因规划不周而废弃。后修筑县北五十里的三十户旧渠，长约三四十里。修复县属北乡二十二户地方的东西水渠4400余丈，蓄水海子堤坝3600余丈，底、高各宽一丈五尺。疏浚上游三十户渠水道3600余丈。此外，还兴修呼图壁芳草湖水渠。

（6）绥来县。1915年8月，重新修筑新顺渠，渠长20余里。1916年春季，修补玛纳斯河堤决口工程。

（7）古城。1915年9月修筑城西苏吉的乔家龙口和蒋家龙口地区水渠，1917年1月，两道水渠竣工。

（8）孚远县。1915年10月，兴修该县属北乡四厂湖、齐家庄地方新渠，向北长12里，至天生圈。后又向北延伸20余里，至青格达垦区；向西长 28 里，至五厂湖。主渠宽一丈，深六尺；支渠宽六尺，深四尺。1918 年 6 月，又修建城北十余里的小霜湖地方水渠。

（9）乌苏县。1914 年 7 月，修筑县北车排子东边水渠。次年 4 月，工程竣工，周边土地可安插 334 户。后又修建六十户渠及星宿滩两处水渠的龙口。

（10）奇台县。1916 年 1 月，修筑董子沟地方旧渠，及中渠、吉布库和永丰旧渠。

（11）塔城。1917 年 6 月，修建南乡石厂地方水渠，在大河上有筑坝开渠引水灌溉，安置二十余户。

以上为北疆地区的水利兴修状况，主要采取军队修筑、军民合作修筑及民工自行修筑三种方式。水利兴修主要是疏浚或修补清末以来原有旧渠，二是修补被洪水冲毁的堤坝或空口，三是重新开挖新渠。三者中，前二者为主，第三者较少。

以下为南疆各地水利情况。

1914 年 9 月，兴修英吉沙莎车克立品庄上游水渠，引水至英吉沙夏渠黑致尔庄。

1915 年 6 月，杨增新令吐鲁番调查开辟坎儿井事宜。8 月，吐鲁番县知事陈继善上报，疏浚雅尔湖官地坎儿井五道。每道长约四五里，每轮能灌溉熟地百余亩。9 月，吐鲁番又开工修复义学官废坎儿井一道，由阿吉等承包工程。其所需费用除鲁克沁回部福晋捐助一千两白银外，其余款项由财政厅拨付。10 月，又新开该县干沟地方坎儿井一道，每日能灌田 50 亩。1916 年 3 月中旬，开挖吐鲁番县东坎儿庄坎儿井东、西两道，花费白银 6245 两。10 月，工程全部竣工。7 月，修建布尔简坎儿井、阿拉惠渠。不久，又修复洋沙尔庄坎儿井，长四五里，可灌田 300 余亩。1918 年 12 月，修复牙尔巴什地方旧坎儿井两道，灌田 300 余亩。1919 年 5 月，修复吐鲁番西门外坎儿井。

1915 年 8 月，新建巴楚玉河引水渠一道，长 5 里有余，支渠 3 道，各长 1 里有余。拦水堤坝一道，长 30 丈。卫堤一道，长 30 丈，并疏浚旧渠，解决七、八两台之灌溉水荒。工程于当年 12 月完成，可安插 107 户。另外胡热木地方，修筑堤坝一道，长 60 丈。在夏和尔地方开挖南、北渠各一道，南渠长 8 里，宽 1 丈 2 尺，深 6 尺；北渠长 20 余里，因工程艰巨而用时较少，杨增新特给主持工程的巴楚县知事卢殿魁记功一次，以资嘉奖。1915 年 9 月，尉犁当地引渭干河水，修古斯拉克水渠，蜿蜒七八十里，可灌田一万余亩。另外，疏浚旧渠库尔勒长流水渠及其支渠。修建西渠，从哈玛沟引流至新平，全长 160 里。

1915 年 9 月，轮台县开挖新丰大渠一道，长 8 里有余，深 1 丈 9 尺，宽 5 尺；支渠 8 道，长 30、40 里不等，宽 4—5 尺，深 5、6 尺不等。新水渠可灌田 7285 亩，安插民户 294 户。

1915 年 11 月，鄯善县修建连木沁和苏鲁图两处坎儿井。其中，连木沁官属坎儿井有两道，由当地塔哈尔承挖，安置 61 户，垦地 3691 亩；苏鲁图开挖坎儿井两道，由统子买提承挖。二处工程，需银 7700 两，从该处义仓本息银两下提用。1918 年 2 月，又在连二工官坎儿井以东地方开挖两道新的民属坎儿井，由附近民众自行密集资金开辟，垦地 2310 亩。此外，另修七角井官属坎儿井一道，安置 7 户，垦地 420 亩。

1915 年 1 月，且末县英尔斯塘地方开新渠 140 余里，宽 1 丈有余，深 2、3 不等。又于傍卡墙河开新渠 2 道，长均 16 里有余，宽 4—5 尺，皆由民户派工开挖。上述水渠可灌田 2 万多亩，安置 400 余户。

1916 年 5 月，沙雅县羊塔协尔庄及波浪庄地方村民由渭干河开干渠一道，长 59 里，宽 1 丈 5 尺，深 1 丈；支渠 4 道，各长 7、8 里不等，可灌田垦地 12394 亩。8 月，当地修复渭干及勃榜二处河坝。1918 年 7 月，将原来大渠拓宽二倍挖深 1 弓①，增长 8500 弓，并开支渠 4 道，灌溉沙依里克庄荒地。工程历时二个月，于 9 月告竣，安置 656 户居民。

1916 年 6 月，莎车县在英瓦奇庄附近开渠口，引玉河水，修新刘

---

① 1 弓等于 5 尺，约 1.65 米。

干渠一道，长 260 余里。另开支渠 19 道，泄水渠 2 道，退潮碱水渠 4 道，长约 15 里至 70 里不等，渠旁栽杨柳 5 万余株，丈放荒地 10.61 万亩，安插 4220 余户流民。

1916 年 8 月，库车从吐鲁番和鄯善邀请五名挖井工人在所属沙哈湖地方尝试开挖坎儿井两道。共计水、旱洞 160 个，东、西水渠 680 丈，每井深四五丈不等。库车西乡托克苏英瓦特庄居民自行筹款捐工，由渭干河引水，开挖托克苏水渠，并分修支渠至英瓦特庄，可灌田二万余亩。

1918 年 2 月，洛浦县在巷沟牙庄北开挖新渠，长 4 里有奇，宽 5 弓（约 8.25 米），接入旧渠以增加水势，再由渠尾开干渠，宽 4 弓，长 11 里有余，将水引入附近荒地。由此新增农田 23000 余亩。11 月，阿提良明吉牙庄村民自行开挖新旧干渠及分渠，可灌田 800 亩。科科买提庄挖旧渠，可灌田 800 亩。塔瓦克明庄旧渠加宽 1 弓，长 6 里有余；开新渠宽 3 弓，长 9 里有余，可灌田 5238 亩。

1915 年 4 月，乌什县苦屈庄村民在下游湖玛拉克河筑坝，疏通旧渠自行引水至英阿巴特地方，开辟荒地 2000 余亩。

1917 年 11 月，阿克苏县新修阿瓦提水渠工程告竣，开辟农田约 10.1 万亩，安插 1275 户。1918 年 4 月，柯坪县所属阿磺柯勒庄水渠堤坝因被洪水冲毁，该县官员组织民众修补拦水堤坝，并将原渠挖深加宽，另修退水渠，以分水势，防止被洪水冲坏。1918 年 10 月，喀什道当地从玉河开渠引水，入提孜腊普河，以裕下游农田灌溉。1918 年 3 月，婼羌县在县西凹石峡庄新修水渠。1917 年 10 月，焉耆县当地在开都河傍北大渠另开一条新渠，以便灌溉。

从上述数据可知，在杨增新的大力提倡和督促下，新疆各级地方官多能积极兴修水利，或是疏浚旧渠，或是开挖新渠，或是延伸旧渠。应该说，在杨增新各项农业发展措施中，水利兴修是最为显著的。

二是安民垦荒。经历清末民初的战乱后，新疆社会上出现大量无业游民，成为严重的社会问题。杨增新对此较为注意，这些游民"小则坐困他乡,大则流为匪类,地方多一游民,即地方多一乱民。"1911 年的南疆之乱皆为游民之无赖所为,大量游民一旦被人利用作乱则不可收拾,补救之法就是"惟有将各县流民用之垦荒,则旷土可以渐辟,而游民亦可得食。"故此,"辟荒务为膏腴,化游隋为善良",就是殖民实边的良策。就新疆而论,"新疆地广人稀,藉旷土以安插游民实为对症之良策,游民各有产业将渐变为土著,而地方秩序可以维持而无破坏之心,久治长安必由于此。"① 杨增新还曾明确指出:"垦荒之举,原以兴地利安流民为宗旨"。② "新疆虽较内地安宁,而未雨绸缪,要当思患预防,有恒心者有恒产,无旷土自无游民。遏乱萌,固边圉,计无善于此者。"③ 由杨增新的多次训令,我们可知,杨增新发展农业的出发点除发展新疆经济外,更有稳定基层社会的考量,这无疑是非常正确的决策。他指令新疆各地方官员"欲垦新疆之荒,当从安插游民始"。各级官员均应恪尽职守,于民兴利,将各属能垦之地一一查明,将本籍及客籍之游民设法招垦,以兴地利而惠穷民。

1916 年 3 月,杨增新在训令中指出新疆农垦的重要性和可行性,并强调此前设立水利委员会专门筹备垦荒开渠事宜,虽然此前筹备仅及北疆,但现在"所有天山南北两路各县自应将农业极力提倡,以收殖民阜财之效果。"并责令全疆各地方官员应"各于所辖境内,将可垦之地,开辟之渠切实调查,妥拟办法。"④

1918 年 4 月,杨增新再次通令各县开渠垦荒,指出"垦荒为现今要政,本省长对于此举不啻三令五申。……溯自水利会组织成立以来,于今三稔,迭经训令筹办,成效渐彰,然各县办理此项事宜,已办者固有成效,未办者未免因循,果能一致进行,何患垦务无发展之日?"⑤

---

① 张大军:《新疆风暴七十年》第 4 册,兰溪出版社 1980 年版,第 2061 页。
② 杨增新:《补过斋文牍》丁集上,新疆驻京公寓版 1921 年版,第 1012 页。
③ 张大军:《新疆风暴七十年》第 4 册,兰溪出版社 1980 年版,第 2063 页。
④ 张大军:《新疆风暴七十年》第 4 册,兰溪出版社 1980 年版,第 2059 页。
⑤ 张大军:《新疆风暴七十年》第 4 册,兰溪出版社 1980 年版,第 2063 页。

他要求各知县，应实力奉行，为边氓谋幸福，为一己顾考成。

三是聘请专业人员，讲习农业新知。在晚清新政的大浪潮中，我国首个农事试验场设立于光绪三十二年（1906）四月。1912年5月农林部派员接收管理。次年9月，北京国民政府颁布农事试验场暂行章程。1914年5月，更名为中央农事试验场。同时，新疆也遵照指令设立新疆地方农事试验场。

在大兴农业的浪潮中，杨增新逐渐认识到农业专门人才的重要性。他指出"筹边政策以振兴实业为前提，而实业推行究以改良农事为切要。"新疆地方虽筹划水利建设和改良棉花种植，但缺少专门学识人员以资助理。1916年5月，杨增新请直隶巡按使朱家宝派遣农业学生前来新疆讲授农业知识。朱家宝派遣直隶公立农业专门学校农业完全科毕业生徐正本和马步云来新。杨增新任命徐正本为新疆水利委员会职员兼办农业委员，马步云任政务厅实业科科员兼试办农业委员。杨增新给二人每月支付薪水银60两，并提供二人从直隶来新疆的全部费用。

1919年2月，杨增新指示新疆实业厅厅长阎毓善对原来设立的省城农事试验场进行整顿，加强对物产生殖研究以改良农作物品种。为加强试验场建设，杨增新从直隶（今河北）聘请两名专业农业技术人员进行研究。后又指派徐正本为试验场经理，加强试验场组织协调，专事实地试验。他还就水稻种植做出专门指示："查新疆地处高亢，气候严寒，与腹地情形不同。如东南各省指稻用插秧、分种之法，其稻苗宜稀而疏，须透风乃半熟。新疆之稻不用插秧、分种之法，其稻苗宜稠而密，若透风则歉收，此与内地不同之点。"① 此前，有部分试验场用地租给当地人，杨增新指示，已经租出下种之地待收成后再收回，现在未租之地则有实业厅收回，试种农作物新品种，以资提倡。

在整顿新疆农事试验场的同时，杨增新认识到改良新疆棉花的重要性。他见到外国洋布、洋纱遍布新疆，而"本地虽亦纺织，类多故步自

---

① 张大军：《新疆风暴七十年》第4册，兰溪出版社1980年版，第2063页。

封，用土法土机，故所出之布质粗价落，难以畅销，欲图改良，非由公家提倡不足以收成效"，①他任命喀什道尹王炳堃为新疆棉业主任，专行筹办采种、纺织各项事宜。为节省开支，新设棉业不另设局，而是作为按使公署实业科办理，以资撙节，希冀用款不多而收效实大。

此外，杨增新还设立气象观测所，以预防灾害。1914年2月，新疆在迪化（今乌鲁木齐）设立气象观测分所，设所长一人、技正一人、技士和主事二人，测量雨量、风速，温度升降及气压变化，为农业改良及预防气象灾害提供数据支持。6月，气象观测站从农商部门转隶农林机关。

在杨增新的大力鼓励下，新疆人口增长较快，农业获得较好发展。宣统元年（1909）新疆人口为202.76万人，②1920年增加到251.95万人，1925年达到268.83万人，③16年间新疆人口增长66.07万人，增幅迅猛。

就耕地而言，1914年新疆耕地1091.67万亩，1915年为1289.78万亩，1916年为1138.75万亩，1917年为1071.60万亩，1918年为1072.62万亩。④1928年，新疆耕地约为1020万亩。⑤种植的农作物主要是小麦、玉米、水稻、大豆、高粱、豌豆及胡麻、大麦、马铃薯等。就1932年国民政府统计局发布数据，当年新疆种植小麦471万亩，南疆多于北疆，年产76206万斤。玉米种植263.8万亩，年产59278.9万斤，主要作为牲畜的饲料。水稻种植167.6亩，南疆大部分在阿克苏、莎车、伊犁、和阗及喀什等地种植，北疆则在绥来、乾德等处种植，分为粳稻和糯稻两类，年产位36871.7万斤。

① 张大军：《新疆风暴七十年》第4册，兰溪出版社1980年版，第2060页。
② 《新疆图志》卷四三、四四《民政·户口》，上海古籍出版社2015年版。
③ 陈延琪：《1840—1949年新疆人口发展变化及其原因初探》，《西域研究》1992年第1期。
④ 张大军：《新疆风暴七十年》第4册，兰溪出版社1980年版，第2017、2019、2023页。
⑤ 张大军：《新疆风暴七十年》第6册，兰溪出版社1980年版，第2911页。

除粮食作物外，新疆经济作物中棉花种植最为广泛，1932 年据国民政府立法院不完全统计，新疆植棉面积为 85 万亩，年产 2118.4 万斤。新疆各地中，吐鲁番为植棉重镇，仅其一地就产棉 400 余万斤。[①]

植棉业的进步，与杨增新大力发展棉纺织业密切相关。1918 年 12 月，杨增新在向北京国民政府的报告中指出："窃维开拓利源在振兴实业，而工艺一端为实业之要图。今年纺织各厂，内地稍见发达，诚以布帛为人生所必需，收回利权比以此为先务。新疆、吐鲁番、鄯善两县，每岁产棉不下五百万斤，向惟用土法纺织，既粗且缓，……以吾地原料丰富，不能制造，反出重价仰给于人，利权外溢，深堪慨探！"[②] 为发展新疆棉纺织业，杨增新派吐鲁番知事李溶赴北京出差之际，前往东部直隶等省份实地调查棉纺织产业，携带土产棉花送往内地检测棉花质量。得知新疆棉花质量上乘后，杨增新又令李溶购买弹花、轧花及八十八头纺纱全机等纺织机器，高薪聘请纺织技师。带机器及技师抵达新疆后，杨增新正式设立吐鲁番模范纺织工厂，以李溶为经理，由其出资六成，官资四成。

1925 年，杨增新又从天津购买海京洋行 1300 锭纺织机一部，织布机三十部及配套设备。次年，在迪化（今乌鲁木齐市）鉴湖附近建筑工厂，1928 年，厂房竣工，机器安装完毕，至此，迪化阜民纺织公司正式成立，投入资本一百万两白银。新厂总技师是从江苏南通纺织学校聘请的毕业生杨某。新厂每月可产出十丈长棉布 2000 匹，质量较佳。杨增新设立新疆新型棉纺织工厂，开启了新疆纺织业近代化的历程，同时也极大促进新疆棉花种植的发展。

在建设棉纺织业的同时，杨增新充分利用晚清以来南疆生产优质蚕茧的优势，发展丝织业。前文所述，新疆丝织业历史可追溯至魏晋时代。清代新疆出产蚕茧主要是以原材料形式外销，获利颇丰。杨增新主

---

① 张大军：《新疆风暴七十年》第 6 册，兰溪出版社 1980 年版，第 2913 页。
② 杨增新：《补过斋文牍》甲集下，新疆驻京公寓版 1921 年版，第 238、239 页。

政初期，新疆出和阗、洛浦、于阗、温宿、皮山、叶城、莎车等地依然广植蚕桑外，库车、温宿、沙雅、轮台、焉耆、吐鲁番、鄯善、哈密等处也实行养蚕。1915 年新疆产茧量为 126.02 万斤，产丝 64.8714万斤。[①]

为促进蚕桑业发展，杨增新还令地方官改良蚕种。1918 年 2 月，杨增新训令喀什和阿克苏两地官员刊行春蚕种制造及夏秋蚕种制造两法的小册子，以汉维双语形式的白话版，随时张贴，务令家喻户晓，学习新式育种之法。通过推行新发，南疆改变了过去每年向外国购买蚕种，资金外流的局面。在大力发展蚕桑业的同时，杨增新还令南疆发展丝织业，发展重点是于阗（包括和阗、皮山等地）的"霞夷绸"和洛浦的白绸。[②]

杨增新主政时期是新疆步入民国的第一个阶段。在此期间，受困于国内战乱纷争，中央政府很难再能向新疆进行资金协助。同时，中亚局势面临诸多激变，英国、俄国对新疆渗透加剧，新疆面临着严峻的外部压力。此外，在清朝与民国更替过程中遗留下很多流民滞留在境内，成为潜在的社会不稳定因素。面临诸多困境，杨增新决定以发展农业为突破口，通过修渠招垦安民，达到稳定社会、增加财政的目的，这无疑是明智之举。面对新疆政治生态中的惰政，他三令五申，要求各级地方官员不要做"俗吏"，而应做"能吏"，为民谋幸福，杨增新的执政理念和执政措施，对促进新疆农业发展起到至关重要的作用。他主政时期，不仅积极发展经济，而且使得新疆成为世界动乱中的世外桃源。稳定而和平的新疆为乱世中的新疆人民提供了一块乐土。

二、牧业发展

杨增新主政时期，新疆社会隐患很多，最主要是流民和财政匮乏问

---

① 张大军：《新疆风暴七十年》第 4 册，兰溪出版社 1980 年版，第 2199 页。
② 张大军：《新疆风暴七十年》第 4 册，兰溪出版社 1980 年版，第 2197 页。

题，故其经济政策主要面向农业，对畜牧业没有采取单独的鼓励政策，更多是从其他方面予以保护，主要体现在整顿牧厂、减免牧税及赋役、救助牧民及解决牧场间及农牧间矛盾等数端。整体而论，其畜牧业政策的出发点是基于维护牧区社会稳定，而不是开发牧业资源，这是杨增新畜牧业政策的最大特点。

晚清建省以来，清政府曾力图恢复乾隆年间的官营牧厂，但虽有外在形制而无其内在管理。各牧厂官员往往盗卖牲畜，致使牧厂牲畜数量锐减。1916年，杨增新将古城牧厂撤销，马厂内马匹全部由政府购买，转交迪化官马厂牧养，挑选所孳生优良马匹充军用。两年后，巴里坤马厂和吉木萨马厂也因积弊过重而被撤销，两处马匹交给焉耆蒙古汗王代牧。由此可见，杨增新整顿牧厂主要是收拾清末马政之残局。

在整顿新疆税赋的过程中，杨增新发现牧区官员对牧民征收税务过重，严重影响牧民的积极性，遂在1915年重订税率章程，在北疆施行后再推及南疆。新章程废除章程之外的全部税务，且规定一年抽税一次，而不论牲畜迁徙至何地。针对阿尔泰地方管理增加马匹征收数额问题，他在1914年调整该区地方官员，先是恢复晚清时期的每年400匹的马税，后又因其地贫苦而减为300匹。针对游牧的牧群，杨增新规定在一处交纳税后，可凭税票至其他地区牧放而免该地赋税，这就纠正了原来一群牲畜因牧厂迁移而两次缴税的弊端，得到广大牧民欢迎。此外，对一些随意增加牧区赋税的官员予以严惩。

由于长期采取落后的牧养方式，虽然牧民辛苦牧放，但收效较微，一些牧民只得将牲畜抵押给债主，陷入更加贫苦之境。为维护牧区社会稳定，杨增新对亏欠官府贷款的贫苦牧民，免除其所欠贷款，保证了贫苦牧民的生活得以延续。另外，杨增新为保证牧民能有时间从事牧业生产，多次减免差役。1914年免除旧土尔扈特部副盟长所摊派的杂役。1920年将和阗镇国公木沙的50户帮户永远裁去，免其一切摊派差役。1921年，杨增新又免除塔城官员向当地哈萨克牧民摊派的差役。通过这些措施，杨增新希望牧民能安心生产，确保牧区社会稳定。

随着畜牧发展，一些牧场纠纷往往随之产生。晚清时期一些哈萨克牧民进入巴里坤地区牧放，与当地农民发生纠纷。1915 年，杨增新训令地方官员协调此事，最终将无人耕作的草湖拨给牧民放牧，不得侵犯农田，从而调节了矛盾。次年，杨增新又派员处理塔城地区牧放与农耕的矛盾，划定各自界限，不得逾越，确保农牧均可进行。1919 年，轮台与尉犁两县因越界放牧问题而发生纠纷。杨增新令当轮台牧民越界在尉犁所在草场放牧时，轮台县应将越界羊只数量通报尉犁，以便后者征税，如发生纠纷应由尉犁地方负责裁决。这样就解决了跨界、越界牧放问题。1924 年，为确保策勒县泡洛细和黑拉两庄的牲畜日常饮水问题，他驳回该县官员将努拉村山因距其较远而将其划归于田建议，因为努拉村山是策勒河的发源地，是泡洛细和黑拉两庄人民牧放牲畜的关键地区。

此外，针对尉犁知事张锡寿的"荒地变牧场，日后再难开垦，反为民害"一观点，杨增新予以批评。他指出，土地为农与为牧，同样重要，均是收地之利。当地民众将草湖留为牧场而不愿辟为农田，是"避种地获利之难而趋牧羊获利之易"。[①] 牧场形成后，政府也有地价有草，征有羊税，这总比任其荒凉戈壁要好。杨增新的这一务实态度不因重视农垦而就忽视或者打压牧业，反而是一视同仁，认识到牧业的益处，这对当时新疆牧业发展，无疑是有利的。

杨增新重视牧业，还体现在 1916 年新疆推广植树之事。当年，北京国民政府要求各地大兴林业。杨增新认为与东南各省于不可耕之地广泛种树不同，"新疆则耕牧并重，非特山场作为牧场，即平原可以种树之区，民间往往作为牧放牲畜之用。若改种树，不免为牛羊践踏，难于保护。"[②] 杨增新以种树妨碍牧业，而予以抵制，这说明他对新疆牧业是较为重视的。

---

① 杨增新：《补过斋文牍》丁集下，新疆驻京公寓版 1921 年版，第 1014 页。
② 张大军：《新疆风暴七十年》第 4 册，兰溪出版社 1980 年版，第 2168 页。

通过上述诸多举措，杨增新主政时期，新疆保持了十余年的社会稳定，牧民安心从事生产，促进该区畜牧业的良好发展。如下表所示，从1914—1928年，新疆主要畜牧品种的马、牛和羊均有大幅增长，这说明杨增新重视牧业政策是有成效的，值得肯定。

表6.1　杨增新主政时期新疆畜牧业数量表

单位：只

	马	牛	羊	驼
1914 年	163347	465332	3795590	
1915 年	118110	460948	4639915	
1918 年	166418	608921	4324818	
1928 年	2100000	1000000	15200000	54000

资料来源：张大军：《新疆风暴七十年》，兰溪出版社1980年版，第2177页；日本东亚日文汇编《中国年鉴》。

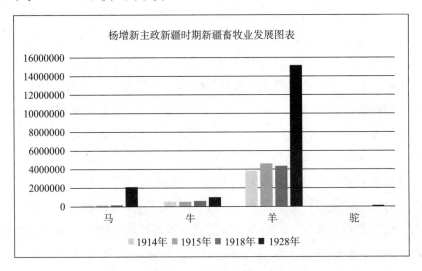

图6-1　杨增新主政时期新疆畜牧业数量图

从上图可见，在马、牛、羊、驼四种牲畜中，除驼无数据对比外，其余的马、牛、羊均有增长，特别是羊的增长较快，尤以1928年增长较多。这些均体现出杨增新主政时期新疆畜牧业取得良好发展。

三、金树仁时期新疆农牧业的衰败

1928 年，杨增新被刺杀身亡，新疆一时陷入动荡，虽然金树仁最终夺取最高大权，但新疆社会已经乱象丛生。至 1933 年，金树仁去职。在其主政的五年间，金树仁为维护统治，大肆扩军，增加赋税，造成社会矛盾重重，战乱频仍，社会动荡，农牧业生产遭遇较大破坏。张大军论及此时，就明确指出，金树仁执政之时，以牲畜出产为最多之阿山被扰，以粮食出名之南疆亦陷于连天烽火，谈农牧业发展无计可施。所以，金树仁时代正处于此一恶性循环时期，不但将杨增新时代遗留下的一点成绩破坏殆净，而且增加许多新的创伤①。就农业而言，新疆仅有耕地 1430 万亩。② 这仅是杨增新时代的一半。农业受损之重，由此可见。1933 年，新疆耕地面积仅有 1143.4567 万亩，比 1928 年稍有增加。可此后由于战争，耕地荒芜，损失严重，1933 年新疆仅有 460 万亩。③农业衰败之巨令人咋舌。

不仅农业如此，新疆畜牧业也有衰退。在金树仁主政后的前二年，新疆畜牧业基本保持平静发展态势，但这一局势不久被打破。1931 年，哈密事件爆发。不久，全疆陷入动乱。各地牲畜因战乱而无法正常放牧，一些战乱地区大量宰杀牲畜作为军粮，加之疾疫流行，大量牲畜死亡。1928 年时，新疆牲畜蓄栏量约为 1835.4 万只。自战火兴起，新疆所剩牲畜不过 400 万只，损失 1400 多万只。④

总之，在金树仁主政时期，由于社会动荡，不仅农业人口颠沛流离，牧区也受到波及，人民不能安居，不能正常从事耕作和牧养，致使农业减量，生活所需，即以牲畜糊口，农业和畜牧业发展受到重大挫折。民国时期的李溥在《新新疆》月刊上刊文《十年来新疆的经济建

---

① 张大军：《新疆风暴七十年》第 6 册，兰溪出版社 1980 年版，第 2901 页。
② 张大军：《新疆风暴七十年》第 6 册，兰溪出版社 1980 年版，第 2909 页。
③ 张大军：《新疆风暴七十年》第 6 册，兰溪出版社 1980 年版，第 2913 页。
④ 张大军：《新疆风暴七十年》第 6 册，兰溪出版社 1980 年版，第 2916 页。

设》中指出金树仁期间的三年大动荡造成新疆农村破产，到处是残垣断壁，尸骸狼藉，十室九空，人民流离失所，衣食无着，更没有生产能力。畜牧业在三年中的死亡损失程度达百分之七十至七十五。

第二节　盛世才时期新疆农牧业

1933 年，金树仁在新疆政变中逃走。在经历一系列斗争后，盛世才于 1934 年全面掌握新疆军政大权。1944 年，盛世才离开新疆。此后，国民党全面掌控新疆至 1949 年新疆和平解放。在盛世才主政新疆的十一年间，盛世才为求自保，较为注意发展生产，故新疆农牧业进入民国时期的第二个发展小高峰。

一、农业发展

盛世才主政初期面临诸多困难，他曾说："前政府留给我的是一个四分五裂、内忧外患、贫穷与饥饿、教育与经济计划全被忽视的局面"。[1] 面对这样一个残局，盛世才于 1934 年提出"八大宣言"作为建设新疆的施政指南。"八大宣言"中的第三点就是"实施农村救济"，其主要目的是救济农民，恢复农村经济。因为新疆农业是经济的主要基础之一，想要使经济发展必须实施农村救济。做法主要是除政府酌发牛羊、籽种外，复由政府银行贷款以资救济。[2] 他还表示，将在 1934 年和 1935 年由政府出资三万万两银币的巨款带给农民，使其努力春耕；并向苏联借 500 万卢布全部用于农业生产。[3]

1. 鼓励耕作。

1934 年 4 月，盛世才在《全省总动员努力春耕》训令中指出："想

---

① 张大军：《新疆风暴七十年》第 6 册，兰溪出版社 1980 年版，第 3471 页。
② 张大军：《新疆风暴七十年》第 6 册，兰溪出版社 1980 年版，第 3478 页。
③ 张大军：《新疆风暴七十年》第 6 册，兰溪出版社 1980 年版，第 3486 页。

要发展农业，必须努力春耕；想要把五谷的种子普遍地种在地中和使荒废的田地被重新开垦，必须全省总动员努力春耕"。① 在提倡春耕的同时，他安辑流民，向贫苦农民发放贷款，贷籽种，贷耕牛及马匹。这一工作首先在乌鲁木齐附近地区实施。1935 年推广至南疆、阿山及塔城等地区。据李溥森在《新新疆》月刊上刊文《十年来新疆的经济建设》一文中说法，1934 年，总共贷款 48 万元，籽种 4 万石，耕牛 1400 头，马 2000 匹。次年，贷款额增加至 78.4 万元，籽种 4.2 万石，耕牛 600 头，马 900 匹。据陈纪滢《新疆鸟瞰》一书记载，1934 年至 1938 年，新疆贷款总额度为省票 1821316381 两，籽种为 13116 石，牛马共 11100 匹，黄金 400 两，白银 20144 两。② 自 1938 年以后，盛世才还将上述贷款的利息及手续费全部免除。为扶持南疆蚕桑业发展，新疆省政府于 1937 年购买了 12500 万省票的蚕种分别送给南疆各地，令其发展蚕桑。因平定南疆马虎山及麻木提动乱，盛世才还蠲免了 1938 年度南疆全部田赋。这些举措对发展农耕大有帮助。

2. 成立农牧场及气象所。

为规划农业发展计划，在省建设厅内设农业局，主要负责改良种籽、提高生产量、增加农民收入；改良土壤、消灭虫害、减少耕种损失；开垦荒地，增加耕种面积；修建水渠、分配水量；较少农场技术、奖励种植特产作物。成立农牧场进行农业试验等。

在迪化、伊犁、塔城、阿山、焉耆、特克斯、吐鲁番七地设立农牧场。在库尔勒设立农场。在昌吉设立农事试验场。在迪化、奇台、乌苏、绥来、阿山哈巴河、吉木乃、塔城、额敏、可可托海、霍布克、伊犁、巩留、绥定、焉耆、特克斯、鄯善、托克逊、哈密、镇西、库车、阿克苏、莎车、喀什及和阗等地设立农业所。

为观测气象，减免农业灾害，在杨增新时期设立气象观测所的基础

① 张大军：《新疆风暴七十年》第 6 册，兰溪出版社 1980 年版，第 3516 页。
② 陈纪滢：《新疆鸟瞰》，商务印书馆 1941 年版，第 56 页。

上，增设更多的气象观测站，主要分布在迪化、伊犁、塔城、阿山、焉耆、库车、昌吉、阿克苏、吐鲁番和库尔勒。为发展特色产业，在吐鲁番设立模范养蚕室和棉作物试验场。另在伊犁、塔城和吐鲁番设立果树果艺苗圃。

3. 培养农业人才。

为培养农业人才，迪化农牧讲习所开设农业培训班，主要是训练各处农牧局内部工作人员，先后培养大批学员。1935 年毕业 27 名学员，1936 年毕业 55 名学员，1937 年毕业 28 名学员，1938 年毕业 30 名学员。训练使用及修理机械学员，迪化有 50 人，阿山有 40 人，伊犁有 40 人①。这些技术人员返回各地后，成为推进当地农业近代化转型发展的骨干。另外，还在各乡村培训农民 730 余人。除了短期（训练一年）训练班外，新疆省政府在新疆学员增设农业系一班，从 1939 年开始，招收学生 80 名。此外，还派出十余名学员前往苏联参观农业展览会，提高了学员的学识与经验，引进一定数量的农牧业资料。为具体指导新疆农牧业发展和培训人才，还从苏联聘请 5 名专家到新疆指导，其中迪化 2 人，伊犁、塔城及阿山各 1 人。

4. 兴修水利。

新疆局势稳定后，新疆水利兴修提上日程。除疏浚旧有各渠外，新开水渠，修建蓄水池成为水利建设的重要内容。至 1939 年，在第一期三年计划内，新疆建成水渠干渠 944 道，支渠 2343 道，共灌田 11189420 亩②。其中较著者有吐鲁番大河沿水渠、呼图壁梧桐窝子水渠、乌苏谢家渠及伊犁潢渠。阿克苏县多浪渠更是长 124 里，宽 6 尺，深 6 尺，对阿克苏经济生产和生活影响很大。继第一个三年计划后，新疆在第二个三年计划期间仍大力发展水利。该期间，新修焉耆乌拉斯泥

---

① 陈纪滢：《新疆鸟瞰》，商务印书馆 1941 年版，第 64 页。
② 张大军：《新疆风暴七十年》第 7 册，兰溪出版社 1980 年版，第 3878 页。

渠、清水河子渠、独山子渠等 17 项工程。①

盛世才认为，传统的水利人员无法满足新式水利建设之需要，决定培养新式水利人才，方式有三：一是在新疆学院培养 18 人；二是开设水利培训班，培训技工 30 人；三是选送 3 人去苏联留学，学成后回国。至 1944 年，新疆有专门水利人才 51 人。这些技术人员投身于新疆各地水利建设，对新疆农业灌溉发展起到积极推动作用。

此外，新疆还从苏联聘请水利专家 15 人，一方面培训水利人才，另一方面是负责水利工程的勘测和设计。1942 年，新疆共有水渠 1578 道，总长度为 35999.5 千米，可灌溉耕地 1494 余万亩。② 应该指出，新疆水利的发展，得到了苏联专家的较多帮助。如红盐池水库、天池蓄水库、伊宁大裕农渠，均由苏联专家勘测设计。后期，在与苏联关系恶化后，苏联专家撤离，水利建设曾一度受挫。

修建水利工程需要大量资金，盛世才决定在大型工程由政府拨款修建的同时，鼓励民间资本参与小型水利建设，并派技术人员进行指导。政府出资 1351 万元修建天池水库、沙湾新盛渠、红盐池水库③。在第二个三年计划中，拨款 128.87 万元修建各项水利。④

农田水利的发展改善了农业环境，提供了保障，保障了农作物增产增收和抵御自然灾害的能力，促进农业发展。

5. 新疆农业发展。

随着上述举措的实施，新疆很多荒田得到重新开垦，耕地面积增加较多。至 1939 年，新增耕地 659.1323 万亩。1942 年增至 1638.1232 万亩。⑤ 1935 年，国民政府内政部报告新疆人口为 257.7 万人。⑥ 1938 年

---

① 张大军：《新疆风暴七十年》第 8 册，兰溪出版社 1980 年版，第 4647—4649 页。

② 盛世才：《四月革命的回顾与前瞻》，《新新疆》第一卷第一期，1943 年 4 月 12 日。

③ 新疆维吾尔自治区地方志编撰委员会：《新疆通志·水利志》，新疆人民出版社 1998 年版，第 479 页。

④ 张大军：《新疆风暴七十年》第 6 册，兰溪出版社 1980 年版，第 5624 页。

⑤ 盛世才：《四月革命的回顾与前瞻》，《新新疆》第一卷第一期，1943 年 4 月 12 日。

⑥ 张大军：《新疆风暴七十年》第 1 册，兰溪出版社 1980 年版，第 29 页。

的粮食产量增至 659.1323 石。①

新疆的粮食作物主要是小麦、大麦、豌豆、玉米、青稞及稻米。作为新疆播种面积最大的小麦，亩产量平均在 1.6 石。经过选种和改良，以往每颗麦穗含麦粒为 20—30 颗，1942 年时所收每颗麦穗可达 30—60 颗。1942 年，新疆播种小麦 645.4 万亩，产量高达 86 万担（每担 100 斤）。前已论及新疆水稻种植早自南北朝时期，但局限在南疆个别地区。及至晚清左宗棠收复新疆后，大量湖南人进入，传授新式种稻法，遂使其推广。民国初期，阿克苏、乾德、乌苏、绥东、沙湾及伊犁等地均种植水稻。尤以阿克苏所产为佳，颗粒长，富黏性，口感好，甚至胜于无锡米和湖南米。盛世才主政时期，水稻范围扩大至阿克苏、喀什、焉耆、和阗、迪化、塔城、伊宁、阿山、莎车、哈密等地，共有 59.8 万亩，产量有 705.2 万担。另外，1942 年新疆玉米有 300 万亩，主要分布在南疆莎车、阿克苏、和阗、疏勒等地，以莎车最多，全疆产量为 1929.2 万担。②

南疆吐鲁番、莎车、鄯善、巴楚、疏勒及疏附等地均产棉花，比清代范围增加不少。其中，以吐鲁番所产棉花为佳，产量大。棉花经过改良后，亩产量也有较大增加，从原来的亩产 500—600 斤，增加至 1938 年的 1200—1400 斤。1941 年，新疆把增加棉花产量作为重要指标，遂在伊犁、塔城及喀什、婼羌试种棉花。在大力发展下，1942 年的新疆棉产量为 1847.2 斤。同样，蚕丝业发展也较快，第二个三年计划中规定焉耆、阿克苏、喀什及和阗四地是主产区，1942 年蚕丝产量为 527930 斤，比十年前增加了 352930 斤。③

新疆土地肥沃，加之水利进步，不仅内地农作物在新疆种植，还有诸多特色农产品。蔬菜瓜果种植，在民国时期也出现地区特色。当时谚

① 张大军：《新疆风暴七十年》第 7 册，兰溪出版社 1980 年版，第 3858 页。
② 丁骕：《新疆概述》，南京独立出版社 1947 年版，第 42—44 页。
③ 盛世才：《四月革命的回顾与前瞻》，《新新疆》第一卷第一期，1943 年 4 月 12 日。

语云："库车梨，哈密瓜，吐鲁番的葡萄，秧哥子的一枝花"。库车梨，即今日库尔勒香梨，因其清脆爽口而备受新疆人民欢迎。此外，新疆蔬菜种类繁多，与内地几无差别。新疆人民已掌握冬季储蓄蔬菜技术，秋冬之际，将白菜存入地窖中，可保障一冬天的食用。

二、牧业发展

牧业是新疆重要的经济形态，特别是通过发展牧业，可以稳住牧区社会，所以盛世才对牧业发展较为重视。基于"八大宣言"，盛世才提出九项任务，其中包括发展经济，第一就是发展农业和畜牧业，第四是援助各蒙哈王公头目地主牧户等改良牲畜繁殖生产。[①] 1941 年，在第二期三年计划的"牧业建设计划"中指出"牧畜业在新疆现时经济上占有主要地位，而山场广大，草场丰富，更保证牧畜业广泛发展基础"。[②]

如何发展牧业，盛世才指出需要做好五点工作，第一是使牧民均获得适于牧养牲畜的良好牧厂；第二是改良牛、马、驴、骡、骆驼的品种；第三是预防牲畜的传染病；第四是准备冬季喂养各种牲畜的草、料和修盖冬季牲畜防寒的圈厩，防止饿死及冻死的危险；第五是培养善于牧养各种牲畜的牧夫及兽医人才。

1. 分配牧厂。

1936 年，政府出台政策保全和划分牧场界限，限制耕种旱田及侵占牧场。盛世才派人对新疆牧场进行调查和分配，使得各地牧民获得相对较好的牧场，解决过去争夺牧场的纠纷，从而稳定了牧区秩序。伊犁巩哈县根据 1942 年派员赴各游牧勘查结果，拟定租草办法六项，分别是牧主以往所占有的草场以牲畜数目为准划分，其余草场均归官有租放之；深山里边之草场气候每年冷热不一，如遇灾害不能牧放牲畜时，得由政府呈请豁免额粮；界线由县府派员划分予以立界线牌，以资识别；

---

① 张大军：《新疆风暴七十年》第 6 册，兰溪出版社 1980 年版，第 3516 页。
② 新疆第二期三年计划设计委员会编：《新疆第二期三年计划》，新疆日报社，1941 年。

开始租放工作日期为每年四月十五日；草场一律交纳地价，其余遵照政府租放办法进行。次年，该六项法案向社会公布实施。

2. 设立畜牧局。

为提高畜牧业毛、皮、肉及乳的生产量，改良牲畜的品质，增强畜牧业的繁殖力，减少牲畜疾病的传染，新疆设立4处畜牧局，及大量畜牧分局、家禽场及种马场，先后在迪化、伊犁、塔城、阿山、焉耆、特克斯、吐鲁番、哈密、镇西、阿克苏、喀什、库车、和阗、莎车、库尔勒等地设立农牧场、兽医院。牧畜局设畜牧专家1人，一等技术指导员4人，二等技术指导员2人，巡检员1人，事务员1人。

至1939年，新疆共设立了26个牧畜分局，具体是迪化区：绥来（今玛纳斯）、奇台、南山、吐鲁番牧畜分局，南山种马场、南山种羊场牧畜分局。塔城区：额敏、乌苏、霍布克（今和布克赛尔）、柯克托海（今富蕴）牧畜分局。伊犁区：博乐、巩哈（今尼勒克）、绥定（今属霍城）、特克斯牧畜分局。阿山区：吉木乃、哈巴河、布尔津牧畜分局。焉耆区：和靖（今和静）、尉犁、库尔勒牧畜分局。喀什区：喀什牧畜分局。和田区：和田牧畜分局。哈密区：哈密、镇西（今巴里坤）牧畜分局。阿克苏区：阿克苏、库车牧畜分局。

3. 医治牲畜疾病。

为治疗牲畜疾病，设立兽医院8处，供给牧民治疗牲畜的应需药品。利用先进器械，阉割牲畜，改良了过去落后的畜牧技术。

4. 培养兽医学人才。

在迪化设立兽医学校1处，由苏联专家分别招收实习员三至五名，经常随苏联专家工作，并于闲暇时期上课讲授，待学成后派往各地讲习所向牧民传授。在各区县成立民众班，按照各地区环境及经济情况，限一个月，或二三个月不等，讲授畜牧知识。在1934年毕业30人，1935年毕业60人，其新式牧夫20人，兽医40人。[1] 1937年毕业40人，总

---

① 张大军：《新疆风暴七十年》第6册，兰溪出版社1980年版，第3520页。

共参加培训人员有 137 人。① 1938 年新设的短期班培训了 523 人。②

此外，新疆还减低牧税，限制畜产外销，特别是禁止母畜外运。1936 年颁布《禁止母畜出口办法》规定："无论出售出口牲畜数目多寡，均听自便，但母畜不得超过出售实数百分之十"。③ 1942 颁布《财政厅转请通令禁止宰杀马驹并准土产公司专利收买马驹皮》规定："商贩和牧民不顾牲畜的繁殖就用高价收买马驹皮的情况严重影响发展牧业繁殖牲畜，要求严禁宰杀胎马，以资繁殖。如有违犯，应查明严予议处"。④

此外，新疆还成立割草站 20 余处，帮助牧民储备牧草，避免家畜在冬季因饲料不足饿毙。并规定，每头牛或马需储冬草 650 斤以上，每只羊需储冬草 80 斤以上。畜牧局在 1943 年发起指导牧民修盖圈棚活动，以防冬季天寒使牲畜冻毙。新疆省政府规定：能储蓄冬草及搭盖圈棚者，免牧税三分之二；仅储冬草则免三分之一；凡搭盖圈棚者，政府免费提供木材。⑤ 得益于此，1936 年和 1937 年，新疆牲畜越冬死亡率锐减。

经过多方举措的实施，新疆在 1936 年大致恢复到杨增新主政晚期的水平。从 1934—1944 年，新疆畜牧业取得巨大进步。十年来，新疆新增各类牲畜 11012176 只，新增羊毛产量 16137732 斤。新增兽医机关 58 处，治愈牲畜 2851038 只。培训畜牧骨干人员 117 人，培训掌握新式畜牧技术的牧民 4894 人⑥。在各区发展畜牧的基础上，逐渐形成各具特色畜牧主产区，莎车、和阗、喀什三地以羊为著，迪化、伊犁、塔城三地以马为著，阿克苏以牛为著。1942 年，新疆有羊 3725868 只，马

---

① 陈纪滢：《新疆鸟瞰》，商务印书馆 1941 年版，第 73 页。
② 张大军：《新疆风暴七十年》第 7 册，兰溪出版社 1980 年版，第 3873 页。
③ 民国二十五年十一月十五日《新疆日报》，第 254 期第 2 版。
④ 新疆维吾尔自治区丛刊编辑组：《柯尔克孜族社会历史调查》，新疆人民出版社 1987 年版，第 47 页。
⑤ 陈全：《目前农牧业应注意二三事》，《新疆日报》，1943 年 10 月 3 日。
⑥ 本刊资料室：《新疆十年来建设成绩统计》，《中国边疆》，1944 年第 1—2 期。

900126 匹，牛 162592 头，驴和骡 731956 头，骆驼 115473 只。马、牛、羊的比例为1 ：2 ：14，小型牲畜的羊是新疆畜牧结构中的主体。①

1944 年秋，新疆伊犁、塔城及阿山三地爆发反对盛世才统治的"三区革命"，北疆陷入动荡，田园荒芜，水利失修，农牧业发展受挫。虽然盛世才出走，吴忠信主政新疆，政治过渡较为顺利，但新疆社会已经是人心不稳，经济建设举步维艰。张治中主政新疆后，发布施政纲领，鼓励垦田，改良农业技术，实施仓储制度，并治蝗除虫，预防灾荒，鼓励桑棉种植，经济始有起色，但在 1946 年的战乱和灾害中，收成不及往年三分之二，粮荒成为很大社会问题。总之，1944—1949 年的五年间，新疆农牧业生产受到重大挫折，总体上呈现下降态势。

第三节 民国时期新疆农牧业的近代化转型

新疆农业历史悠久，但多是沿袭传统生产方法，效率较低。晚清时期新疆农田虽使用耕犁，但"田无畛列，但横斜欹曲，掀土而播其种，迎风飏洒如繁星。旱田一犁之后，任其自长。水田犁行一周，布籽泥淖中，用耙覆之。不知分秧之法，稂莠蔓生，弗刈弗蓐。及其蕴繁，并废灌溉，待日曝龟坼，草尽枯萎，乃引水溉苗，苗辄复活，亦间有俱蒿死者。"当地人也多满足于基本生活需要，不知积蓄，"必饥而始耕，寒而始织。薄治田产，求足租税、免催呼而止。此其弊也。"② 新疆畜牧业历史久远，牧民积累了大量牧养经验，但对牲畜疾疫则基本采取抛弃病畜的原始方法，如果处理不慎易酿成大疫。"（牧养）必慎疾病，谨刍秣，去其害群，勿使滋累，斯为善牧。一或不慎，疠气传染，旦夕之间，能空其群，俾无遗育"。③ 故此，进入民国时期，新疆农牧业向近

① 丁骕:《新疆概述》，南京独立出版社 1947 年版，第 48 页。
② 《新疆图志》卷二八《实业·农》，上海古籍出版社 2015 年版。
③ 《新疆图志》卷二八《实业·牧》，上海古籍出版社 2015 年版。

代化转型是其发展的最重要任务。值得注意的是，该时期的新疆政府也意识到这一问题，在农牧业向近代化转型上予以关注，从而迈出了蹒跚的步伐。

一、农业近代化转型

民国时期的李溥森在《新新疆》月刊上刊文《十年来新疆的经济建设》一文中指出新疆农牧业生产较为落后，"这个一百六十余万方公里的土地上，充满着落后和古代的气味。农业大部分是'无垄'式的农业，把种子抛到地下，用牛羊践踏一遍，然后凭它自生自长。耕地的工具多半是用中古式木犁耕地，并且多用着石臼、木舂来捣米。畜牧业，病畜和弱瘦畜是到处蔓延着和死亡着，每经六年至八年，畜类烈性传染病即周复一次或二次，每当此病发生时，将繁殖的牲畜于一二月间损失净尽。"① 正因如此，民国政府时期的新疆政府开始关注如何引入现代化农牧业生产技术，提高农牧业生产的效率，从而开始向近代化转型。

新型农业人才是农业近代化转型的关键。新疆在盛世才主政时期，尤为重视新式农业人才的培训。在迪化设立农牧业讲习所一座，1936年毕业55人，1938年毕业30人。为训练农机的使用和维修，为迪化培养50名技师，为阿山培养40名，为伊犁培养40名。为讲授农田灭鼠和害虫方法及农业技术的指导，农牧场还经常派员前往各县区指导宣传，并印发农业常识小册免费发给农民，令其学习新知。

农业生产工具的改进是新疆农业近代化转型的重要标志。迪化农牧场有各式农机2087架，伊犁农牧场有20891架，塔城各地有370架，阿山农牧场有331架，共计23679架。这些新式机械均购自苏联。新式农机的种类是双刀犁、单刀犁、之字犁、新单刀犁、圆片犁、弹簧耙、弹簧培土犁、人力培土犁、培垅器、松土犁、播种机、种玉米机、割草

---

① 张大军：《新疆风暴七十年》第6册，兰溪出版社1980年版，第3516—3517页。

机、收获机、马耙、人拨割麦机、自拨割麦机、十八号打粮机、二十三号打粮机、三十四号打粮机、打玉米机、移民风车、农妇号风车、分种子机、人力清棉机、喷药器、粉碎器、磨刀器、火犁束草机、分析牛奶器及制酥油机等三十二种。一架拖拉机在收获时每日可代替 240 个劳工，在犁地时可每日抵 30 匹马力。① 新疆引进如此先进的机器，令在1940 年前来参观的内地记者陈纪滢大开眼界，倍感惊奇："一个极落后的地方，发达这样迅速，而素称农业先进的内地，尚滞留在人力时代，真有何幸与不幸之感。"② 这一局面的出现，确是新疆较早引进先进农具发展近代化农业的结果，是新疆农业发展史上的一大进步。但同时也应看到上述新式机械全部分布在北疆，这表明盛世才时期的新疆农业新政策一如杨增新时代，采取先北疆后南疆的策略。

新疆水利建设的近代化也是农业近代化的重要表现。杨增新主政新疆时期，水利兴修还是沿用传统水利建筑材料和方法，使用木、石等建材，采取"木笼压梢，打桩抛石"的传统建筑法，无法有效防止水渠渗漏和冲刷。③ 盛世才主政后，采取新式建材和建筑法兴修水利。20 世纪 40 年代后，新疆从苏联进口钢筋、水泥、沥青等新式建材，采取钢筋混凝土结构建筑天池水库的堤坝、渡槽、涵洞、进水口及闸门等工程④，增强了工程的质量，提高运行效率，开创了新疆近代化水利建设的新篇章。

二、牧业近代化转型

盛世才在新疆设立数个畜牧局，主要从事畜产品改良及畜牧疾病防控，这是新疆牧业近代化转型的重要表现。

首先是畜产品改良。从畜牧业角度，改良品种是畜牧业发展的重要

① 张大军：《新疆风暴七十年》第 7 册，兰溪出版社 1980 年版，第 3855 页。
② 陈纪滢：《新疆鸟瞰》，商务印书馆 1941 年版，第 63、64 页。
③ 倪超：《新疆之水利》，商务印书馆 1948 年版，第 38 页。
④ 倪超：《新疆之水利》，商务印书馆 1948 年版，第 99—100 页。

内容，因为优良的畜牧品种不仅可提高个体的体格和质量，而且可提高畜产品的产值。1935 年，新疆省政府向全国经济委员会提交的《建设新疆计划书》中，提到"新疆之主要牧畜区域辽阔，万难同时改善，此所以模范种畜场必须尽先设立。"①《新疆第一期三年建设计划》中明确规定"为规范牲畜改良工作，特制定各种畜业法规，如牲畜交配规则，优良种畜奖励规则等单行法规"。②

新疆设立数个模范种畜场，为优化畜牧结构进行的准备。至 1943 年，北疆的迪化、伊犁和焉耆分别建立一个种马场，迪化、伊犁、塔城、库车及喀什则分别建立一个种羊场。同时，在伊犁昭苏和焉耆两大产马区设官立种马场各一处，选取优的蒙古马品种、焉耆马品种与从苏联引进的优良马匹进行交配试验，以培育更好马匹。其中从苏联引进的马匹品种有"阿尔洛夫种"、"苏联种"、"美苏种"及"阿拉伯种"等品种马，可骑可驾，耐力极好。

迪化种畜场还引进外国优质牛，一种是"夏明"，一种是"瓦卢斯"。前者体重约 605 公斤，后者约 545 公斤。还有"瑞士种"等。这些新品种体格较大，肉质较好，产肉较多。

除了大型牲畜马匹和牛只外，小型牲畜羊是改良的重要类型。1944 年，新疆共有 4 个羊种畜场：巩乃斯羊场，专门培育细毛种羊；库车羊场，专门培育和发展卡拉库尔种羊；迪化种畜场，是一个综合性牧场，它培育种马、种牛、种羊、种猪、种鸡等种畜和种禽；喀什种羊场，专门培养种羊，以供南疆之需。就迪化综合种畜场而言，1940 年从国外引进"兰布利耶种"、"普列科斯种"。后者个体体重可达 100 公斤以上，毛长 4 寸，每年可剪羊毛 85 公斤至 100 公斤。③

上述马、牛、羊等品种，在购进后，一方面留在畜牧局进行试验

---

① 中国第二历史档案馆：《新疆省政府呈送全国经济委员会〈建设新疆计划书〉》，《民国档案》1994 年第 2 期。

② 设计委员会编：《新疆第一期三年计划》，新疆日报社，1942 年 3 月。

③ 陈纪滢：《新疆鸟瞰》，商务印书馆 1941 年版，第 73—73 页。

和驯养，另一方是分拨给个交配站实施人工授精，改良品种；再者就是分拨部分种马、种牛和种羊至各牧区，有牧民管理。1937 年，伊犁农牧场牧畜局将由苏联购买的德种羊 15 只和法种羊 15 只，全数借给喀什及锡伯营牧民，并派牧畜指导员前往指导帮助、改良畜种。[①]1939 年，阿山区农牧场在各县分配多匹种牛和种马，派技术员指导牧民选种。

其次是畜牧疾病防控。新疆牧区除了注射防止传染病的疫苗外，还设立硫黄浴池，必要时予以洗涤消灭寄生虫。为便于快捷治疗疾病，在各地设立兽医院及兽医所，主要分布在迪化、塔城、阿山、哈密、焉耆、阿克苏、喀什及和阗等地，另外绥定、昭苏、乌什、轮台及塔城山内等处设立巡回兽医分处。全疆共计 5 处兽医院和 40 余分处兽医所。另外，迪化、伊犁、塔城及喀什各设化验所一处。这些兽医机构的设置，成效显著。仅 1936 年治愈牲畜 23761 头，1939 年治愈牲畜 372701 头。更为重要的是，广大牧民开始掌握近代化的牧养方式，例如，搭盖大棚，储蓄干草等，提高了抵御自然灾害的能力，降低牲畜死亡率。

总体而论，民国中后期的新疆农牧业技术和生产工具向近代化转型，这是新疆农牧业发展史上的重大突破，这与当时新疆的政治环境和社会环境密切相关。纵观民国时期的我国农牧业发展格局，新疆农牧业的近代化水平已经处于先进行列。由于新疆与内地的隔绝，这一发展景象鲜为内地所知，故此当内地记者至新疆采访时不免有所惊诧。这一段历史充分说明，新疆农牧业发展的根本出路应该是农牧业技术的不断改进和新疆生产工具的持续革新。唯有如此，新疆经济才能腾飞。

---

① 设计委员会编：《新疆第一期三年计划》，新疆日报社，1942 年 3 月。

结　论

本书以历史长时段视角，对历史时期新疆农牧业发展及生产布局的演变进行了系统而全面论述，可得出以下几点认识：

一、新疆是我国历史上重要的经济区，其经济结构的特点是农牧兼营。虽然西汉著名史学家司马迁在其名篇《货殖列传》中，把龙门碣石以西以北列为以畜牧业生产为主导的经济区域。然而，考古资料显示，自远古以来，新疆经济就存在农业和牧业的二元形态。新疆塔里木盆地、准噶尔盆地边缘及伊犁河谷的河流下游尾闾三角洲是以农业为主、牧业为辅的经济结构模式，在昆仑山北麓和天山南麓的草原地带是畜牧业占绝对主导的经济形态。山区畜牧业与绿洲农耕业存在着密切联系。从空间分布看，整个新疆经济结构在清代以前呈现出"南农北牧"的经济格局特征。但在历代中央政府的开发屯垦下，自唐代开始，天山北麓及伊犁河谷的农业获得新的发展。清代前期尤为重视天山北麓及伊犁河谷的屯垦，故北疆农业获得显著发展。清代后期，清政府开始加大对南疆农业开发力度，特别是新疆建省后，南疆农业发展迅速。民国时期，新疆地方政府又关注塔城及阿尔泰地区开发，该区农业有新发展。此后，新疆农牧业布局更加合理，为新疆经济更好发展和社会稳定起到积极促进作用。

二、新疆农牧业发展进程一直持续未断，并呈现出延续性和波动性相结合的特点。自史前新疆先民经营农牧业以来，新疆的农牧业发展进程并未因战争、灾害、民族迁移等因素而发生中断，而是一直保持着发展势头，但也并非一帆风顺，其中有曲折有波动。在地方争霸和民族变迁时期，战争频发，均对农牧业生产带来了诸多不利影响，农牧业发展进程放慢。总体来看，新疆农牧业的历史发展，虽有波折，但仍然保持了发展的延续性，遂呈现出波浪式的发展特点。

三、新疆农业生产的地域布局，在历史时期也有盈缩变化，农业生产的重点区域常有变化。农业开发是人类经济活动和改造自然的结果。随着人类生产能力的改变，人口分布的疏密不同和不同政府在不同时期农业政策的差异，农业生产布局在地域上也会发生盈缩变动，重点发展区域也会发生变化。不同时间段的农业生产重点区域多与中央王朝在新疆统治力量强弱密切相关。如果中央王朝强盛，在新疆的控制力也强大，从事农业开发的规模也大。此时，其农业开发就会沿着天山南麓西进，达到阿克苏地区。反之，中央王朝衰弱，对新疆的控制力减弱，从事农业经营的规模也会随之缩小。此期，其农业垦殖往往会内缩至南疆东部的吐哈盆地和楼兰地区。此外，新疆农业生产存在土著农业与戍军屯垦两种形式，土著农业具有发展的延续性，而戍军屯垦则随着中原王朝在新疆控制力的强弱而盈缩或兴废。

四、新疆独特的地理区位使其农业生产呈现出明显的地域特色。新疆地处亚洲中部，远离海洋，气候干热少雨，日照时间长，光热丰沛，所以区域农业种植多是旱地作物。但由于新疆各绿洲皆为灌溉农业区，常年有高山冰雪融水的滋润，故在天山南麓的焉耆、龟兹、疏勒和昆仑山北麓的和阗等地也有水稻种植。吐鲁番地区由于特殊的地理环境，光热条件很优越，较早就出现了"谷麦一岁再熟"的复种制度。由于该区日照时间长，昼夜温差大，所产瓜果含糖量高、品质佳，使其成为当地著名特产，并享有瓜果之乡的盛誉。以南疆地理亚区而论，吐鲁番盆地典型的气候与地形特点，又使该区的水利灌溉方式呈现出有别于其他地区的特点，即应用了坎儿井水利灌溉模式。

五、新疆的畜牧业生产方式有游牧、放牧和家庭圈养等。新疆山地与草原并存，沙漠和绿洲共在，多样的地貌使域内的畜牧业生产方式也呈现出多样化。在山间盆地中，草地连绵，就适合于游牧方式。在众多的沙漠绿洲中，村舍周边短距离的放牧和家庭圈养则是主要饲养方式。绿洲边缘的草地可提供就近放牧的场地，苜蓿和庄稼秸秆可供圈养舍饲。出土文献中有关征收庄稼株苗和苜蓿的记载就说明这一饲养方式的存在。在一些沿河或滨湖处也有水草丰美之地，就成为理想的放牧场所，也是绿洲畜牧业发达之处。总之，游牧与定居地周边就近放牧以及圈养舍饲是不同的，也是新疆畜牧业经营方式上的最大不同。

六、历史时期新疆畜牧业生产存在官营和民间两种形式，其中官营包括了中央王朝和区域性地方政权所经营的畜牧业。在长期历史发展过程中，新疆基本归属于中央王朝的有效管辖，但有时又为地方政权所统治，但这两种情况，都有官营畜牧业的存在。如古鄯善的王室畜牧和清代的官营牧厂，均在新疆的畜牧业发展史上占有一席之地。民间畜牧业属于常态产业，此不赘述。在历史发展中，中央政府在新疆进行的屯垦或畜牧活动不仅是新疆农牧业发展的重要组成部分，而且起到积极的引领作用。在汉唐清三个时期，内地先进的农垦工具和技术传入新疆，对带动当地农业发展作用明显。

七、农业的不合理开发和经营在一定程度上导致了新疆生态环境的恶化。虽然新疆有些地方河流流经，水量充沛，地势平坦，有良好的农业发展条件，但总体上该区农业生产条件较差，生态环境脆弱。塔克拉玛干沙漠周边沿河流的绿洲地带，植被稀疏，环境恶劣，在不合理的经济开发条件下，原有的地表植被易受破坏，人工植被又不能持续的情况下，极易发生土壤沙化。此外，在河流下游地区，地势低下，排水不畅，很容易产生地表积水，形成土地盐渍化。历史时期，一些不合理的开发和经营在一定程度上导致了南疆地区生态环境的恶化。

八、新疆农牧业生产的历史发展与繁荣，是新疆境内各族人民共同创造历史的结果。在长期的历史发展过程中，有汉族、羌族、吐蕃、回鹘、突厥、契丹、蒙古、维吾尔、哈萨克等众多民族在此生活，各族人民在这块古老的土地上辛勤劳动，种植和培育农作物，牧养和培育畜群，持续开发这片热土，创造了辉煌业绩，创造和发展了区域农牧业文明。同时，也为今天及未来新疆农牧业的持续发展奠定了坚实基础。

九、社会稳定是新疆农牧业发展的重要保障。回顾新疆农牧业发展历程不难看到，新疆社会稳定时期就是新疆人民安居乐业和农牧业经济获得较快发展时期。这不仅得益于良好的社会环境，更在于新疆治理者有更多的政策和财力鼓励和支持农牧业发展；反之，在社会动荡时期，不仅新疆治理者没有财力去扶持农牧业发展，而且战乱各方往往抢掠人口和农牧产品，甚至以牲畜充作军粮，这直接影响到农牧业发展。故此，维护和平稳定的社会环境是保障新疆农牧业发展的重要条件。

十、技术进步是新疆农牧业发展的关键。自汉代内地的耕作技术和先进生产工具传入新疆后，新疆的农牧业发展有了显著进步，但在有所发展的同时，却存在着地区不均衡的特点。囿于诸多因素影响，古代新疆农牧业发展总体上处于传统发展阶段。直至进入民国时期，近代先进的水利技术和先进生产机械的传入，在很大程度上促进新疆农牧业的现代转型，这是历史性的跨越。

参考文献

1. 古籍与方志：

[1]（西汉）司马迁：《史记》，中华书局 1959 年标点本。

[2]（东汉）班固：《汉书》，中华书局 1962 年标点本。

[3]（南朝）范晔：《后汉书》，中华书局 1965 年标点本。

[4]（三国）陈寿：《三国志》，中华书局 1969 年标点本。

[5]（唐）房玄龄等：《晋书》，中华书局 1974 年标点本。

[6]（北朝）魏收：《魏书》，中华书局 1974 年标点本。

[7]（唐）李延寿：《北史》，中华书局 1974 年标点本。

[8]（唐）姚思廉：《梁书》，中华书局 1973 年标点本。

[9]（唐）魏征等：《隋书》，中华书局 1973 年标点本。

[10]（五代）刘昫：《旧唐书》，中华书局 1975 年标点本。

[11]（宋）欧阳修等：《新唐书》，中华书局 1975 年标点本。

[12]（宋）薛居正等：《旧五代史》，中华书局 1976 年标点本。

[13]（宋）欧阳修：《新五代史》，中华书局 1974 年标点本。

[14]（元）脱脱：《辽史》，中华书局 1974 年标点本。

[15]（明）宋濂：《元史》，中华书局 1976 年标点本。

[16]（清）张廷玉：《明史》，中华书局 1974 年标点本。

[17]（清）赵尔巽等：《清史稿》，中华书局 1977 年标点本。

[18]（清）徐松：《西域水道记》，中华书局 2007 年版。

[19]（唐）杜佑：《通典》，中华书局 1988 年版。

［20］（宋）王钦若：《册府元龟》，中华书局 1960 年影印版。

［21］（唐）李林甫：《唐六典》，中华书局 1992 年版。

［22］（五代）王溥：《唐会要》，中华书局 1955 年版。

［23］（唐）玄奘、辩机著，季羡林等校注：《大唐西域记》，中华书局 1985 年版。

［24］（明）陈诚著，周连宽校注：《西域番国志》，中华书局 2000 年版。

［25］（清）徐松：《宋会要辑稿》，中华书局 1957 年版。

［26］（清）椿园：《西域闻见录》，成文出版社 1968 年影印版。

［27］（清）椿园：《新疆舆图风土考》，成文出版社 1968 年影印版。

［28］（清）屠寄：《蒙兀儿史记》，上海古籍出版社 1989 年版。

［29］清官修：《清实录》，中华书局 1986 年版。

［30］（清）傅恒等著，钟兴麟等校注：《西域图志校注》，新疆人民出版社 2002 年版。

［31］（清）王树楠：《新疆图志》，上海古籍出版社 2015 年。

［32］（清）和宁：《回疆通志》，成文出版社 1966 年影印版。

［33］（清）永贵、苏尔德：《新疆回部志》，北京出版社 1998 年影印版。

［34］（清）钟方：《哈密志》，成文出版社 1968 年影印版。

［35］（清）钟广生等：《新疆志稿》，成文出版社 1930 年铅印本。

［36］佚名：《回疆志》，成文出版社 1968 年影印版。

［37］马大正：《新疆乡土志稿》，全国图书馆文献微缩中心 1990 年版。

［38］（清）左宗棠：《左文襄公全集》，岳麓书社 2014 年版。

［39］（清）刘锦棠：《刘襄勤公奏稿》，文海出版社 1968 年影印版。

［40］玉素甫·哈斯·哈吉甫：《福乐智慧》，耿世民等译，新疆人民出版社 1979 年版。

［41］米尔咱·马黑麻·海答儿：《拉失德史》，新疆社会科学院民

族研究所译，新疆人民出版社 1983 年版。

［42］［意］马可波罗：《马可波罗行纪》，冯承钧译，上海书店出版社 2001 年版。

［43］中山大学历史系整理：《林则徐日记》，中华书局 1985 年版。

［44］杨增新：《补过斋文牍》，文海出版社 1965 年版。

［45］冯家昇、程溯洛、穆广文：《维吾尔族史料简编》，民族出版社 1958 年版。

2. 考古资料：

［1］林梅村：《楼兰尼雅出土文书》，文物出版社 1985 年版。

［2］林梅村：《沙海古卷》，文物出版社 1988 年版。

［3］刘文锁：《沙海古卷释稿》，中华书局 2007 年版。

［4］韩翔等主编：《尼雅考古资料》，新疆维吾尔自治区文化厅编印 1988 年版。

［5］国家文物局古文献研究室等： 《吐鲁番出土文书（1—10 册)》，文物出版社 1981—1991 年版。

［6］陈国灿、刘勇增：《日本宁乐美术馆藏吐鲁番文书》，文物出版社 1997 年版。

［7］荣新江、李肖、孟宪实：《新获吐鲁番出土文献》，中华书局 2008 年版。

［8］王尧、陈践：《吐蕃简牍综录》，文物出版社 1986 年版。

［9］杨铭、贡保扎西、索南才让：《英国收藏新疆出土古藏文文书选译》，新疆人民出版社 2014 年版。

［10］［英］F. W. 托玛斯编著：《敦煌西域古藏文社会历史文献》，刘忠、杨铭译注，民族出版社 2003 年版。

［11］黄烈：《黄文弼历史考古论集》，文物出版社 1989 年版。

［12］黄文弼：《塔里木盆地考古记》，科学出版社 1958 年版。

［13］黄文弼：《吐鲁番考古记》，中国科学院出版社 1954 年版。

［14］〔英〕斯坦因：《西域考古记》，向达译，中华书局 1987 年版。

［15］文物编辑委员会：《文物考古十年（1979—1989）》，文物出版社 1991 年版。

［16］王炳华、刘文锁：《新疆历史文物》，新疆美术摄影出版社 1999 年版。

［17］本书编撰组：《哈密文物志》，新疆人民出版社 1993 年版。

［18］新疆社会科学院考古研究所：《疆考古三十年》，新疆人民出版社 1983 年版。

［19］新疆文物考古研究所：《新疆文物考古新收获（1979—1989）》，新疆人民出版社 1995 年版。

［20］新疆文物考古研究所：《新疆文物考古新收获（1990—1996）》，新疆人民出版社 1997 年版。

［21］新疆文物考古研究所：《新疆察吾乎—大型氏族墓地发掘报告》，东方出版社 1999 年版。

［22］新疆维吾尔自治区博物馆、新疆文物考古所：《中国新疆山普拉》，新疆人民出版社 2001 年版。

［23］新疆维吾尔自治区文物局、新疆维吾尔自治区考古研究所、新疆维吾尔自治区博物馆：《新疆文物古迹大观》，新疆美术摄影出版社 1999 年版。

［24］周菁葆：《丝绸之路岩画艺术》，新疆人民出版社 1997 年版。

［25］穆舜英：《中国新疆古代艺术》，新疆美术摄影出版社 1994 年版。

3. 今人论著：

［1］唐长孺：《敦煌吐鲁番文书初探》，武汉大学出版社 1983 年版。

［2］唐长孺：《敦煌吐鲁番文书初探二编》，武汉大学出版社 1990

年版。

[3] 程喜霖：《汉唐烽堠制度研究》，三秦出版社 1990 年版。

[4] 王炳华：《吐鲁番的古代文明》，新疆人民出版社 1989 年版。

[5] 王炳华：《丝绸之路考古研究》，新疆人民出版社 1993 年版。

[6] 柳洪亮：《新出吐鲁番文书及其研究》，新疆人民出版社 1997 年版。

[7] 胡平生、张德芳：《敦煌悬泉汉简释粹》，上海古籍出版社 2001 年版。

[8] 陈国灿：《斯坦因所获吐鲁番文书研究》，武汉大学出版社 1994 年版。

[9] 陈国灿：《吐鲁番出土唐代文献编年》，新文丰出版公司出版 2002 年版。

[10] 李经纬：《吐鲁番回鹘文社会经济文书研究》，新疆人民出版社 1996 年版。

[11] 陈文华：《农业考古》，文物出版社 2002 年版。

[12] 吴蔼宸：《历代西域诗抄》，新疆人民出版社 1983 年版。

[13] 杨建新：《古西行记选注》，宁夏人民出版社 1987 年版。

[14] 曾问吾：《中国经营西域史》，商务印书馆 1936 年版。

[15] 张大军：《新疆风暴七十年》，兰溪出版社 1980 年版。

[16] 余太山：《西域通史》，中州古籍出版社 2003 年版。

[17] 苗普生、田卫疆：《新疆史纲》，新疆人民出版社 2004 年版。

[18] 准噶尔史略编写组：《准噶尔史略》，人民出版社 1985 年版

[19] 谷苞：《西北通史》，兰州大学出版社 2005 年版。

[20] 王素：《高昌史稿·统治篇》，文物出版社 1998 年版。

[21] 薛宗正：《安西与北庭——唐代西陲边政研究》，黑龙江教育出版社 1995 年版。

[22] 田卫疆：《丝绸之路与东察合台汗国史研究》，新疆人民出版社 1997 年版。

［23］马大正：《马大正文集》，上海辞书出版社 2005 年版。

［24］余太山：《两汉魏晋南北朝正史西域传研究》，中华书局 2003 年版。

［25］新疆人民出版社：《新疆历史论文集》，新疆人民出版社 1977 年版。

［26］新疆综合考察队地貌组：《新疆农业》，科学出版社 1964 年版。

［27］新疆综合考察队地貌组：《新疆地貌》，科学出版社 1978 年版

［28］唐启宇：《中国农作物栽培史稿》，农业出版社 1986 年版。

［29］张波：《西北农牧史》，陕西科学技术出版社 1989 年版。

［30］赵俪生：《古代西北屯田开发史》，甘肃文化出版社 1997 年版。

［31］方英楷：《新疆屯垦史》，新疆青少年出版社 1989 年版。

［32］赵予征：《新疆屯垦》，新疆人民出版社 1991 年版。

［33］王希隆：《清代西北屯田研究》，新疆人民出版社 2012 年增订版。

［34］殷晴：《新疆经济开发史研究》，新疆人民出版社 1992 年版。

［35］殷晴：《丝绸之路和西域经济——十二世纪前新疆开发史稿》，中华书局 2007 年版。

［36］周伟洲：《西北少数民族地区经济开发史》，中国社会科学出版社 2008 年版。

［37］田澍：《西北开发史研究》，中国社会科学出版社 2007 年版。

［38］张泽咸等：《中国屯垦史》，农业出版社 1990 年版。

［39］张泽咸：《汉晋唐时期的农业》，中国社会科学出版社 2003 年版。

［40］赵予征：《丝绸之路屯垦研究》，新疆人民出版社 1996 年版。

［41］华立：《清代新疆农业开发史》，黑龙江教育出版社 1995

年版。

［42］蔡家艺：《清代新疆社会经济史纲》，人民出版社 2006 年版。

［43］王作之：《新疆古代畜牧业经济史略》，新疆人民出版社 1999 年版。

［44］乜小红：《唐五代畜牧经济研究》，中华书局 2006 年版。

［45］满苏尔·沙比提：《新疆地理》，北京师范大学出版社 2012 年版。

［46］［俄］尼·维·鲍戈亚夫连斯基：《长城外的中国西部地区》，新疆大学外语系俄语教研室译，商务印书馆 1980 年版。

［47］［俄］A. H. 库罗帕特金：《喀什噶尔》，中国社会科学院近代史研究所翻译室译，商务印书馆 1982 年版。

［48］［德］冯·佳班：《高昌回鹘王国的生活（850—1250）》，邹如山译，吐鲁番市地方志编辑室 1989 年版。

［49］［苏］Д·洪吉诺夫：《十至十四世纪回鹘王国的经济和社会制度》，姬增禄译，新疆人民出版社 2012 年版。

［50］［美］J. A. 米华健：《嘉峪关外：1759—1864 年新疆的经济、民族和清帝国》，贾建飞译，国家清史编纂委员会编译组刊印 2006 年版。

［51］［日］松田寿男：《古代天山历史地理学研究》，陈俊谋译，中央民族出版社 1987 年版。

4. 学术期刊：

［1］史树青：《新疆文物调查随笔》，《文物》1960 年第 6 期。

［2］新疆维吾尔自治区博物馆：《新疆民丰县北大沙漠中古遗址墓葬区东汉合葬墓清理简报》，《文物》1960 年第 6 期。

［3］新疆维吾尔自治区博物馆：《若羌米兰古城新发现的文物》，《文物》1960 年第 8、9 合期。

［4］新疆维吾尔自治区博物馆考古队：《新疆民丰大沙漠中的古代

遗址》，《考古》1961 年第 3 期。

［5］新疆维吾尔自治区博物馆考古队：《新疆民丰大沙漠中的古代遗址》，《考古》，1961 年第 3 期。

［6］吴震：《新疆东部的几处新石器时代遗址》，《考古》1964 年第 7 期。

［7］新疆维吾尔自治区博物馆：《吐鲁番阿斯塔那—哈喇和卓古墓群发掘简报》，《文物》1973 年第 10 期。

［8］侯灿：《楼兰遗址考察简报》，《历史地理》1981 年第 1 期。

［9］新疆社会科学院考古研究所：《新疆阿拉沟竖穴木椁葬发掘简报》，《文物》1981 年第 1 期。

［10］新疆社会科学院考古研究所：《帕米尔高原古墓发掘报告》，《考古学报》1981 年第 2 期。

［11］新疆吐鲁番地区文管所：《吐鲁番出土十六国时期的文书》，《文物》1983 年第 1 期。

［12］新疆社会科学院考古研究所：《孔雀河古墓沟发掘及其初步研究》，《新疆社会科学》1983 年第 1 期。

［13］新疆考古研究所：《罗布淖尔地区东汉墓发掘及初步研究》，《新疆社会科学》1983 年第 1 期。

［14］张平：《新疆若羌出土两件元代文书》，《文物》1987 年第 5 期。

［15］阿合买提·热西提：《洛浦县山普拉古墓地》，《新疆文物》1985 年第 1 期。

［16］吴焯：《克孜尔石窟刻画图画的内容、作者和时代》，《文物》1986 年第 10 期。

［17］中国社会科学院考古研究所、新疆巴州文管所：《新疆轮台群巴克古墓葬第一次发掘简报》，《考古》1987 年第 11 期。

［18］李遇春：《尼雅遗址的重要发现》，《新疆社会科学》1988 年第 4 期。

［19］新疆文物考古研究所：《和静县察吾呼沟四号墓地 1987 年度发掘简报》，《新疆文物》1988 年第 4 期。

［20］新疆考古研究所：《新疆和硕新塔拉遗址发掘简报》，《考古》1988 年第 5 期。

［21］侯灿：《楼兰古城址调查与试掘简报》，《文物》1988 年第 7 期。

［22］新疆维吾尔自治区博物馆：《洛浦县山普拉古墓地发掘报告》，《新疆文物》1989 年第 2 期。

［23］张平、王博：《和硕县新塔拉和曲惠遗址调查》，《考古与文物》1989 年第 2 期。

［24］中国社会科学院考古研究所、新疆巴州文管所：《轮台县群巴克墓葬第二、三次发掘简报》，《考古》1991 年第 8 期。

［25］新疆文物考古研究所：《新疆哈密五堡墓地 151、152 号墓葬》，《新疆文物》1992 年第 3 期。

［26］何德修：《新疆且末县出土元代文书初探》，《文物》1994 年第 10 期。

［27］新疆文物考古研究所：《1991 年尼雅遗址发掘简报》，《新疆文物》1996 年第 1 期。

［28］伊弟利斯·阿不都热苏勒、张玉忠：《1993 年以来新疆克里雅河流域考古述略》，《西域研究》1997 年第 3 期。

［29］新疆文物考古研究所，法国科学研究中心 315 所中法克里雅河考古队：《新疆克里雅河流域考古调查概述》，《考古》，1998 年第 12 期。

［30］新疆文物考古研究所：《新疆尉犁县营盘墓地 15 号墓发掘简报》，《文物》1999 年第一期。

［31］何德修：《新疆库尔勒市上户乡古墓葬》，《文物》1999 年第 2 期。

［32］周金玲：《新疆尉犁县营盘古墓群考古论述》，《西域研究》

1999 年第 3 期。

　　［33］羊毅勇：《吐鲁番交河故城沟北 1 号台地墓葬发掘简报》，《文物》1999 年第 6 期。

　　［34］新疆文物考古研究所：《吐鲁番阿斯塔那第十次发掘简报》，《新疆文物》2000 年第 3 期。

　　［35］新疆文物考古研究所：《新疆民丰县尼雅遗址 95MN1 号墓地 M8 发掘简报》，《文物》2000 年第 1 期。

　　［36］鲁礼鹏：《阿斯塔那古墓群发掘墓葬登记表》，《新疆文物》2000 年第 3、4 合期。

　　［37］新疆文物考古研究所：《新疆哈密市艾斯克霞尔墓地的发掘》，《考古》，2002 年第 6 期。

　　［38］新疆文物考古研究所、新疆大学历史系等：《新疆鄯善三个桥墓葬发掘简报》，《文物》2002 年第 6 期。

　　［39］新疆文物考古所：《新疆拜城县克孜尔吐尔墓地第一次发掘》，《考古》2002 年第 6 期。

　　［40］新疆文物考古研究所：《新疆尉犁县营盘墓地 1999 年发掘简报》，《考古》2002 年第 6 期。

　　［41］张平：《新和通古孜巴什古城遗址的调查与研究》，《吐鲁番学研究》2003 年第 2 期。

　　［42］新疆文物考古研究所、吐鲁番地区文物局：《吐鲁番考古新收获——鄯善县洋海墓地发掘简报》，《吐鲁番学研究》2004 年第 1 期。

　　［43］吴勇：《新疆喀什下坂地墓地考古发掘新收获》，《西域研究》2005 年第 1 期。

　　［44］张平：《龟兹考古中所见唐代重要驻屯史迹》，《新疆文物》2006 年第 3、4 合期。

　　［45］张全超，李溯源：《新疆尼勒克县穷科克一号墓地古代居民的食物结构分析》，《西域研究》2006 年第 4 期。

　　［46］吐鲁番地区文物局：《新疆吐鲁番地区阿斯塔那古墓群西区

408、409 号墓》,《考古》2006 年第 12 期。

　　[47] 吐鲁番地区文物局:《新疆吐鲁番地区巴达木墓地发掘简报》,《考古》2006 年第 12 期。

　　[48] 吐鲁番地区文物局:《新疆吐鲁番地区阿斯塔那古墓群西区408、409 号墓》,《考古》2006 年第 12 期。

　　[49] 新疆文物考古研究所:《新疆罗布泊小河墓地 2003 年发掘简报》,《文物》2007 年第 10 期。

　　[50] 新疆文物考古研究所:《2006 年丹丹乌里克遗址发掘简报》,《新疆文物》2008 年第 1 期。

　　[51] 米夏艾勒·舒勒茨、巫新华等:《新疆于田县流水墓地 26 号墓出土人骨的古病理学和人类学初步研究》,《考古》2008 年第 3 期。

　　[52] 张全超、朱泓: 《新疆古墓沟墓地人骨的稳定同位素分析——早期罗布泊先民饮食结构初探》,《西域研究》2011 年第 3 期。

　　[53] 新疆文物考古研究所、乌鲁木齐市文物管理所:《新疆乌鲁木齐萨恩萨依墓地发掘简报》,《文物》2012 年第 5 期。

　　[54] 王永强、党志豪:《新疆哈密五堡艾斯克霞尔南墓地考古新发现》,《西域研究》2011 年第 2 期。

　　[55] 新疆文物考古研究所:《新疆塔城地区白杨河墓地发掘简报》,《考古》2012 年第 9 期。

　　[56] 三海子考古队:《新疆青河三海子墓葬及鹿石遗址群考古新收获》,《西域研究》2014 年第 1 期。

　　[57] 于建军、胡望林:《2014 年新疆哈巴河县喀拉苏墓地考古发掘新收获》,《西域研究》2015 年第 1 期。

　　[58] 阿里甫江·尼亚孜、王永强:《新疆和静县巴仑台—伊尔根铁路沿线考古调查与发掘》,《西域研究》2015 年第 1 期。

　　[59] 王永强、张杰:《新疆哈密市柳树沟遗址和墓地的考古发掘》,《西域研究》2015 年第 2 期。

　　[60] 张杰、白雪怀:《新疆沙湾县大鹿角湾墓群的考古收获》,

《西域研究》2016 年第 3 期。

[61] 王永强、阮秋荣：《2015 年新疆尼勒克县吉仁台沟口考古工作的新收获》，《西域研究》2016 年第 1 期。

[62] 郭物：《2015 年新疆青河县查干郭勒乡考古新收获》，《西域研究》2016 年第期。

[63] 侯知军：《2015 年新疆和硕县红山墓群的考古发现》，《西域研究》2016 年第 3 期。

[64] 韩建业、陈晓露：《新疆双河市泉水沟青铜时代遗存的发现及初步认识》，《西域研究》2017 年第 1 期。

[65] 胡兴军、阿里甫：《新疆洛浦县比孜里墓地考古新收获》，《西域研究》2017 年第 1 期。

[66] 孟池：《从新疆历史文物看汉代在西域的政治措施和经济建设》，《文物》1975 年第 7 期。

[67] 马雍：《麴斌造寺碑所反映的高昌土地问题》，《文物》1976 年第 12 期。

[68] 耿世民：《回鹘文摩尼教寺院文书考释》，《考古学报》1978 年第 4 期。

[69] 朱雷：《吐鲁番出土北凉赀簿考释》，《武汉大学学报（哲学社会科学版)》1980 年第 4 期。

[70] 黄盛璋：《新疆坎儿井的来源及其发展》，《中国社会科学》1981 年第 5 期。

[71] 杨际平：《试考唐代吐鲁番地区"部田"的历史渊源》，《中国社会经济史研究》1982 年第 1 期。

[72] 王炳华：《新疆农业考古概述》，《农业考古》1983 年第 1 期。

[73] 张玉忠：《新疆出土的农作物简介》，《农业考古》1983 年第 1 期。

[74] 朱雷：《吐鲁番出土文书中所见北凉"按赀配生马"制度》，

《文物》1983 年第 1 期。

[75] 新疆吐鲁番地区文管所：《吐鲁番出土十六国时期的文书》，《文物》1983 年第 1 期。

[76] 楚生：《谈宋元奉八年的于阗贡马》，《新疆社会科学》1984 年第 1 期。

[77] 黄盛璋：《新疆水利技术的传播和发展（续）》，《农业考古》1984 年第 2 期。

[78] 侯灿：《论楼兰的发展及其衰废》，《中国社会科学》1984 年第 2 期。

[79] 陈戈：《新疆米兰古灌溉渠道与相关的一些问题》，《考古与文物》1984 年第 6 期。

[80] 陈戈：《新疆米兰古灌溉渠道与相关的一些问题》，《考古与文物》1984 年第 6 期。

[81] 柳洪亮：《吐鲁番出土文书中所见十六国时期高昌郡时期的水利灌溉》，《中国农史》1985 年第 4 期。

[82] 程喜霖：《从吐鲁番文书中所见的唐代烽堠制度研究之三——唐代的烽铺廨田》，《武汉大学学报（人文科学版）》1985 年第 6 期。

[83] 吴震：《吐鲁番出土高昌某寺月用斛斗帐历浅说》，《文物》1989 年第 11 期。

[84] 齐清顺：《玉米在新疆的种植与推广》，《新疆社会科学》1988 年第 1 期。

[85] 张玉忠：《新疆狩猎、畜牧业考古概述》，《农业考古》1989 年第 1 期。

[86] 胡平生：《楼兰出土文书释丛》，《文物》1991 年第 8 期。

[87] 谢重光：《麴氏高昌寺院经济试探》，《中国经济史研究》1987 年第 1 期。

[88] 齐清顺：《玉米在新疆的种植和推广》，《新疆社会科学》

1988 年第 1 期。

　　[89] 张平：《新疆坎土镘农具的产生及其发展》，《新疆文物》1989 年第 1 期。

　　[90] 殷晴：《唐代于阗的社会经济研究》，《新疆社会科学》1989 年第 6 期。

　　[91] 胡平生：《楼兰出土文书释丛》，《文物》1991 年第 8 期。

　　[92] 马国荣：《两汉时期的新疆农业》，《新疆文物》1992 年第 1 期。

　　[93] 堀直：《吐鲁番坎儿井的起源——论其扩展的理由》，《新疆大学学报》1993 年第 4 期。

　　[94] 堀直：《回疆玉米考》，《西域研究》1994 年第 4 期。

　　[95] 齐清顺：《玉米在新疆种植时间的新发现》，《西域研究》1994 年第 4 期。

　　[96] 邓浩：《从〈突厥语大辞典〉看回鹘的畜牧文化》，《敦煌研究》1995 年第 1 期。

　　[97] 邓浩：《〈突厥语词典〉与回鹘的农业经济》，《敦煌研究》1995 年第 4 期。

　　[98] 张成安：《浅析青铜时期哈密地区的农业生产状况》，《农业考古》1997 年第 3 期。

　　[99] 殷晴：《3—8 世纪新疆寺院经济的兴衰》，《西域研究》1997 年第 2 期。

　　[100] 宋晓梅：《吐鲁番出土文书所见高昌郡时期的农业活动》，《敦煌学辑刊》1997 年第 2 期。

　　[101] 钮仲勋：《两汉时期新疆的水利开发》，《西域研究》1998 年第 2 期。

　　[102] 张成安：《青铜时期哈密地区的畜牧经济》，《农业考古》2000 年第 3 期。

　　[103] 张德芳：《从悬泉汉简看西域屯田及其意义》，《敦煌研究》

2001 年第 3 期。

[104] 卢向前:《麹氏高昌和唐代西州的葡萄、葡萄酒和葡萄税》,《中国经济史研究》2002 年第 4 期。

[105] 李炳泉:《西汉戊己校尉建制考》,《史学月刊》2002 年第 6 期。

[106] 周伟洲:《新疆的史前考古与最早的经济开发》,《西域研究》2003 年第 4 期。

[107] 周伟洲:《两汉时期新疆的经济开发》,《中国边疆史地研究》2005 年第 1 期。

[108] 刘国安、陈国灿:《唐代安西都护府对龟兹的治理》,《历史研究》2006 年第 1 期。

[109] 刘国防:《西汉比胥鞬屯田与戊己校尉的设置》,《西域研究》2006 年第 4 期。

[110] 卫斯:《从佉卢文简牍看精绝国的葡萄种植业》,《新疆大学学报（哲学社会科学版）》2006 年第 6 期。

[111] 杜正乾:《吐鲁番文书中"部田"考释》,《中国农史》2006 年第 6 期。

[112] 韩茂莉:《论中国北方畜牧业产生与环境的互动关系》,《地理研究》2003 年第 1 期。

[113] 卫斯:《我国汉唐时期西域水稻栽培疏议》,《农业考古》2005 年第 1 期。

[114] 王欣、常婧:《鄯善王国的畜牧业》,《中国历史地理论丛》2007 年第 2 期。

[115] 杨富学:《回鹘文文献与高昌回鹘经济史的构建》,《史学史研究》2007 年第 4 期。

[116] 殷晴:《物种源流辨析——汉唐时期新疆园艺业的发展和相关问题》,《西域研究》2008 年第 1 期。

[117] 林梅村:《于阗花马考——兼论北宋与于阗之间的绢马贸

易》,《西域研究》2008 年第 2 期。

〔118〕吕卓民、陈跃:《两汉南疆农牧业地理》,《西域研究》2010 年第 2 期。

〔119〕陈跃:《论古代北疆农业的发展》,《西域研究》2011 年第 2 期。

〔120〕陈跃:《魏晋南北朝西域农业的新发展》,《中国经济史研究》2012 年第 3 期。

〔121〕陈跃:《吐蕃统治西域时期的农牧业管理》,《西域研究》2015 年第 1 期。

〔122〕陈跃:《陕甘总督与乾隆年间的新疆屯垦》,《中国边疆史地研究》2017 年第 1 期。

〔123〕〔苏〕阿纳托利·M. 哈札诺夫著,贾衣肯译,朱新审校:《游牧及牧业的基本形式》,《西域研究》2015 年第 3 期。

后　记

新疆幅员广袤，地形多样，自古就孕育了繁荣的绿洲文明和草原文明，这是新疆独具魅力的地方。正因如此，笔者对其产生了极大的兴趣。

自 2007 年，我开始从事新疆古代农牧业研究，得到了硕士生导师吕卓民教授的悉心指导，完成了古代新疆天山以南地区的研究。2009年，我考取边疆史专家马大正教授的博士生。在攻读博士学位的同时，继续对新疆农牧业史进行研究，主要关注天山以北地区。2012 年，博士毕业后供职于西北大学，继续探究民国时期的新疆农牧业发展。随着考古新资料的不断涌现和对新疆战略地位的思考，我对新疆农牧业历史的认知也在不断深化。在十年时间里，陆续发表了数篇研究成果，并得到了学界的认可，令我大为鼓舞。

在前期研究基础上，我于 2016 年申报了西北大学学术著作出版基金项目，成功获得立项。在此后的时间里，我一面忙于日常教学，一面对其进行加工修改。期间，多次得到马老师、吕老师、师兄许建英研究员、师姐周卫平副研究员及院长陈峰教授的鼓励和指导，并得到同事裴成国副教授提供的资料相助。在陈院长的支持和推荐下，本书得到人民出版社贺畅老师的肯定，非常荣幸被贵社纳入出版计划。非常感谢师友、领导、同事和贺畅老师的鼓励、指导和鞭策！

随着我国边疆史地研究的深化拓展，中国边疆学呼之欲出。在中国边疆学的构建中，边疆经济史研究应是大有作为的园地。在我国多个边疆地区中，新疆又有其独特而重要的地位。故此，研究新疆经济史有着重要的学术和现实价值。笔者不揣浅陋，尝试在前辈学者研究的基础上，对新疆农牧业历史进行贯通式探究，以期能在新疆经济史研究园地中开出一朵小花，敬请方家多多批评指正。同时，拙作也是抛砖引玉，希望学者更多关注新疆经济建设。

2017 年 5 月

责任编辑：贺　畅

图书在版编目（ＣＩＰ）数据

新疆农牧业历史研究/陈跃著.—北京：人民出版社.2017.10
ISBN 978 - 7 - 01 - 018118 - 9

Ⅰ.①新… Ⅱ.①陈… Ⅲ.①农业经济史－研究－新疆②畜牧业经济－经济史－研究－新疆Ⅳ.①F329.45

中国版本图书馆CIP数据核字(2017)第212175号

新疆农牧业历史研究
XIN JIANG NONG MU YE LI SHI YAN JIU

陈跃　著

人民出版社 出版发行
（100706　北京市东城区隆福寺街99号）

涿州市星河印刷有限公司印刷　新华书店经销

2017年10月第1版　2017年10月北京第1次印刷
开本：710毫米×1000毫米 1/16　印张：23
字数：325千字

ISBN 978 - 7 - 01 - 018118 - 9　定价：67.00元

邮购地址 100706　北京市东城区隆福寺街99号
人民东方图书销售中心　电话 (010)65250042　65289539